国家级一流本科专业建设点教学成果

高等学校经济与管理专业系列教材

YUNYING GUANLI

运营管理

陈志祥　编著

中国教育出版传媒集团

高等教育出版社·北京

内容提要

本书是国家级一流本科专业建设点教学成果。全书共分四篇十三章：第一篇导论，包括"运营管理概述"和"运营战略"（2章）；第二篇运营系统设计与组织，包括"产品与服务设计""流程管理""设施选址与布置"（3章）；第三篇运营系统计划与控制，包括"需求预测""综合生产计划""库存管理""MRP""作业计划与控制""项目网络计划方法"（6章）；第四篇运营系统维护与改善，包括"质量管理""精益生产与精益服务"（2章）。

本书系统、有重点地阐述了运营管理经典和实用知识，坚持"以学生为中心，面向多元、开放的启发性教学"新教学理念，写作体例灵活多样：除每一章开头有"学习目标"和"引导案例"，结尾有"案例讨论"之外，在正文中穿插有"应用例题""学而思，思而学课堂思考题""企业风景线"等丰富多彩的模块，每章配有多种题型的习题。同时，顺应数字化教学改革需要，每一章有基于二维码扫描阅读和观看的文献和视频资源，部分章有在线仿真实验。本书融入思政元素，每一章都设有"素养园地"。

本书可作为高等学校经济管理类专业的运营管理及相关课程教学用书，也可以供企业管理人员阅读。

图书在版编目（CIP）数据

运营管理 / 陈志祥编著. --北京：高等教育出版社，2025.1. -- ISBN 978-7-04-063059-6

Ⅰ. F273

中国国家版本馆 CIP 数据核字第 2024XN5302 号

策划编辑 张正阳	责任编辑 张正阳	封面设计 张文豪	责任印制 高忠富	

出版发行	高等教育出版社	网　　址	http://www.hep.edu.cn	
社　　址	北京市西城区德外大街 4 号		http://www.hep.com.cn	
邮政编码	100120	网上订购	http://www.hepmall.com.cn	
印　　刷	上海盛通时代印刷有限公司		http://www.hepmall.com	
开　　本	787mm×1092mm　1/16		http://www.hepmall.cn	
印　　张	22			
字　　数	535 千字	版　　次	2025 年 1 月第 1 版	
购书热线	010-58581118	印　　次	2025 年 1 月第 1 次印刷	
咨询电话	400-810-0598	定　　价	48.00 元	

前　言

　　运营管理是企业价值创造过程的管理活动，是关于企业如何通过对各种资源的有机组合，把输入转化为输出，高效、低成本、快速满足顾客需求，实现企业价值增值的一系列业务过程的组织、计划与控制等管理活动的总称。最近几年，随着大数据、人工智能、数字化、智能制造等新技术和新商业模式的出现，同时面对全球经济环境的变化、全球价值链的调整，我国政府提出一系列新发展战略："双循环""双碳目标""数字中国""创新驱动发展""绿色发展"等，在这些战略指引下，围绕"两个一百年"奋斗目标，我国企业都在努力调整经营战略，实现新发展。在这样一个企业转型升级的大潮中，运营管理将发挥关键作用。

　　"运营管理"（也叫"生产与运作管理""运作管理"），是我国高等学校工商管理等专业的必修课、核心课。过去20多年来，我一直坚守在教学第一线，不断探索教学改革和教材建设，出版了多部运营管理相关教材，积累了丰富的教材建设经验。呈现在读者面前的这本《运营管理》是我应高等教育出版社的邀请，顺应我国管理专业人才培养的新形势和新任务需求，结合学科建设和课程建设的新特点而出版的新教材，生逢其时。

　　本教材的出版是在党的二十大精神鼓舞下完成的。在2022年召开的党的二十大的报告中，习近平总书记阐述了"中国式现代化"的内涵。中国式现代化和新时代中国特色社会主义建设对人才培养提出了更高的要求。要在21世纪中叶全面建成社会主义现代化强国，实现中华民族伟大复兴的历史使命，需要一大批政治素质好、有理想、有道德、业务能力强的高级管理人才。为此，在中国式现代化思想指引下，本教材紧跟国家社会经济发展人才培养的需求，把"讲好中国故事""立德树人""思政育人"的新时代教育理念融入教材建设中，在吸收和借鉴国内外优秀教材的基础上，推陈出新，秉持"出精品、出新品"的出版宗旨。

一、教材内容安排

　　本教材内容经过精心挑选和构思形成，本着理论与实践结合的原则来写作，完整阐述了运营管理经典和实用内容。全书共分四篇十三章：第一篇导论，包括"运营管理概述"和"运营战略"，共两章。第二篇运营系统设计与组织，包括"产品与服务设计""流程管理""设施选址与布置"，共三章。第三篇运营系统计划与控制，这是本教材的核心篇，包括"需求预测""综合生产计划""库存管理""MRP""作业计划与控制""项目网络计划方法"，共六章。第四篇运营系统维护与改善，包括"质量管理""精益生产与精益服务"，共两章。

　　本教材的内容安排主要体现如下三个着眼点。

　　1. 把制造与服务业的运营管理统一在一个理论框架中。考虑到产业发展的变化、服务业对运营管理需求的增加，本教材尽量使服务运营管理内容在各知识点中有所体现。本教材每一章都在阐述管理理论和概念的时候联系服务业的情形，有相应的理论分析和案例介绍,便于读者理解运营管理在服务业的应用。

2. 把基本知识、前沿知识和实践知识三个方面知识点融合。运营管理是一门理论和实践紧密结合的学科,有经典的理论体系和方法,同时也有不断发展和变化的前沿知识,更有不断涌现的实践多样性的企业管理经验。因此,本教材在内容安排上力图做到让学生通过学习本教材,构筑运营管理的"三知"知识体系(基本知识、前沿知识和实践知识),体现学以致用的原则。

3. 突出重点,减少和其他课程内容的交叉。运营管理是一个不断演变的学科领域,目前国外许多运营管理教材内容比较广泛,导致和商学院其他课程内容交叉重叠明显。比如,国外教材大多数把供应链管理作为一个内容,用一章或者多章介绍供应链管理相关知识。但是本教材没有单列一章或者多章介绍供应链管理。原因是供应链管理涉及的内容广泛且是发展中的学科,内容边界不确定,同时根据我们的调查,目前我国大多数商学院都有供应链管理独立课程,也有供应链管理教材。因此,本教材为了减少和其他课程内容交叉重叠,没有专门介绍供应管理的章节,并压缩质量管理、项目管理等可能和其他课程交叉的内容,重点围绕制造与服务内部运营管理展开。

二、教材特色

本教材在写作和内容上具有鲜明特色,体现如下"四个立足"的思想。

1. 立足"数智时代,人与自然和谐共创价值"的运营新理念,把数字时代的运营观和价值创造理念贯穿全教材。运营管理是价值创造过程的管理活动,本教材围绕这一主线,从运营系统计与组织到运营系统运行管理,都紧紧地围绕数字时代新环境下的价值创造管理模式和方法的主题展开。

2. 立足"立德树人,思政育人"的教育新理念,把思政元素融入教材中,把专业学习和课程思政教育结合起来。按照思政教育进课堂的教育方针,本教材通过对"党的二十大"报告、"十四五"规划和2035年远景目标纲要等思政问题背景结合课程内容设计讨论问题,使学生更好地理解运营管理和思政教育的关系。

3. 立足"出新品、出精品"的教材出版宗旨,将"现代和经典""本土和国际"的运营管理知识有机结合起来。本教材借鉴和吸收国内外优秀教材优点,力图纵向把握运营管理的发展脉络,把经典和现代理论有机融合;同时横向在把本土化和国际化结合方面找到均衡点,较好地融入中国本土管理思想和经验。

4. 立足"以学生为中心,面向多元、开放的启发性教学"新教学理念,写作风格灵活多样,启发性、互动性和学生自学引导性学习资源丰富。基于过去20多年教材编写积累的经验,本教材设计了灵活多样的内容模块,增加学生学习的互动性和启发性,教材除了每一章开头的"学习目标""引导案例"和结尾的"案例讨论"之外,在正文中穿插有"应用例题""学而思,思而学课堂思考题""企业风景线""视野拓展"等丰富多彩的模块。每章都配备思考题、选择题、判断题、计算题四种课后练习题,保证学生巩固学习的效果。

三、致谢

本教材得以出版,首先感谢高等教育出版社领导、编辑和校对等同志,他们为本书高质量出版付出了辛苦汗水。

　　为了出版本教材,作者在 2022—2023 年,通过问卷向国内外部分高校同行进行了一次本科运营管理/生产与运作管理课程教学问卷调查,同时亲自到部分国内高校进行面对面的调研交流活动,了解国内外运营管理/生产与运作管理课程的教学和教材使用情况。本次调查的结果在 2023 年 7 月在武汉举办的一次"运营管理"课程教学工作坊中向部分国内运营管理教师同行做了介绍,这些调查结果为本教材的编写出版提供了较好的信息。在此,感谢武汉大学、浙江大学、上海财经大学、东南大学、南京理工大学、苏州大学、东北大学、中国人民大学、北京工业大学、北京理工大学、天津大学、兰州大学、厦门大学、四川大学、湖南科技大学、吉首大学、江西财经大学、广西大学、广西民族大学、贵州大学、华南理工大学、华南师范大学、广东海洋大学、广东财经大学、广州工商学院、广州新华学院、广东外语外贸大学、广东金融学院、澳门大学等国内近 30 所高校的同行,以及英国的诺丁汉大学、华威大学和美国的匹兹堡大学、马里兰大学、华盛顿大学、纽约州立大学等多所国外大学的同行。

　　感谢华中科技大学陈荣秋教授把我引入管理学术领域,使我"歪打正着"成为一名生产管理学者和教师。我无怨无悔地在这个管理学中历史最悠久的学科 POM 领域的教学和科研中跌跌撞撞走了近三十年。每当我站在家里的书架前凝视珍藏的美国著名的 POM 领域的大师 Buffa 教授在 1961 年出版的第一本 *Modern Production Management* 到 1987 年第 8 版 *Modern Production and Operations Management* 和 1963 年出版的第一本 *Operations Management* 及其后续多个版本;读着 Chase 教授等人自 1973 年首次出版的 *Production and Operations Management*,到 2021 年中文翻译版第 15 版的《运营管理》(英文名为 *Operations and Supply Chain Management*),还有其他不同时期国内外 POM 经典教材,我陷入深深思考。这是一个"既古老又年轻",不断发展演变的学科。时代在变,唯一不变的就是变:从"以设备为中心的运营"到"以人为中心的运营",从"以人为中心的运营"到"以流程为中心的运营",从"以流程为中心的运营"到"以顾客为中心的运营",从"以顾客为中心的运营"到"以价值为中心的运营"。跟随时代的脚步,"人工智能＋"时代已经到来,读万卷书,行万里路,构建中国特色的生产与运营管理理论,为中国式现代化建设人才培养添砖加瓦,是作者不变的初心。

　　本教材是本人多年来教学和研究成果的结晶,是国家级一流本科专业建设点、广东省一流本科课程、广东省高等教育教学改革研究项目、中山大学精品课程、中山大学工商管理本科立体化教学改革项目等的教学改革成果的总结和积累。本教材借鉴了国内外优秀教材和学科前沿研究成果,主要参考书已经列在书后,对这些书籍和文献作者表示衷心的感谢。

　　由于作者水平有限,书中不足之处在所难免,敬请读者批评指正。

陈志祥

2025 年 1 月

广州·中山大学

目录

第三篇　运营系统计划与控制

第四篇　运营系统维护与改善

第一篇 导 论

第一章　运营管理概述

学习内容	学习目标	学习难度	重要程度	应掌握知识点
企业价值链、价值创造过程和运营管理	了解	☆	★★	价值转化过程、运营管理内涵
运营系统分类和特征	熟悉	☆☆☆	★★★	生产类型和特征、服务类型和特征
运营管理目标和内容	熟悉	☆☆	★★★	运营管理目标和基本内容
运营管理发展和趋势	了解	☆	★	运营管理发展里程碑、未来运营的重要方向

引导案例

人工智能打造企业运营新质生产力

"人工智能"成为近年来我国社会非常流行的词汇之一。同时,在新科技发展的大潮下,发展"新质生产力"也成为当下我国经济发展的新引擎。人工智能是新质生产力重要的驱动力,加快发展新一代人工智能对于抓住数字经济时代机遇、加快形成新质生产力具有重要意义。新质生产力是由技术革命性突破、生产要素创新性配置、产业深度转型升级而催生的当代先进生产力,它以劳动者、劳动资料、劳动对象及其优化组合的质变为基本内涵,以全要素生产率提升为核心标志。2024 年全国人大会议政府工作报告中首次提出"人工智能+(AI+)"的概念,进一步推动人工智能更广泛地应用于各个领域,并与传统行业深度融合。这也意味着,人工智能将成为推动经济转型升级和高质量发展的重要力量。

人工智能通过赋能各行各业形成新质生产力。以 ChatGPT 为代表的生成式人工智能实现了两个方面重要突破。一是通用性大大扩展,这种通用性建立在预训练大模型的基础上,并推动数据、算法、算力在研发层面功能性地深度融合;二是实现了与自然语言的融合,使人工智能可以真正融入千行百业。随着技术迭代创新,人工智能将在更深层次上广泛赋能政务、新闻、金融、制造等垂直行业领域,不断形成新质生产力。

人工智能通过塑造新型劳动者形成新质生产力。一是利用智能技术创造出与人类不同的智能化"劳动者",在无人实验室和无人工厂中,具有一定自主性的智能机器人已成为实验或生产中人类的得力助手。二是通过培养适应数字经济时代需要的技术型复合型人才,推动社会生产力创新。

　　人工智能,就像蒸汽机、电和网络技术的发明一样,已经成为人类第四次工业革命的核心驱动力量,最终会影响人类生产生活的方方面面。未来已来,大力发展人工智能技术,推动人工智能和实体经济深度融合,加快形成新质生产力,才能在新一轮国际科技竞争中掌握主导权,为推进中国式现代化提供更加有力的支撑。有专家预测,未来协助人类工作的不仅有数字人,还有大量人工智能技术支持的机器人。未来的生产模式可能是"自然人＋机器人＋数字人"三类平行员工一起分工协作。

资料来源:《科技日报》,2023.11,作者于凤霞。

思考题:
1. 什么是新质生产力?
2. 人工智能如何赋能企业,助推企业运营价值创造过程?

　　企业生存和发展的出发点和最终目标是为顾客和企业创造价值,为社会创造财富。而今,科学技术的进步在不断改变人类的生产和生活方式,随着21世纪科学技术的飞速发展,各种新技术不断应用到工业生产和服务过程中,使得生产率大大提升。互联网、云计算、大数据、5G/6G、工业互联网、物联网、3D打印、人工智能、智能制造、AR和VR(增强现实和虚拟现实技术)、区块链、数字孪生,等等,层出不穷。技术的发展推动了商业模式演变,新的商业模式不断出现,如业务外包、大规模定制、绿色制造、共享经济、直播带货等。在这种大背景下,企业生产方式不断转变,企业利用资源的能力和价值创造的能力大大增强,企业生产与运营管理的理论与实践不断发展和创新。作为企业的管理者,需要不断吸收新思想、新理念,不断更新管理方法,提高企业的竞争力。

　　运营管理是一门讲述企业如何通过把输入的资源转化为输出的产品或者服务,为顾客创造价值的一系列管理活动的一门实用管理科学。本章从价值链的视角介绍运营管理的基本概念,包括企业生产活动和价值链、制造业的生产运营和服务业的服务运营内容和特点、运营管理的发展历史和未来趋势等。

第一节　企业价值链、价值创造过程与运营管理

　　创造价值是企业生存和发展的本能和归宿。没有创造价值,企业就没有存在的必要。一系列的价值创造过程构成价值链,运营管理就是对价值创造过程的管理。

一、企业的价值转化过程和价值链

　　企业是一个人、财、物与信息等的组合体。通过企业的输入转化为输出,实现价值转化,创造价值。图1-1为企业输入与输出价值转化系统及其与环境的关系。

　　这里的价值转化,包括一切创造价值的活动——制造或者服务。按照波特的价值链理论,企业的每一项生产经营功能都是其创造价值的经济功能,企业应该基于顾客的角度看待其产品和服务的价值,以实现价值最大化的目标。按照功能划分,企业的价值链功能分为基

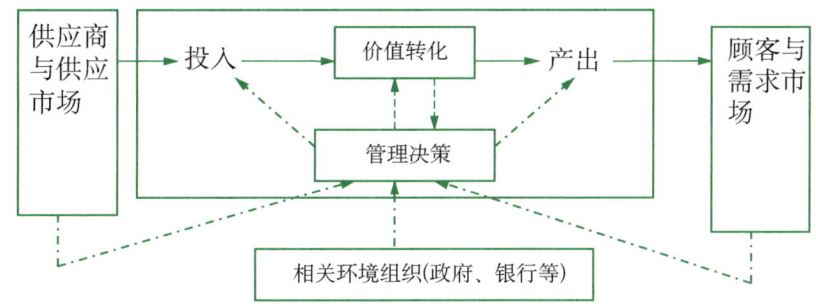

图 1-1　企业输入与输出价值转化系统及其与环境的关系

本价值功能和辅助价值功能两大类,价值链功能模型如图 1-2 所示。

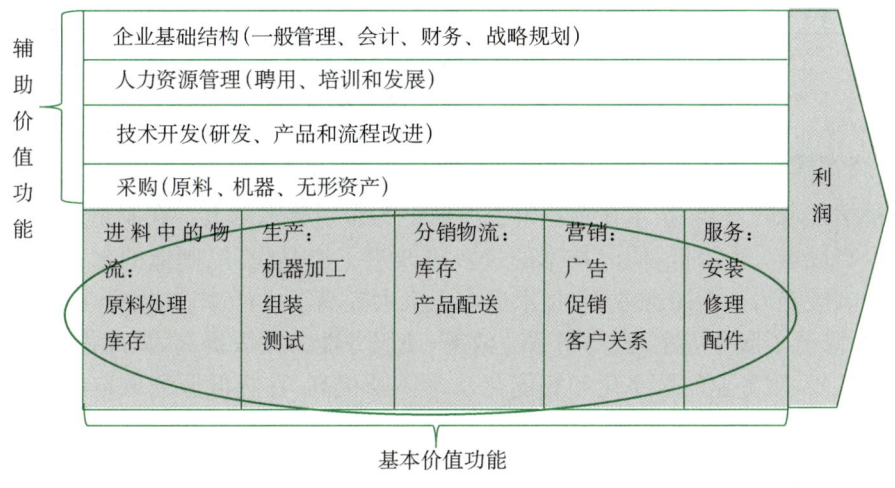

图 1-2　价值链功能模型

资料来源:根据迈克尔·波特著,陈小悦译:《竞争优势》(华夏出版社,2005)绘制

价值链的基本职能活动是与产品的形成、销售、发运和售后服务有关的活动,可以进一步分为产品相关的活动和市场相关的活动。与产品有关的活动包括原料物流和生产活动,与市场有关的活动包括分销物流、营销和售后服务活动。支持活动是支持基本职能活动的业务过程,是基本职能活动正常进行的保证。从价值链结构可以看出,运营管理属于企业价值链基本价值功能的活动(输入物料物流、生产、分销物流、服务),因此,没有运营管理,就没有企业和价值创造。

二、提高企业价值增值水平的方法

企业创造价值的最终目的是满足顾客需求,通过不断创造顾客需要的价值,企业获得利润,从而获得发展的机会,具有更好的竞争优势。企业的价值构成关系如图 1-3 所示。企业生产的产品或者提供服务的价值为 V,这个价值由几部分构成。一个产品或者服务的价值由顾客决定(即 V),而价格(P)为商品的交易价值,通常,由于市场竞争,企业索取的价格比商品价值要低。而 V-P 就是产品或者服务的顾客的剩余。顾客的剩余越大,顾客满意度越高,企业越具有竞争优势。价格减去成本,即 P-C 就是企业的利润。企业创造的价值就是 V-C。企业提高价值创造,也就是提高企业价值增值水平的途径无非两个方面,一个是提高产品或者服务的价值(开发新产品新服务,采用差异化竞争策略),另一个是降低成本。降低成本可以通过技术更新,而更重要的是通过企业经营策略的运用,提高经营能力,降低成本。这就是运营管理的作用。

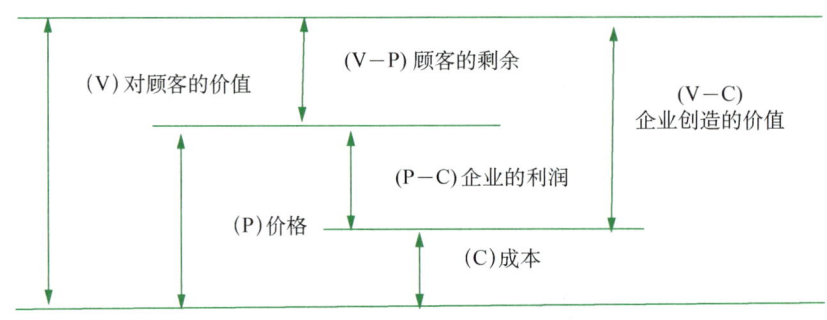

图 1-3 企业的价值构成关系

资料来源:陈荣秋,马士华:《生产运作管理》(第 6 版)(机械工业出版社,2022)

(一) 技术增值

随着科学技术的进步,技术在企业价值增值中的作用越来越大。在制造企业,技术进步使企业的生产成本大大降低,同时技术的进步也改进了产品设计、制造的水平,大大提高了满足需求的响应能力。在服务业中,技术进步也大大提高了生产率,如银行中自动取款机的研制与使用,降低了服务成本,提高了服务效率,使服务能力大大提高,从而提高了企业增值水平。最近几年,服务业的数字化和智能化水平不断提高,在降低服务成本的同时,提高了服务质量和客户满意度。

(二) 管理增值

科学技术是生产力,同样,管理也是生产力。通过先进的管理,特别是生产或者服务过程的管理,可以提高企业价值增值水平。过去的 100 年间,从泰勒的科学管理运动开始到现代智能制造与智能服务运营,各种先进的管理思想与管理方法的运用,使企业获得了在复杂市场环境下应变的能力。如果说科学技术是一种"硬技术",管理就是一种"软技术"。人们常说"软科学",管理就是一种软科学。

当前,在世界范围的企业竞争中,有两种典型的企业增值模式:以美国企业为代表的通过技术创新,强势产品研发能力驱动的价值增值模式;以日本企业为代表的通过生产过程管理精细化,以低成本高品质的产品驱动的价值增值模式。最近 20 年来,中国企业在学习欧美和日本企业先进技术和管理方法方面实现"弯道超车",在技术创新和管理创新方面持续努力,也取得了很大成功。

运营管理目的就是要通过对企业价值链过程的活动管理,实现价值增值,为企业创造更多财富。

三、运营管理——价值创造过程的管理

如前面说的,企业价值创造是通过输入和输出价值转化实现的,运营管理是对企业价值转化过程的管理。不同的企业组织,其输入与输出的要素与转化的方式不同,典型组织的输

入与输出的转化关系如表 1-1 所示。

表 1-1 　　　　　　　　　　　　典型组织的输入与输出的转化关系

组织	主要输入	转化资源	价值转化方式	主要输出
制造企业	材料	工具、设备、工人	加工	产品
医院	病人	医生与护士	诊断与治疗	恢复健康的人
大学	高中毕业生	教师、教材、教室	教学	高级专门人才
运输公司	发货地物资	运输设备	搬运	接受的物资
百货商店	购买者	商品、柜台、售货员	吸引顾客、推销	满意的顾客
餐馆	需要就餐的顾客	食物、厨师、服务员	食品制作、服务	满意的顾客
邮局	待投邮件	邮递工具、邮递员	分发、邮递	接收邮件
报社	信息	记者、编辑	编辑与排版	新闻

制造企业的有形产品的价值创造过程，也就是制造过程管理通常叫"生产管理"（production management），但是服务业是一个劳务作业过程，因此服务的价值创造过程一般叫服务运作或者服务运营（service operations）。由于服务业的发展，把制造企业的生产管理理念和方法应用于服务业，这是一个自然的过程。因此国际上生产管理的教科书为了适应学科发展和学生就业的需要，后来都改为 *Production and Operations Management*，内容涵盖了制造和服务企业。现在，国外大多数教材，简化为 *Operations Management*，翻译为"运营管理"或者"运作管理"。目前"生产与运作管理""运营管理"和"运作管理"等不同叫法，同时并存，不加区别，一般都默认这几种叫法是等同互换的。在教材论述中，只是视不同情景而定。

由于运营管理是从生产管理发展而来的，因此运营管理的概念的内涵和外延不断扩大。目前教科书的运营管理的知识体系是发展和扩展中的，至今没有一个统一定义。根据国内外学术界的论述，本书对运营管理的定义概括为：

运营管理是制造企业的产品生产过程和服务企业服务过程的一系列业务运作活动的管理，是通过对企业各种资源的有机组合，把输入转化为输出，高效、低成本、快速满足顾客需求，实现企业价值增值的一系列业务过程的组织、计划与控制等管理活动的总称。

虽然对于任何组织的价值转化过程，都是输入转化为输出，有其共性的特点，但是不同组织，其价值转化过程的业务组织和资源使用有很大不同。因此在利用共性的管理思想和方法解决管理问题的时候，针对不同的组织运营系统，我们需要具体问题具体解决。制造业以"物"为主的运营资源观和服务业以"人"为主的运营资源观导致两者在资源组织和流程管理中差别比较大，因此需要差别对待。

四、企业组织中的运营管理职能

任何组织都是为了一个共同目标由不同的人员构成的，为了明确工作任务和分工，使组织更加有效运行和管理，企业都需要建立一定的组织结构，在统一的领导指挥之下开展业务活动。运营活动是企业的核心业务活动，也是构成企业人员组织中最大的一部分。但是不同的组织结构,特别是制造业和服务业,差异比较大,没有两个企业的组织结构是完全相同的。制造企业和服务企业组织结构的运营管理职能不同,这里简单介绍典型企业组织中的运营管理职能设置情况。

(一) 制造企业的运营管理职能

制造企业通常有三大核心业务:生产、财务/会计、营销。与生产有关的部门都属于运营管理职能,包括制造部门(生产工厂/车间)和生产管理部门(PM)。这两大核心部门,前者负责执行生产管理指令,从事产品制造活动;后者负责指挥制造部门的生产活动,是管理职能。他们构成了传统意义的生产管理主要内容,也是制造运营的核心职能。

此外,制造运营管理职能还包括支持生产的产品开发部门、原料供应和物流部门、质量管理部门、售后服务部门,这些部门的责任是支持生产活动的正常进行,提供技术、物料、质量保证等。因此,在制造企业,属于运营管理职能核心的部门是生产管理部门和制造部门(车间)的管理者(如制造总监、生产经理、车间主任等)。同时,支持生产活动的职能部门管理者:工业工程部、质量部、采购部/供应链部、产品/工程部等管理者是运营辅助职能部门。图 1-4 为某电子制造企业的组织结构。在这个公司的组织结构中,生产技术副总经理是制造运营的主要负责人,同时,经营副总经理下面的采购部门和材料仓库等是运营辅助职能部门。

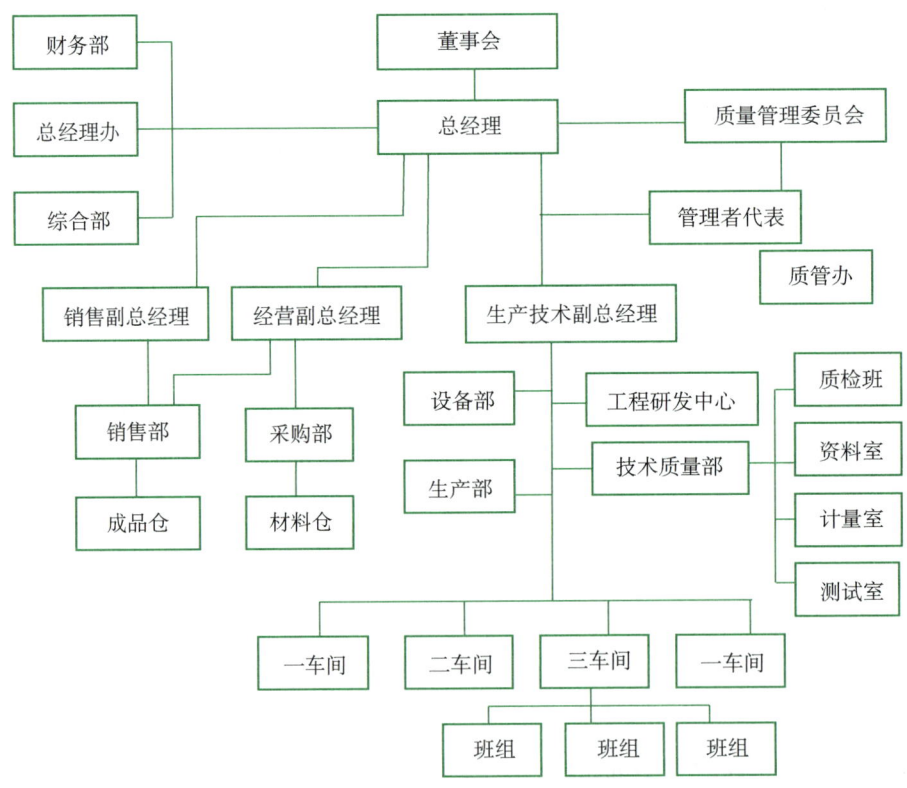

图 1-4 某电子制造企业的组织结构

(二)服务企业的运营管理职能

与制造企业的运营管理职能是以生产部门为核心、不同企业的职能划分比较类似、运营管理职能的界限比较清晰不同,服务企业由于其行业的多样性,职能部门的功能划分差异性比较大。

图1-5为某航空公司的组织结构。从这个组织结构图看,该航空公司的运营管理职能主要是与飞机航班运行有关的部门,包括运行控制中心(负责航班计划与飞行管理)、客舱服务部、飞行总队(负责飞行驾驶员管理)、地面服务部(负责地勤服务),运营支持部门包括培训部(负责飞机机组人员培训)、集中采购部(负责航空物资采购管理)、综合保障部等。销售部、网络收益部属于销售运营,隶属商务委员会管理。

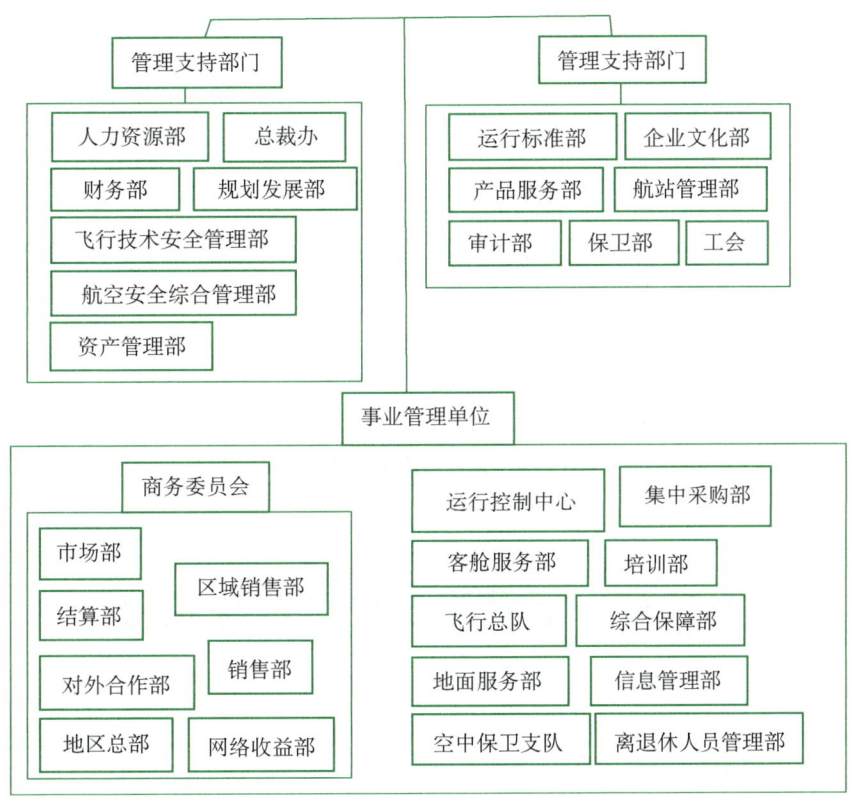

图1-5 某航空公司的组织结构

图1-6为某零售店的组织结构。在这个零售店的组织结构中,属于核心运营部门的是"营运部"。零售企业实际上就是"进、销、存"的业务三大块。该商店的"营运部"就是销售部门(即"销"),也就是运营业务的主体;"采购部"负责的进货业务,就是"进";"资讯部"中的"库控专员"负责库存管理,就是"存"的业务。采购和库存是为了销售服务的辅助部门,支持营运部门的业务正常开展。有的大型零售企业有市场部,做广告和促销。

从以上两个服务企业的组织结构看出,服务企业的运营管理职能差别比较大,航空公司和零售店,一个是提供服务,一个是销售产品,它们运营的内容和功能差别比较大,导致运营管理的手段和方法差别比较大。因此,很难用统一的管理模式和工具来统一所有的服务企业的运营管理。这就导致服务运营管理很难像制造企业那样都有相似的生产管理职能。

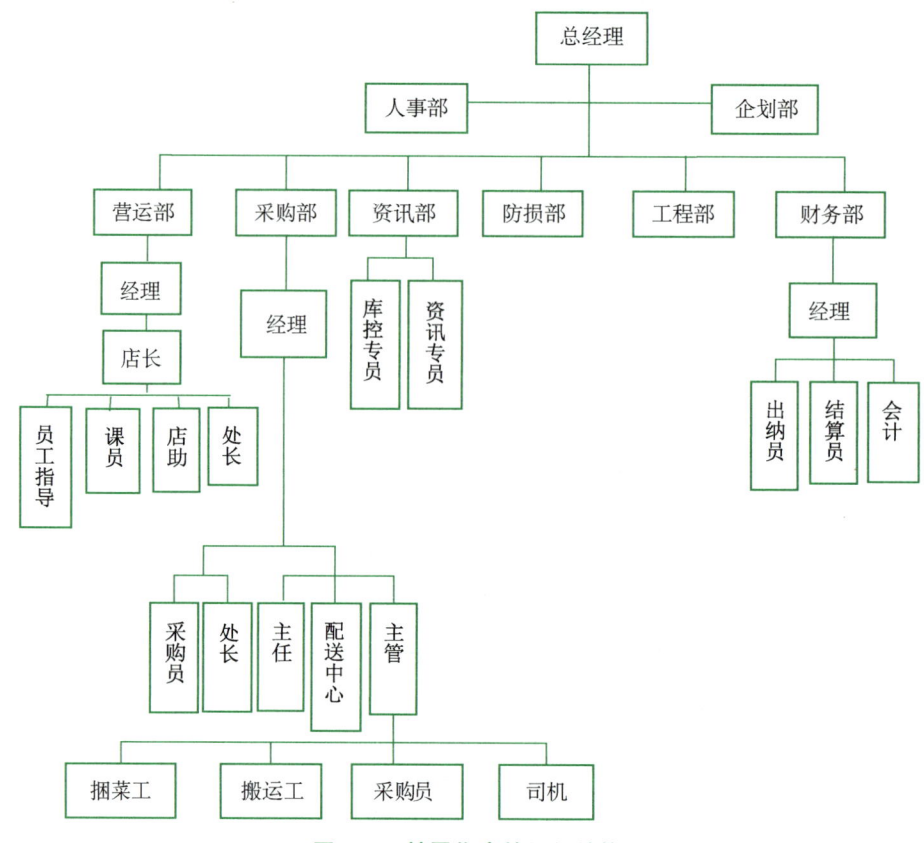

图 1-6　某零售店的组织结构

第二节　运营系统的分类与特征

虽然运营活动的基本任务是把输入转化为输出,创造价值,但是不同的运营系统的特点不同,创造价值的形式与方法也不同。因此,我们先了解一下不同的运营类型及其特点。由于制造的运营系统和服务运营系统不同,因此我们分开讨论两种运营系统。对于制造企业,我们讨论不同生产类型的特点;对于服务企业,我们讨论不同服务类型的特点。

一、制造业的生产类型与特征

制造业的生产类型有很多划分方法,比较典型的划分方法有:①按照产品特征(生产批量)划分;②按照需求特征划分;③按照工艺特征划分。

(一) 按照产品特征划分

按照产品特征,制造生产系统可以划分为如下三种典型类型:单件生产、批量生产、大量生产。

1. 单件生产

单件生产的产品品种很多,批量很小,极端情况为批量 1,多数情况是少量多品种的生产。蛋糕生产就是典型的单件生产。一般来说,大型工业设备的生产是单件生产,如造船、生产大型机电设备;另外,其他非制造业,如建筑施工也算是一种单件生产。

单件生产的组织、生产计划与控制、质量控制方式、劳动力组织等都比较复杂,变化比较大,对管理要求比较高,例外的管理比较多。

单件生产需要根据顾客的需要组织生产,因此产品设计的能力、生产工艺装备与人员的工艺操作水平、部门之间的协调与配合是决定单件生产类型的竞争力的重要因素。

2. 批量生产

当生产的产品品种比较多,但是批量生产大于 1 时,就是多品种批量生产。根据批量的大小,又可以分为小批量、中小批量等类型。大多数工业企业属于批量生产。

批量生产的组织与单件生产不同的是在同一生产线上生产不同的产品,生产重复性增加,为此需要在不同的产品之间进行工艺转换,即换产。产品之间的工艺切换能力影响生产批量的大小,因此有一个经济生产批量的决策问题。

3. 大量生产

当生产的产品批量很大时,企业的生产设备可以长期生产某一品种,或者少数几个品种的产品,这种就是大量生产。大量生产的生产工艺过程自动化程度高、劳动效率高、单件成本低。早期福特采用的就是大批量生产方式。化工厂、炼油厂、食品厂和酒厂等多为大量生产。

大量生产的标准化程度高,因此,劳动组织比较简单,生产效率高。但是由于缺乏柔性,适应市场变化的能力低。

大量生产通常采用高自动化的设备密集型生产工艺,因此保证设备的可靠性与设备维护对大量生产非常重要。另外,成本控制、保证物资的供应与员工队伍的稳定也是大量生产管理的重点。

以上是典型的三种生产类型。三种生产类型在产品设计、生产工艺、生产组织、生产管理等方面都有不同特征。三种生产类型的特征如表 1-2 所示。

表 1-2　　　　　　　　　　　　单件生产、批量生产与大量生产的特征

特征	生产类型		
	单件生产	批量生产	大量生产
产品顾客化程度	高	低	很低
生产品种	很多	多	少
生产批量	单件	较多	大
生产能力调整	容易	一般	困难
自动化程度	低	一般	很高
劳动组织	复杂	较复杂	简单
工作标准化程度	很低	一般	很高
生产柔性	高	一般	低
生产效率	低	中等	很高
单件成本	高	中等	低

（二）按照需求特征划分

需求的变化影响生产组织方式。根据需求特征可以把生产分为备货型生产（make-to-stock，MTS）和订货型生产（make-to-order，MTO）。

1. 备货型生产

备货型生产也叫面向库存生产，是按照预测安排生产任务，维持一定库存以满足顾客需求。大量生产方式一般是备货型生产。

备货型生产比较适合在产品已经有一定市场销路、有相对稳定的销售量等情况。备货型生产组织管理比较方便，有利于生产系统的持续改进，提高生产率，同时交货期比较短。对生产管理者来说，这是比较好的生产方式，因为他们的工作压力比订货型生产要小得多。但是对销售部门来说，这不是好的生产方式，他们更喜欢订货型的生产，因为他们可以根据顾客的需求进行交货。

2. 订货型生产

订货型生产也叫订单式生产。随着市场的变化，越来越多的企业产品按照订单组织生产，因此订货型生产已经成为企业生产的主流。

> 🔍 **学而思，思而学课堂思考题**：举例说明你的学校食堂中哪些服务活动可以认为是"备货型生产"，哪些活动可以认为是"订货型生产"。

订货型生产的特点是先有订单才组织生产，因此与备货型生产不同的是，订货型生产生产产品种与数量波动比较大，而且生产组织复杂性增加，生产计划调整频繁，生产调度工作任务重。

从产品特征看，备货型生产的产品是标准化的产品，可以预先生产出来，一旦顾客需要就可以交货，从这个角度讲，标准化的产品能够快速交货。产品"标准化""系列化"与"通用化"（简称"三化"）是提高快速交货能力的一种有效策略。

但是如果过于标准化了，产品的个性特征就没有了，这是矛盾的。因此，必须找出一个既能满足快速交货的要求又不牺牲个性的方法。一种方法是把零件做成标准的，按照标准生产工艺生产零件，但是产品是多样化的，也就是用标准零件通过组合的方式生产不同的产品，采用推拉结合的生产方式。这种方法称为大规模定制生产，或者大量定制生产（mass customization）。"推"的生产过程，即公共件的生产过程采用备货型生产，即面向库存生产，而"拉"的生产过程采用订单式生产。通过这种方式，可以从一定程度上解决目前顾客需求个性化与生产交货时间要求短的矛盾。

备货型生产与订货型生产的特征如表 1-3 所示。

表 1-3 备货型生产与订货型生产的特征

特征	生产类型	
	备货型生产	订货型生产
产品特征	需求稳定	需求波动大
生产组织	按照预测组织生产	按照订单组织生产
市场适应性	不灵活	灵活
交货能力	快速	慢

特征	生产类型	
	备货型生产	订货型生产
人员技能要求	专业化	多能化
工艺与设备	多采用专用设备	柔性制造系统
资源利用率	高	低

（三）按照工艺特征划分

按照生产工艺特征,生产系统可以分为连续生产与离散生产(装配生产)两种。

1. 连续生产

连续生产是指物料按照一定顺序均匀、连续经过一定的加工工艺过程,物料在运动的过程中不断改变形态与性能,最后形成产品的生产。连续生产又称流程式生产,化工工业、钢铁工业、造纸工业以及纺织工业中的纺纱过程等都是连续生产。

连续工业生产的特点是装备密集、生产设备自动化程度高、生产能力调整困难。由于生产投资规模大,因此一般生产批量大、生产品种单一。

2. 离散生产

离散生产,又称加工装配生产。机械工业、电子工业、玩具工业以及纺织工业中服装加工过程都属于这种类型。

离散生产由于产品零件比较多,加工工艺过程复杂,因此生产组织、生产控制与协调困难。另外离散生产系统中由于存在比较多的手工或者半手工生产过程,人的因素在生产过程中占比较大的比重。

另一个重要特点是离散型生产企业供应商比较多,因此存在比较多的外协与外包现象,物资供应管理的难度也大大增加。

连续生产与离散生产的特征如表 1-4 所示。

表 1-4　　　　　　　　　　　连续生产与离散生产的特征

特征	生产类型	
	连续生产	离散生产
产品品种数	相对较少	相对较多
产品标准化程度	比较多标准化产品	较多差异化产品
生产能力调整难易度	比较困难	比较容易
扩充能力的周期	比较长	比较短
自动化程度	比较高	比较低
生产系统柔性	比较低	比较高
生产过程组织	比较简单	比较复杂

二、服务业的运营类型及特征

服务业的发展是历史发展的必然趋势。哈佛大学的社会学教授丹尼尔·贝尔教授把人类社会分为前工业化社会、工业化社会、后工业化社会。服务业属于后工业化社会的产物——第三产业。服务业种类繁多,一般而言,服务业根据服务对象分为三类产业:生活服务业、生产服务业和公共服务业。

(1)生活服务业。生活服务业是与人民日常生活紧密相关的产业,最常见的生活服务业是零售、餐饮业、旅店业、休闲旅游业等。随着生活方式和生活条件的改变,新的生活服务业也会越来越多,比如宠物保健、家政、养生、养老保育业等。

(2)生产服务业。这类服务业主要是为制造企业提供各种服务活动的产业,比如研发服务、设备维修服务、物流服务、管理咨询、会计事务服务、销售代理和批发服务等。随着制造业的多元化和产业分工,生产服务业将有更多新的业态出现。

(3)公共服务业。公共服务业是为社会提供公共服务的产业,包括医院、银行、邮政、电信、教育、新闻出版业、城市市政服务、警察等。

服务业的发展推动服务运营管理理论的发展,虽然许多有关制造企业的生产管理理论与方法可以应用到服务业中去,但是由于服务业的独特性,不同服务企业的特点不同,其需要的管理理论和方法也不同,因此为了正确应用服务运营管理的理论和方法,了解服务与制造的不同,以及不同服务的特点是必要的。

(一) 服务的特点

服务与制造产品有许多不同特点,这些不同的特点决定了服务运营管理和制造企业的生产运营管理的差异。服务的特点有:无形性(intangibility)、同步性(simultaneity)、异质性(heterogeneity)、易逝性(perishability)。

(1)无形性。服务不像实物产品,不是实体的东西,它是无形的,不能触摸,通常表现为一种感觉、一种过程体验。这种无形性特点使得服务过程控制比较困难。

(2)同步性。服务的同步性表现为服务过程中服务者和顾客必须同时出现,他们是不能分离的。服务者可以是人,也可以是机器(比如银行的自动取款机),也可以是一个系统(信息系统,如上网订机票)。但是,不管服务者是什么,提供顾客服务的时候,顾客必须同时出现,否则服务就不存在。

(3)异质性。异质性也叫波动性,是指相同的服务在不同的时间、地点和对不同的顾客具有不同的效果。这种异质性导致服务需求、服务质量很难用统一的方法和标准去管理,需要差异化的管理方法。

(4)易逝性。服务的需求具有时效性,因而服务能力的时间敏感性高,顾客没有出现的时候,服务能力就丧失了,没有存储的价值。因此,这种易逝性导致服务决策更加倾向采用短期决策。

视野拓展 1-1

我国"十四五"规划和 2035 年远景目标纲要对服务业发展有明确的战略规划。扫描二维码,阅读了解。

(二)服务类型

服务业虽然种类繁多,但是就像制造企业的生产根据产品、需求、生产工艺等不同特征划分不同的生产类型一样,也可以根据服务特点进行服务划分。按照不同的划分标准,得到的服务类型不同。国外一些教科书按照服务传递过程的特点,就是服务过程的劳动密集程度与顾客接触程度,把服务分为四类,如图1-7所示。

图 1-7 服务类型

(1)服务工厂(service factory)。这种服务类型的劳动密集程度低,同时顾客接触程度与服务差异化程度都比较低。这种服务主要通过标准服务流程实现,如各种航空公司、铁路运输公司等。

(2)服务作坊(service shop)。这种服务类型的特点是劳动密集程度低,但是顾客接触程度与顾客服务差异程度高,如大医院、汽车修理厂。

(3)大众化服务(mass service)。这种服务的特点是劳动密集程度高,但是顾客接触度低,服务差异化低。中小学校以及仓储式的零售业(如沃尔玛)等属于这种类型。

(4)专业服务(professional service)。专业服务的特点是顾客接触程度很高,劳动密集程度也很高,如建筑设计、专业性牙科诊所、律师事务所、心理咨询服务等都属于这种类型。

除了以上这种服务类型的划分方法,还可以按照服务过程的其他特征来划分,如按照资本密集程度划分为资本密集与劳动密集型服务、按照是否提供有形产品划分为一般劳务服务与纯劳务服务、按照顾客参与度划分为顾客参与的服务与顾客不参与的服务等。

(三)服务业的运营特征

虽然服务业与制造业都有一个输入与输出的价值转化过程,但是服务过程管理与制造生产过程管理有本质不同。制造是产品导向的,服务是顾客导向的。服务业运作系统具有如下特征。

(1)服务业与顾客的接触程度要高于制造业。制造业的产品生产与消费可分离,因此制造过程在选择工作方法、运作计划、运作控制等方面有比较大的自主权。而服务业由于运作线与顾客接触程度高,对运作控制的自主权受到限制。

> ❓ **学而思,思而学课堂思考题:** 互联网出现以后,电商平台的购物服务系统和实体店的购物系统运营上有什么不同?(从顾客接触、服务质量管理,服务效率和生产率等方面思考)

（2）服务运作的投入比制造运作的投入具有更大的不确定性，即生产能力具有更大弹性。制造业通常通过严格的控制投入变化使产出的变化尽可能小，提高运作的效率。而服务业讲究的是服务的个性化，例如不同的病人需要不同的医疗方法与护理，每一辆待修理的汽车需要检查之后依据具体情况进行修理。因此服务业的投入一致性低。

（3）由于需求的强度与工作要求的多变性，服务业的生产率相对难测定。例如两名医生的病人特征不同，律师的辩护对象也不同，这些都会造成服务的生产率难以测量。

（4）服务业对质量要求更高，同时质量控制的难度也大。由于服务的提供与消费同时进行，顾客对服务的质量要求高，但是由于投入的不确定性大，质量控制难度也大。

（5）服务不能用库存来调节。银行和超市要么是顾客排队等待服务，要么是银行和超市的职员坐等顾客的到来，服务是不能储备的。

由于以上特点，服务业的价值转化过程与制造业有很大不同，而且服务业的范围极其广泛（零售、餐饮、物流、交通、金融、保险、医疗卫生、地产、娱乐、媒体、通信、邮政、咨询等等），没有统一的管理理论与普遍适用的方法。不少服务业都有专门的教科书介绍其服务管理知识。

（四）服务运营系统与理论基础

服务运营系统的核心是顾客，根据美国学者Jacobs和Chase的观点，一个服务运营系统有三个核心要素，即服务战略、服务支持系统、服务员工，三者构成一个三角形，叫服务三角形，如图1-8所示。在这个服务三角形中，顾客处于中心位置；服务战略即服务策略，包括目标、服务的业务模式等，是指导服务的系统设计和服务运作的基础；服务支持系统包括服务的设施和流程等资源；服务员工是多方面的，任何与服务过程有关的企业人员都服务员工。这个服务三角形很好解释了服务的本质。

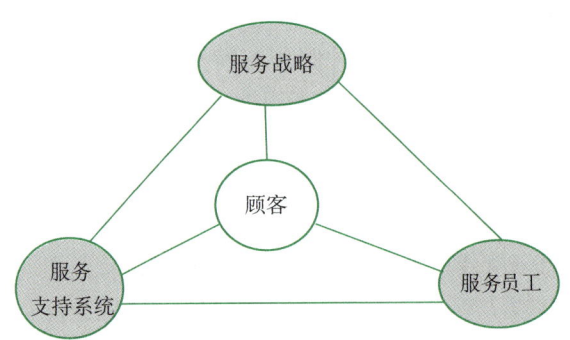

图1-8　服务三角形

资料来源：雅各布斯，蔡斯著，任建标译，运营管理（原书第14版）（机械工业出版社，2015）

服务运作系统需要考虑的主要决策问题：

（1）顾客定位。不同服务的顾客定位对服务系统设计和运作要求不同，比如酒店根据不同的顾客要求，提供不同的服务。

（2）服务标准。明确的服务标准对于保证服务质量和顾客了解服务的能力有帮助，没有标准，企业就无法改善服务。

（3）服务系统设计与运行。包括服务组织、服务流程、服务员工、服务计划和质量控制等。

由于服务业的运作系统的特点，服务业的运作管理的理论基础也与制造业的生产管理不同。除了运筹学等一些经典的数学方法可以用来指导服务系统设计和优化，在服务运作过程中,服务运作主要运用如下两个理论基础。

(1)营销学理论。由于服务是生产和销售同时发生的,而且服务对象是顾客,因此服务过程实际上就是销售过程,而销售过程的运作,就需要营销的理论,包括价格决策理论、消费者行为理论等。

(2)行为科学理论。服务的对象是人,服务的主体也主要是服务人员,而且多数服务企业是人力密集型的企业,因此服务运作管理需要比较多的行为科学理论作为设计管理方法和策略的理论依据。

 企业风景线

拥抱顾客,拥抱变化,海底捞向"新"出发

2024年4月15—19日,超百位海底捞忠实顾客从全国各地汇聚到海底捞内部工作会的现场。"多和顾客开会",成了海底捞在创新路上找准方向的"指南针"。在消费提振的大环境下,海底捞主动求新求变,尝试新业态、孵化新品牌、打造新服务、使用新技术、探索新模式,从用餐场景、产品类型、服务体验、数字赋能等多方面,正在形成强劲活跃的新质生产力,不断满足当下消费者新需求。为顺应市场发展趋势,海底捞在经营品类与消费业态方面持续拓宽边界。2023年,海底捞在总部层面成立创新创业办公室,调整创业品牌策略规划。与此同时,海底捞重塑外卖体系,强化"到家"服务业态,形成了"海底捞火锅外送""海底捞外送欢乐宴""海底捞下饭火锅菜"的"三驾马车"业务矩阵。

在业态和产品的全面创新之外,全链数智化正在让餐饮业摆脱传统增长路径,作为头部餐饮企业,海底捞在数智化转型方面焕发出新质生产力的发展活力。在餐饮行业人力资源的结构性矛盾日益突出的当下,海底捞利用数字化工具实现精细化运营,让员工在服务中持续创造情感连接和情绪价值。

资料来源:根据海底捞网站,2024年4月20日新闻。

第三节　运营管理的目标与内容

一、运营管理的目标

运营管理的目标随着时代不同有所不同。当今市场环境下,企业运营管理的目的是灵活(flexibly)、高效(efficiently)、准时(on time)、低耗(low cost)、环保(greenly)地生产合格产品或提供满意服务。

(1)灵活。灵活即企业要适应市场的变化,不断调整生产要素的组合,根据用户的需要进行生产,以提高生产对用户需求响应的能力。随着市场环境的变化,灵活性成为企业生产运作的首要目标。以前,在计划经济时代,企业生产任务主要由上级部门决定,企业只要按照计划完成任务就行。现在,进入市场经济时代,大多数企业都是订单式的生产,生产什么,生产多少,什么时候生产都是由顾客需求决定。因此,灵活性就是适应市场的能力。

（2）**高效**。提高效率是生产始终追求的一个基本目标。在激烈的市场竞争中，企业只有不断提高效率，才能迅速响应用户的需求，为此需要采用先进技术装备、改进工作方法、合理制定管理制度、提高员工素质等。

（3）**准时**。准时即在用户需要的时候，按照需要的数量，提供需要的产品或服务。准时是现代生产的一个基本要求，准时生产可以消除企业不必要的浪费，从而降低成本，提高响应能力。

（4）**低耗**。低耗就是提供相同数量和质量的产品或服务，消耗的人、财、物最低，通过降低消耗，可以降低成本，而成本降低又具有价格的竞争优势。

（5）**环保**。当今时代，绿色和环保是一个重要的企业竞争因素，企业要开展绿色制造和绿色服务，减少对环境的污染和损害，减少对资源的使用，减少碳排放，利用绿色和清洁能源进行绿色和清洁生产。

二、运营管理的内容

运营管理是一个日益发展与开放的学科，范围与领域在扩大。从横向讲，它从传统的制造业逐渐扩大到非制造性服务企业；从纵向讲，它从运作层次的管理扩大到战略层与相关支持活动管理；从系统角度讲，它涵盖运营系统战略、运营系统设计和组织（包括流程与资源）、运营系统运行管理、运营系统改善和创新等领域。限于篇幅，本书重点介绍下面四个内容。

（一）运营系统战略问题

运营系统的战略问题是宏观性的决策问题，这些问题的决策涉及企业长期的运作目标，对企业产生较大影响。长期以来，传统的生产管理教科书比较重视车间一级的作业管理，对于宏观性的战略问题重视不够。随着企业生产系统的开放性与动态性的增加，一些运营战略性问题受到人们的更多关注，有关运营战略性问题在第二章有更加详细的讨论与介绍。

（二）运营系统设计和组织问题

本书按照系统思想和全生命周期的思想，在介绍运营战略之后，接着介绍企业运营系统设计和组织活动。系统设计和组织包括产品、流程、资源的使用等，本书介绍产品和服务设计、设施选址、设施布置、流程管理等运营系统设计与组织内容。

（三）运营系统运行管理问题

运营系统设计和组织完成以后，运营管理的主要任务就是日常的业务运行管理，包括运营计划管理、质量管理、资源管理等，其中，最核心的是运营计划与控制。制造业与服务业的运营计划和控制内容以及方式都存在较大的差异。制造业生产主要考虑企业资源能力（包括人力、设备、物资与技术等）与产品需求的平衡问题，保证产出符合市场需求，因而计划管理非常重要。服务性企业的运营决策由于短期需求的多变性，因此决策重点应该是中短期的需求与能力规划及作业管理。本书对制造业与服务业的运营计划和控制问题给予同等的重视，分别介绍它们的计划方法与执行策略。

（四）运营系统改善和创新问题

运营系统要创造更多的价值，必须进行持续改善，并根据理论和实践的发展不断创新。丰田生产方式和精益生产是先进的生产方式，是世界级制造系统，从丰田生产方式演变而来的精益生产不仅仅在制造企业广泛应用，在服务业也已经获得很好的应用，本书将介绍精益生产的基本原理和方法及其在服务业的应用。运营系统在运行中,要随着内外环境和技术的变化作相应的变革,这就是需要不断创新,比如,绿色可持续运营、数字化和智能化运营等。

第四节　运营管理的发展与趋势

一、运营管理的发展

运营管理作为一个学科,其发展有一个悠久的历史和演变过程。从18世纪中第一次工业革命到现在,经历200多年发展演变,形成今天丰富多彩的理论和方法体系。

图1-9概要描述了运营管理从20世纪初到现在的一些里程碑。以下简要介绍几个重要的里程碑。

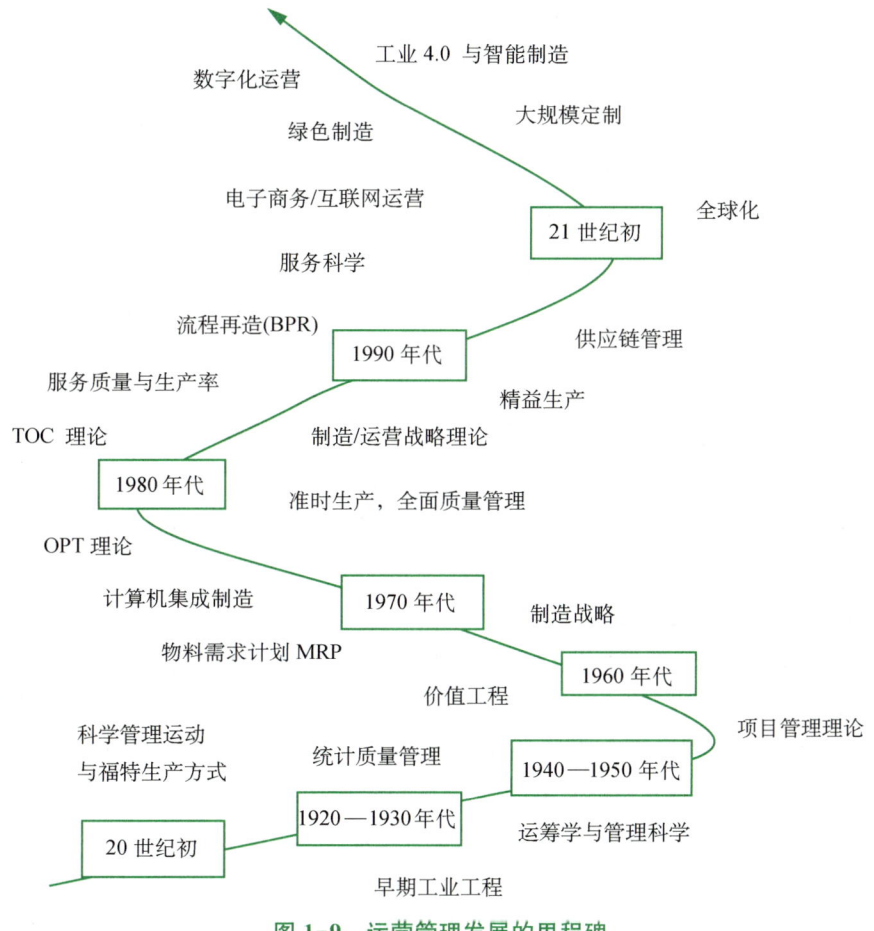

工业4.0与智能制造

数字化运营

绿色制造　　　　大规模定制

电子商务/互联网运营　　　全球化

服务科学　　21世纪初

流程再造(BPR)　　　供应链管理

服务质量与生产率　　1990年代

TOC理论　　　　精益生产

制造/运营战略理论

1980年代

准时生产,全面质量管理

OPT理论

计算机集成制造　　　1970年代

制造战略

物料需求计划MRP　　　1960年代

价值工程　　　项目管理理论

科学管理运动
与福特生产方式　　统计质量管理　　1940—1950年代

1920—1930年代

20世纪初　　　运筹学与管理科学

早期工业工程

图1-9　运营管理发展的里程碑

(一) 科学管理原理与福特生产方式

科学管理运动是管理学科发展历史上重要的里程碑。20世纪初科学化管理运动发源于美国。科学管理的创始人是弗雷德里克·泰勒(Frederick Taylor)。他是一位工程师和效率专家,被称为"科学管理之父"。泰勒思想的精髓是:①利用科学管理原理对工人作业进行研究,建立工作标准和绩效标准;②科学挑选、培训和教育工人,使之成长;③建立任务管理系统,管理者的责任就是为工人找到最合适工作,成为"一等工人";工人的责任是无条件地执行管理者的命令;④建立工人和管理者之间的合作关系,实现共同目标。

亨利·福特(Henry Fort)是将科学管理原理应用于实践中的第一位企业家。他发明的流水生产线开创了现代大量生产的序幕。福特的流水生产方式有几个特点:①把机器和操作工人按仔细规划的作业顺序排列;②每一个工人被指定做一种高度专业化的工作;③生产严格按节拍进行。福特汽车公司按照劳动分工理论和零件标准化生产的原理利用大规模流水生产线长期生产"T"型汽车,获得巨大成功,成为 20 世纪最伟大的企业之一。

(二) 运筹学与管理科学的应用

科学管理运动发展之后,20 世纪 20 年代到 60 年代,数学作为一种工具开始大量应用于工业生产管理。特别是第二次世界大战以后,运筹学(之后发展为管理科学)及其在生产管理中的应用给生产管理带来了惊人的变化。存储理论、线性规划方法、网络计划方法、排序方法等一系列的定量化工具在生产管理中获得应用。

运筹学在企业的应用将来的发展趋势是多学科交叉,比如与模糊方法、人工智能方法的结合,同时增加软系统方法应用。现在,数据驱动的数学分析方法,如神经网络、机器学习等正在深入到企业生产与运营管理中。

(三) 计算机与信息技术的应用

20 世纪 70 年代,计算机与信息技术广泛应用于工业与服务运营管理。20 世纪 70 年代,美国的 IBM 的约瑟夫·奥利基(Joseph Orlicky)和奥利弗·怀特(Oliver Wight)用计算机编制物料需求计划,20 世纪 80 年代,物料需求计划发展成为制造资源计划,20 世纪 90 年代,制造资源计划又发展成为企业资源计划 ERP。企业资源计划从更广泛的资源空间进行资源的优化,实现供应链整体资源优化。

最近 20 年来,新型信息技术进一步展,如互联网、移动互联网、云计算等先进的信息技术广泛应用,进一步推动商业模式和管理手段的变化,出现了互联网+、人工智能+等新的商业模式。

(四) 精益生产与全面质量管理

20 世纪 80 年代,以丰田公司为代表的日本企业创立的管理模式传播到世界各地。首先是丰田公司创立了准时生产制,之后演变为精益生产(lean production)。与此同时,日本企业在学习美国的质量管理思想和方法基础上形成了全面质量管理(TQM)。精益生产不仅仅在制造企业应用,许多服务企业也在推广精益思想。精益思想成为 20 世纪下半叶最重要的运营管理思想。

(五) 供应链管理

20 世纪 90 年代运营管理领域的一个重要发展是供应链管理思想和理论的出现。虽然供应链管理的概念早在 20 世纪 80 年代初就出现,但是成为一个新的管理理论和思想被理论界和企业界广泛关注,成为研究热点和被实践重视的是 20 世纪 90 年代。集成化供应链管理、敏捷供应链管理、服务供应链管理、智慧供应链管理、全球供应链管理、供应链风险与安全、供应链金融等一系列与供应链有关的理论研究热点不断出现。目前供应链运营管理成为运营管理中研究群体最大的一个分支。

（六）大规模定制

20世纪90年代以来，顾客需求越来越个性化，产品生命周期缩短，顾客参与性明显增加，电子商务和互联网经济的出现推动了体验经济的发展。于是，一种新的生产方式——大规模定制出现。大规模定制是把大规模生产的规模经济性和定制生产的范围经济性融合在一个生产系统中，一方面能够实现大规模生产的资源利用率高、单位成本低的优点，同时也能够利用定制生产中多样性和灵活性，实现顾客化程度高的优点。大规模定制首先在家电、服装、汽车等工业生产中应用，同时在医疗、旅游、教育、餐饮等服务性企业获得广泛应用。

二、运营管理的新趋势和挑战

（一）可持续发展"三底线"与企业社会责任

随着社会的发展，社会对企业要求越来越高。企业要担负更多的社会责任。企业不再是只追求经济目标，同时也要保护环境，关注社会公平和公益，承担共同富裕的社会责任，也就是实现可持续发展。可持续发展包括环境可持续发展、人和社会和谐发展、经济利益可持续发展三个方面，这就是企业可持续发展的"三底线"责任（triple bottom line）。

可持续发展中最主要的是环境保护问题，即如何建立绿色和环境友好的企业。由于人们保护环境意识的不断增强，再制造与循环性资源利用已经成为新的制造热点。发达国家的制造企业，如汽车、电子制造企业在增加某些可循环利用的零件的使用量。另外，一些企业在开发新能源汽车，如太阳能汽车等，这些新举措对减少环境破坏，减少不可再生资源的使用等有重要的现实意义。以保护环境、人与自然和谐为核心的绿色制造与绿色供应链的概念提出是适应这一要求的新制造战略。

2021年我国政府制定"十四五"规划和2035年远景目标纲要中提出了"坚持生态优先、绿色发展，推进资源总量管理、科学配置、全面节约、循环利用，协同推进经济高质量发展和生态环境高水平保护"的绿色发展战略。为了积极应对气候变化，明确提出2030年"碳达峰"与2060年"碳中和"目标（称为"双碳"目标）。提出全面推行循环经济理念，构建多层次资源高效循环利用体系，规范发展再制造产业，构建资源循环回收利用体系，推行生产企业"逆向回收"等模式，拓展生产者责任延伸制度覆盖范围，推进快递包装减量化、标准化、循环化。这些国家战略和方针对于未来企业的生产运作具有重要指导意义。

 企业风景线

格力电器绿色转型，引领家电产业低碳革命

2024年，国务院印发《推动大规模设备更新和消费品以旧换新行动方案》的通知。统筹扩大内需和深化供给侧结构性改革，实施设备更新、消费品以旧换新、回收循环利用、标准提升四大行动，大力促进先进设备生产应用，推动先进产能比重持续提升，推动高质量耐用消费品更多进入居民生活，畅通资源循环利用链条，大幅提高国民经济循环质量和水平。为了贯彻落实这个行动方案中，不少企业积极开展绿色循环经济活动。珠海格力电器集团就是其中一个例子。

近年来,格力电器不断推动绿色转型升级,实施低碳发展战略。格力绿色发展战略:作为制造业领军企业,格力电器坚持绿色发展,通过技术创新推动产业升级,在废旧家电回收利用方面取得显著成效。

建立再生资源基地:格力电器在多个城市建立再生资源基地,处理废弃电器电子产品和报废汽车,实现废旧线路板、等资源化利用,其废旧家电处理量多年位居行业前三。

绿色家电回收体系建设:格力电器建立绿色家电回收体系,推出逆向物流回收平台,实现家电送装收一体化,与电商平台合作,打通逆向物流关键环节,提高回收效率。

技术创新与成果转化:格力再生资源在回收利用技术上持续创新,拥有多项专利,并参与制定标准,实现塑料再生、金属回收等技术成果转化,推动产品迭代更新,促进市场消费增长。

政策支持与市场潜力:商务部等部门提出到 2025 年全国废旧家电回收量增长目标,家电家具市场更新换代的潜力巨大,这为格力电器等企业的绿色发展提供了广阔的市场空间。

资料来源:根据网络资料整理。

(二) 员工素质变化与需求

进入 21 世纪以来,世界各国的企业都面临一个"员工"难题,企业普遍感到要招募、留住和使用员工,必须有新的政策和策略,因此企业员工素质的变化对企业产生越来越大的影响,这些影响主要体现在如下几方面。

1. 高学历员工的管理问题

随着教育的普及,高等教育大众化,劳动力市场将发生改变,高学历的员工队伍增加,普通工人(通常说的"蓝领"阶层)减少,因此未来的企业需要转变经营理念,那些依赖简单劳动的劳动密集型生产与服务企业将受到劳动力短缺的更大压力。

2. 学习型组织的管理

未来的企业员工将更注意学习与知识的运用,管理知识员工与学习型组织是未来企业领导者的挑战。那些知识员工不断增长的企业,会在产品创新、改善生产率方面有更大的竞争优势。

3. 员工素质改变企业文化

企业文化是企业的 DNA,丰田公司之所以能够长盛不衰的秘诀在于其持续改善的企业文化。有一种说法,"一流企业卖文化,二流企业卖服务,三流企业卖产品"。好的企业文化必定能创造出好的产品与服务,进一步地,这种好的文化凝固在产品与服务中,并在顾客中传播,就为企业赢得更大竞争优势。

由于员工素质的变化,未来不管是制造业的生产运作还是服务业的服务运营将可能产生一些的新变化,科学管理原理与管理科学的"硬系统方法"需要补充一些"软系统方法",人们将重新审视行为科学对生产率改善的影响。

(三) 数字化与智能化转型

最近几年,制造业包括服务业都在一股新的信息技术变革中转变经营模式和商业模式。从"互联网+"到"机器人+"、工业互联网,数字化、智能制造等先进的技术应用到企业,改变了传统的生产和服务管理模式。通过数字化和智能化,企业解决了劳动力短缺的问题,提高生产率,同时改善员工工作条件,提高生产资源配置效率。

工业4.0将给企业带来具有巨大的发展潜力,比如:①满足用户个性化需求;②增加灵活性;③优化决策;④资源生产率和效率提高;⑤通过新服务创造价值机遇;⑥应对劳动力结构的变化。企业向工业4.0转型升级,需要运用先进的物联网和服务联网渗透到工业的各个环节,形成高度灵活、个性化、智能化的产品和服务生产模式。

数字化和智能化可以使企业获得如下好处:①提升企业在生产过程中信息传递和信息共享能力;②提高有效沟通能力,有效进行跨部门和供应链协同运作;③敏捷响应市场,提高顾客服务水平;④降低能耗和成本,提高经济效益。

(四)制造和服务的融合

随着服务业的发展,社会经济从以工业为主转向以服务为主,制造业的制造模式在悄悄发生转变。制造业也不单纯生产产品和销售产品,而是更加面向顾客,以服务顾客的理念来实现自身价值。目前关于服务型制造的概念没有统一认识。一般认为,服务型制造就是制造和服务的融合,制造企业和服务企业以产品制造和服务的提供为依托,向顾客提供从需求调研、产品设计、工程、制造、交付、售后服务、产品回收及再制造等产品服务系统全生命周期增值活动。目前,服务型制造的理念已渐渐被人熟知,并被视为"中国制造"转型的重要方向之一。

服务型制造要求企业转变经营思想,通过创新生产组织形式和商业模式,从传统的以产品制造为核心的经营模式向为顾客提供有服务内涵的产品和依托产品的服务转变,直到为顾客提供整体解决方案。服务型制造要求不断增加服务要素在投入和产出中的比重,从而实现从单纯出售产品向出售"产品+服务"转变。服务型制造强调以顾客为中心,强调顾客参与性:顾客参与产品设计、顾客参与产品的制造过程、顾客参与服务等。服务型制造是社会化制造,强调社会资源的共享和协作。通过互联网等社会服务资源,制造企业可以有效、快速响应顾客的需求。

服务型制造的业务模式主要有如下几种。

1. 以服务导向定制生产与销售产品

这种业务模式的企业经营主体仍是以产品生产和销售为主,但是生产是以服务为导向的,通过顾客产品定制的形式进行生产以服务于顾客。顾客可以参与到产品设计和生产过程中,产品的生产过程是一个企业和顾客共创价值的过程。通过互联网+的定制方法,为消费者提供具有个性化产品,这是目前比较流行的服务导向型的服务型制造模式。

2. 提供产品的同时提供附加服务

例如,IBM公司在提高服务器这种产品的同时提供整体应用解决方案。某一些制造娱乐性产品的制造企业,通过给客户提供与产品有关的整体的娱乐解决方案。华为公司也在做提供产品的同时为顾客提供一系列的产品安装和产品应用解决方案。霍尼韦尔公司提供飞机发动机的同时提供飞机故障诊断和信息管理系统。

3. 依托制造发展关联性服务业务

这种服务型制造是多元化战略的一种,也就是在生产和销售产品的同时进入服务领域,比如发展与制造有关的生产性服务业(如:第三方物流服务、产品设计服务、技术专利授权)、参与工程承包与运营、提供产品租赁服务、融资租赁服务、管理咨询等。

4. 向其他制造型企业提供生产性服务

利用本企业在制造技术方面的优势,向其他的制造企业提供生产性服务,如提供生产线设计与安装、提供设备维护与检测、提供生产流程与产品质量管理改善服务等。

服务型制造是制造业转型升级的一个战略,是制造业高级化的一个阶段,有利于提高企业的竞争力,拓展企业的价值链和发展空间。但是服务型制造不是离开制造业,而是制造业的价值链的重组,在制造的基础上面向服务发展制造业,提高制造业的附加价值,实现从简单的低价值加工生产向高附加值的服务导向制造和服务与制造融合发展的转变。

素养园地

企业运营与制造业转型升级战略

企业的经营活动要顺势而动。不管是制造业还是服务业,生产运作系统的要素的构成、组织形式和运作模式都需要不断调整和适应时代的变革需求。

深入实施智能制造和绿色制造工程,发展服务型制造新模式,推动制造业高端化智能化绿色化。培育先进制造业集群,推动集成电路、航空航天、船舶与海洋工程装备、机器人、先进轨道交通装备、先进电力装备、工程机械、高端数控机床、医药及医疗设备等产业创新发展。改造提升传统产业,推动石化、钢铁、有色、建材等原材料产业布局优化和结构调整,扩大轻工、纺织等优质产品供给,加快化工、造纸等重点行业企业改造升级,完善绿色制造体系。深入实施增强制造业核心竞争力和技术改造专项,鼓励企业应用先进适用技术、加强设备更新和新产品规模化应用。建设智能制造示范工厂,完善智能制造标准体系。深入实施质量提升行动,推动制造业产品"增品种、提品质、创品牌"。

——《中华人民共和国国民经济和社会发展第十四个五年规划和 2035 年远景目标纲要》

要求:请结合我国"十四五"规划和 2035 年远景目标纲要,讨论我国企业适应国家战略需求加强制造业转型升级,实施智能制造、绿色制造和服务型制造战略的意义。

关键术语

价值(value)

生产(production)

大规模定制(mass customization)

可持续三底线(sustainability triple bottom line)

数字化(digitalization)

价值转化(value transformation)

服务(service)

服务三角形(service triangle)

本章小结

1. 任何营利性组织(制造与服务)都具有其自身的价值创造过程和价值链组成的要素和结构特征,企业价值创造是通过输入和输出价值转化实现的。

2. 企业运营管理是制造企业的产品生产过程和服务企业服务过程的一系列业务运作活动管理,通过对企业各种资源的有机组合,把输入转化为输出,高效、低成本、快速满足顾客需求,实现企业价值增值的一系列业务过程的组织、计划与控制等管理活动。

3. 不同运营系统的运营管理行为有所不同。制造企业生产类型可以按照需求特征、工艺特征、产品特征进行分类。服务业按照服务传递过程的特点可以分为服务工厂、服务作坊、大众化服务和专业服务四类。

4. 发展服务业是历史的必然趋势,服务业的发展对服务运营管理的需求增加,把制造业的运营管理理论和方法应用于服务业是一个趋势,但是服务的生产和营销同时性,以人为中心的资源观等特点决定了不能照搬制造业的做法。服务运营管理的理论基础更多需要与行为科学、营销科学结合。

练习题

一、思考题

1. 举例说明备货型生产与订货型生产的不同管理重点。
2. 描述下列行业的生产运作系统的输入与输出和转化过程。

图书馆	航空公司
快餐厅	保险公司
银行	咨询公司

3. 环境保护的要求对企业的生产过程的要求增加了,企业如何适应这种变化?
4. 服务业的运营过程和制造业的生产过程有什么不同?
5. 简述服务三角形的内涵和服务系统的主要内容。

二、选择题

1. 单件生产的特征是(　　　)。
   A. 批量大　　　　　　　　　　　B. 产品客户化程度低
   C. 单位成本高　　　　　　　　　D. 生产能力调整困难
2. 连续生产的特征是(　　　)。
   A. 柔性比较高　　　　　　　　　B. 产品品种较多
   C. 生产能力调整容易　　　　　　D. 自动化程度比较高
3. 订货型生产的特征是(　　　)。
   A. 品种波动大　　　　　　　　　B. 生产组织简单
   C. 产量波动小　　　　　　　　　D. 生产计划调整少

三、判断题

1. 炼油厂是加工装配型企业。　　　　　　　　　　　　　　　　　　　(　　　)
2. 建筑工程可以看成是单件生产。　　　　　　　　　　　　　　　　　(　　　)
3. 福特生产方式是大量生产的最典型代表。　　　　　　　　　　　　　(　　　)
4. 服务系统的投入不确定性比制造业低。　　　　　　　　　　　　　　(　　　)

四、计算题

已知两家公司的主要财务报表数据如表 1-5:

表 1-5　　　　　　　　　　　　两家公司的经营财务信息　　　　　　　　　　　　单位:元

项目			甲公司	乙公司
销售额①			5 000	3 000
运营成本②	销售成本	劳动力成本	900	600
		材料成本	2 500	1 400
		管理费用	500	200
	其他成本	一般支出	800	500
净利润③	①-②			
利润率④	③/①			
资产⑤	流动资产	库存	800	300
		现金	300	150
		应收账款	600	200
	固定资产		3 000	1 000
资产周转率⑥	①/⑤			
投资回报率⑦	④×⑥			

要求:

(1) 按照表中给的公式计算并填写表中缺少的数据。

(2) 采用如下策略,分析两家公司的利润率、资产周转率和投资回报率的变化情况。

① 降低材料成本 10%;

② 提高销售价格 10% 来增加销售收入。

案例讨论

格力的价值创造模式与运营管理

提到格力,人们自然想到:"好空调、格力造""格力掌握核心科技""让天空更蓝、大地更绿""让世界爱上中国造"等在中国耳熟能详的广告语。2023 年格力面对复杂的经济环境,创造了公司成立 33 年来的最佳业绩,实现营业总收入 2 050.18 亿元,利润 290.17 亿元,中央空调实现超 200 亿元收入,连续 12 年位居行业第一位;内销空调 2 979 万台,海外业务收入 249.04 亿元。

数字背后,是格力电器的华丽蝶变。从单一空调生产企业,成长为一家全产业全覆盖的创新型工业集团,格力电器的发展历程,是中国制造业转型升级的生动缩影,也是中国实体经济发展壮大的微观样本。

将自主创新融入企业灵魂

格力电器自成立以来,就以"一个没有创新的企业是一个没有灵魂的企业"为座右铭,掌握核心科技是格力电器的底气所在和实力来源。核心科技,是买不来、要不来的。为了掌握核心科技,格力坚持自主研发,研发经费秉承"按需投入、不设上限"的理念,鼓励科研人员大胆创新、勇于尝试。同时,加大对科研人员的培养力度。

自 2012 年以来,格力电器科研人员从 5 600 余人发展至今天的 1.6 万余人。截至目前,格力电器有 16 个研究院、152 个研究所、1 411 个实验室、1 个院士工作站(电机与控制),拥有国家重点实验室、国家工程技术研究中心、国家级工业设计中心、国家认定企业技术中心、机器人工程技术研发中心各 1 个,同时成为国家通报咨询中心制冷设备研究评议基地。

向世界一流企业目标奋进

连续四年入选《财富》世界五百强;国内中央空调市场规模唯一破百亿的品牌,连续十年位居第一;连续十一年顾客满意度位列空调行业第一;发明专利授权量连续六年全国前十,位列家电行业第一,格力电器无愧于明星企业称号。

然而,格力电器的下一步将驶向何方? 也许,可以用两个关键词来概括——"智造"和"融合"。

"智造"即智能制造,是中国制造业未来发展的主要方向。作为我国实体企业的代表,格力电器通过深耕智能制造领域,强化核心产业优势,为驱动"中国制造"升级为"中国智造"提供动能,以引领制造业高质量发展。比如,在格力的智能工厂,有很多"黑科技",如工业机器人、数控机床、5G、AI 等,这些智能化设备大大提高了格力生产线的自动化程度,助力格力打造自动化、信息化、智能化、柔性化、精益化、绿色化、定制化、敏捷化于一身的"智慧工厂"。

至于"融合",也是"中国制造"的一个方向。董明珠曾表示,未来的制造业应该实现营销、研发、供应链、生产等流程全价值链的打通和融合,这种融合很多是跨界的。对于格力来说,将消费领域、工业领域及新能源领域融合,看似多元化布局,实则打通为一个产业链闭环,将为企业未来发展奠定坚实基础。

当前,加快建设一批产品卓越、品牌卓著、创新领先、治理现代的世界一流企业成为国家战略。围绕建成世界一流企业的目标,聚焦打造百年品牌的愿景,格力电器正以昂扬的姿态,奋进在下一个辉煌十年的新征程上。

创新驱动的格力的价值创造模型

格力坚持创新驱动的价值创造理念,以质量为着力点,将创新活动和质量活动贯穿到价值创造的全过程。格力价值创造过程分为四个阶段:研究开发、物料采购、生产制造和销售服务,形成一个四阶段的价值创造循环,如图 1-10 所示是格力的价值创造和价值提升模型。

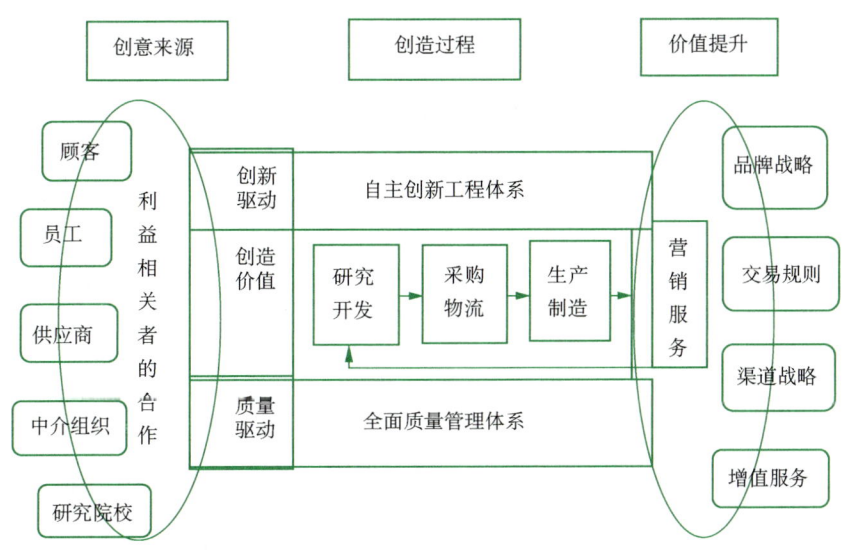

图 1-10 格力的价值创造和价值提升模型

资料来源:根据张振刚著《格力模式》(机械工业出版社,2019)绘制

这个价值创造模型的左边是价值创造的创意来源,是驱动价值创造的龙头。创意来源主要是通过利益相关方,比如,顾客、供应商、中介组织、员工、和高校及科研院所。合作模式包括产学研合作、供应链合作、顾客参与合作等。中间部分是价值创造的主体活动,包括研究开发、采购物流、生产制造以及销售服务,销售服务反馈顾客需求给研究开发部门,研究开发部门根据销售服务反馈的顾客信息,进一步优化和改进产品创新。模型的最右端是价值提升过程,通过品牌战略、渠道推广和产品增值服务等,向市场传播和扩散格力品牌和价值。

格力的价值创造过程的模型的下面是全面质量管理体系,格力非常重视质量,把创新和质量管理作为价值创造的两个驱动力,为价值创造保驾护航。

资料来源:根据以下资料整理:1.《参考消息》,2022.10.15;2.张振刚.《格力模式》.机械工业出版社,2019;3.格力电器公司网站新闻。

问题:

1. 在企业转型和发展中,创新对于格力具有什么意义?
2. 格力的价值创造过程,运营管理担负什么角色?

第二章 运营战略

 学习目标

学习内容	学习目标	学习难度	重要程度	应掌握知识点
企业运营竞争力要素	了解	☆	★★	4种常见竞争力要素、订单赢得要素和资格要素
运营战略	熟悉	☆☆☆	★★★	总体竞争战略和生产要素调整战略
生产率	掌握	☆☆	★★★	生产率的测算方法、改善生产率的措施

引导案例

春秋航空的低成本竞争运营模式

作为中国首批民营航空公司之一,春秋航空定位于低成本航空业务模式,主要从事国内、国际及港澳台航空客货运输业务及与航空运输业务相关的服务。区别于全服务航空公司,春秋航空定位于低成本航空经营模式,凭借价格优势吸引大量由对价格较为敏感的自费旅客以及追求高性价比的商务旅客构成的细分市场客户。从2005年首航至2024年,已拥有125架A320系列飞机机队,成为国内在飞航线、载运旅客人次、旅客周转量等规模最大的民营航空公司之一,同时也是东北亚地区领先的低成本航空公司。

根据亚太航空中心统计,2012年至2021年十年间,全球低成本航空的区域内航线市场份额从28.1%提高至32.4%,国际航线市场份额从8.4%提升至18.6%;亚太地区的国内航线市场份额从21.1%攀升至26.4%,国际航线市场份额从4.7%提升至16.6%。

虽然亚太地区低成本市场整体发展速度较快,但区域差异较大,东南亚仍然是亚太地区低成本市场份额最高的区域,其他地区低成本航空公司具有较大的发展空间,以中国、日本为代表的东北亚地区市场潜力正在逐渐显现。

目前国内低成本航空公司主要包括两类,一类是独立成立的低成本航空公司,以春秋航空为代表;另一类是由传统全服务航空公司成立低成本航空子公司或下属公司转型为低成本航空公司。根据亚太航空中心统计,2023年至今,我国低成本航空占国内航线市场份额为4.7%,低成本航空公司无论从数量还是市场份额来看仍然较少,但市场需求向结构化、差异化转变的趋势刚性不可逆,随着疫情逐渐恢复,我国大众化航空出行需求将日益旺盛,未来市场前景广阔,潜力巨大。

中国航空运输业呈现以中航集团、东航集团、南航集团、海航集团（以下简称"四大航空集团"）为主，地方航空公司、民营航空公司和外国航空公司并存的竞争格局，春秋航空在与上述航空公司经营的相同航线或潜在相同航线上基于价格、航班时刻、机型配置等方面存在不同程度的竞争。四大航空集团在航线资源、资本实力、运营经验、机队规模及品牌认知度等方面拥有一定优势，这些因素可能对旅客具有较大的吸引力。若未来国内低成本航空公司逐步增加，春秋航空将面临更为直接的行业竞争。

面对激烈的市场竞争，春秋航空通过差异化定位，在严格的成本控制下，利用价格优势吸引旅客。尽管如此，如果其他航空公司在相同航线上以更加低廉的价格与春秋航空竞争并维持较长时间，将对春秋航空在该航线上的业务造成不利影响。此外，在国际航线业务方面，春秋航空还将面临经营同一航线的外国航空公司的竞争，包括全服务航空公司和低成本航空公司。

资料来源：根据网络资料整理。

问题：

1. 你认为低成本航空对于中国航空市场发展前景如何？
2. 上网搜索资料归纳春秋航空在市场竞争中采用什么措施来获取低成本运营模式的竞争力的。

第一节　企业运营竞争力要素

一、运营竞争力要素

企业运营系统需要通过一系列的竞争力要素支持企业的市场竞争，那么，企业应该具备什么样的竞争力要素呢？下面我们来做一分析。

（一）时间

企业要缩短产品上市的时间，就必须压缩生产过程的时间。从泰勒时代开始，企业就一直在探索缩短生产周期的方法，从丰田公司的快速换模到现代的并行工程技术（concurrent engineering，CE），出现了各种时间压缩技术。20世纪90年代初出现的基于时间的竞争的概念（time-based competition）和敏捷制造是制造业在提高时间竞争力方面所做的最突出的表现。时间上的竞争包括三方面：一是交货时间短，二是准时交货，三是产品开发时间短。

（二）质量

企业的质量内涵是丰富的，但是生产过程的质量是企业整体质量的最重要组成部分。以顾客为核心是现代质量管理的突出特点。对于制造业来说，高质量的生产过程可以生产出顾客满意的产品。为了达到满足顾客的质量要求，全面质量管理、ISO9000质量体系、零缺陷质量管理等先进的质量管理方法在运作过程获得广泛的应用。

服务是企业综合竞争力的另一个要素，完善的运作质量可以为服务竞争力提供支持。

对制造业来说,质量过硬的产品,可以减少维修与索赔等售后服务工作;对服务业来说,服务的过程即产品的消费过程,高质量的运作就是高质量的服务。

(三) 成本

成本领先是波特提出的企业竞争三大战略中的一个。在市场竞争中,通常都遵循低成本竞争的原则。产品与服务的成本由提供产品与服务各过程的支出组成。要降低企业经营成本,降低运作过程的成本是最有效的途径。因为对大多数企业而言,运作成本占总的经营成本的大部分。市场竞争的剧烈化,即使高质量的产品与服务,如果成本过高,也会因为利润微薄而失去竞争力。

为了降低成本,丰田公司提出了非成本主义的经营思想,即通过不断改善生产现场、降低浪费实现低成本。其核心就是零库存、零缺陷。

(四) 柔性

柔性使企业获得快速应对市场的能力。因为顾客对产品需求的日益多样化,产品生命周期缩短,企业必须开发、生产出顾客需要的产品。因此市场的变化是企业柔性能力形成的驱动力。

> ❓ **学而思,思而学课堂思考题**:举例说明,"柔性"的含义在现实生活中的作用与意义,比如你自己是否有"柔性"?

制造企业的生产系统的柔性由适应能力与缓冲能力来体现。适应能力是一种"以变应变"的能力,包括变化的速度(比如市场需求转化为生产指令的时间、原材料投入提前期)、变化的范围(比如新产品储备数量、设备或生产线的产品加工的范围等)。而缓冲能力是一种"以不变应变"的能力,包括生产扩充能力和库存扩充能力。

除了成本、质量、时间与柔性这几个竞争力,企业竞争力要素表现是多方面,这里所列的仅是其中最为重要的几个而已。

二、订单赢得要素与资格要素

竞争力的提高,可以使企业从顾客手中获得更多的订单。不同竞争力要素对企业的作用是不同的,为了区分不同竞争力要素的作用,国际著名的制造运营战略学家特里·希尔(Terry Hill)1989 年提出两个重要概念——订单赢得要素与订单资格要素。该理论把制造企业的生产和市场两个部门的业务战略联系起来,并在 1994 年出版的《制造战略——教程和案例》一书中系统阐述了制造战略的思想。

订单赢得要素和资格要素和企业的生产类型有关,不同类型的企业的订单赢得要素和资格要素是不同的。不同生产类型的订单赢得要素与资格要素如图 2-1 所示。

所谓订单资格要素就是一个企业的产品或服务参与竞争的基本条件。对制造业而言,一致性的质量、及时的交货和产品可靠性一般是资格要素;对服务业而言,承诺可能是最基本的资格要求,但是不同的服务企业有不同的资格标准,如航空业,安全是明显的资格条件;而饮食服务业清洁是必不可少的资格条件。企业必须在运作管理中,提高自己的资格水平,从而提高竞争力。

> ❓ **学而思,思而学课堂思考题**:快餐店的订单资格与赢得要素与酒楼的订单资格与赢得要素有什么不同?

订单赢得要素是企业的产品或服务区别于其他企业的特性或特征。对制造业而言,低成本或价格、可靠的质量可以成为赢得要素;对于服务业而言,除了价格、质量外,声誉是一个非常重要的赢得要素。

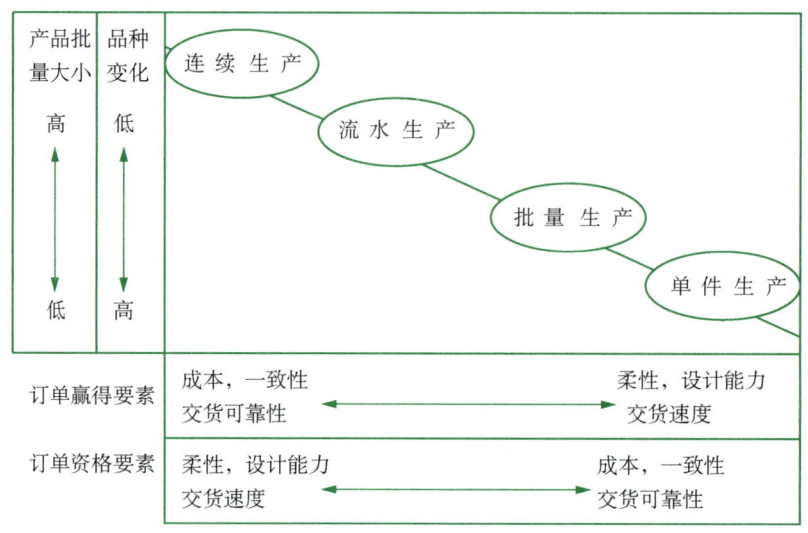

图 2-1 不同生产类型的订单赢得要素与资格要素

第二节 运营战略的内容与决策

运营战略是支持企业发展战略的一整套措施,用以支持企业的总体战略,并配合其他部门战略的实施。

一、运营战略的定义和内涵

关于运营战略(或者生产运作战略)目前国内外学者都没有形成统一的看法。国际上研究运营战略主要是美国哈佛大学和英国牛津大学。我国清华大学在 20 世纪 90 年代在国内最早开展制造战略研究。

英国著名的运营管理学者斯莱克(Slack)所著的 *Operations Strategy* 一书中总结了运营战略的四种观点,如图 2-2 所示:①运营战略是对整个公司或者集团未来目标的一种自上而下的反映;②运营战略是从企业底层的运作改善活动累积效应中自下而上地发展起来的一种活动;③运营战略是指将市场需求转化为运营决策的过程;④运营战略是关于如何在选定市场中充分发挥运营资源能力的决策。

斯莱克认为运营战略的决策内容包括两个层次:"硬件决策"和"软件决策"。所谓"硬件决策"就是类似计算机系统的硬件构成决策的东西,形成系统运作的结构,比如产品开发战略、一体化战略、设施选择与布局战略、技术战略;"软件决策"就是涉及运作活动的决策,如人员与组织战略、能力调整战略、供应商开发战略、库存战略、计划与控制系统战略、改善战略等。

伦敦商学院的希尔教授(Hill)是世界著名的制造战略学者,希尔的贡献是 1989 年提出

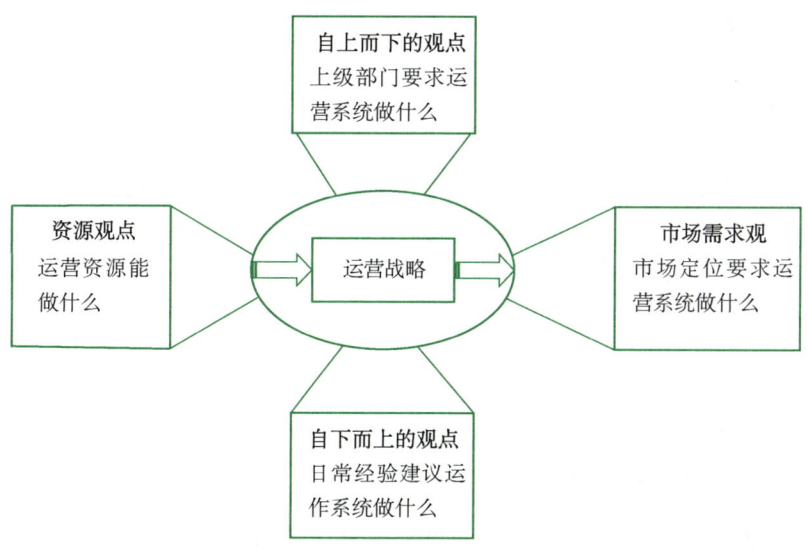

图 2-2 运营战略的四种观点

资料来源：Nigel Slack，Stuart Chambers and Robert Johnston，*Operations Management*（Person Education Limited，2001）

了订单赢得要素与资格要素和制造战略的执行框架,但是他也认为制造企业并没有明确的所谓制造战略,甚至他自己也没有给出一个清晰的制造战略的定义。希尔教授认为制造战略内容包括如流程选择、产品配置、自制与购买决策、聚焦工厂等结构性决策和人员与组织、工作系统设计、运作控制策略等基础决策。

美国的蔡斯(Chase)等人则认为运营战略是如何运用运营资源来支持企业长期竞争战略的一系列的运营政策与计划,同时也都认为运营战略决策主要包括如流程设计和支持流程的基础决策。流程设计包括技术的选择、不同时期的流程规模与能力扩充、流程中库存的角色与流程的选址等,基础决策包括计划与控制系统选择、质量保证与控制策略、薪酬计划、运营组织等。

归纳国内外学者的观点,我们可以看到,企业的运营战略,包括几个方面的内容。首先是竞争目标与优先权的选择与定位问题,也就是企业的运营竞争战略问题;第二个方面是运营系统设计与组织战略问题,包括流程与资源的利用、人员与组织结构等;第三个方面是属于运营系统运行的策略性问题,包括计划与控制系统选择与调整等。运营战略在企业战略框架中的地位和其他部门战略的关系如图 2-3 所示。

二、运营竞争战略

基于不同的竞争力要素取向,企业可以采用不同的运营竞争战略。以下对各种运营竞争战略进行讨论。

(一) 基于成本竞争的战略

大多数企业首选这一策略,因为在市场竞争中成本领先是一个非常有效的策略,而且能够使企业获得更大的利润。福特的大量生产方式、丰田公司的零库存生产方式都属于这种竞争策略。但是并不是所有的行业都适合采用成本领先的竞争策略,比如服装行业,时装生

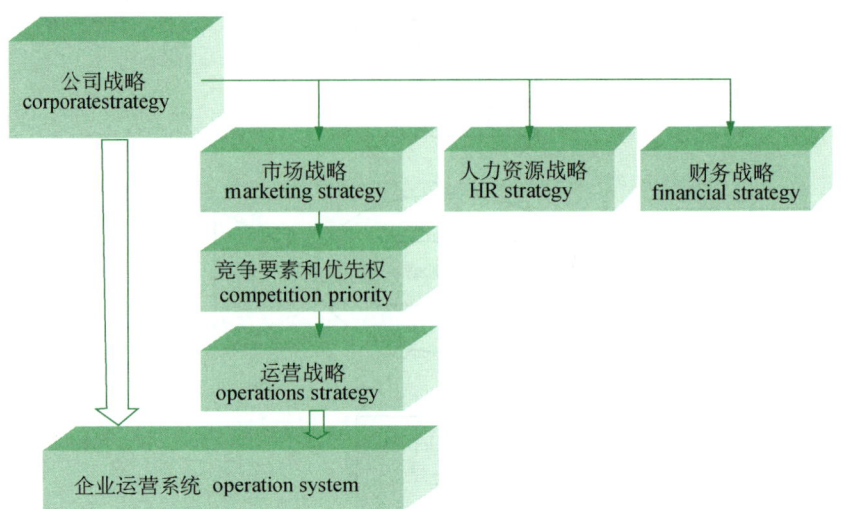

图 2-3 运营战略在企业战略框架中的地位和其他部门战略的关系

产就不适合采用成本领先的策略,大众化的服装则适合这种竞争策略。波特认为,基于成本领先的竞争策略包含:规模经济性、生产能力利用模式、学习曲线利用、价值链(供应链)关系利用、控制整合、时机的选择、地理位置的选择、机构结构等。

大量生产方式是 20 世纪福特汽车公司首创的生产方式,通过生产规模经济性实现降低单位成本。大量生产方式在相当长时间使美国成为世界制造强国,但是,大量生产方式也存在一定的缺陷。随着市场的需求多样化与个性化,大量生产显然不能适应需求的变化,因此必须减少生产批量,采用多品种小批量生产的精细化生产。

精细化生产最典型的代表是日本丰田公司首创的丰田生产方式(国内称为精益生产),从 20 世纪 60 年代经过 30 年的努力,现在成为闻名世界,各国企业纷纷效仿与学习的对象。

丰田生产方式的核心是通过持续改善,减少浪费,降低成本,提高利润。与大量生产不同的是,丰田生产方式提倡小批量生产,按照需要来组织生产,只生产用户需要的产品,通过需求拉动装配,装配拉动零件加工,这种拉动式的生产与福特的推动式的大量生产的理念显然不同。同时,丰田生产方式对供应商关系与大量生产的福特模式不同,强调的是供应商的密切配合,少而精的精细化供应链管理。

 企业风景线

宜家家具的竞争战略

低成本运作模式是宜家在全球所向披靡的"杀手锏",这也是其经营理念的最核心反映。

首先,宜家追求以合理且经济的方式,开发并制造自己的产品,以减低物料的浪费。宜家的设计理念是"同样价格的产品谁的设计成本更低"。它用"简单"来降低顾客让渡成本,用"美"来提高顾客让渡价值。采用以"模块"为导向的研发设计体系,把低成本与高效率结为一体,设计成本和产品成本都得到降低。

其次,宜家在全球范围内进行制造外包,大量采购,以最大限度地降低制造成本。它在商品通路上为家具制造商营造"赛马"机制,最大范围地鼓励供应商之间的自由竞争。

另外,宜家每年会对其供应商提出固定的压低生产成本的指标,使得其制造成本能够进入一个持续下降的良性循环。所以宜家能够以低廉的价格优惠消费者,在市场上也更具竞争力。

再次,宜家在 IT 技术的支持下,精心设计物流体系,采用"平板包装"的方式运输商品。这样不但可以节省仓储及运输费用,大幅降低成本,而且还不影响产品的品质。

最后,宜家让顾客自己动手组装家具,可以自己选择付费运送或自己动手的省钱方式。不仅大大节省了经营成本,还给顾客一个自由轻松的空间。

资料来源:根据网络资料整理。

(二) 基于质量竞争的战略

质量是产品的一个最基本的竞争力要素。在同样条件下,用户总是选择质量好的产品。当前我国企业在向西方国家企业学习先进的管理经验,有许多企业在探索如何把先进的国外经验应用到本企业中来,创立自己的质量管理的体系。事实上,日本企业也就是当初在学习美国的质量管理的基础上,结合日本的企业文化逐渐形成自己的质量管理体系的。因此中国的企业也应该在学习西方的质量管理方法过程中结合我们自己的企业文化来建立自己的质量管理战略。

(三) 基于柔性竞争的战略

柔性是指对变化的响应性,或者范围经济性。因为顾客对产品需求的日益多样化,企业必须开始开发、生产出顾客需要的产品。因此市场的变化是企业运作柔性能力形成的驱动力。改善生产系统的柔性能力可以从工艺柔性、人的柔性、设备的柔性、物资供应的柔性、生产组织的柔性等方面入手。柔性制造系统、成组生产、计算机集成制造系统等可以实现柔性竞争策略。

(四) 基于时间竞争的战略

自从 1989 年 Stalk 教授首先提出基于时间的竞争(time-based competition)的概念之后,人们认为 20 世纪 90 年代以后是基于时间竞争的时代,比如美国提出的敏捷制造的概念,此后出现了敏捷供应链的概念。一时间,追求敏捷性的策略成为企业的新的竞争制高点。这种基于时间的竞争策略认为顾客要求快速交货,同时产品生命周期缩短,因此企业要压缩产品开发周期和生产时间。

(五) 基于服务竞争的战略

现在很多制造企业在生产产品的同时也提供服务,通过服务提高产品的竞争力。我国企业在提供服务方面与国外先进企业有一定差距,主要因为没有良好的顾客服务提供的信息反馈,生产部门没有办法知道到底产品的质量与特性能否满足顾客的要求,或者顾客的反馈比较迟钝,导致顾客抱怨,从而失去顾客的信赖,这是一个非常不好的现象。世界一流公司,如丰田公司,他们非常注意顾客信息的反馈,通过售后服务的信息反馈来改善产品的质量,改进产品设计等。甚至有的先进企业"服务到脖子",顾客想要什么产品就做什么产品。

三、运营系统设计与运行战略决策

要实现运营总体竞争战略,企业需要对运营系统的生产要素进行战略调整,根据订单赢得要素和资格要素的组成和要求,对系统设计和系统运行的策略进行战略调整,这些战略决策也叫生产要素调整战略,运营系统设计与运行战略决策的内容如表 2-1 所示。

表 2-1 运营系统设计与运行战略决策

运营系统设计战略决策	运营系统运行战略决策
产品开发战略(开发模式选择、开发组织和策略)	生产运营方式(MTO、MTS、BTO、M2C、C2M 等不同商业运营模式)
流程选择战略(自制与外包决策、流程类型和布置)	质量保证系统选择与实施(TQC、ISO9000、六西格玛等)
能力战略(选址与能力扩充战略)	员工管理制度(培训系统、付薪系统)
技术发展战略(自动化水平、服务技术、信息技术应用策略)	生产计划与控制系统(ERP、JIT、TOC)
供应链和企业关系战略(供应链结构与合作关系)	
管理组织战略(组织结构、人员配置和薪酬制度)	

以下重点讨论运营系统设计中几个重要的战略决策问题。

(一)产品开发战略

产品开发战略有三种模式可供选择,即防御战略、进攻战略、冒险战略。不同的战略模式有不同的特点。

(1)防御战略。防御战略目标是适当发展,维持竞争地位,因此该战略的主要创新来源是以市场营销为主,采用低成本生产。从创新的程度看,属于模仿型的跟随者,既不是领先者也不做扫尾者,因而这种战略的风险比较小。

(2)进攻战略。进攻战略的目的是加大市场占有率,因此竞争的领域是用户或技术,通过市场与技术两方面获得竞争优势。产品创新程度属于适应型——应用性开发,具有迅速反应/适应的能力,由于采用的是紧跟领先者之后进入市场,因此有比较高的风险,但这种风险还是可控的。

(3)冒险战略。这种产品开发战略的目的是迅速获利,进入一个陌生的领域,从产品创新的程度上讲属于先导型——发明型的创新。由于这种战略选择率先进入市场,获得领先者的地位,因此风险大,困难也大。

企业选择什么样的产品开发战略,应该根据企业自身的条件以及外部市场的竞争环境而定。

产品开发战略成为今后企业发展的一个核心战略,只有不断推出新产品,创新能力强的企业才能在市场中有竞争力,才能有长久的生存能力。

(二)生产/服务能力战略

生产/服务能力战略内涵包括如下几方面。

(1)能力构建。能力构建包括整体能力水平、设施选址、生产设施规模与数量等。

(2)能力调整。能力调整是指更新能力(扩充能力)的策略,即改变能力的时间与数量。

(3)能力柔性。能力柔性包括适应能力、缓冲能力。

关于能力构建中的设施选址,将在第五章有相应的介绍,因此下面重点讨论有关能力调整战略问题。

　　能力调整有两种策略,一是保守型的策略,即能力滞后于需求;二是冒险型的策略,即能力领先于需求。

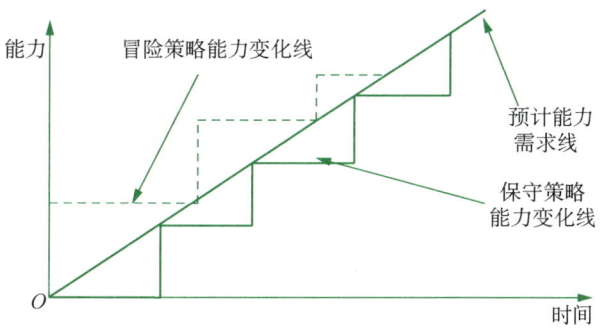

图 2-4　两种能力扩充战略下的能力变化曲线

　　图 2-4 为两种能力扩充战略下的能力变化曲线的示意图。图中虚线折线表示冒险策略的能力扩充曲线,实线折线是保守型的能力扩充曲线。

　　冒险型的能力扩充战略是使能力供给总是比能力需求大,存在富余的能力。这种策略的好处是使新出现的能力需求能及时获得满足,并且获得经济规模,但是投资风险大,一旦市场需求趋势变化(小于预期),则导致很大损失。反之,保守型的能力扩充战略,始终有足够的需求使系统处于满负荷运作状态,单位成本较小,对工厂的资本投资风险较小。但是,这种保守型的策略容易导致能力供应不足,无法满足需求,导致收入减少,顾客不满增加。

　　能力调整战略的实施是一个风险决策问题,要对未来的能力需求和可能遇到的不确定性进行科学和精确判断,才能作出正确的决策,否则,盲目的能力扩充导致灾难性后果。

应用例题 2-1

决策树方法用于能力扩充决策

　　决策树是一种风险决策方法,能力扩充是对未来若干年后的生产能力的规划,由于对未来需求的把握不确定,因此风险决策方法是能力扩充决策的一个常用工具。

　　某公司考虑未来 5 年的生产能力扩充计划,一个方案是建设一个新工厂,投资 500 万元;另一个方案是扩建现在一个车间,投资 150 万元。不管是新建工厂,还是扩建车间,都需要考虑未来五年的需求,需求高与需求低的概率为 0.6 和 0.4。据估计,新建工厂在高需求的时候可获利 8 000 万元,低需求时 5 000 万元,扩建车间在高需求时可获利 6 000 万元,低需求时可获利 4 000 万元。决策树如图 2-5 所示。

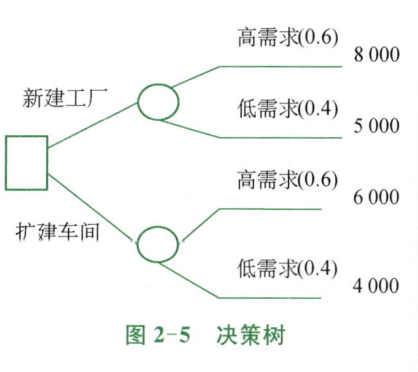

图 2-5　决策树

> **解：**
> 根据题目条件，两种方案的获利为：
> 新建工厂利润＝8 000×0.6＋5 000×0.4－500＝6 300（万元）
> 扩建车间利润＝6 000×0.6＋4 000×0.4－150＝5 050（万元）
> 由此可知是新建工厂比较好。

（三）供应链战略

供应链是生产系统资源管理向外延伸的部分。最近 20 年，供应链管理之所以成为理论界与企业界关注的热点，是因为企业竞争不再是企业之间的竞争，而是供应链之间的竞争。因此，供应链战略成为企业生产运作战略的新生长点。

供应链战略问题包括两个方面，一是供应网络关系，如纵向一体化与横向一体化、伙伴关系、市场交易等；二是供应链网络行为管理，包括供应链优化、重构与延迟化策略等。

1. 本土化与国际化

供应网络的本土化与国际化是两种不同的供应资源获取战略。这两种战略各有优缺点。本土化供应战略比较容易建立紧密合作关系，交易成本比较低，信息沟通比较方便；但是供应商选择余地小，缺乏国际规范交易规则。国际化供应战略则可以在全球化范围选择质量最好的供应商，交易规则比较符合国际规范，能够容易参与国际竞争；但是国际采购的风险高（如汇率波动和国际物流风险），交易成本与沟通成本高。目前我国制造企业，大型的企业的供应链比较复杂而且长，具有较好供应商管理能力，国际化采购物资也比较多，因此供应网络国际化程度比较高；中小企业由于供应链短，需求物资少，供应商管理能力弱，国际化程度不高。但是，无论是大型还是中小企业，如果单单从成本控制的角度看，为了降低企业的生产成本，本土化供应网络是一个比较好的战略，也能够降低供应链风险。

2. 单源供应与多源供应

企业生产需要的某种物资可以从一个供应商采购，也可以从多个供应商采购，这两种不同的做法就产生两种不同的供应网络战略——单源供应和多源供应战略。

一般认为，日本企业（如丰田）比较倾向于采用单源供应的战略，而西方国家的企业则比较倾向于采用多源供应。单源供应的好处是能够与供应商建立紧密、长期的合作关系，信息透明度高。多源供应有利于减少对单一供应商的依赖，提高对供应商要价能力，减少供应商中断等供应风险。但是，多源供应的质量一致性差，协调供应商的难度和管理成本增加。

3. 纵向一体与横向一体化

供应链纵向一体化是供应链网络关系的一个战略决策，纵向一体化有前向一体化（上游纵向一体化）与后向一体化（下游纵向一体化）两种（图 2-6）。一体化有利于提高输入产品与服务的可靠交货、降低成本、改善产品与服务质量等，但是也存在一定缺点，比如缺乏柔性、形成垄断、阻碍创新、对核心业务注意力分散等。

与纵向一体化相反的供应链战略是横向一体化，通过业务外包的方式实现企业之间的横向联合。横向一体化战略出现于 20 世纪 80 年代，并在 20 世纪 90 年代得到进一步推广

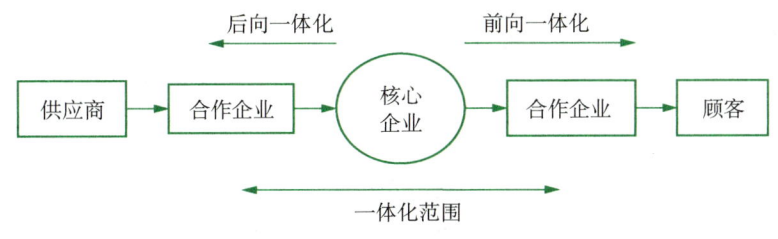

图 2-6 供应链纵向一体化

和流行。20 世纪 90 年代,由于计算机与互联网技术的出现,美国企业提出了虚拟企业、敏捷制造的概念,试图通过建立企业合作联盟与日本企业竞争,通过全球横向企业联盟建立竞争优势,夺回美国制造业的竞争优势。横向一体化强调的是企业之间的合作与协调,通过相互之间的联合取得所谓双赢的效果。

供应链战略到底是纵向一体化好,还是横向一体化,无论理论界还是实业界都很难说清楚。实际上,纵向一体化与横向一体化是可以相互转化的,也就是说,当市场中纵向一体化达到一定程度时,就有可能有的企业朝相反方向运动,采取横向一体化战略;反之,当市场中横向一体化达到一定程度时,就有企业朝相反的方向运动,实施纵向一体化战略。

(四)技术发展战略

随着科学技术的发展,技术对生产力的推动作用越来越大。生产技术包括生产工艺与生产设备两方面。生产工艺包括生产路线、加工方法、工艺参数与质量标准等。生产设备包括自动化设备、先进计算机集成制造系统、柔性制造系统、数控车床等。

技术发展战略需要考虑如下问题。

1. 生产类型与生产技术关系

生产技术与生产类型有一定关系,要考虑不同生产类型来选择生产技术。比如前面讲的几种生产类型,单件生产、批量生产、大量生产、连续生产等。各种生产类型适用的技术不同,比如单件生产一般采用具有柔性的自动化生产设备,大量生产只能采用强节拍的装配线,连续生产采用流程式的生产系统等。

2. 适用技术的选择

生产技术日新月异,企业投资是多元的,生产运作管理的技术投入是有限的,企业不可能一旦有新的技术出现,就进行更新,企业应该选择符合自己企业需要的合适技术,而不一定需要最先进的技术。

视野拓展 2-1 👓

如何打破西方垄断,突破"卡脖子"技术,提高企业竞争力?

产业链和供应链中的某些关键技术是限制一个企业、一个国家经济发展的重要环节,这些关键技术对于企业成长和国家的经济发展有重要影响。因此有民族报国热情的企业都应该投身于这些关键技术和装备的研发和生产,提高民族工业的技术水平。

扫描二维码,观看视频,思考如下问题:

你认为为了在关键核心技术和装备研发上提高我国企业的自主创新能力,从政府政策、企业的发展战略的角度应该如何应对?

第三节 生 产 率

一、生产率的定义和测定方法

(一)生产率的定义

生产率衡量的是投入与产出的关系,投入资源越少,获得有效价值越多,则生产率越高。生产率是一个企业综合要素的效率与效益指标,甚至一个国家经济发展水平的标志。

关于生产率的定义,可以从如下几个方面理解:

1. 生产率是资源利用的能力

生产是利用资源来获得产出的价值转化过程,因此,生产率反映了企业对资源的利用能力。生产率高,资源利用率高,即企业投入较少资源获得较高价值。

2. 生产率是综合生产要素的效用

生产率是劳动力、资本、技术投入与管理等多要素的综合反映,即生产率是多因素的综合效用。当然,不同行业生产要素贡献不同,同一行业不同时期的生产要素贡献也不同。

3. 生产率是一个动态概念

生产率是一个动态概念,生产率随着国民经济发展,企业管理水平与技术发展而改变,因此生产率是动态的。

(二)生产率的测定方法

生产率是衡量企业投入与产出之间的效率的主要指标,简单地说就是用产出与投入之比表示:

$$生产率＝产出/投入 \tag{2-1}$$

生产率测定有多种方法,比如,单要素生产率、多要素生产率和全要素生产率测定方法(图2-7)。

1. 单要素生产率测定方法

单要素生产率就是用单一生产要素的投入量计算其产出效用。比如,用劳动力、资本、能源等单独计算其产出效用。不同的单要素生产率测定方法举例如表2-2所示。

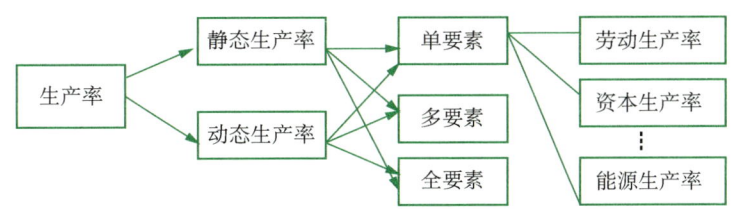

图 2-7 生产率测定方法

表 2-2　　　　　　　　　　　　　　单要素生产率测定方法举例

生产率	应用举例
劳动生产率	每个工人每小时产出量或产值
机器生产率	每台机器每小时的产出量或产值
资本生产率	每百元的投入获得产出量或产值
能源生产率	每度电产出量或产值

2. 多要素(综合要素)综合生产率测定

多要素或者综合要素生产率测定方法就是考虑不同生产要素的综合投入量所获得的产出比来计算生产率。考虑所有要素的多要素生产率就是全要素生产率。

多要素(综合要素)综合生产率＝总产出量/(各种生产要素的投入总量)　　(2-2)

多要素(综合要素)的生产率测定,要注意的是各种生产要素的投入量的单位必须转化为统一的单位,比如都用货币单位表示。

应用例题 2-2

某家具生产企业有 10 名工人,每人每天工作 8 小时,工作成本是 40 元/人·天,管理费用 500 元/天,每天生产家具 100 套,单价是 500 元/套,每制造一套家具需要木材 2 m^3,木材成本是 100 元/m^3。每天用电 100 度,每度电费 0.5 元。计算该家具厂的劳动生产率、能量生产率、全要素生产率。

解:

(1) 劳动生产率

用产量计算的劳动生产率＝100 套/(10 人×8 小时/人)＝1.25 套/小时

用产值计算的劳动生产率＝100 套×500(元/套)/(10 人×8 小时/人)＝625 元/小时

劳动生产率表示工人每小时可生产 1.25 套产品或者说每小时劳动可产出 625 元。

(2) 能源生产率

用产值计算的能源生产率＝100 套×500(元/套)/(100 度)＝500 元/度

能源生产率表示每度电能产生 500 元产出。

（3）全要素生产率（综合生产率）

产值综合生产率＝100 套×500（元/套）/（10×40＋500＋100×2×100＋100×0.5）
元＝2.39

该企业的产值综合生产率是2.39，意味着该企业每投入1元可获得2.39元的产出。

二、提高生产率的途径

影响企业生产率因素有很多，比如，技术、资本、管理、劳动力等都会影响生产率水平。提高生产率当然应该从这些因素入手。根据我国企业的现状，以下重点讨论两个方面的途径。

（一）提高劳动力素质

劳动力素质高的企业劳动生产率高。发达国家企业劳动力素质比欠发达国家高，我国经济发达地区的劳动力素质比经济欠发达地区要高。劳动力素质的提高有赖于教育与培训，日本企业有比较完善的企业内部培训机制，因此其劳动力素质相对比较高。因此，强化员工的技能培训是提高劳动生产率的基本方法。

（二）提高管理水平

生产率的提高相当程度取决于管理水平的提高。改革开放以来，我国企业在学习国外先进管理思想与方法方面做了许多工作，比如学习西方的科学管理方法，学习日本的丰田管理方法等。通过学习西方发达国家的企业管理经验与做法，可以缩短我国企业生产率与发达国家企业的差距。通过走出去，引进来的办法，吸收借鉴国外先进的管理经验，我国许多企业提高了管理水平，也提高了生产率，如海尔等。

生产率改善要从流程的改善入手，从流程的标准化、流程的自动化、流程的组织与再造等方面，提高流程的管理水平。本书介绍的内容正是企业如何从流程入手进行流程生产率改善的有关管理战略与运作策略。

素养园地

企业运营战略和构建新发展格局理念

企业经营战略的制定需要考虑国家大政方针，考虑国家战略需求，离开国家和国际大环境去制定企业发展战略就失去立足点和迷失方向。

构建以国内大循环为主，国内国际双循环相互促进的新发展格局，是根据我国发展阶段、环境、条件变化，特别是基于我国比较优势变化，审时度势作出的重大决策。

以国内大循环吸引全球资源要素，更好利用国内国际两个市场两种资源，提高在全球配置资源的能力，更好争取开放发展中的战略主动。

制造业是我国经济命脉所系，是立国之本、强国之基。

要把增强产业链韧性和竞争力放在更加重要的位置，着力构建自主可控、安全高效的产业链供应链。要对重点行业产业链供应链进行系统梳理，摸清薄弱环节、找准风险点，分行业做好战略设计和精准施策,加快补齐产业链供应链短板,逐步在关系国家安全的领域和节点实现自主可控。

——"构建新发展格局、重塑新竞争优势"《习近平谈治国理政》第四卷,第154—158页。

当今世界,最稀缺的资源是市场。市场资源是我国的巨大优势,必须充分利用和发挥这个优势,不断巩固和增强这个优势,形成构建新发展格局的雄厚支撑。

要通过参与国际市场竞争,增强我国出口产品和服务竞力,推动我国产业转型升级,增强我国在全球产业链供应链创新链中的影响力。

——"加快构建新发展格局"《习近平谈治国理政》第四卷,第177—178页。

要求:根据资料,用PEST分析框架讨论我国企业立足国内国际大环境和国家发展战略制定企业发展战略的意义,在制定企业运营战略时如何考虑新发展格局。

关键术语

竞争力(competitiveness)　　　　运营战略(operation strategy)
订单赢得要素(order winner)　　　订单资格要素(order qualifier)
生产率(productivity)

本章小结

1. 运营战略规定了企业运营系统资源、流程的使用方针和策略,是驱动企业运营系统运行的纲领性的决策。

2. 企业生产运营系统需要通过一系列的竞争力要素支持企业的市场竞争。企业运营竞争力要素包括时间、成本、质量、柔性、服务等。

3. 运营竞争力要素各有侧重点,订单赢得要素和资格要素是区分运营竞争力要素的重要的概念。

4. 运营战略包括总体竞争战略和生产要素调整战略。

5. 运营管理是提高企业生产率的重要手段,本章介绍了生产率的测定与改善措施。

练习题

一、思考题

1. 什么是基于时间的竞争? 分析实现基于时间的竞争的运作战略方法。

2. 柔性对提高企业竞争力有什么样的作用? 分析提高企业运作系统的柔性的方法与途径。

3. 什么是订单赢得要素,什么是订单资格要素?

4. 制造业与服务业的生产率有什么不同,如何提高服务生产率?

二、选择题

1. 企业的劳动生产率高,则是(　　　)。

A. 企业总产量高 　　　　　　　　B. 生产能力高

C. 投入产出效率高 　　　　　　　D. 营利性好

2. 时装生产企业,不是其订单赢得要素是(　　)。

A. 交货能力　　　　B. 柔性　　　　C. 成本　　　　D. 设计能力

3. 单源供应战略的好处是(　　)。

A. 对供应商依赖度低 　　　　　　B. 供应中断风险低

C. 获得质量一致性高 　　　　　　D. 对供应商的要价能力强

三、判断题

1. 提高劳动生产率有利于提高企业竞争力。　　　　　　　　　　　　　　(　　)

2. 订单赢得要素和资格要素是确定不变的。　　　　　　　　　　　　　　(　　)

3. 运营战略就是对企业运营资源的使用和调整策略。　　　　　　　　　　(　　)

4. 企业应该先有决定市场战略,再决定运营战略。　　　　　　　　　　　(　　)

四、计算题

1. 某啤酒厂每周生产量是 10 吨(10 000 公斤)啤酒,每公斤酒的售价是 10 元,每周工作时间为 5 天,每天工作 8 小时。该厂有工人 50 人,工资率是 50 元/人·天。生产 1 吨酒用玉米 0.75 吨,每周用电 800 度,原料的价格是玉米 0.25 元/公斤。电费是 0.8 元/度。请确定该厂的单要素生产率(劳动生产率、材料与能源生产率)和综合生产率。

2. 某学校的资料复印室有 2 名工作人员,每天工作 8 小时,现在有 2 台复印机,根据统计,正常情况平均每天每台复印机复印 5 000 张资料(即 10 包纸,每包 500 张),复印一张资料是 5 角,工作人员工资是每天 40 元。复印纸采用的是高档的纸,每包 90 元。用电每天是 10 度,每度 5 角。请计算该复印室的劳动生产率与综合生产率。如果该复印室的每天复印量增加到 6 000 张(12 包),每张复印收费变为 3 角,复印纸改用普通复印纸,每包 75 元,劳动生产率与综合生产率变为多少?

案例讨论

鸿发服装公司

鸿发公司是广东省中山市一家有近二十年历史的西服生产企业,主要生产中高档男女西服,多年来,在西服市场中经济效益不错。但是由于近年来竞争剧烈化,我国服装生产一直疲软,国内市场供过于求,国外市场受到配额的限制。为了生存的需要,企业开始向多元化发展,除了西服的生产外,在 20 世纪 90 年代中先后投产休闲服与童装生产线,经济效益也逐渐好转。

很显然,西服的生产已经变成了生产与销售的包袱。现在订货批量越来越小,而生产成本却在增加,并且我们已经失去了一些较大的订单。但是把业务收缩到童装与休闲服的生产也存在风险。品种变化比较快,产量与交货期每天在变化,使生产计划与控制比较困难,那些小厂为竞争而降价相当容易,他们可以以最低成本生产。我们的管理费用由于种种原因一直比较高。另外我们的产品开发速度也比较慢,需要加快产品开发的速度以适应市场需求的变化。

总经理在一次生产协调会议上对全体高级经理们做了这番讲话。为了制定未来的发展战略,总经理把销售经理、生产经理和产品经理召集在一起,专门为此事与他们进行了沟通,希望他们能根据市场、生产与产品开发情况做一次深入的研究分析,提出相应的分析报告,为下次的生产协调会议讨论做参考。

销售

销售经理报告中提到的主要市场行情如下:

服装行业目前基本上是打价格战。由于服装是一种季节性的商品,大多数公司到了换季节的时候,都采用大甩卖的手段,清仓出售。男式西服的降价幅度最大,我们去年在部分城市设立了专卖店,虽然收入有增加,由于我们一向坚持品牌战略,价格降低的幅度不大,加上租金与税收等导致销售成本比较高,利润增加不大。西服讲究质地与做工,但是许多消费者根本就不知道西服的面料与做工,他们选购服装时多数是看牌子,我们虽然质量与用料都很讲究,除了专卖店自己的销售人员的努力外,代销的商家根本没有办法做到给每个顾客进行介绍产品,影响了销售。

由于生活节奏的加快,消费者的消费观念在转变,人们追求休闲与放松,近年来休闲服的销售额一直在增长。现在,从老年人到青少年都喜欢穿休闲服,因此从总趋势看,休闲服的增长要比西服的增长速度要大。

童装是比较好销的一类产品。从市场调查发现,根据一次百货商场的抽样观察结果表明:逛百货商场的妇女中,购买小孩衣服的比例高达30%,到童装柜台观看服装但没有买的妇女也有60%。在过去一年当中,我们已经与100多家百货商场签约,为我们提供童装柜台,一些本地的零售商在促进本地销售市场方面也做了大量的工作。

现在的服装生产厂家不计其数,多如牛毛,但是真正算得上有实力的不多。国内几大著名西服生产厂商这几年大量投入广告与促销,因此他们的销售额增加比我们的快,而我们一直坚持老一套销售方法,消费者对品牌的认同也已经基本形成,很难改变。而我们在休闲服与童装方面却不需要大的广告就产生了很好的效果,因为在休闲服与童装的选购中,品牌效应不象西服那样明显。

我们与竞争对手相比,我们所有的服装优势是价格适中,如果我们能够把成本降低20%,我们的价格优势更加明显。西服是我们的品牌产品,但是近年来我们的利润一直在走下坡路。休闲服与童装的主要不足是我们的品种还不够多,如果我们要保持领先,至少每年要拿出100种新产品。另外我们的产品在颜色的选择上,也要提供更多的颜色供选择。现在我们只有5大休闲服产品系列,10种童装产品系列,这个远远不能满足需求。

生产

公司目前的三个生产线:西服、休闲服与童装,分别在不同的车间生产,并设有原料仓库与产品库。生产经理在报告中分析了过去几年来公司的生产情况:

五年前我们开始休闲服生产,当时一部分生产人员来自西服生产线,但大多数是从外面招进的新工人。现在我们在西服生产线上的工人有100人,比五年前减少了50个,主要是销售量减少,压缩了生产。而休闲服生产线上有250人,但五年前我们只有100人。休闲服生产线有一个特殊的加工工艺——水洗工艺,我们过去的工艺一直不很过关,但是经过技术人员的攻关,我们的水洗服装工艺在同行中是最好的。现在工人的熟练程度也大大提高,生产率在同行中也算前列。童装生产线是1996年投产,现有工人200人,相对休闲服与西服的生产线,我们的投入要少得多。虽然上马不久,工人还不是很熟练,但是很快就能适应未来生产需要,生产率在三个生产线中是最高的。

虽然西服目前的情况不是很好,但是我们还有一批经验丰富的老师傅,如果建立一套新激励制度,让这些老师傅能够带领一批新的工人,继续发挥他们的优势比从事其他的工作要好。为了改变目前下滑的局面,重组西服生产线势在必行。

如果要增加休闲服与童装生产量,为了提高生产率,我们设想建立定额工时,但是有些困难,主要是品种变化大,新产品工艺不一样。这样为工人的安排也带来了困难,为了突击任务我们不得不临时招收工人或加班加点,一般每周工作六天,但是我经常都需要加班,而且每天的工作时间实际也超过 8 小时。

计划变化太大使我们生产调度比较困难。西服生产线相对来说,计划稳定。因为我们过去一直采用一种市场需求预测的软件,但是这个软件用在休闲服与童装,并不理想。因此我们一般采用实际订单量与过去几个月的销售额平均进行相加得出当月的计划。但是新的订单与紧急订单常常打乱我们的生产计划。例如,上个星期,由于额外需求,我们不得不连续六天加班生产,原来的生产计划也被打乱了,导致我们一批订单延迟交货。现在我们西服计划完成率是 90%,休闲服是 85%,童装 79%。

稳定是理想的,但是市场是动态的,计划的变动将影响公司的效率与原料的供应。西服产品的销售旺季在春秋两季,而休闲服则夏季最旺,儿童的服装,不同季节有不同的产品。几乎每个季节都不一样。我们常常为休闲服与童装之间的计划而困扰。一直没有找到解决的办法。

质量也是一个值得注意的问题。我们现在的产品平均出厂合格率是 90%,西服是 95%,休闲服是 83%,童装是 87%。西服生产的质量要求高,要求缝线、烫路要直,尺寸合规定。过去我们的质量控制一直是严格的,在消费者都有比较好的口碑。休闲服与童装的质量控制有些困难,脱线、缝路不直等问题在休闲服中比较突出。由于任务重,品质检验压力太大,而且,质量检验员的工作也不太好开展,有的员工不听从检验员的检查而试图蒙骗过关。

新产品开发

公司的产品开小组现在有 10 个人,服装设计的工作量很大,他们为了构想新产品要花费很长时间,产品在生产之前一般要经过样品的试制,确认后才正式交给车间生产。目前公司的产品样本有两种,一种是客户提供的,另一种是公司设计人员的构想。产品的试制过程如图 2-8 所示。

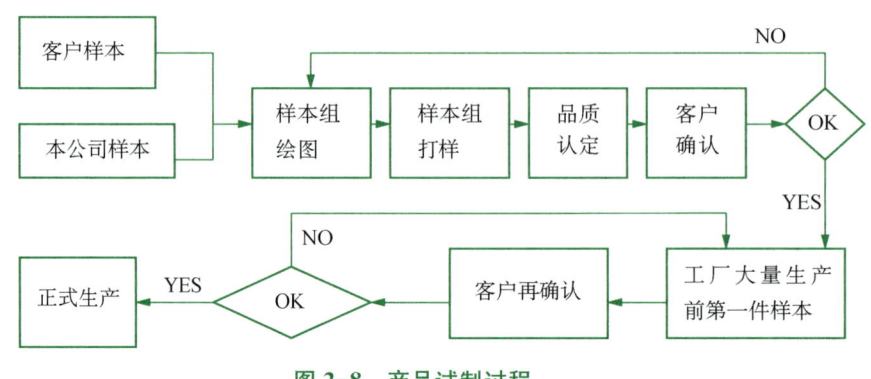

图 2-8 产品试制过程

目前产品开发的人员大部分是年轻人,都是从美术学院或服装学院毕业的大学生,也有几位老师傅。产品经理这样介绍企业的产品开发情况:

在产品开发上,我们在西服的设计能力并不比别人差,但是我们基本上采用的是保守型战略,多年没有改变过。在休闲服与童装方面需要灵感性的创新,确实像市场部经理说的那样,我们的品种还不够多。但是问题不是我们设计不出来,而是打样人员的速度跟不上,我们许多构想都没有能实现。另外生产部门对新产品的试制有时也不是很配合,因为他们的工资与奖金是与产量挂钩的,他们更愿意做成熟的产品而不愿意生产新产品,因为新产品的产量低。我们去年购进了一套服装 CAD 系统,大大提高了设计的工作效率,如果能增加几台电脑设备,我们的设计的工作效率会更高。另外我们需要市场更多的信息反馈,我们这方面还做得不够。

我们对设计人员的工作考核标准缺乏合理性,我们的设计人员工作量很大,但是他们的奖金并没有体现他们的工作的实际价值。这大大影响了他们的积极性的发挥。

总经理看了三位部门经理的报告,感到需要对企业进行一次新战略性的调整,他决定把他们的报告带到会议上由干部共同讨论。

问题:

1. 请指出该公司在服装市场中的竞争优势与劣势。
2. 你认为鸿发公司的订单赢得要素和资格要素是什么?
3. 该公司应该采用什么样的竞争战略?
4. 为实现鸿发公司新的竞争战略,为该公司制定新的生产要素调整战略:产品开发战略、供应链战略、质量战略等。

第二篇　运营系统设计与组织

第三章　产品与服务设计

学习目标

学习内容	学习目标	学习难度	重要程度	应掌握知识点
产品开发概述	了解	☆	★	新产品定义、产品开发类型、产品开发驱动模式
工业产品设计	熟悉	☆☆☆	★★★	面向顾客产品设计、面向环境的产品设计
服务产品设计	熟悉	☆☆	★★★	新服务类型、服务设计过程
产品开发组织管理技术-并行工程	熟悉	☆☆	★★	并行工程思想和原则

引导案例

数字化时代海尔开启顾客参与产品设计新模式

传统的制造模式是工厂根据市场整体概况生产符合消费者需求的产品通过渠道、零售终端向消费者输出,是后端对前端的产品传导;在当今互联网和数字化时代,越来越多的企业转向顾客驱动的生产模式,通过消费者与工厂直接对接,定制符合自身个性化需求的产品,是前端对后端的牵引,从而开启顾客参与产品设计的新模式,海尔在这方面也引领时代潮流。

"让网友进行产品画面创意,不仅是一种全新的交互方式,更体现了互联网时代下以用户需求为中心的产品创新模式。"近日,海尔冰箱在新浪微博上发起产品由您设计,画面请您创意♯活动,邀请网友为海尔冰箱创意主画面,吸引了众多网友参与。记者了解到,本次征集主画面的产品是海尔最新推出的匀冷三门冰箱。

匀冷冰箱采用了行业领先的隐藏蒸发器设计,颠覆了传统冰箱的空间格局,消费者可根据自己的需求来调节储存空间和格局,使之变成一个"百变空间"。取下冷冻室内的抽屉和隔板后,匀冷冰箱的冷冻室比普通冰箱可多装 43% 的食物。此外,匀冷三门冰箱设计了 7℃～−18℃ 自由调节的变温空间,冷藏、冷冻随心转化,在很大程度上提升了冰箱的容积率。

正因如此,匀冷三门冰箱的"百变空间"也成为了网友们创意主画面的焦点。为了突出冰箱空间特色,网友菲菲进行了创意,她说:"现在流行 3D 画,冰箱冷冻室设计成 3D 立体画,肯定能体现出冰箱的大容积和可随意调节功能。"这种想法也引导了其他网友,一时间"冰箱机器人""解密魔方""马上冰箱"等独特创意层出不穷。

据业内专家表示,随着数字化网络化进程的加快,根据用户需求来研发产品,再发动消费者来创意主画面,体现出互联网时代消费者在产品研发过程中的重要作用,海尔不仅是征集产品主画面,更是开启了产品交互体验的一个新篇章。

以互联网战略为背景的产品创新,也折射了海尔鲜明的网络化战略特点。无论是传统的大家电还是生活小家电,都能依托互联网接口实现互通互联,为消费者打造出了完整的智慧家庭生活平台。根据欧睿国际发布的最新数据显示,海尔已经连续五年蝉联全球第一,海尔冰箱实现连续六年蝉联全球第一。

资料来源:根据网络资料整理。

问题:

1. 你认为顾客参与产品设计适合什么类型的行业?
2. 数字化和互联网技术在海尔的顾客参与产品设计中起到什么作用?

第一节　产品开发概述

产品开发是一项企业创新性活动,许多企业投入大量资金进行新产品开发,比如华为、格力电器等。同时,由于市场竞争压力增加,产品生命周期缩短,顾客个性化需求增加,如何高效地、低成本地开发出适合顾客需求的产品,这是许多企业都面临的一个非常重要的问题。

一、新产品的类型

产品开发就是向市场推出新产品,一般企业的新产品有三种类型。

(一) 创新性产品

这种产品是全新的,现在市场还没有的。这种产品的创新程度最高,结构与功能都可能与原来的产品不一样,一般需要技术性的突破,或者某些原理的改变。苹果公司推出的许多产品都是创新性产品,都带有技术突破性。据说国外有人研究一种可以飞的汽车,遇到交通拥挤时飞起来,其目的是解决城市交通拥挤的问题,这种产品虽然目前由于相关法规等其他限制性因素无法在现实使用,但是这是一种具有超前性思想的创新产品。

(二) 派生产品

这种产品是由原来的产品通过一定改变(结构或者功能)获得。药品新产品开发就比较多采用这种模式,通过在原来的药品成分中增加某一成分,或者改变一个化学分子结构就可以派生出其他新产品。另外,汽车行业的电动汽车也是一种传统汽车的派生产品。

(三) 换代产品

这种新产品的创新程度比派生产品高一点。性能或者功能比原来的产品更好,但是有比较多相似性。我国的航天飞船："神舟一号""神舟二号"，直到"神舟十号"等是换代产品。我国军用飞机歼击机的系列，如歼 7、歼 8、歼 10、歼 20 等都是换代产品。美国的微软公司的计算机操作系统 Windows 也进行多次换代，比如 Windows10、Windows11 等都是其换代产品。

二、产品开发的类型

根据新产品的不同类型，产品开发也有相应的类型。比如，对应于全新产品的创新性产品开发和对应于派生产品和换代产品的改进型产品开发。另外，还有一种结合创新性基础研究和产品改进和系列化的平台化产品开发。

（一）创新性产品开发

这种产品开发从产品的概念创意开始，结构设计、工艺设计和生产流程组织等需要全新设计，工作量比较大。这种产品开发就是所谓 0 到 1 的创新，需要从基础研究的积累到技术专利的形成等一步一步走过来，因此这种产品开发的周期比较长，投资比较大，成功率比较低，风险比较大。但是，这种产品开发一旦成功，会给企业带领非常大的竞争优势。许多高科技企业，比如华为、IBM 等都注重这种创新性产品开发。一些传统的制造企业，比如家电企业格力也非常注重这种创新性产品开发工作。

（二）改进型产品开发

对于派生产品和换代产品的开发是在原来的产品基础上进行的，不需要从头开始进行技术开发，可以节省大量的产品开发的时间和资源，缩短产品开发周期，可以快速上市，并且市场预期相对可见。但是这种改进型产品开发只能在产品生命周期的一定时期内进行，当产品的生命周期快结束，快要退出市场的时候，再对这种产品进行改进就没有价值了。

（三）平台化组合产品开发

这种产品开发实际是把基础研究的创新性产品开发和改进型产品开发的产品派生技术结合起来的产品开发策略。平台化产品开发是运用通用结构或者基本架构开发多种产品的技术。通过产品平台，企业可以衍生出许多产品，扩大产品线。软件、汽车、电器、药品等行业普遍采用这种产品平台战略。采用平台化产品开发，企业可以获得诸多好处，如降低生产成本、不同产品之间共享零件、降低产品开发复杂性、有利于产品开发团队进行更好地跨项目学习、提高产品更新能力。

在当今市场竞争国际化与企业经营全球化的大背景下，企业为了生存和发展，必须不断提高自己的产品开发能力，不断推出新产品占领市场。影响企业产品开发能力的因素很多。过去相当长一段时期，我国许多企业由于缺乏核心技术和先进的生产工艺与装备，从而限制了企业的产品开发能力。我国电子制造业由于芯片技术受制于西方，民航飞机发动机严重依赖进口，导致我国通信企业受西方打压，民航飞机发展艰难曲折。这些事实告诉我们，企业要开发有竞争力的产品，必须掌握核心技术和先进工艺装备。现在，我国企业在迎头赶上，中芯国际等芯片企业在追赶国际先进的芯片技术，中国民航发动机产品开发能力也已经有新突破，C919 实现了中国人的大飞机梦。格力和华为等企业能在国际市场上为国争光，都是他们拥有国际水平的产品开发能力的充分体现。实现"两个一百年"奋斗目标和中华民族的伟大复兴，需要大力推进我国制造业产品创新能力。

三、产品生命周期与产品开发

根据产品在市场中的销售量和利润的变化,产品生命周期分为四个阶段:引入期、成长期、成熟期、衰退期,如图 3-1 所示。

产品生命周期的不同历史阶段,产品开发的重点与策略是不同的,下面分别说明。

(一)引入期

产品引入期是产品开发的关键环节,俗话说,万事开头难。一个新的产品引入市场,要做好前期的市场调研分析,分析产品的市场潜力和竞争对手,做好产品的宣传和推广活动。由于这一时期的产品的特点是市场需求不明朗,因此产品开发的重点是:①对产品进行创新设计;②确定最有竞争力的型号;③消除设计中的缺陷;④缩短生产周期;⑤完善性能。

(二)成长期

当一个产品经历了市场的检验,获得用户的肯定,在市场站稳脚跟以后,销售量就会开始快速上升,产品销售利润由亏损转入盈利阶段。这一时期产品的特点是需求增长较快,大量扩大生产,因此产品开发的重点是:①产品工艺改进;②降低成本;③产品结构标准化与合理化;④稳定质量。

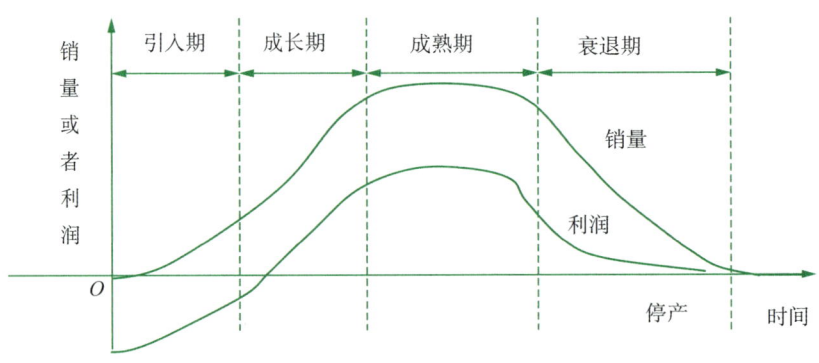

图 3-1　产品生命周期

(三)成熟期

产品在成熟期销售量达到最大,需求增加缓慢,这一时期的产品的特点是销售与利润达到最高水平,成本竞争力是关键,因此该时期的产品开发的重点是:①产品系列化与标准化;②提高工艺稳定性;③创新服务与质量创新;④产品局部改革。

(四)衰退期

这个时期的特点是销售量下降,利润降低,预示更新换代的开始。这时期的产品开发的重点是:①很少进行产品细分;②精简产品系列;③决定淘汰旧产品。

以上关于产品生命周期与产品开发的关系,仅仅是从产品引入市场开始,实际上产品研发工作比这个还要早。应该从基础研发和技术开发开始就已经进入了生命周期,从产品 R&D 活动开始就应考虑产品开发的一系列活动。

企业新产品何时开发,何时投放市场都要根据产品生命周期来决策。根据产品的生命周期揭示的规律,新产品开发的时机一般可以这样安排:即在第一代产品处于成长期的时候开发第二代新产品,当第一代产品进入衰退期时恰好第二代新产品进入成熟期。企业的产品开发过程要坚持"生产一代、研制一代、设计一代、构想一代",这样可以保证企业已有的市场份额,保证产品销售量与利润的均衡增长,保持企业的竞争力。

　　产品开发过程是一个漫长的过程,企业需要大量投入。比如,药品研发的就是一个漫长的过程,如图 3-2 所示。通常药品研发经过药物筛选、临床预实验、临床实验、药品审批和临床使用几个阶段。其中药物筛选和临床预实验是占用时间最长的阶段,而且失败率很高,大量的开发产品工作都失败在这两个阶段。企业人士说药品研发是一个很"烧钱"的工作,没有足够资金无法进行长期的新产品开发。我国药品研发,特别是西药研发中投入不足,是导致我国需要大量进口药品的一个原因。

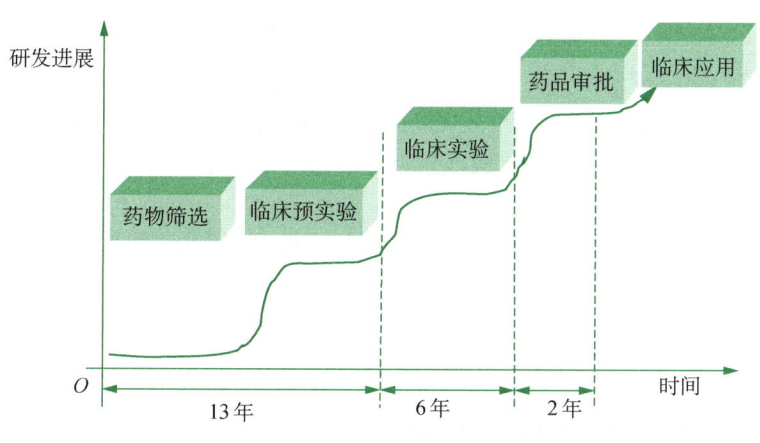

图 3-2　药品研发过程

　　由于新产品研发需要很长时间,如果产品生命周期很短,产品研发时间很长,很多企业就缺乏产品开发的动力。因此,延长产品生命周期是提高产品开发投资回报率的一个重要方面。但是,市场竞争的结果却是产品生命周期越来越短,很多产品还没有达到使用寿命就中途被淘汰了。因此,加速产品开发的速度,提高产品开发的效率和效益,压缩产品开发的时间就是成为企业产品开发的一个重要考虑因素。

视野拓展 3-1

如何提高中国的药品研发能力——世界卫生组织总干事对中国新药研发的建议

　　扫描二维码阅读资料,思考与讨论:世界卫生组织总干事提出的关于提高中国药品研发能力的观点,你认为怎么样,有什么新的看法?

四、产品开发的驱动模式

　　驱动企业进行新产品开发的动力大致有两种,即市场驱动力和技术驱动力。但是实际上企业开发新产品大多是由于竞争的需要,市场的驱动与技术的推动是同时进行的。

(一) 市场驱动的产品开发(顾客导向的产品开发)

市场驱动的产品开发,或者说顾客导向的产品开发,就是根据市场的需要进行产品开发,一般是通过对市场需求的调查分析,对产品的生产成本、技术要求、企业的赢利水平等进行评估后决定是否进行产品开发。企业只有开发出市场需要的产品,才有生命力。许多消费品工业与服务业的产品开发遵循顾客导向的产品开发思想,产品概念与构想都是来自对顾客需求的反应。如餐饮业、咨询服务、装修等。

(二) 技术驱动的产品开发(创新驱动的产品开发)

技术驱动的产品开发,或者说创新驱动的产品开发,就是根据技术发展与企业的技术创新结果来进行产品开发,以技术引导消费。世界上许多大企业都是采用技术推动的方式进行产品开发,特别是在高技术领域,如 IT 企业中的英特尔、微软、IBM 等基本上遵循着技术领先的开发战略。技术驱动的开发模式能够给企业创造一种先发制人的优势。服务业也有技术驱动的产品开发方式,如银行服务业的自动取款服务、信用卡业务,出版行业的电子读物等。

技术驱动的产品开发需要企业进行技术储备,因此开始投入的资金比较大,而且失败风险比较高。为了鼓励企业创新,我国政府对小微企业,特别是高新技术企业有鼓励政策,"天使投资"、新创企业"孵化器"等帮助小微企业创业的社会环境,有利于减少企业失败风险,使企业快速成长。

五、产品开发中的道德伦理和法律问题

当今世界,技术发展很快,产品开发属于企业创新领域,人类进步的过程就是创新能力不断提高的过程。随着社会发展,各种先进的技术不断出现,新产品不断出现,新产品开发遇到一些道德伦理和法律问题。

(一) 新产品开发的道德问题

正如当年原子弹开发的道德问题一样,现在一些新产品开发一样存在道德问题。在产品开发中,一定要把消费者的安全和健康作为产品开发的重要底线原则来坚持。比如食品产品开发中,不允许为了产品的保存和外观好看,添加法律规定不允许的原料和成分。一些高科技产品开发,目前也遇到一些道德问题,比如,人形机器人的道德问题就受到人们的关注。

(二) 新产品开发的知识产权保护问题

模仿和抄袭都是不可取的产品开发做法,企业技术人员要有法律底线原则,在保护自己的知识产权的同时,不要侵犯他人知识产权。

第二节　工业产品设计

设计是产品开发的核心,它包括从明确设计任务书开始,到确定产品的具体的结构为止

的一系列活动。无论是新产品的开发、老产品的改造或外来产品的仿制、顾客产品定制,产品设计都是企业产品开发的重要环节,产品设计应遵循如下几条原则。

（1）设计用户需要的产品（服务）。

（2）设计出可制造性（manufacturability）强的产品。

（3）设计强壮性（robustness）的产品（服务）。

（4）设计绿色的产品（环境意识设计）。

根据这些原则,产品设计的思路就有面向顾客的设计、面向可制造的设计、面向环境的设计等,简称 DFX（designing for X）技术。

一、面向顾客的产品设计

面向顾客的产品设计是近年来产品设计中的新思路。现在的顾客不再满足于被动接受企业设计的产品,顾客需求是企业产品设计的源头,因此在产品设计中,应从顾客的需求出发,设计出顾客需要的产品,这样才有市场。面向顾客的产品设计的关键是顾客需求的捕获和收集,正确地把顾客的需求反映到产品设计中（图 3-3）。

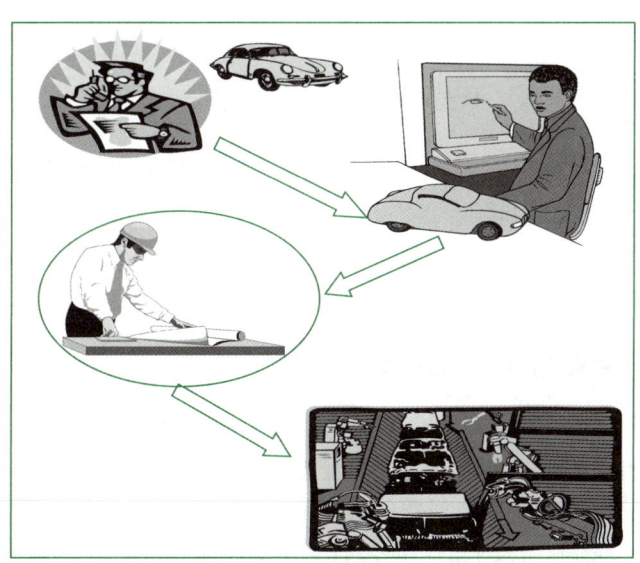

图 3-3　面向顾客的产品设计过程

面向顾客的产品设计最新的概念是大规模定制,以下是两关于顾客化定制产品设计的例子:

（1）在日本有一家专门生产自行车的公司提供了顾客化的生产。这是一家松下电器公司下属公司,该公司采用了一个名为"松下顾客定制系统（PICS）"实现顾客定制过程:顾客先到当地松下自行车商店,在一架专门的车架上接受测量,然后店主将顾客要求的自行车说明书传真给工厂的主控制室。在那里,数据被输入微机中,然后自动生成自行车的初步蓝图,并且生产一个条形码（CAD 设计只需要 3 分钟,而先前工厂的绘图员需要 3 小时）,接着条形码被贴到金属架和齿轮上,最后经组装就生产出满足顾客个性化要求的自行车了。

（2）总部设在美国密歇根州的罗斯集团是家生产汽动阀和其他气控系统的企业,产品用于汽车、铝材和钢材的制造以及林业生产等行业。公司通过它的 Ross/FLEX 系统,了解顾客的需求,与顾客一起详细设计,以此来满足顾客的要求,并迅速有效地制造出顾客定制的产品。为实现这一目标,该公司设置了一个集成工程师的职位,将市场、工程设计与制造的职能有效地集于该工程师一人。该工程师的基本职责是"挖掘"特定客户的想法,并向客户了解他们的这些想法将向制造工艺提出何种要求。普通工程师的工作是与客户交谈,设计阀门,然后制定加工细节。

面向顾客产品设计已经成为产品设计的一个新时尚。利用数字化和互联网技术,许多企业如海尔冰箱、吉利汽车都利用数字化技术进行顾客化产品设计,顾客参与到产品设计中,把传统的推式的产品设计模式转向顾客驱动的产品设计模式。

实现面向顾客的产品设计的最有效和应用最广泛的方法主要有 QFD(质量-功能-配置)和是价值工程(VE)。QFD 是把顾客对产品的要求配置到产品设计与生产过程中的一种工具。价值工程强调的是顾客价值和企业资源的有机结合,是一种简单实用的产品设计思想,现已经广泛应用于制造业新产品的研究设计与技术改造,以及服务流程设计等方面。

价值工程的基本关系是:

$$价值(V) = \frac{产品的功能(F)}{产品的成本(C)}$$

价值工程的基本思想就是在确保消费者的必要的功能的条件下,通过有组织地对产品进行功能分析,以提高产品的价值。

在服务的产品设计中(本章第三节),流程设计是核心,价值工程也有广泛的应用。通过服务流程的功能和成本分析,可以优化服务传递过程。

二、面向可制造可装配性的产品设计

产品设计除了考虑顾客的需求外,还要考虑企业内部的生产制造条件是否能实现设计要求、是否可制造、加工是否方便与可行、能否装配等问题。这些问题都需要在产品设计阶段进行考虑,这就是设计中的面向制造的设计(design for manufacturing,DFM)和面向装配的设计(design for assembly,DFA)的设计思想,DFM 和 DFA 合并起来就是 DFMA。通过 DFMA,设计人员在新产品的设计阶段,就可以充分考虑所设计的产品的零部件的加工工艺性和装配工艺性,从而使新产品在制造与装配过程中由于设计不当而产生的工程更改数量减少到最小限度。

在 DFMA 设计理论的研究中,人们提出了两条适用于所有设计的公理:

(1) 在设计中必须保持产品及零部件功能的独立性;

(2) 在设计中必须使产品及零部件的信息量为最少。

第一条公理指在一个零件上既不希望出现重复的或相同的功能,也不希望一个零件只有一个功能。这就要求在设计过程中,产品的零部件具有多种功能,而且这些功能必须相互独立、互不重复,通过这一点实现构成产品零件的数量为最小。

为满足第二条公理的要求——"信息量最少",不仅需要构成产品的零部件数量为最少,而且每个零部件的结构必须最简单。只有零件的结构最简单,零件所包含的信息才能达到最少,零件才能易于制造。

应用 DFMA 进行产品的设计时,主要做法是使构成产品的零件数量最少,使每个零件的功能尽可能多;发展模块化的设计,使设计标准化;选择易于装配的紧固件,在装配中尽量减少调整;使设计的零件易于定位等。

三、面向环境的产品设计

面向环境的产品设计(design for environment,DFE),也称为绿色生态型设计。随着人类活动的增加,人类对自然资源的利用越来越大,对环境破坏性越来越明显。工业生产的发展产生了大量对环境不利的影响和对人类健康不利的影响,因此近年来,越来越多的学者提出如何在产品设计中考虑资源与环境保护的问题,于是产生了一种关于产品设计的新理念——环境意识设计与制造,即面向环境的产品设计。这些理念要求在产品设计阶段就考虑产品对资源利用与环境影响因素,以减少资源的利用与环境破坏,使产品更加节约、更加环保。这些产品设计的新方法包括:增加物资循环利用率的面向可再循环的设计(design for recyclability,DFR)和提高再制造能力的面向可拆卸的设计(design for disassembly,DFD)、为减少材料与资源的使用的面向简单化设计(design for simplicity,DFS)等。

早期的工业设计没有考虑再循环的问题,产生了大量的不可回收的废料,比如洗衣机、电冰箱、汽车塑料制品等。由于绝大多数产品没有经过面向翻新与再循环的设计,所以在回收这些材料时非常困难与昂贵。

当考虑产品的可再生性与再制造性时,产品设计不仅要实现材料的再循环,而且应尽量减少再循环过程中的材料质量降低,以便尽可能保持这种材料的利用价值。在大多数情况下,即使材料的品质降低,对该材料进行再循环利用也比把它抛弃好。比如,自助餐厅的聚苯乙烯餐盘变成发泡绝缘材料加以利用,或者将 PET 饮料瓶再循环制造成地毯化学纤维等。

面向产品再循环利用最典型例子是汽车。汽车回收系统能够高效地回收利用报废的汽车。比如,一辆不再使用的汽车拆卸厂把有价值的零件都拆卸下来,包括仪表盘、电池、车轮、轮胎、散热器、交流发电机等。拆卸的车身被卖给切割厂。切割厂利用大型的机械将车身切割成各种小块,然后通过一系列的操作将其分类:黑色金属(碳钢与不锈钢)、有色金属(铝、锌、铜等)、残余物(主要是混有金属与液体杂质的各种塑料)。这三类物质在回收链上各有所归:黑色金属进入钢铁厂;有色金属进入分拣厂,在那里不同有色金属被分拣出来然后销售;而那些没有价值的汽车残余物被运到垃圾处理厂。

报废汽车的一些回收零件可以直接投入使用。这些零件包括车轮、车窗和座椅等,其他经过翻新以后可以使用,比如交流发电机、空调甚至发动机。在发达国家,有 95% 的汽车得到回收利用。而其他的制品利用率相对低一些。根据统计,目前大约有 63% 的铝罐、30% 的纸制品、20% 的玻璃和不到 10% 的塑料制品得到再生利用。因此,如何在产品设计阶段考虑生命周期的再循环与再利用的问题显得非常重要。

现今,越来越多的工业设计人员开始考虑产品设计的再循环与再生利用性问题。在产品设计中考虑产品生命周期各阶段的可利用价值。图 3-4 表示产品生命周期利用、再利用、再循环的不同策略。

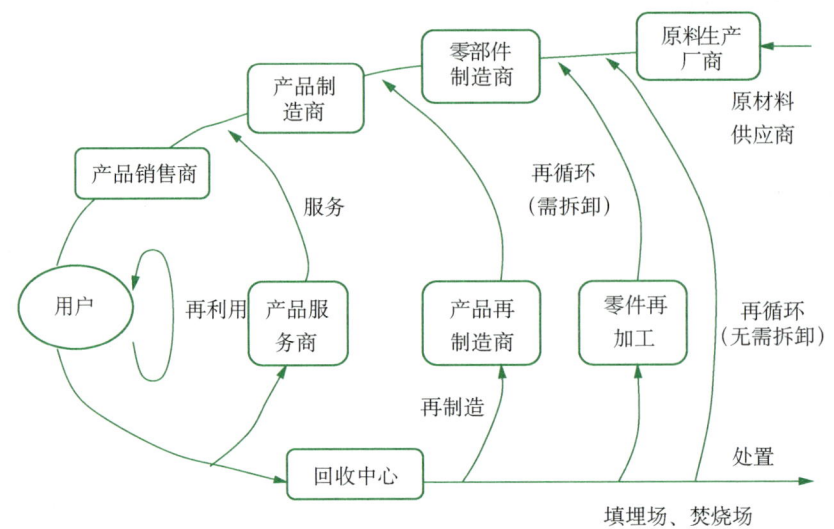

图 3-4 产品生命周期利用、再利用、再循环的不同策略

资料来源：C. M. Rose, *Design for environment: A method for formulating product end of life strategies*（Stanford University，2000）

（一）产品生命周期评价 LCA 与面向环境的产品设计

面向环境的产品设计思想目的是设计出环境友好的产品。为了评估产品对环境的影响，产品生命周期评价（life-cycle assessment，LCA）可以帮助设计者更好设计环境友好的产品。关于生命周期评价概念，国际环境毒理学会和化学学会的定义为：

生命周期评价是一种客观评价产品、过程或者活动的环境负荷的方法，该方法通过识别与量化所有物质和能量的使用以及环境排放，来评价由此造成的环境影响，评估与实施相应的改善环境的机会。生命周期评价包括产品、过程或者活动从原料获取与加工、生产、运输、销售、使用/再使用/维修、再循环到最终处置的整个生命周期。

> **学而思，思而学课堂思考题：** 产品设计中考虑环保因素——碳排放是个重要问题，你能举例说明在你的家庭中有什么家电产品属于低碳设计的？

生命周期评价是一个复杂系统，根据产品生命周期的五个阶段（生产前阶段、生产阶段、产品运输阶段、产品使用阶段、翻新、再循环或者处置阶段）列出各阶段的输入与输出的关系，然后评价对环境的影响。LCA 通过特定产品或者过程的环境因素的评价，以获得如何改进其环境表现的信息。如果 LCA 在产品设计的初试阶段进行，可以用来比较不同设计方案的环境影响度，从而为设计方案评比提供参考。LCA 也可以在产品已经生产或者使用阶段进行，这个时候也能提供改进其对环境影响的信息。

（二）面向产品可再制造、再利用的设计策略

面向再制造的设计、面向可拆卸性设计都是面向环境的设计的基本思想。再制造是指通过保留性能尚好的零件、翻新可再使用的零部件和引入代替零部件（性能相同或者升级的，如电脑主板），以便使丧失功能的产品得到再利用。再制造需要设计时周密考虑，因为设计影响产品拆卸和更新的方便程度与可再利用程度，从而决定再制造的可

行性。

1. 模块化设计

面向再制造的设计的核心概念是模块化设计。如果设计人员能够预见到产品的某一部分可能发生变化或者需要修理更新，而产品的其他部分并不需要改变时，对可能发生变化的部分应该设计成一个模块，使其能够有效进行代替和再循环。这种方法成功的例子是电脑与电视机的电路板的设计。

2. 零部件联结设计

零部件联结方式对产品能否在生命结束以后再循环利用有重要的影响。差的联结设计对开展再循环产生不利。当今，各种产品的零部件很多，一台电冰箱达到 200 到 300 个零件，一辆汽车零部件多达 3 500 个，一架飞机零件则更多达 150 万个。设计人员的挑战是如何设计产品使其在使用过程中耐用，同时使用完以后易于拆卸。这样易以拆卸的产品，才有可再制造、再循环利用的价值。如果设计的时候减少联结件的数量与种类，采用简单、常用的联结方式，减少使用拆卸困难和拆卸费用高的联结方式，就能容易实现面向再制造的设计目标。

 企业风景线

大众汽车和微软合作开发汽车自动驾驶技术

据外媒报道，微软与大众汽车合作，通过微软的 HoloLens 2（混合现实头显）将增强现实引入汽车。

HoloLens 2 的新"移动平台"模式克服了混合现实耳机的主要限制，并在新的领域应用该技术，例如训练驾驶员应对具有挑战性的路况，或为自动驾驶汽车创造新的用户体验。虽然大众汽车非常关注移动出行，但仍希望未来还可在其他行业应用该技术。

多年来，大众汽车一直对增强现实非常感兴趣，且一直在使用自动驾驶车辆和 AR 来教赛车手在赛道上驾驶。起初由于设备传感器丢失跟踪，大众无法在移动车辆中应用微软 HoloLens 2。大众汽车早在 2018 年就开始与微软合作，并开发出一个原型系统，允许汽车在连接的 VR 耳机上显示实时信息。

该系统将虚拟对象投放在汽车内外部。HoloLens 2 将虚拟地图投影到汽车仪表板上，如导航箭头和关键十字路口的信息。HoloLens 2 还在人行横道处显示全息行人警告，提醒驾驶员小心。此外，HoloLens 2 还可显示车内温度。

资料来源：根据网络资料整理。

第三节　服务产品设计

和制造企业一样，服务企业一样需要新产品设计。服务新产品设计，简称服务设计，和制造新产品设计有许多相似的地方，制造业的产品设计的思想可以应用到服务业，但是，由于服务的独特性,因此服务设计有一些独特的策略。

一、服务产品设计与制造产品设计的区别

第一章介绍了服务的四个特点:无形性、同步性、异质性和易逝性。这些特点决定了服务产品设计与制造产品设计的不同。

(1)服务产品设计和服务流程设计同步进行。制造企业的生产与分销是分离的,而服务的"生产"和"销售"是同步的。因此,制造产品的设计严格按照产品结构设计和工艺流程设计分开进行,但是服务设计是和服务流程设计同步进行的。

(2)服务产品设计更加关注不可触摸的因素,比如,心理因素、情感因素和美学因素,而制造产品设计更加关注技术性能和结构设计。

(3)服务设计和新技术出现紧密相连。在服务设计中,当新的技术出现时,可能颠覆某一个行业的服务模式。比如互联网出现,一些传统的商业企业利用互联网服务、无人机服务等。

(4)服务设计中顾客参与度更高。许多服务产品开发是需要顾客参与进来一起进行服务设计的,比如,家庭装修、理发与美容、旅游、保险等。

(5)服务设计需要更多创意思想和灵感。许多新的服务模式的出现是具有挑战性的创新,来自服务开发者的创意构思或者灵感。比如,汽车旅馆英语叫 motel,是 motorhotel 的缩写,就是 1923 年美国一位商业哈利·埃利奥特在汽车长途旅行中偶发奇想得到的商业概念。

由于以上特点,服务设计需要有与不同于制造产品设计的思路和方法。

二、新服务产品分类

服务业与制造业一样,只有不断开发新产品,才能在市场中保持长期的竞争力。在设计新服务业务前,我们先介绍新服务类型及特点。

新服务产品,就是相对原来的服务项目而言,其服务内容或者服务过程与原来的服务产品不同。因此,对新服务产品的分类一般可以从提供的服务内容的变化程度和服务传递过程的变化程度来划分。新服务产品分类矩阵如图 3-5 所示。

(一)粉饰型新服务产品

如图 3-5 中两维矩阵的左下角所示,这种服务只是在服务内容或服务传递方面都没有太多变化,推出的新服务产品跟原来的服务产品相似。例如,大学新增课程、邮局买名片、贺年卡、银行代理新理财业务(如缴费、工资支付)等。这种新产品对企业现有服务的运营影响较小,只能对现有服务项目起到粉饰与点缀的作用。开发这种新产品比较容易,需要投入的资源比较少。

(二)多样化新服务产品

如图 3-5 中两维矩阵的左上角所示,这种服务提供全新的服务内容,而服务的传递过程变化很小。这种多样化服务产品就像制造企业的产品多元化一样,在一个生产系统中同时生产不同的产品,但是生产过程没有太大变化。类似地,多样化服务产品也一样,利用同样的服务资源,提供更多的服务,比如,旅游度假区不断推出各自不同的游乐项目,让游客每次

去都有新鲜的感觉。

（三）创新型新服务产品

如图 3-5 中两维矩阵的右上角所示。这种新服务产品在服务内容与服务传递过程上都与原来的服务不同，是全新的服务内容和全新的服务过程的结合。开发这种新服务产品需要创新的思维。我国台湾有一家叫诚品书店的企业，提供酒店住宿服务，读者可以在书店里过夜，在阅读该书店的书的同时可以休息一个晚上。

> ❓ **学而思，思而学课堂思考题**：服务的发展大都和技术发展有关。基于互联网的服务，机器人服务成为中国当下的热点。你认为服务业的这种技术化取代人是好事还是坏事？

图 3-5　新服务产品分类矩阵

资料来源：马克・M. 戴维斯，尼古拉斯・J. 阿奎拉诺，理查德・B. 蔡斯，汪蓉等译，运营管理基础（第 4 版）（机械工业出版社，2004）

（四）渠道开发型新服务产品

如图 3-5 中两维矩阵的右下角所示，这种新服务特点是服务内容没有什么变化，但是服务传递过程发生了变化，采用新的传递方式。比如，银行传统的服务过程是柜台式服务，增加自动取款机以后，服务内容没有变化，但是服务手段变化了，采用了自动化服务手段。另外，百货店推出手机购物等电子商务模式服务也属于这种类型。这种新服务产品一般都与服务技术的变化有关，当新技术出现以后，就可以改变服务的传递方式。

三、新服务产品开发内容和过程

（一）新服务产品开发的内容

服务是服务提供者和顾客之间的一系列交互活动，第一章介绍了服务三角形的概念，它告诉我们，服务是以顾客为中心的，由服务人员、系统（设施、技术、流程）构成的。新服务产品开发包括的内容主要有：

（1）服务战略和商业模式设计（顾客定位和市场策略）；

（2）服务传递系统设计（也就是服务流程设计）；

（3）服务设施和选择；

（4）人员构成和服务组织；

（5）服务标准和质量系统；

（6）服务支持系统（信息、应急系统等）。

（二）新服务产品开发过程

新服务产品与制造业的新产品开发过程类似，都需要从构想、设计到上市等一系列过程,但是与制造产品开发不同的是,服务是无形的,服务产品开发重点是服务过程的设计,就像制造产品的工艺设计一样。

（1）**概念设计阶段**。这个阶段创意很重要,要考虑是提供新内容还是新服务过程（新技术）,创意可能来源于顾客,或者与顾客接触中产生,要明确服务目标、服务顾客定位等。

（2）**分析阶段**。这个阶段要考虑服务财务分析及服务过程的资源分析,类似于制造业的可行性研究,即分析这个服务项目的盈亏平衡点、未来的收益性等经济指标,还要分析服务技术的先进性和合理性、服务资源的可利用性等。

（3）**开发与试运行阶段**。在这个阶段需要进行详细的服务内容与服务过程的设计,包括服务资源规划、服务人员培训、服务检验和初步运行。这个阶段有点像制造业的工艺设计,试产与调试阶段。

（4）**全面开业服务阶段**。这个阶段在试运行之后进行,所有的服务设施和服务过程都已经经过检验并可以全面投入服务开业。这个阶段相当于制造业的量产阶段,这个时候,服务系统进入正常服务营业阶段。

服务设计的核心是服务传递过程设计,也就是服务流程设计,关于服务流程设计问题将在后面流程管理一章中详细讨论。

四、服务产品的数字化、自动化和智能化设计

近年来,服务企业的服务系统越来越多采用数字化技术、自动化技术和智能化技术作为服务企业服务升级改造的投资领域,各种手机二维码技术、人工识别刷脸技术、微信支付和购物、线上银行、无人超市、无人驾驶汽车、自助导游、智能医疗等先进的自动化和智能化服务作业系统不断出现,许多企业确实通过这些数字化、自动化和智能化升级改造,产生了一定的经济效益,提高了服务效率和服务生产率。

（一）数字化、自动化和智能化服务的应用模式

目前,在我国,比较流行的数字化、自动化和智能化服务主要有如下几种模式。

1. 数字化、无纸化办公服务系统

通过手机或者计算机网络实现无纸化自助式服务系统。这是服务数字化的应用,是网络技术和移动互联网技术等信息技术的服务。这是无接触的网络与在线服务类型,因此效率比较高。比如:网上银行、网上购票（物）、网上注册、网络授课、网络评审,等等,这种服务可以节省服务人员,节省顾客现场排队时间。

2. 人机协同自助服务系统

这种服务系统一般是通过在户外的服务机器进行,需要机器和人的配合才能完成,是数字化和自动化结合的服务系统,没有智能水平。加油站的自助加油服务机、公路自助收费系统、银行的自助存取款机、火车和汽车站里的自助购票系统、餐厅自助点餐系统、无人超市的自动售货机、政务服务的自动缴费系统、学校里的校园卡自助充值服务系统等,等都属于这类系统。这种自助服务系统在现实中也比较普遍。

3. 自动化服务系统

这种自动化服务系统一般无须要顾客参与,或者只需要人做简单的辅助即可完成服务过程。这种系统一般通过数字化和自动化技术结合,并利用人工识别等低级的智能技术,是

数字化、自动化和智能结合的服务。刷脸过关和安检、刷脸门禁系统、刷脸付款系统、银行的自动转账服务等都属于这种类型。

4. 机器人自动化服务系统

这是一种自动化和智能化结合的服务系统，以自动化为主，有少量智能水平。这种服务系统可以代替人类从事重复性、简单的服务作业。目前对于一些重复性服务工作，已经有企业采用机器人进行服务。博物馆和会议展览馆机器人讲解员、旅游景区机器人导游、医院导医机器人等等都属于这种类型的机器人服务系统。

5. 高级智能服务机器人

这是比较高级的应用，比如医院的智能诊疗系统、警察机器人侦探和分析机器人、无人驾驶智能汽车、家庭智能服务机器人、智能教育机器人、体育训练智能机器人、酒店客房服务机器人等，这种机器人具有比较好的深度学习、推理和判断能力，具有类似人工系统中人的自主决策和行动能力。

（二）数字化、自动化和智能化服务存在的问题

服务作业数字化、自动化和智能化系统应用不好，可能产生很大负面作用，产生不利影响。日本一家叫 Henn na Hotel 的奇异酒店，早在 2015 年就开始用机器人代替人工服务，被吉尼斯认证为全球首家以机器人员工为主的酒店。到 2019 年，三年多时间，这家酒店的机器人员工数量由 80 个增加至 243 个。但是，好景不长，这些机器人由于无法提供人性化服务，频频出现各种服务错误——前台没法帮外国顾客复印护照；运送行李的噪音大、速度慢，而且一旦沾到水就会系统紊乱；机器人舞者没过多久就发生了损坏或者因低电量而瘫痪在地；客房里的机器助手则更让人哭笑不得：顾客晚上每隔几小时就会被语音助手的询问"对不起，我没明白您的意思"吵醒。顾客抱怨不断增加，最后机器人不得不"下岗"。这个案例故事告诉我们，服务作业数字化、自动化和智能人使用过程中不会像人们想像的那样美好，在使用过程中也会出现各种问题。这些问题搞不好，会弄巧成拙，影响企业的整体服务经营效益。

1. 安全质量问题

从上面这个案例中，我们可以看到，服务作业的自动化和智能化由于技术的不成熟会存在一定的安全质量隐患的，由于自动化和智能技术仍存在技术上缺陷，比如人工智能的学习能力仍达不到人类的效果，在使用过程中无法对现实服务作业过程中出现的各种问题做出像人类一样的正确的反应，因此出现差错和各种不适应人类需求的服务动作和服务行为是必然的。因此在运用类似机器人等这种智能服务系统的时候，不能放弃人工服务系统作为备份这种应急措施。

2. 伦理和隐私问题

随着数字化、智能化服务系统使用，一些社会伦理和个人隐私问题就会引起人们的关注。有些数字化和智能服务系统需要提供个人信息资料，或者需要通过刷脸、指纹等方式对个人隐私信息进行采集。比如，医院采用智能医疗系统需要采集大量的个人信息进行案例分析与推理，这里就涉及到伦理和隐私权的保护问题。近年来，一些国家和国际组织提出了智能产品研发的道德准则，如韩国政府拟订《机器人道德宪章》、美国信息技术产业委员会（ITI）颁布人工智能政策准则、美国电气电子工程师学会（IEEE）发布第二版《人工智能设计的伦理准则》、欧盟出台史上最严的《通用数据保护条例》等等。数字化与人工智能技术的发

展,对个人数据采集、处理和在网络传播都应该遵守道德规范。

3. 社会公平和公民权益问题

数字化、自动化和智能化服务系统的使用也可能带来另一个社会公平和公民权益保护问题,原因是数字化、自动化、智能化产品使用以后,从服务组织角度看,一些企业采用机器换人导致失业、社会贫富差距拉大。从顾客使用数字化、自动化和智能化服务产品角度看,企业大量应用数字化、自动化和智能化设施会剥夺另外一些人更倾向使用人工服务系统的权利。比如有些服务银行采用了大量自助银行和网上银行系统以后,银行柜台大量减少,甚至无人服务,导致一些老人、残障人士和其他人无法利用人工服务。一些医院挂号服务或者铁路购票服务也大量使用网上和手机挂号和购买车票,而老人或者其他残障人不会使用这些数字化、自动化、智能化产品,他们需要(或更喜欢)到现场排队买票或者挂号,但是却买不到票、挂不到号(因为大量挂号和车票已经不在现场出售),这就剥夺了他们的服务权利。人工智能技术产生的这些问题已经引起法律界和学术界的关注。

综上所述的各种问题,都是服务数字化、自动化和智能化以后,政府、企业和个人都需要思考和反思的问题。安全、道德、规范、公平地应用数字化、自动化和智能化服务系统,在提高企业的服务效率的同时,提高社会整体福利和公民的公平权益才是服务运作系统的现代化的根本目标。

第四节　产品开发组织管理技术——并行工程

并行工程是 20 世纪 80 年代末出现的受到人们普遍关注的一种新的产品开发方法。1988 年 10 月,美国国防分析研究所(IDA)为解决武器系统的开发周期过长、生产费用过高的问题,向美国国防部提交了"并行工程在武器系统采购中的作用"的报告。该报告详尽介绍了美国十几家公司采用并行工程的做法与取得的效果,此报告称为 R338 报告。

目前人们普遍接受美国国防分析所 R. L. Winner 在 R338 报告中给出的关于并行工程的定义:并行工程是对产品及其相关过程(包括制造和支持过程)进行并行、一体化设计的一种系统化的工作模式。这种方法要求产品开发人员从产品设计开始就考虑产品整个生命周期(从概念构思到产品报废)的各个阶段的所有的因素,它强调产品设计、工艺设计、分析、制造、装配、市场销售和其他各种活动之间的信息集成与功能集成。

一、并行工程的基本思想

传统的产品开发方法是一种串行的开发方法,串行产品开发方法的缺点主要是:设计与制造脱节,产品的可制造性、可装配性差;产品开发过程多次信息循环与交互,修改工作量大;产品开发周期长,成本高。

并行工程的基本思想体现在如下三个方面:

(1) 设计时同时考虑产品生命周期的所有因素,作为产品设计的结果,同时产生产品设计规格与相应的制造工艺规格和生产准备文件。

(2) 设计过程中各种活动并行交叉进行。

（3）与产品生命周期有关的不同领域的技术人员全面参与。

并行工程的目的是优化，它依赖于产品开发中各学科、各职能部门人员的相互合作与信息共享，通过彼此之间有效的通信与交流，尽早考虑产品整个生命周期中的所有因素（如可制造性、可装配性、可维护性等），尽早发现并解决问题，以达到各项工作的协调一致，使产品设计从开始阶段就能进行工艺优化，实现优化设计。

二、并行工程的基本原则

（一）用短的信息反馈取代长信息反馈

在串行产品开发方法中，一个最大的缺点就是长距离的信息反馈，比如产品试制过程中出现的问题，由于制造部门前期不介入产品设计部门的活动，因此设计部门无法预见到制造过程的问题，只能等待制造过程的结果出来后才对设计进行修改。这种长距离的信息反馈是一种时间与资源的浪费。并行工程就是要消除这种长距离的信息反馈，在产品设计的早期，制造部门参与产品设计的讨论，提出修改意见，这样制造过程可能出现的问题尽量在早期发现并排除，从而减少了过多的反复与信息循环传递。

（二）用并行渐进取代串行渐进

并行工程并不是所有的活动齐头并进，产品开发过程仍然按照概念、初步设计、详细设计和试产等几个"里程碑"的阶段性过程来进行的，这是一种渐进过程。与串行开发模式的渐进方式不同的是，并行工程采用了"预先发布"的并行渐进方法，即在下一开发工作流程尚未进入状态之前就已经把关键的设计内容与要求向下阶段发布，使其提前进入状态，从而加快了开发进度。

（三）用系统的思考方法取代孤立的思考方法

传统的产品开发过程中，采用的"试凑法"实际上是缺乏系统的整体的思维方法的结果。由于各设计阶段与环节是严格按照先后次序进行的，一般只能考虑局部的问题，从而导致设计、加工、测试、再设计、再加工、再测试的反复修改，来回试凑与校验。并行工程必须改变这种缺乏系统的孤立的思考方法，采用不同阶段的信息集成与透明协作，减少不必要的浪费。

三、并行工程团队的成员构成

实施并行工程的关键是把各领域的人组成一个多学科的开发团队，因此团队管理在并行工程产品开发管理中是非常重要的一个内容。

并行工程团队的成员，包括产品生命周期的各领域的人员，甚至顾客与供应人员，如图 3-6 所示。

除了产品开发的设计人员和装配人员外，并行工程团队的成员还包括其他领域的三类人员：

（1）企业内部的其他领域的人员，主要是制造人员、质量人员、营销人员等。这些人员参加产品开发的早期活动，有利于防止设计中出现的先天性不足，减少开发的时间与费用。

（2）企业外部的供应人员与顾客。顾客参与产品开发过程的活动，企业可以更清楚地了解到顾客的需求，能更好把顾客的需求反映到产品设计中来。尽早发现顾客的需求与设

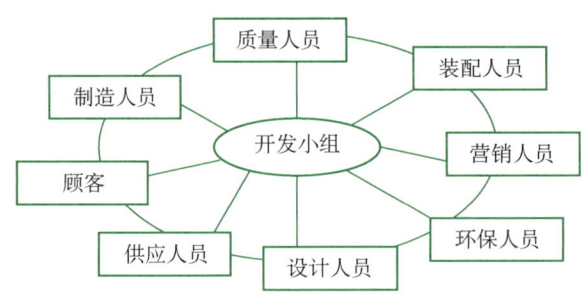

图 3-6　并行工程团队的成员构成

计的偏差,从而减少不必要的反复与修改。供应商参与到产品开发中来,可以使企业了解到产品设计需要的原料及部件是否能及时满足,满足的质量情况,减少不必要的浪费,增加产品的可制造性与可装配性。

（3）环保人员。考虑环境因素是企业产品开发的一个必不可少的环节。虽然一般企业在产品设计过程中很少邀请环保人员参与产品开发的讨论,但是至少企业在做产品开发时应该通过有关途径获取环保方面的信息,考虑所开发的产品是否受到环保的有关法律的制约。

四、并行工程的支撑技术

（一）产品数据管理 PDM

产品数据管理（product data management，PDM）是在数据库基础上发展起来的面向工程应用的信息管理技术,它管理所有与产品有关的信息与过程。具体来说,产品数据管理是对工程数据管理、文档管理、产品信息管理、技术信息管理、图像管理的一种概括。产品数据管理在并行工程中发挥核心的作用,它统一管理开发过程的数据与信息。

（二）分布式会议及工作分配的网络系统

并行工程需要提供一种分布式的会议与工作分配的网络系统,以实现协同产品开发,例如西门子公司的 teamcenter 就是一种能够提供多部门和多企业协作产品开发的系统工具。随着网络技术的发展,各种先进的信息通信技术,如移动互联网技术、5G 通信等为并行工程的远程和多部门、多企业的产品协同开发提供了技术保障。

五、并行工程在服务业的应用

并行工程这种产品开发技术在服务也有一定的作用。服务产品开发重点在服务流程的设计,因此在服务流程设计中可以运用并行工程的思想,把服务流程中串行的业务流程改为并行的业务流程,这样可以大大缩短服务时间,提高服务效率。比如,医院的服务流程,原来病人到医院就医的时候,基本流程是挂号、医生看病、计价、收费、取药。通过信息技术,现在可以在医生看病的时候,计价就同时完成了,在收费的同时,药房也同时配药,这样可以缩短了病人在医院的停留时间。同样,在建筑设计中可以采用并行工程思想进行房地产开发,缩短开发周期。

素养园地

面向国家战略需求的创新和产品开发

产品是企业的生命线,产品开发是企业创新的组成部分。只有源源不断开发新产品,满足市场需求,企业才能长久生存和发展。企业要通过基础研究、技术开发和产品开发结合,构筑企业充满活力的创新体系,形成中国特色的企业创新战略。

"坚持创新在我国现代化建设全局中的核心地位,把科技自立自强作为国家发展的战略支撑,面向世界科技前沿、面向经济主战场、面向国家重大需求、面向人民生命健康,深入实施科教兴国战略、人才强国战略、创新驱动发展战略,完善国家创新体系,加快建设科技强国。

打造新型共性技术平台,解决跨行业跨领域关键共性技术问题。发挥大企业引领支撑作用,支持创新型中小微企业成长为创新重要发源地,推动产业链上中下游、大中小企业融通创新。"

——《中华人民共和国国民经济和社会发展第十四个五年规划和 2035 年远景目标纲要》

要求:请结合我国"十四五"规划和 2035 远景目标,讨论我国企业在产品开发中如何坚持创新驱动的发展战略,面向国家战略需求开发面向人民生命健康需求的,适销对路的产品,如何参与国家创新体系,融入全球创新网络,解决关键性共性技术,解决卡脖子的技术难题。

关键术语

新产品(new product)
产品生命周期(product life cycle)
创新驱动产品开发(innovation-driven product development)
顾客导向的产品开发(customer-driven product development)
并行工程(concurrent engineering)
新服务产品(new service product)

本章小结

1. 产品开发是企业生产和营销的桥梁,产品开发为企业推出新产品占领市场提供动力。

2. 新产品分为全新性产品、派生产品和换代产品不同类型,基于不同的类型的新产品,产品开发的模式和方法不同。

3. 产品生命周期不同的阶段产品开发的重点不同,企业要根据不同的阶段采用不同的产品开发策略。

4. 新产品开发的动力模式有市场驱动型和技术驱动型两种。

5. 工业产品设计的主要思想与方法包括面向顾客产品设计的方法、面向可制造可装配的产品设计、面向环境的产品设计。

6. 服务产品设计的策略与方法与制造产品开发不同,本章重点介绍了服务新产品的类型特征与新服务产品开发的流程。

7. 并行工程是新产品开发的组织管理的新技术,可以加快产品开发速度降低开发成本。

练习题

一、思考题

1. 新产品分为几种类型? 它们的创新程度有什么不同?

2. 市场驱动与技术驱动的产品开发的模式各有什么特点,各适合什么类型的产品?

3. 产品开发中考虑环境因素有哪些策略?

4. 新服务产品开发与工业新产品开发过程有什么不同?

5. 并行工程的基本思想和原则是什么?

二、选择题

1. 产品系列化和标准化工作应该在产品生命周期的( )阶段进行。

    A. 引入期   B. 成长期

    C. 成熟期   D. 衰退期

2. 价值工程的含义是( )。

    A. 用最小的成本获得最多的产品功能   B. 产品价值最大化

    C. 获得企业利润最大化   D. 产品成本最小化

3. 渠道开发型新服务的特点是( )。

    A. 服务传递过程变化程度低

    B. 服务传递过程变化程度高

    C. 服务内容变化大

    D. 服务传递过程变化程度低,服务内容变化大

三、判断题

1. 产品系列化和标准化工作应该在成熟期进行。   ( )

2. 换代成品是一种全新的创新产品。   ( )

3. 并行工程要求所有产品开发活动齐头并进。   ( )

4. 渠道开发型新服务的服务内容变化比较大。   ( )

四、计算题

某企业为了对电风扇产品进行改造,决定采用价值工程方法进行评估其电风扇价值分析。电风扇主要由机头、网叶、控制系统和座柱四个部分组成,电风扇的功能主要有四个方面:鼓风、节能、美观、定时。目前该型号的电风扇的价值工程数据如表3-1所示,总成本是200元,公司希望根据电风扇的功能进行成本的调整,要求把成本降低到150元,请按照如下公式通过计算完成表格的功能系数、成本系数、价值系数,根据结果指出价值工程活动的重

点与方向。

（某零件的功能总得分＝评分×得分×功能权数）

表 3-1　　　　　　　　　　　　　　　　　电风扇的价值工程数据

功能	鼓风效率		低噪节能		式样美观		定时调速		功能系数	现实成本	成本系数	价值系数	目标成本	成本降低
权数	0.333		0.125		0.250		0.29							
功能得分	评价	得分	评价	得分	评价	得分	评价	得分						
机头	60	20	60	7.5	10	2.50	20	5.80		60				
网叶	30	10	40	5.0	30	7.50	/	/		90				
控制	10	3.3	/	/	/	/	80	23.4		40				
座柱	/	/	/	/	60	15	/	/		10				
	100	/	100	/	100	/	100	/	/	200	/	/	/	/

公式：(1) 某零件的功能评价系数＝$\dfrac{零件的评价得分}{各种零件的评价总得分}$

　　　(2) 某零件的成本系数＝$\dfrac{某零件的成本}{全部零件的成本}$

　　　(3) 某零件的价值系数＝$\dfrac{某零件的功能系数}{某零件的成本系数}$

案例讨论

长隆欢乐世界

广东长隆集团创建于 1989 年，是集主题公园、豪华酒店、商务会展、高档餐饮、娱乐休闲等一体的中国旅游龙头企业。长隆旅游度假区是长隆集团的超大型一站式综合主题旅游度假区，是广东省旅游名片，中国 5A（AAAAA）景区，拥有多家顶尖主题公园与酒店，年接待游客连续超过千万人次。

长隆度假景区的产品包括：长隆野生动物世界、长隆水上乐园、长隆国际大马戏、长隆欢乐世界。

长隆欢乐世界是长隆集团世界级旅游王国中一颗新的明珠，位于中国首批 5A 级旅游景区长隆旅游度假区的中心位置，是集乘骑游乐、特技剧场、巡游表演、生态休闲、特色餐饮、主题商店、综合服务于一体，具国际先进技术和管理水平的超大型世界顶尖主题游乐园。

世界上各种主题公园很多，这些主题公园都因其独特的服务项目、优良的服务品质吸引游客。广州长隆欢乐世界在服务产品设计上匠心独运，升发的游乐项目吸引国内外的游客。

独有八项亚洲及世界之最

长隆欢乐世界由国际著名的主题乐园设计机构主持总体规划，游乐设备均从欧洲原装进口，其设计与技术保持国际领先水准。并创造了八项亚洲及世界之最：

（1）垂直过山车被誉为"全球最顶尖过山车之王"，是长隆欢乐世界 2008 年春节最新引进的王牌项目,由世界上最知名的过山车制造商 Bolliger & Mabillard 公司研发制造,是全球最顶尖的过山车和游乐设施。

(2)十环过山车荣获吉尼斯世界纪录,全世界第二台(仅在英国有一台)、亚洲首次引进,由全球著名游乐设备提供商 Intamin 公司设计制造,创造了游乐设备环数最多的吉尼斯世界纪录。

(3)摩托过山车是东半球首台,其 0 到 80 千米弹射式加速仅需 2.8 秒,可与 F1 赛车速度相媲美,并获得世界游乐行业协会年度设计金奖。

(4)U 型滑板是世界最大、亚洲第一台 30 多米高的巨型滑板,急速下滑与急速旋转双重体验,是园内最刺激的游乐设备之一。

(5)超级大摆锤由德国 HUSS 公司原厂进口,号称"全球最大摆锤"最高时速 110 千米,最大摆幅 240 度,带您飞上 42 米高空,天旋地转之间,令人目眩神迷,惊心动魄。

(6)世界最大水陆空特效剧场——国际特技剧场。

(7)亚洲最大的四维影院,融合 9 大座椅效果与多项世界顶尖特效,国际一流四维影视班底精心雕琢,长隆独家打造,精彩全球独享。

(8)号称"世界水上游乐之王"、老少皆宜的超级水战也是在亚洲首次引进。

八大主题园区欢乐大不同

全园分为儿童游乐项目为主的以及适合合家游玩的哈比王国、以大型惊险刺激设备为主的尖叫地带、以中古欧洲风格为主的旋风岛、以过山车王为主题的彩虹湾、以水为主题的欢乐水世界、以表演为主的中心演艺广场、以观赏类项目为主的历险天地,以及以购物休闲为主的白虎大街等八大主题园区。

哈比王国是儿童以及全家的游乐天堂,区域内 30 多项游乐设备不但都适合儿童游玩,也是合家游玩的理想场所,包括飞虎队、蹦跳车、桑巴气球、空中警察等儿童特别喜欢的设备。为满足小朋友全天候游乐的需求,长隆欢乐世界专门建造了一个目前全国最大的室内恒温儿童游乐城——开心乐园,开心乐园内适合儿童游玩的设备近 20 项,其中包括森林吉普车、泡泡大战、小型海盗船、勇敢救火队等。

尖叫地带、彩虹湾、历险天地等主题区,汇聚了当今世界最大型、最刺激,科技含量最高的垂直过山车、十环过山车、摩托过山车、U 型滑板、超级大摆锤、超级水战六大顶尖游乐设施和四维影院、国际特技剧场两大世界顶尖的精彩表演。

欢乐水世界是以水为主题的园区,区域内除了超级设备超级水战外,还有急流勇进、丛林漂流、水上碰碰船等游乐设施,是夏秋两季游客的最爱。在中央演艺广场区,拥有三个集中的表演区:有欢乐剧场的大型魔术、杂技表演和异国风情歌舞,有北美伐木表演场的北美伐木滑稽 SHOW,还有荟萃世界 6 大巡游特色的精灵盛宴狂欢彩车大巡游。同时在白虎大街和园区主要休闲地带,有菲律宾乐队、吉祥人偶、小丑高跷、土著部落、非洲战鼓等多项异国风情的互动逗趣、欢乐歌舞。

完善配套为旅程添欢乐

长隆欢乐世界园区内餐饮购物等配套服务一应俱全。园内设有古堡餐厅、椰林餐厅、夏威夷餐厅、哈比餐厅 4 家中西风味的大型主题特色餐厅,还有充满东南亚浓郁风味的彩虹湾食街、哈比美食街,以及 10 多家新鲜熟食亭、蛋糕屋,均提供新鲜、卫生的美味食品和快捷便利的服务。在园区各主题区分布有 5 家主题商店,出售各式主题特色纪念品、精美礼品、时尚人气商品、游乐玩具以及各种便利品,让您尽兴游玩,把欢乐和美好记忆带回家。园区在中国唯一引进美国柯达公司最先进的数码同步高速拍摄设备,特设了7家欢乐影像站,让您在垂直过山车、十环过山车、摩托过山车、U型滑板、超级大摆锤、急流勇进等项目中的欢笑、刺激,由瞬间变成永恒。

资料来源:根据网络资料整理。

问题:

1. 你认为长隆欢乐世界旅游景区的服务产品开发在考虑顾客需求方面有什么特色?

2. 你认为旅游景区的服务产品开发如何才能长期吸引顾客,增加顾客重复消费服务(多次光顾该景区)的次数?

第四章　流程管理

 学习目标

学习内容	学习目标	学习难度	重要程度	应掌握知识点
流程管理概述	熟悉	☆	★	流程和流程管理本质 流程分类 流程管理的三个层次
流程设计	熟悉	☆☆☆	★★★	流程设计原则、流程设计的方法
流程分析	掌握	☆☆	★★★	流程绩效指标
流程再造	熟悉	☆☆☆	★★	流程再造的原则和策略

引导案例

神舟飞船发射成功背后的关键流程——应急救援发射

经过先后 15 次神舟飞船发射任务,中国空间站全部建造任务于 2023 年完成。神舟飞船作为航天员实现天地往返的"生命之舟",中国航空科技集团研制团队开创了天地结合的应急救援任务模式,即每次有两艘飞船进场,由后一艘飞船作为突发情况的生命救援之舟,具备 8.5 天应急发射进行太空救援的能力。

最快 8.5 天的应急救援发射如何实现?事实上,8.5 天应急救援发射流程,其中还包括 48 个小时的人员集结和准备工作时间。48 个小时看似不短,但一支几百人的试验队里,队员来自天南海北,把这么多人在两天内输送到一线远比想象中困难。

长征二号 F 运载火箭调度系统专门制定了一个名单,所有预备作为应急救援发射试验队队员的人都在这个名单上。根据应急救援方案,两个小时内调度人员要到岗组建试验队,一个小时要通知到全员。另外,接到指令的时间具有高度的不确定性,可能在白天大家上班时,可能在某天深夜,也可能在一个节假日,为应急发射流程的管理又增加了难度。为了解决这个问题,调度系统在规划人员基本集结路线的基础上,制定了各种路线预案。比如一个队员所在的城市航班比较少,那就提前安排好车辆将他送到临近的大城市,以此确保每一名队员都能够在规定时间内到岗。与此同时,调度人员还需要将备份产品、试验设备、办公用品、防护用品等各类必需的物资组织到位,以及协调发射场提前开始准备工作。也就是说,从接到指令起 48 个小时里,调度系统将做到让全体试验队员穿上工作服,投入发射场工作。这个过程中,火箭团队是以 30 分钟为一个计数周期,每两个小时为一个工作阶段。不仅如

此，每一项工作步骤都细化到工作时间、累计工作时间、所需岗位及人数、人员所属中队、定位厂房，安排得"明明白白"。特别值得一提的"累计工作时间"会统计每名人员的持续工作时长，当达到预设的最大值后，人员必须更换，避免打"疲劳仗"。

资料来源：根据新华社海外网新闻整理。

问题：神舟飞船应急救援发射模式在流程设计中如何通过流程资源组合和流程时间标准化确保发射成功的？

第一节　流程管理概述

流程管理是运营管理的核心。任何企业的业务管理都需要一定的流程，也是通过一定的业务流程来完成的，可以说，没有流程就没有运营管理。

流程管理对运营管理的重要性可以表现为如下几个方面。

（1）企业的运营战略需要由运营业务流程来完成，因此流程能力决定企业运营战略的执行力。

（2）企业业务流程的能力决定生产力水平，因此流程能力也决定企业创造价值的能力。

（3）流程决定了企业资源的投入和使用，从而决定企业资源战略。

由于以上几点重要性，从而决定了流程管理对于运营管理的战略意义。流程管理包括流程设计、流程绩效分析、流程标准化管理、流程改善和再造等一系列活动。

一、流程的定义

流程是为了实现一定的业务目标，由各种资源有机组合的、完成一个或者一系列的业务活动的整体（把一定输入转化为输出并实现增值的活动）。国际标准化组织给出的流程定义是："流程是一组将输入转化为输出的相互关联或相互作用的活动"。这里，关键词是"活动"和"相互作用"。流程由一系列活动构成，同时这些活动必须相互联系的，担负一定功能（价值创造相关活动）。

二、流程管理的本质

流程管理是对流程的规划、设计、运行控制与改善，流程管理的本质是通过对流程的有效管理，实现输入和输出的价值增值。没有价值增值的流程是没有意义的。

流程是实现企业经营目标的最小的基层业务组织，是价值链的表现形式。按照价值链的理论，流程分核心流程和非核心流程两大类，核心流程是创造价值的主体。流程管理的目标是区分核心和非核心流程，使他们有机配合实现价值最大化。

三、流程管理的内容

流程管理包括如下几方面的内容。

（一）流程设计与标准化

流程设计是选择流程的基本要素和组成结构，确定流程运行的有关规则和制度等。流程设计要符合有关标准和规范，因此要建立标准，比如工作时间标准和工作方法标准。

（二）流程绩效衡量和改善

业务流程在运行过程中要建立一定的绩效指标，这些指标有的是企业的运营业绩指标，比如时间、成本、质量等。通过建立流程指标，对流程绩效进行衡量，然后对绩效指标进行评估，对比业务流程的目标进行分析，持续改善业务流程。

（三）流程再造

任何企业的业务流程都是企业功能的表现，但是企业经营战略和经营环境是不断变化的，流程如果不适应新的战略需求和环境的要求，就需要根据运营组织的战略和企业内外环境的变化，对流程进行彻底的变革，改变原来的流程，建立新的流程。

第二节　流程设计

流程设计是流程管理的核心，是流程标准化管理的基础。通过流程的设计，建立与运营战略适应的业务流程，使企业创造价值的能力达到最大化。所谓流程设计就是对将输入转化为输出的价值创造过程所需要的业务过程资源、方法、活动及结构等要素的选择和合理规划。

一、流程设计的决策问题、程序和原则

（一）流程设计的决策问题

流程设计中要作的主要决策包括以下几项内容。

1. 流程结构选择

流程选择是流程设计的第一步，也是最关键的一步。不同结构的业务流程在投资、生产率和产出效果等方面都有很大不同。流程选择需要考虑产品和服务特点，以及运营竞争战略等因素。本节重点讨论流程选择问题。

2. 纵向一体化与横向一体化

纵向一体化和横向一体化的问题其实就是自制与外包的决策问题。如果一个企业从上下游都进行投资和管理，就是纵向一体化。而如果通过外包，把业务分包给其他企业，通过横向联盟的方式，以合作的方式进行生产产品或服务，就是横向一体化。横向一体化需要更多的流程外包，与外部的流程接口就比较多，流程的信息沟通能力要比较强。企业需要考虑那些流程要外包，那些流程需要自己掌控。

3. 流程技术选择

随着技术的发展，制造与服务流程自动化和智能化是流程设计的一个基本趋势，因此在流程设计中要考虑先进技术的应用。比如：RFID 物联网技术、ERP 等先进的信息技术，是

企业业务流程管理信息化的最重要工具。信息技术的应用是提高业务流程生产率和效率重要手段。但是,制造和服务流程不是自动化和智能化水平越高越好,必须有一个度。

学而思,思而学课堂思考题:飞机起飞前空姐的最后一个操作流程——关机舱门。飞机不用自动化关门而用手动关门的原因何在?

4. 顾客参与度

当今社会,不管是制造业还是服务业,顾客参与性越来越多:参与产品设计、参与服务过程、参与决策。但是,顾客参与在提高产品和服务的个性能力的同时,降低了生产率。现代服务业很讲究顾客参与、顾客体验等新的流程设计思想。O2O 是一种能满足消费者体验和参与性的商业模式,宜家也在采用自主导购模式来提高顾客参与性。制造企业讲究效率,标准化程度高,因此顾客参与度低。

5. 资源专业化和柔性化

柔性战略是 20 世纪 90 年代以来一个非常重要的运作战略。进入 21 世纪,制造业和服务业都需要更大的柔性来面对多样化和顾客化的需求。实现企业柔性要从整体考虑,主要考虑:劳动力柔性(多能化训练)、技术柔性(成组技术、柔性制造系统)、组织柔性(扁平化制造、决策机制、制度柔性)、文化柔性(价值观、经验理念更新和调整、学习型组织文化)。

大规模定制流程是把资源专业化和柔性化结合的一个典型流程,它通过延迟化策略,把生产流程分割为两部分,一部分流程按照大规模生产的专业化、规模经济性生产通用件和原料,另一部分流程采用个性化生产顾客需要的产品。

6. 集中与分散管理

集中和分散管理是两种不同的管理模式,这两种管理模式体现两种不同的经营战略,需要不同的流程、组织及信息技术。比如是采用集中采购还是分散采购、集中式的生产计划还是分散式的生产计划等。因此在流程设计中要把两种管理模式的战略性决策问题考虑进去。

分散管理的一个典型例子是企业采用事业部制。事业部组织结构对企业适应市场的变化、增加对客户的响应度、通过权利下放到基层事业组织单元来发挥基层单位的积极性有很好的作用。但是这种分散管理体制会带来一定的业务流程设计上的问题,比如业务重复和资源冲突、不利于组织资源的有效利用、降低组织的效率。

(二) 流程设计的程序

流程设计没有一个统一的程序适合所有企业和所有流程设计环境,要根据企业实际情况而定,通常,流程设计一般需要经过以下几个过程。

(1) 识别流程边界和功能。明确输入和输出、接口、功能等。

(2) 确定流程的资源及其使用量。比如需要什么资源,资源使用量是多少,如人数、工时等。

(3) 流程描述。活动及其顺序、流程组织和岗位设计等。

(4) 绘制流程图。

(5) 流程试运行或者仿真分析。

(6) 流程发布、标准化、文档化管理。

(三) 流程设计的原则

流程设计要遵从一定的基本原则和要求。美国管理大师、“科学管理之父”泰勒提出了

流程设计的三个基本原则,简称"3S"原则:

(1) simplification:简单化原则。

(2) standardization:标准化原则。

(3) specialization:专业化原则。

二、流程选择

企业有很多不同类型的业务流程,生产流程、采购流程、销售流程、人力资源管理流程、客户服务流程。这里我们介绍流程的分类与选择决策问题。

(一)制造流程分类与选择

1. 制造流程分类

制造企业的流程按照不同的划分标准可以有不同的类型。通常根据产品和流程结构特征把流程分为五种典型流程。

(1) 项目式流程(project process)。这种流程是一件一个样的一次性生产流程。项目式流程主要用在工程建筑、大型产品生产。如造船工业的生产流程是典型的项目式生产流程。我国神舟飞船和航空母舰的建造过程都属于项目式生产流程。项目式流程生产顾客化程度高,有许多例外工作,资源调度不确定性高。这类流程交货可靠性低,生产周期长。

(2) 单件式流程(也叫单件车间,job shop process)。这种生产流程的每个产品的生产工艺过程差别比较大,通常由许多工作中心(work center)或者工作单元(work unit)构成。单件生产流程生产工艺变动比较大,管理复杂,流程资源构成复杂,对员工的技能要求高,这类生产流程一般属于订单式生产,如生日蛋糕、个性化的产品和零件。

(3) 批量流程(也叫间断流水线,batch process)。这类生产流程品种相对比较少,每个品种的数量不多,分批轮换生产。生产流程按照一定顺序布置,工艺流程可以间断中断。生产资源专业化程度比单件生产高,但是仍有一定灵活性。批量流程可以用来生产订单式产品也可以生产备货型产品。

(4) 大量流程(也叫不可间断流水线,line process)。这种生产流程品种更少,每一品种生产数量(批量)比较大,因此生产资源专业化程度更高,流程连续性更高,一般不可中断,因此也叫不可中断流水线。这种流程由一系列的工作站(workstation)构成。各个工作站的生产资源的能力要求均衡,按照一定节拍均衡出产。大量生产流程属于备货生产流程。

(5) 连续流程(continuous process)。这种流程多见于流程工业(process industry),钢铁、化工、食品等行业的生产流程基本属于连续流程。这类流程是高自动化、高连续的生产流程。这类流程一般生产的是标准化产品,顾客化程度低,但是可以快速交货。

2. 制造流程的选择

因为流程和产品特征有关,企业选择什么流程要根据产品特点来定。为了辅助流程选择决策,可以应用"产品-流程矩阵"。产品-流程矩阵是描述产品特点和流程匹配关系的结构模型,最早是由美国哈佛商学院两位国际著名的制造战略学者海斯(Hayes)和惠尔莱特(Wheelwright)1979 年在《哈佛商业评论》上发表文章首次提出,如图 4-1 所示。产品-流程矩阵图的横向是产品特征,从左到右,第 1 列代表的是单一品种单一数量(one of kind)的"一件一个样"的产品;再往右第 2 列是小批量,低标准化产品;第 3 列是多品种中等批量的产品;第 4 列是少量品种大批量产品;第 5 列是大批量标准化产品。纵向从上到下,分别对应 5 种流程特征。第 1 行代表的是复杂顾客化的流程,第 2 行是混杂的流程,有许多例外工作;第 3 行是不相连的线性流程,是中等复杂程度的工作;第 4 行是前后相连的线性流程,常规性工作为主;第 5 行是连续性流程,流程工作是高度重复性的工作。

流程特征	产品特征				
	单一品种、单一数量	小批量、低标准化	多品种、中等批量	少品种、大批量	大批量、标准化
复杂顾客化流程,独特任务顺序	项目式流程				不匹配
混杂流程,具有较多例外工作		单件流程(作业车间)			
间断线性流程,中等复杂度			批量流程		
连续流程,多例行工作				大量生产流程	
连续流程,高度重复性工作	不匹配				连续流程

图 4-1 产品-流程矩阵

产品-流程矩阵说明流程和产品的特点要相匹配,如果错误使用某一种流程去生产不匹配的产品,得不到相应的经济效益。因此选择适合产品要求的流程是非常重要的。

如果不考虑其他的竞争因素,生产流程的选择一般是成本最小化原则。不同生产流程的成本曲线如图 4-2 所示。

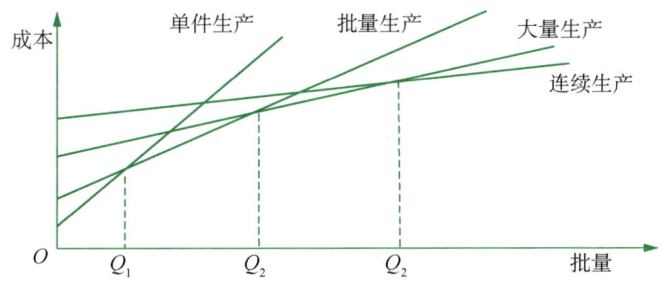

图 4-2 不同生产流程的成本曲线

流程的总成本=固定成本+单位成本×生产批量。不同的流程的固定成本和单位成本是不同的,一般有关系:从固定成本看,单件生产<批量生产<大量生产<连续生产,从单位成本看,单件生产>批量生产>大量生产>连续生产。根据生产批量的大小选择总成本最小的生产流程(图 4-2 显示三个成本曲线的批量转折点)。

应用例题 4-1

　　某大学食品的食谱中馒头是一种普遍受学生欢迎的食品。学校食堂领导要考虑如何经济制作馒头。目前有三种方案：一种是采用手工制作馒头，效率低，但是手工制作的馒头口感比较好。第二种是采用半自动化的方式，前面和面的工序买一台和面机器，效率稍微高一点，后面的工序用手工。第三种是全部用机器代替人工，从和面、擀面、切割全用机器，流水作业。三种方法的成本如下：

　　（1）手工制作馒头：固定成本：3 000 元，单位成本：0.3 元/个

　　（2）半自动制作馒头：固定成本：5 000 元，单位成本：0.2 元/个

　　（3）全自动制作馒头：固定成本：10 000 元，单位成本：0.1 元/个

　　如果该食堂现在每天需要制作的馒头数量是 5 000 个，应该采用哪个方案比较经济？什么情况下应该采用半自动方式，什么情况下采用全自动方式？

　　解：首先比较三种方案的总成本。

$$TC_1 = F_1 + Q \times C_1 = 3\,000 + 0.3 \times 5\,000 = 4\,500(元)$$

$$TC_2 = F_2 + Q \times C_2 = 5\,000 + 0.2 \times 5\,000 = 6\,000(元)$$

$$TC_3 = F_3 + Q \times C_3 = 10\,000 + 0.1 \times 5\,000 = 10\,500(元)$$

从成本看，手工制作馒头比较经济的。

　　我们进一步分析，食堂到底馒头的需要量应该到达什么规模的时候采用半自动化方式，或者全自动方式比较好。为此，我们分别求出手工制作、半自动化制作和全自动制作的两个批量转折点。

　　求手工生产和半自动制作的批量转折点 Q_1：

　　令：$F_1 + C_1 \times Q_1 = F_2 + C_2 \times Q_1$，得：

$$Q_1 = \frac{F_2 - F_1}{C_1 - C_2} = (5\,000 - 3\,000)/(0.3 - 0.2) = 20\,000(个)$$

同理得：

半自动和全自动制作的批量转折点 Q_2

$$Q_2 = \frac{F_3 - F_2}{C_2 - C_3} = (10\,000 - 5\,000)/(0.2 - 0.1) = 50\,000(个)$$

　　因此，要采用半自动制作馒头至少需要量到达 20 000 个，如果采用全自动制作馒头，需要量至少要到达 50 000 个。所以，从目前情况看，采用手工制作馒头还是经济的。

（二）服务流程分类与选择

　　服务流程分类比制造流程分类要困难一些，原因是服务流程性质不明确，行业特征明显，同时服务产品就是服务过程，因此服务流程的分类和服务产品分类基本上是一回事，因此服务流程分类方法比较多。

1. 服务流程-顾客接触矩阵

　　制造流程用产品特征和流程特征构成的产品-流程矩阵分类，同样，对于服务业，学术界有人试图用"服务-流程矩阵"来对服务流程进行分类。但是，两维矩阵的纵向和横向坐标的

内容不同,分类矩阵就不同。

(1)按照服务过程顾客化程度和劳动密集程度的分类。按照这样划分服务流程分为四种:专业化服务、服务车间、大量服务、服务工厂。关于这个分类结果在第一章的服务运营系统一节已经介绍了,这里不重复。

(2)按照顾客接触程度的服务-流程矩阵的分类。顾客接触是服务产品生产与制造产品生产的最大区别。顾客接触程度不同,服务效果就不一样。因此在设计服务流程中,需要考虑顾客接触问题。图4-3服务流程-顾客接触矩阵划分了六种不同的顾客接触程度的服务系统,分别是:信件接触、网络与在线技术接触、电话接触、面对面规范接触、面对面宽松接触和面对面顾客化接触。

不同的接触程度的服务系统在销售机会和生产率方面表现不一样。从销售机会来讲,随着顾客接触程度提高,销售机会增加。反之,随着接触程度降低,销售机会下降。另一方面,从生产率来讲,随着顾客接触程度增加,生产率下降。反之,随着接触程度下降,生产率提高(顾客接触低,顾客干扰下降)。

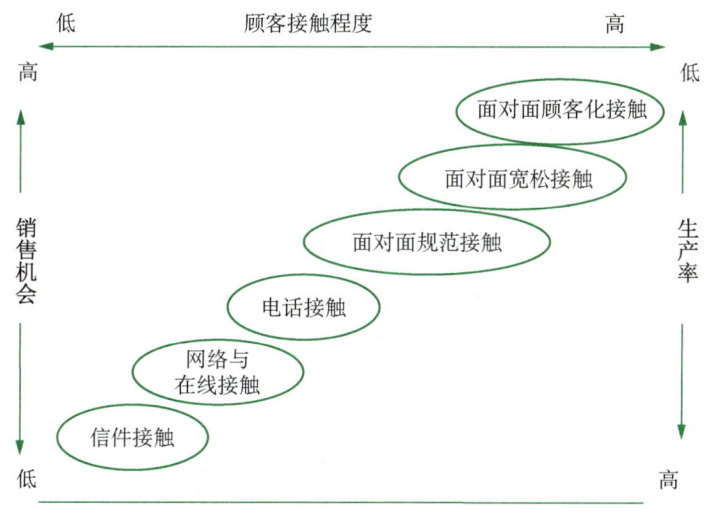

图 4-3 服务流程-顾客接触矩阵

顾客接触程度不同,对员工的技能要求、管理工作重点、服务技术的使用都有不同的影响。

① 顾客接触程度对员工技能的要求。比如,顾客接触程度低的服务系统,要求员工具有书面处理能力,同工厂工人一样,具有身体操作性能力,但对口头和沟通要求低。反之,越接近于图4-3右边的服务流程,顾客接触程度高,那么对员工的技能要求更多的是口头沟通能力、心理判断能力等。

② 顾客接触程度与管理工作重点。顾客接触程度低的服务流程(靠近图4-3左下角的流程),管理工作重点在于文书性、例行性工作、工作程序的设计与服务规范的执行等。而顾客接触程度高的流程,则管理工作重点在于分析与处理顾客差异性需求、处理例外性的、突发性的工作。

③ 顾客接触程度对服务技术的使用的影响。当顾客接触程度低时,一般采用自动化程度高的办公系统支持服务流程,提高生产率,但是当顾客接触程度高时,需要采用人性化的

团队工作,增加与顾客沟通与协调。

服务流程-顾客接触矩阵代表的是不同营销策略的应用。通常情况下,企业不会仅仅采用某单一形式的服务模式,通常是采用多种服务流程的组合方式。比如企业可以有面对面的高顾客接触服务,同时也可以提供远程信函和网络服务。因此,服务流程的使用,取决于企业在服务营销中的策略的应用。

2. 典型服务流程

服务流程按照顾客接触程度不同,有三种典型的流程。第一种叫生产线式,顾客接触程度低(几乎无接触);第二种叫自助式,顾客有限制的接触;第三种是个体维护式,全面顾客接触。

(1) 生产线式。该流程的典型代表是麦当劳,按照严格的工作程序完成服务过程,就像生产线一样。集体的体检活动也是生产线式流程,每一个体检者都按照统一的要求与程序进行体检。另外,邮局的邮件分件系统都采用的是生产线式的服务流程。

(2) 自助式。比较典型的是网上缴费系统、自动提款机、自助加油站等服务系统,这些服务流程需要一定的在线与现场支持技术协助顾客进行自我服务,这种服务系统生产率低于生产线式,但是可以给顾客更多选择。

(3) 个体维护式。这种服务流程是最顾客化的流程,服务过程完全根据不同顾客的要求进行差异化服务,生产率最低。这种服务可以给顾客量身定制其所需要的服务。

除了以上三种典型的服务流程,也可以按照服务中服务员工与顾客的接触距离区别出另三种典型服务流程,即:前台式服务、后台式服务、前后台混合服务流程。

前台式服务流程,顾客接触距离比较近,是顾客化程度和接触程度比较高的流程,类似于前面的个体维护式。后台式服务流程是顾客接触距离比较远,就像工厂的生产线远离顾客一样,这种服务流程类似于前面的生产线式流程。前后台混合的服务流程的顾客接触程度与接触距离都介于前台与后台服务流程之间,顾客接触程度有点像自助服务流程。

服务业流程的选择不能像制造业那样简单地用一个成本曲线去判断,服务流程选择依据的因素比较多,原因是服务对象多样性,产出和投入的不确定性比较高。因此需要根据不同的服务对象确定不同的服务流程。

三、流程设计方法

绘制流程图是流程设计的关键环节,用什么样工具进行流程图的绘制,怎么样进行流程图绘制就成为流程设计的关键。以下重点介绍几种常见的流程设计的工具。

(一) 流程图类型和形式

在进行流程设计的时候,最常见的技术是流程图示技术,用直观的符号描述流程过程。流程图示方法根据不同的应用情景有不同的种类。简单说,流程图有宏观流程图和微观流程图两种。

1. 业务流程图

业务流程图(business process map,或 flow diagram)是一种宏观流程图,用来描述业务过程的信息、顾客、加工对象、设备和物料的流向,流程图内没有具体的作业信息,如人数、时间等,只描述活动的内容属性。

比较常见的业务流程图有顺序流程图和矩阵流程图两种。顺序流程图按照业务的进展程序一步一步用图形描述业务过程,比较简单。矩阵流程图用纵横两维框图结构描述业务流程进展,一维是部门(业务主体),另一维是业务活动内容。这种业务流程图适合跨部门的业务流程。业务流程如果比较复杂,采用分层次绘制的做法可以简化流程图,也就是先绘制一个综合的流程图,然后把其中某一个流程单元分解出更详细的下层流程图,形成嵌套式的流程图结构。

业务流程图一般用四方框"□"里面用文字描述活动内容,用一个带分支线的菱形框"◇"描述决策事件,用箭头"→"线连接事件。

图 4-4 为顾客订单执行流程图(顺序流程图)。

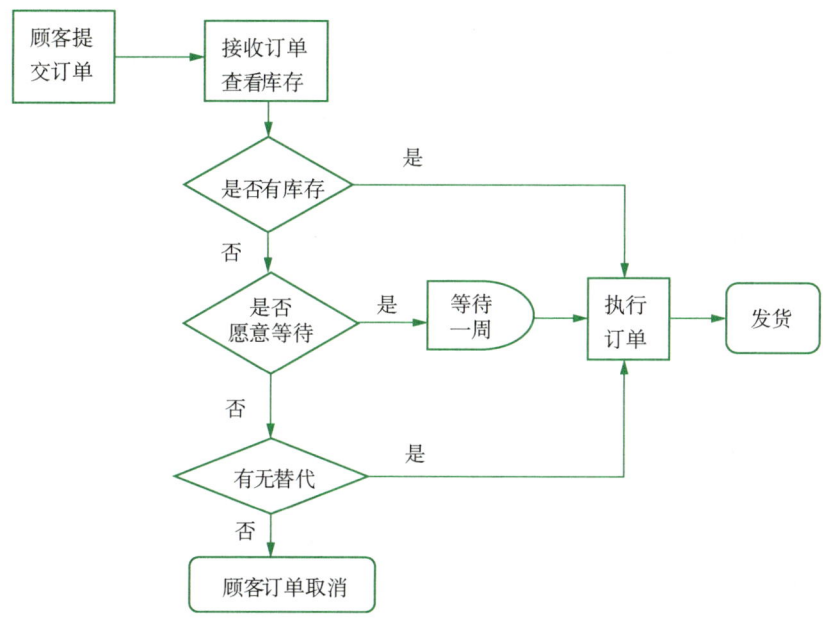

图 4-4 顾客订单执行流程图(顺序流程图)

顺序流程图按照业务的先后次序组织流程,能够很好反映流程的进程。这种流程图适合当业务由单一责任主体(部门)来执行的情形。

顺序流程图的缺点是不能反映流程中跨部门相互衔接和相互关系。而另外一种矩阵流程图没有这种缺点。矩阵流程图,国外有的教科书叫做泳道图(swim lane flowchart),形象比喻其像游泳的泳道一样,每一个部门有其相应的流程进展图。矩阵流程图和顺序流程图的不同在于它能够很好表达不同部门在整个业务流程中的责任和相互关系,有利于跟踪和分析不同部门的业务活动。这种流程图特别适合于多部门协作完成的业务流程。

图 4-5 为小型工厂的样品生产交货业务流程(矩阵流程)图的示例。

2. 作业流程图

作业流程图(operation process map,或者 flow chart)是一种微观流程图,主要用于某一个业务部门内部的业务流程描述,如工厂的生产线的员工作业指导书或者服务作业工作手册等。这类流程图要求有具体的作业信息,比如,工作时间、距离、资源(使用工具、人员数量)等。比较常见的作业流程图有工艺流程图和流程程序图,在工业工程中,还有其他微观

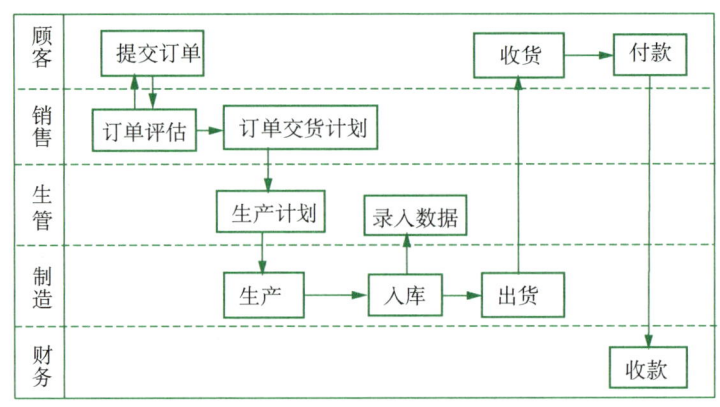

图4-5 小型工厂的样品生产交货业务流程图(矩阵流程图)

流程图,包括联合操作图、人-机操作流程图。其中流程程序图是最常见的作业流程图,一般用图结合文字表格的方式描述作业进程。

绘制作业流程图一般用如下五种(或者更多)图形符号:

(1) ○:表示加工过程;

(2) ▽:表示存储过程;

(3) □:表示检查过程;

(4) ⇨:表示运输过程;

(5) D:表示等待过程。

采用这样的流程图有利于分析作业的哪些活动是增值和不增值的。比如以上活动中,只有加工活动是增值的,其他活动(存储、运输、检查、等待)都是不增值的。通过对流程不同活动的时间占有比例分析,可以了解增值活动和不增值活动比率,然后进行流程改善(增加增值活动,减少不增值活动)。

图4-6是一个车间的作业流程图(流程程序图)示例。

3. 服务蓝图

服务业除了使用以上两种流程图工具,同时,为了描述业务流程中顾客的参与度和区分顾客和服务系统的不同活动,还有另一种流程图——服务蓝图(service blueprint)。服务蓝图也是一类宏观流程图,绘制服务蓝图使用业务流程图类似的符号,用四方框或者圆圈内部文字描述操作活动,用菱形框描述决策活动,用箭头线连接两个活动。和一般业务流程图不同的是服务蓝图会在在顾客可见和不可见部分(前台和后台服务流程)之间加一条分隔线。

图4-7是一个餐厅的就餐服务流程的服务蓝图示例。

(二) 流程仿真技术

流程设计中,用绘图法进行流程设计,绘制好流程图以后,在流程正式投入使用之前一般需要进行试运行,通过试运行分析流程设计的合理性和存在问题,然后再修改流程。但是试运行需要投入一定资源和时间,为了减少试运行资源和时间浪费,采用仿真技术在计算机系统上进行模拟运行,能够快速模拟真实生产和服务流程的运行效果,然后修改流程设计,可以大大节省资源和时间,是一个比较好的方法。

仿真技术已经广泛应用于产品设计和流程设计。适合流程设计的仿真工具很多,国外

流程名称: 加工套筒					总结表				
工作部门: 3 车间					作业		现行	改进	节约
制图: 年 月 日					○ 加工次数		3	3	0
审核: 年 月 日					▽ 存储次数		1	1	0
现行方法: □					□ 检查次数		0	0	0
建议方法: □					⇨ 运输次数		3	3	0
图号: 第 张 共 张					D 等待次数		1	0	1
					搬运距离/ 米		6	6	0
					时间/ 分		2.28	2.08	0.2

现方法					新方法				
步骤	操作符号	说明	距离	时间	步骤	操作符号	说明	距离	时间
1	○ ⇨ □D▽	车端面		0.2	1	○ ⇨ □D▽	车端面		0.2
2	○ ⇨ □D▽	运输	2	0.12	2	○ ⇨ □D▽	运输	2	0.1
3	○ ⇨ □D▽	等待		0.2	3	○ ⇨ □D▽	车另端		0.4
4	○ ⇨ □D▽	车另端		0.4	4	○ ⇨ □D▽	运输	2	0.1
5	○ ⇨ □D▽	运输	2	0.1	5	○ ⇨ □D▽	钻空		0.2
6	○ ⇨ □D▽	钻孔		0.2	6	○ ⇨ □D▽	运输	2	0.08
7	○ ⇨ □D▽	运输		0.08	7	○ ⇨ □D▽	存储		1
8	○ ⇨ □D▽	存储		1					

图 4-6 车间作业流程图(流程程序图)

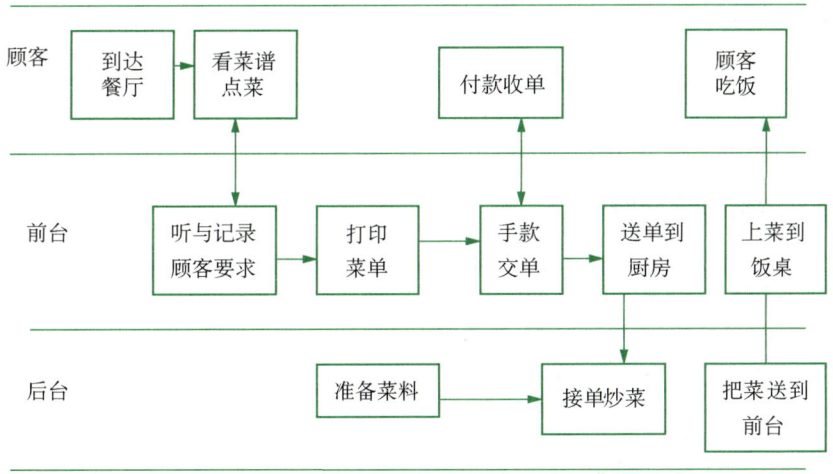

图 4-7 餐厅就餐服务蓝图

有专门的仿真软件,比如:通用的仿真软件:Arena、Extend、FlexSim;生产和流程管理用仿真软件:ProModel、ProcessModel。

四、流程设计的作业标准化和行为因素考虑

在流程设计中,特别是微观的作业流程设计,为了能使流程可规范执行,必须进行作业

标准化设计。通过工作研究(方法研究和时间研究)制定标准的作业方法和工作时间,这是科学管理思想。

在工业企业的生产作业流程的工作设计中,对于方法标准化的设计,通常使用"5W1H"的思考方法。5W1H 就是 what、who、why、when、where、how。5W1H 表示在流程设计中要求反复问 5 个问题:做什么工作(what)、谁来做这个工作(who)、何时做这个工作(when)、在哪里做这个工作(where)、为什么要做这个工作(why)、怎么样做这个工作(how)。作业时间标准化则通过时间测量方法进行,包括直接时间测量和抽样时间测量等。

流程岗位设计的标准化对于工业企业的生产线的设计是必要的,对于提高流程和整个制造系统的生产率非常重要。但是工作流程过分标准化、专业化,缺乏灵活性,会导致员工工作乏味和枯燥感增加,不利于员工的长期发展和生产率提升,因此需要考虑采用工作丰富化、扩大化、轮岗作业、给员工自主权等工作设计的行为方法。对于服务型企业,行为因素在流程设计中更重要,业务流程需要在标准化和人性化之间寻找平衡点。因为许多服务性企业的业务流程中存在顾客接触和交互活动,这些顾客接触和交互活动,不同的顾客有不同的特点,比如医生看病的服务时间,不同的病人由于病情不同,医生诊询中交谈时间就不能绝对规定一个时间,需要有弹性。

第三节 流程分析

一、流程绩效指标

流程运行过程中需要满足一定的业务绩效要求,这些绩效指标一般和企业的整体绩效有关,比如在第二章介绍了企业运营竞争绩效指标:生产率、质量、时间、成本、柔性等。这些都可以成为流程评价的绩效指标。下面重点讨论流程时间指标。

(一) 流程价值与流程时间

流程是由一系列的活动构成的,但是不是所有的活动都是创造价值的。图 4-8 描述了一个流程过程,物料从工序 1 出来以后再进入工序 2 加工的过程中,流程时间由等待运输、运输、等待加工、工艺准备和加工这几个活动的时间构成。同样,物料从工序 2 出来以后进入工序 3 加工的流程时间也都由这些活动时间构成。

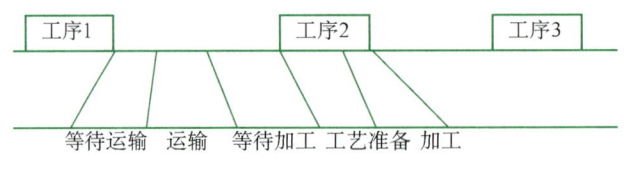

图 4-8 流程中活动时间构成

(1) 加工时间(operation time)。加工时间对服务业就是服务时间,如医生看病、律师咨询等,这是真正的创造价值的时间。对制造业,为了提高效率缩短加工时间是有利的,但是服务业,减少服务时间,顾客满意度可能减少,如旅游观光。

（2）等待时间（库存时间）。等待时间（waiting time）包括等待运输和等待加工（服务）时间，等待加工时间也是暂存时间或者库存时间。等待时间不创造价值，而且导致顾客抱怨增加，因此应该尽可能减少等待时间。

（3）运输时间（搬运时间）。运输时间对加工过程也是不创造价值的活动，但是对于某些服务业，运输过程是创造价值的，比如旅游公司，把顾客从一个地方运输到另外一个地方进行旅游观光，物流公司也是靠运输创造服务价值的。

（4）准备时间（setup time）。对制造企业的生产过程来说，工艺调整或者模具更换是一种准备工作，需要一定时间，但是这种准备不创造价值，但是却是必要的。为了减少这种不创造价值的准备时间，企业要采取措施尽量减少它，如丰田公司采用"快速换模法"大大压缩换模时间，从而生产更多产品。服务业也有这种准备时间，比如，在火车站，列车进站时，需要对列车进行清空、上水、补充食品、检查等工作，然后才能上客，出站，下一趟列车才能进来；酒店里面一桌客人吃饭结束以后，下一桌客人就餐前也需要对桌子进行清理和重新布置。这些都是准备工作，需要时间。

（二）流程时间指标

1. 节拍

节拍，也叫周期时间（cycle time），是指生产线上相邻两个制品的时间间隔，或者说单位产品的生产时间，它表示生产线的速度或者生产率的高低。节拍时间越短，表示生产产出的速率越高。节拍有工位节拍和生产线节拍等不同类型。一个生产线由很多工位和流程构成，各个工位和流程的节拍是不同的，一般把生产线节拍最长的某个工序（瓶颈工序）的节拍作为整个生产线的节拍。生产线按照节拍的均衡性，分为强节拍、自由节拍和粗略节拍等不同类型。强节拍生产线就是各工序的节拍基本一致，连续性比较高的生产线。自由节拍生产线和粗略节拍的生产线连续性和均衡性低一些。

有关节拍的计算与分析在设施布置一章的流水生产线平衡一节有详细介绍。节拍缩短，就意味着提高生产率，比如广州本田汽车公司原来的装配线的生产节拍是 67 秒（1 分钟左右），现在已经减少到 50 多秒。这种节拍缩短，提高了出产数量。

生产过程组织对节拍有很大影响。不同生产过程、同样一个生产过程不同工作地点、同样一个生产过程中不同时间段的节拍都不同。由于生产组织与管理效率的差异，生产节拍也时有变化。表 4-1 为典型生产线的节拍。

表 4-1　　　　　　　　　　　　　　典型生产线的节拍

生产线	节拍	生产线	节拍
烟草行业	0.02 秒	汽车零件	10～30 秒
清洁剂	2～1 秒	汽车	1～5 分钟
打印机色带盒	0～5 秒	大型机床	5～10 分钟
冰箱	10～30 秒	大型客车	1 天

由于服务业的流程均衡性和连续性比较低，因此节拍概念在服务业应用不多。但是，某些服务型企业的业务流程如果具有明显的节拍性，也可以用节拍的概念。比如，日本的回转寿司是按照一定节拍把各种菜肴送到顾客面前。大学食堂的服务窗口，可以近似认为是一

种流水线服务,具有一定的节拍性。

 **企业风景线**

海尔沈阳工厂冰箱下线节拍只有10秒

海尔沈阳工厂提出由大规模制造向大规模定制转型,占据互联网时代下制造业的制高点,在自动化的基础上实现数字化集成、设备集成互联、高柔性化生产模式;积极探索基于物联网和互联网的互联工厂,踏准时代节拍,通过大数据实现大规模定制、个性化生产。所有信息与有关方互联,以用户为中心,构建联用户、联网器、联全流程的三大互联架构,实现全程实时互联,快速满足用户个性化定制的最佳体验。

海尔沈阳工厂柔性化生产的目标是满足批量为"1"的定制订单高效生产,通过以下四个方面具体开展:

(1)柔性模块化布局:一个流的模块化布局,灵活扩展,支持个性化定制。

(2)柔性的模块加工:一个流、高效互联自动化,零换模、快速换模、自动打标、自动扫描。

(3)柔性的模块组装:个性模块SKD总装、多条单元线并联,通用模块高自动化、一个流。

(4)柔性的模块配送:工序间半成品1对1精准自动匹配。

该工厂最典型的信息互联案例就是U壳智能配送线,该配送线颠覆了传统的工装车运输方式,在行业首次实现无人配送情况下的点对点精准匹配生产和全自动即时配送。目前,海尔沈阳冰箱工厂通过生产智能化布局,实现单线产能、单位面积的产出翻番,物流配送距离也比原来减少43%左右,生产节拍缩短到10秒一台,成为全球冰箱行业生产节拍最快、承接型号最广的家电工厂。

资料来源:根据网络资料整理。

2. 通过时间

通过时间(throughput time)(也可叫流程时间)是生产过程中物料通过生产工艺过程的时间,通过时间与在制品库存存在一定的关系(图4-9)可以用一个公式表示,这个公式叫利特尔定理(Little law):

$$通过时间=\frac{在制品量}{通过率} \tag{4-1}$$

图4-9 通过时间与在制品库存的关系

在上述公式中,在制品量、通过时间和通过率都是平均数值,因为在流程中,不同时刻的物料通过速度是随机的,库存波动也是随机的。因此在制品量是平均库存水平,通过时间是平均通过时间,通过率也是平均通过率。

通过时间可以是物料在任何一个工艺过程的通过时间,如果是产品整条生产过程的通过时间,就是产品生产周,或者产品生产提前期。如果是一个库存系统,就是库存周转时间(如零售库存系统)。在制品库存是在生产过中的加工对象,包括在加工、在等待与在流动中的加工物品。通过率是单位时间出产(通过)的产品数。一般,通过率在不同生产阶段各不同,是一个动态变量,一般用平均值表示。

通过率和节拍存在如下关系:

$$通过率 = 1/节拍 \tag{4-2}$$

比如某汽车公司总装生产线,汽车生产节拍为 60 秒左右,则可以计算出每小时产出汽车数 $=1/60 \times 3\,600$ 辆/小时,每天 2 个班工作(16 小时)的产出率 $=960$ 辆/天。通常汽车厂的在制品的平均库存就是 1 天的产量,因此,通过时间 = 平均库存/通过率 = 平均库存×节拍 $=960$ 辆×1 分钟/辆 $=960$ 分钟 $=16$ 小时。如果缩短节拍,就可以提高产量,就可以压缩流程通过时间,提高产量。据报道,上海特斯拉的生产线节拍可以达到最快 43 秒,生产线流程时间缩短到 10 个小时。

通过时间或者说流程时间的长短与生产过程组织均衡性与节奏性有关。如果生产过程组织不合理、生产过程迂回、停顿等待比较多,通过时间比较长。因此为了减少通过时间,一方面要改善生产过程组织,另一个方面采用先进生产管理手段,加强物料的管理与作业管理,提高生产效率。

利特尔定理在服务流程分析中也很有用处,下面用一个医院的例子说明。

应用例题 4-2

某医院的外科医生每天出诊,由于病人多,通常病人都需要等待比较长的时间才能问诊。不同时刻等待看病的病人数量是变化的,因为病人到达是随机的;同时,医生诊治时间也是变化的,因为不同病人情况不同,看病时间也有差异,也是随机的。假设在某一天上午 8:00—12:00 就诊时间 4 个小时内,该医生上午总候诊室平均等待的病人数是 10 人,医生的平均服务时间是 12 分钟/人(即通过率 $=1/12$ 人/分钟,也即 5 人/小时),门诊平均病人数为 11 人,则病人平均在门诊停留时间是 $=11$ 人/(5 人/小时)$=2.2$ 小时。而用于就诊的时间只有 12 分钟,可知,病人大多数时间用在等待。

如果医院能够采用有计划的排队管理策略,让顾客按照一定的预约时间(计划排队时间)到达门诊,而不是一窝蜂地提前到达医院门诊(通常是 8～9 点到达最高峰,11 点以后基本很少进入),如图 4-10(a)所示,通过推迟病人到达的时刻,让病人到达门诊的时刻更加均匀分布在不同的时刻,如图 4-10(b)所示,可以减少等待病人数量,从而平均排队等待时间减少。图中的"库存"就是停留在门诊的病人数。

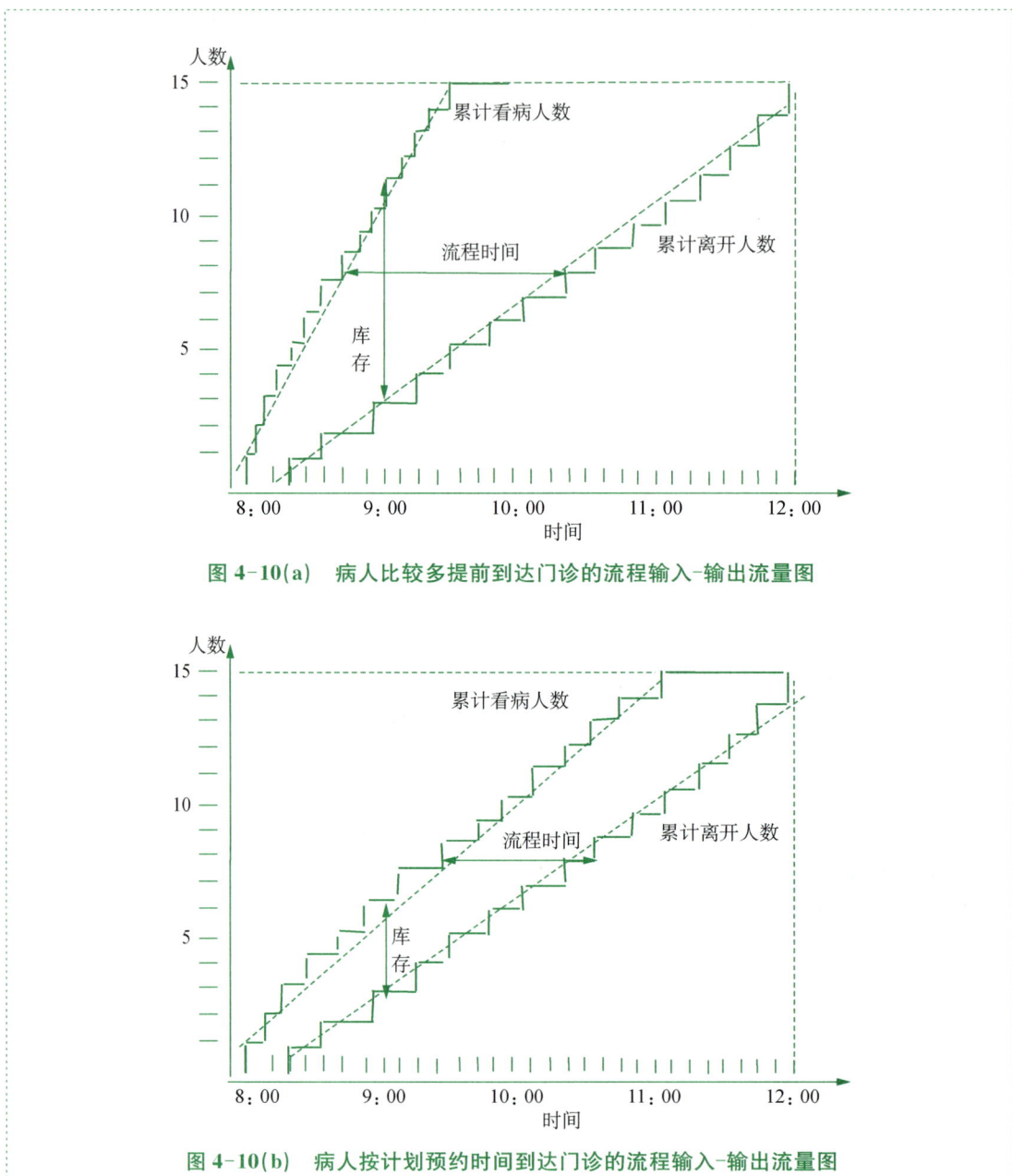

图 4-10(a) 病人比较多提前到达门诊的流程输入-输出流量图

图 4-10(b) 病人按计划预约时间到达门诊的流程输入-输出流量图

3. 效率

效率是一个非常重要的生产组织绩效指标,效率低下的生产过程,其生产率低,同时经营成本也比较高,企业经济效益差。

效率这个概念有不同的定义,有的定义为实际产出与标准产出的比率:**效率=实际产出/标准产出**。这个关系说明,在相同的产出标准下,如果实际产出高,则这个生产者(或者生产过程)具有较高效率。比如:一个流程标准出产率是 100 个/小时,实际产出率是 90 个/小时。效率为:90/100×100%=90%。而更多的关于效率的定义是用时间来表示。比如,用实际工作时间与标准工作时间的比率来表示,即:效率＝标准时间/实际时间。比如,一个生产线的工时定额是 5(分钟/个),实际生产时间是 6(分钟/个),则这个生产线的效率＝5/6＝83.33％。有的时候采用一个流程增值效率(流程增值时间/流程总时间)的概念,比如,在分析流程的价值的时候,常用这个概念。假设一个流程总通过时间是 1 小时,属于增值时间只有 15 分钟,则这个流程的增值效率＝15/60×100％＝25％。

不管用什么公式表示效率,效率的含义都是反映生产过程中生产的时间利用效果,即时间是否充分利用起来用于生产。浪费越多,效率也就越低。如果一个生产线用较多的时间得到的产出很低,这个生产线效率就很低。反之,如果一个生产线用较少的时间就可生产出较多的产品,这个生产线的效率就很高。

在生产线的组织中,提出效率问题,是因为在现实中,存在许多效率低下的生产组织现象:比如,由于生产线设计不合理,工人在繁忙工作,但却浪费了许多有价值的时间;由于生产线不平衡,造成工人经常停工等待,资源闲置;还有的生产线存在重复作业没有产出等。

为了提高效率,必须优化生产流程,提高生产自动化水平,同时要改善生产管理水平。值得注意的是,从管理的角度,效率还有个体效率与整体效率之区分。为了提高生产效率,某些管理者片面追求局部的效率最大化,导致其他的生产过程成了瓶颈,整体的效率反而较低。因此,效率最大化必须以整体生产系统的效率最大化为前提。另一个方面,效率最大化还要以市场需求为前提,按照市场需求的"节拍"来组织生产,努力减少生产过程的浪费。

二、流程能力与瓶颈分析

能力是流程的一个重要概念,在第二章我们讨论了能力战略问题,这里我们从流程的角度进一步探讨流程的能力概念和衡量指标。

(一)流程能力定义和指标

能力是指流程在一定时间内达到的最大产出。不同行业的能力衡量方法不同。根据行业和企业的不同特点,测定能力一般有两种:一种以输出的产品/服务的数量表示能力,另一种以输入(投入)的资源数量表示能力。

如果流程只生产或者提供少数一致性产品或者服务时,采用输出的产品或者服务表示。比如,餐厅用可服务的顾客人数表示能力,轿车厂以生产轿车的台数表示能力,大学以招生规模表示能力,造纸厂以生产纸张数量表示能力,出版社以能出版的教材数量(本或者套)表示能力,酒店以服务顾客数量表示能力。当系统的输出产品或者服务品种比较多,个性化比较明显,很难用统一的输出产品或者服务数量表示能力时,一般采用输入的资源的数量表示能力。比如,机械厂用设备工时表示能力,航空公司通常以座位数表示能力(也可以用输送旅客数量表示能力)。

能力有设计能力、正常能力和最大能力不同情况。设计能力是系统设计时核定的能力,正常能力是指在正常生产或者服务条件下的能力,最大能力是发挥最大的资源利用水平后得到的能力,比如加班。一般情况下,进行生产或者服务计划决策是依据正常能力,设计能力只是用来做系统核算或者评估用;最大能力在极端情况下使用。

能力利用率是能力管理的一个重要指标,一般用实际产出数量和最大能力的比的百分数表示。

$$能力利用率 = \frac{实际产出}{最大能力} \times 100\% \qquad (4-3)$$

比如,汽车总装生产线最大能力是年产汽车20万台,如果只生产16万台,则能力利用率就是80%。同样,服务企业的流程能力利用率用实际服务的水平与最大可服务的能力比率表示。服务业的能力利用率通常比较低,而且波动比较大。比如,某酒店的客房数是200间,在旅游旺季的时候,能力利用率饱满到达100%,但是淡季的时候50%不到。制造企业的能力利用率通常比较高,相对稳定,而且尽量提高能力利用率。

(二)流程瓶颈管理

流程的能力是不均衡的,有的地方能力大,有的地方能力小,整个流程的能力最小的环节(资源)叫瓶颈(bottleneck)。瓶颈位置的产量决定了整个生产线的产量。流程能力和瓶颈如图4-11所示。工序2是流程的瓶颈,因为它的能力最小。

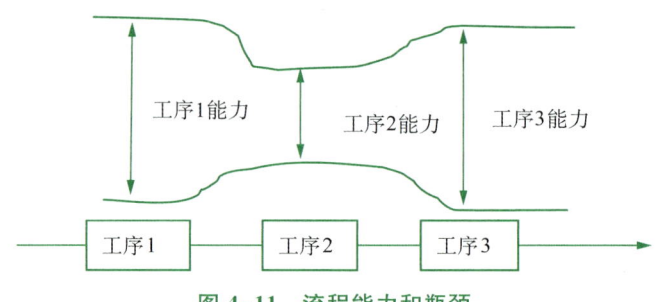

图4-11 流程能力和瓶颈

应用例题 4-3

生产线能力分析

某生产线由四个工序构成,生产工艺流程如图4-12所示。

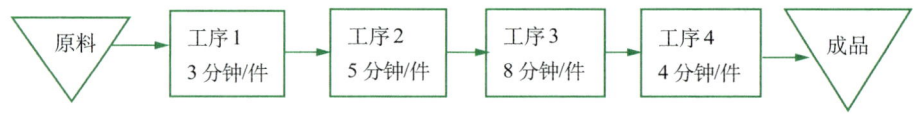

图4-12 生产工艺流程

每天按照8小时工作制,请问:

(1)瓶颈工序是哪个?

(2)流程的最大能力是多少?

(3)如果每天生产50个产品,各个工序的能力利用率有多高?

解:

(1)流程中节拍最慢的工序就是瓶颈工序,工序3的节拍(单位产品生产时间)是8分钟,因此是工序3是瓶颈工序。

　　(2) 瓶颈工序决定流程的能力,一天 8 小时,最大产能是:60(分钟/小时)×8(小时/天)÷8(分钟/件)＝60 件/天。

　　(3) 如果每天生产 50 个产品,各个工序的能力利用率如表 4-2 所示:

表 4-2　　　　　　　　　　　　　　　各工序的能力

项目	工序 1	工序 2	工序 3	工序 4
单件工时(分钟)	3	5	8	4
每天的能力	160	96	60	120
能力利用率	31.25%	52.09%	83.33%	41.67%

　　识别瓶颈对管理有什么意义?

　　(1) 解决主要矛盾。通过识别瓶颈,可以确定流程的生产率,通过提高瓶颈的能力可以提高流程能力。在实践中,管理者要把管理重点放在瓶颈上,解决瓶颈工序的问题,可以有效解决流程问题。

　　(2) 合理配置资源。通过识别瓶颈,可以集中资源到瓶颈位置,或者把能力好的资源(人员和设备)用到瓶颈位置,有利于提高瓶颈工序的能力。

　　流程的瓶颈有如下特点:

　　(1) 瓶颈是动态的。瓶颈存在流程的位置不是固定的,由于流程不同位置的资源的变化,随着流程资源的能力的动态变化,瓶颈的位置会改变。

　　(2) 瓶颈是相对的。瓶颈是相对其周围的其他资源比较而定的,比较的范围不同瓶颈就不同。在小范围比较,某个资源是瓶颈资源,扩大比较范围,可能就变成非瓶颈资源了。

　　瓶颈和非瓶颈资源的关系一般有四种类型(图 4-13)。

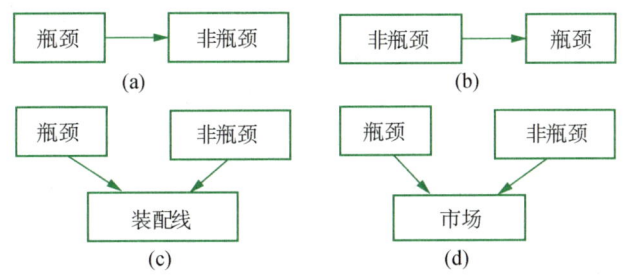

图 4-13　瓶颈和非瓶颈资源的关系

　　在图 4-13,四种关系是:(a)从瓶颈资源到非瓶颈资源,(b)从非瓶颈资源到瓶颈资源,(c)瓶颈资源和非瓶颈资源共同组装成产品,(d)瓶颈资源和非瓶颈资源相互独立。

视野拓展 4-1

约束理论

　　管理流程瓶颈的一个有效理论是约束理论(theory of constraint),约束理论核心思想是“五步思维法”。扫描二维码阅读有关约束理论的材料。

第四节　流 程 再 造

当企业的业务流程运行到一定程度以后,如果流程绩效不能适应新的企业发展战略的需要,或者企业业务内外环境条件发生了根本变化,就需要对流程进行变革,这就需要用到流程再造的理论。

一、流程再造理论的起源

业务流程再造 BPR(business process reengineering)的思想产生于 20 世纪 90 年代初。20 世纪 90 年代开始,美国的企业受到了来自日本、德国等国家企业的竞争挑战,在汽车、电子等一系列的制造业领域,逐渐失去竞争优势。1990 年美国麻省理工学院的教授哈默(Michael Hammer)首先在《哈佛商业评论》上发表题为 *Reengineering Work: Don't Automate, Obliterate* 的文章,建议美国企业界重新审视自己的管理思想与经营过程,对目前的工作流程进行一次重新设计,这样才能拯救企业并使之焕发生机。美国的一些大公司,如 IBM、柯达、通用电器公司、福特汽车、XEROX 和 AT&T 等纷纷进行企业的流程改造,把业务流程再造作为企业竞争优势的重要战略。1993 年哈默又与另一位咨询专家钱皮(James Champy)联合出版了著作《企业再造——管理革命的宣言》,从而在全球范围内掀起了一股企业再造的热潮。在该书中,作者阐述了业务流程再造的基本概念,指出业务流程再造就是对企业的经营过程进行重新思考和彻底的改造,以便使企业在成本、质量、服务、速度等方面获得戏剧性的改善,其核心思想是对企业的流程进行"根本性再思考""彻底性再设计""戏剧性改善"。

二、流程再造方法论

为了有效实施流程再造,需要遵守一定的方法论。以下介绍流程再造的原则、程序、流程再造对象选择。

(一)流程再造的基本原则

1. 哈默的流程再造原则

流程再造应该遵循什么样的原则呢? 哈默 1990 年就提出了业务流程再造的七个原则:

(1)建立团队的工作方式。传统的职能分工造成冗余与反复,不利于职能部门之间的沟通,影响了效率、速度与成本。哈默认为应该建立团队的工作方式,把原来由不同人分工完成的工作合并为一个工作,减少传递过程,提高效率。

(2)消除组织壁垒。为了专业化与规模效益,企业建立了许多职能部门处理业务,每一部门只做一类工作的一部分,并且利用其他部门的业务处理的结果,这样做的结果是官僚主义严重。信息技术为消除这种现象提供了帮助,减少监督与协调。

(3)信息生成与信息处理一体化。传统的管理方法是信息生成与处理是由不同的部门完成的,而利用信息技术可以使两者一体化。

(4)分布资源的集中处理。管理通常有两种模式:分布与集中,两种方式各有优缺点,信息技术可以发挥两者的优点,一方面发挥集中管理的规模效应,同时发挥分布式的柔性与适应性。

(5)协调并行活动。并行工作可以减少时间,但是如果没有协调作用,而仅仅是把并行的活动结果汇总起来,必将导致比较多的返工、高成本与资金浪费等。

(6)自我决策,自我控制。良好的教育与熟练的技术水平使一线的员工有能力进行自我决策与控制,因此把决策与控制权利下放给第一线的员工,使组织扁平化可以提高工作效率,避免官僚主义。

(7)从根源上一次性获取信息。信息如果多次收集与传递,必将导致信息的迟缓与失真,因此企业应该建立共享的数据库,让所有部门都能从源头上一次性获取信息。

从上面我们看出,哈默的流程再造原则,最核心的东西就是利用信息技术进行流程改造。也因为这样导致了后来人们一谈起流程再造,就与信息系统的实施联系起来,这与哈默这个原则的影响是有关的。

2. 流程再造其他原则

除了哈默与钱皮的原则外,还有其他有关流程再造的原则,这些不同的原则各有不同的侧重点。比如 ECSR 原则:消除、合并、简化、重排。其中,E—elimination(消除),消除不必要的、不增值的活动;C—combination(合并),把多个工作步骤进行合并,三步并做两步走可以缩短流程;S—simplification(简化),简化某些活动的操作过程和步骤;R—rearrangement(重排),重新安排活动次序。

虽然不同的原则侧重点不同,但是,都有些共性的原则:①简化流程;②权力下放;③利用信息技术;④资源共享。

(二)流程再造的工作流程

业务流程再造应该分几步进行,理论和实践都有不同的看法。归纳各种方法论,图 4-14 描述的是业务流程再造的工作流程。

该实施方法包括四个阶段:

(1)第一阶段是准备阶段。在这个阶段中,主要是业务流程重组的项目小组与人员配备;建立目标(企业变革的目标和流程再造的目标)、流程再造的有关计划等。

(2)第二阶段是诊断、分析与过程重构阶段。在这个阶段,首先要分析、诊断现有业务流程,根据分析决定哪一个流程需要改造,然后对该流程进行新需求描述并进行重构。在这个阶段使用的工具有鱼骨图、作业成本分析、价值分析法、标杆法等。

(3)第三阶段是新流程的实施阶段。首先对新设计的流程进行评估,流程方案可能不止一个,因此必须进行评估,选择一个最佳的方案。然后是实施过程,实施过程要包括一些组织结构与人员角色的变化、信息支持系统开发、人员培训等。

(4)第四阶段为后续工作阶段。在这个阶段对已经实施的流程进行跟踪检查,评估效果与计划目标的差异情况,提出维护或再创新的计划。

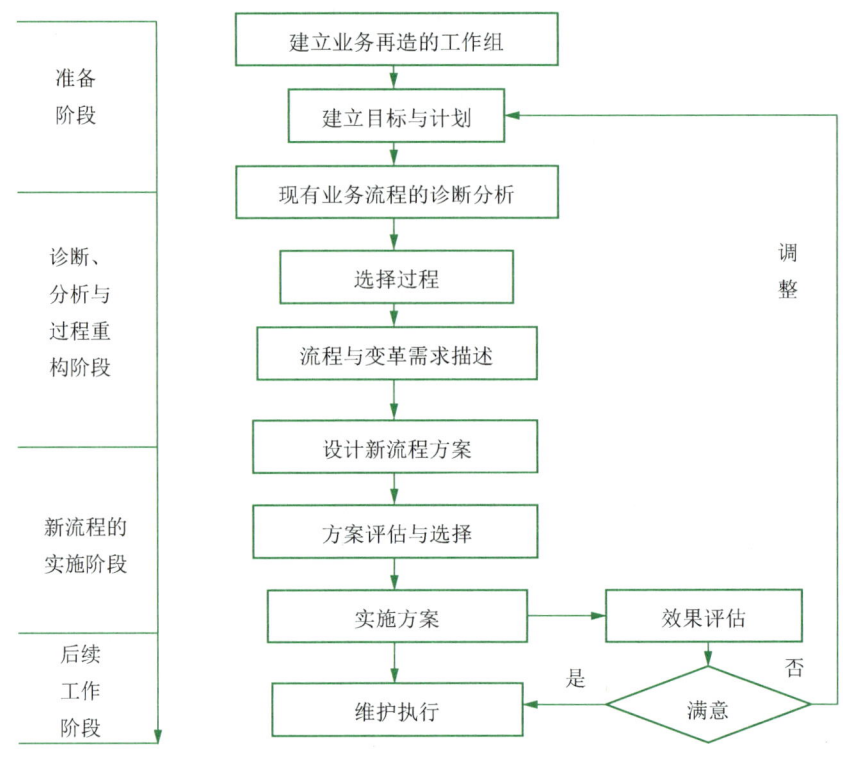

图 4-14 业务流程再造的工作流程

(三) 流程再造的切入点的选择

流程再造从何入手? J. A. Martlla 和 J. C. James 建立了一个绩效表现-重要性矩阵,可以帮助人们选择最恰当的流程进行再造,如图 4-15 所示。

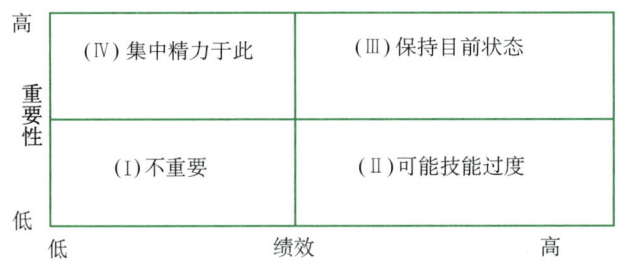

图 4-15 绩效表现-重要性矩阵

图 4-15 中,横坐标是流程绩效,纵坐标是流程的重要度。根据这两个指标把流程分为四个象限。在第一象限中,流程重要性和绩效比较低,说明该流程的改造重要性并不大;第二象限,绩效表现比较好,但是重要性比较低,这种流程也不需要改造;第三象限,绩效与重要性都比较高,这种流程也不需要进行改造;第四象限,重要性比较高,但是流程的绩效比较低,这种流程改造的紧迫性比较高,因此是关键需要改造的流程。

实际操作过程中,可以采用采访、问卷等方式对流程进行评估。然后综合两方面的评价指标,确定关键的流程。

素养园地

互联网时代的流程管理与法治观念

办事要有程序,做事要有流程,依法治国,依法办事是我国法治建设的核心。流程管理就是企业的法制基础。流程管理是搞好企业运营管理的基础,好比治理国家需要好的立法制度和执法制度一样,流程规范了企业的工作过程,防范各种管理风险和组织行为不规范的漏洞,保证组织高效和有效工作,朝着企业的目标前进。

华为公司在初创时期,为了规范企业的管理制度,建立了"华为基本法"。华为的"基本法"是一系列的方针、政策和组织制度和管理策略的企业经营法典、企业管理法治化的体现。"华为基本法"中关于流程管理的第八十五条,明确指出"流程管理是按业务流程标准,在纵向直线和职能管理系统授权下的一种横向的例行管理,是以目标和顾客为导向的责任人推动式管理。处于业务流程中各个岗位上的责任人,无论职位高低,行使流程规定的职权,承担流程规定的责任,遵守流程的制约规则,以下道工序为用户,确保流程运作的优质高效"。华为就是靠着法治化的组织和业务流程管理,在市场竞争中不断取得成功。

随着数字经济的快速发展,当前,数字经济、平台经济发展很快,一些互联网业务服务流程不透明,信息不公开等现象损害消费者利益,同时也导致市场不公平竞争。因此,加强互联网经济的法治建设,就是规范互联网业务的流程管理,保持公平竞争市场环境,维护消费者权益。正如习近平总书记说的:"这些年来,资本无序扩张问题比较突出,一些平台经济、数字经济野蛮生长、缺乏监管,带来了很多问题。""加快数字经济、互联网金融、人工智能、大数据、云计算等领域立法步伐,努力建全国家治理急需、满足人民日益增长的美好生活需要必备的法律制度。"

——《习近平谈治国理政》第四卷,第301—302页。

要求:请谈谈你对"流程管理是企业管理法治化的底层建筑和基石"的含义理解。

关键术语

流程(process) 产品-流程矩阵(product-process matrix)

服务-流程矩阵(service-process matrix) 流程时间(process time)

流程瓶颈(process bottleneck) 流程设计(process design)

流程标准化(process standardization) 流程再造(process reengineering)

本章小结

1. 流程是一组将输入转化为输出的相互关联或相互作用的活动。流程管理是对流程规划、设计、运行控制与改善。流程管理的本质是通过对流程的有效管理,实现输入和输出的价值增值。

2. 流程设计和标准化管理是流程管理的基础性工作,不同流程有不同的特点和功能,企业要合理选择流程。流程设计的基本原则就是泰勒提出的：标准化、简单、专业化。流程设计有图形设计方法、流程仿真技术等。

3. 流程运行过程中要进行绩效评价和分析，通过分析绩效改进流程。流程绩效指标包括成本、时间、质量等，其中时间是最重要的指标。节拍、通过时间、效率是与时间相关的重要指标。缩短流程时间是流程管理的重点。

4. 流程不同的环节能力不同，能力最小的地方称之为瓶颈。流程瓶颈限制了流程能力和产出，因此管理瓶颈是流程管理的重点。制约因素理论 TOC 是管理瓶颈的重要理论。

5. 流程运行到一定时候，随着企业经营战略的调整和内外环境变化，流程需要变革，流程再造就是适应变革需要的流程管理策略。在流程再造中，流程再造的原则和选择什么流程进行再造是非常重要的。

练习题

一、思考题

1. 什么是流程，流程的基本要素是什么？

2. 流程管理的本质是什么？

3. 流程管理包括哪些主要内容？

4. 阐述产品-流程矩阵的基本思想和对流程管理的意义。

5. 按照服务流程-矩阵的原理，互联网购物和实体店购物流程的两个特征指标（销售机会和生产率）在现实中和理论的不一致，如何解释这个现象？

6. 如何缩短流程时间？

7. 流程节拍和通过率有什么关系？

8. 流程设计中标准化和行为因素如何权衡？

9. 流程图有哪种类型？

10. 服务蓝图和一般业务流程图有什么不同？

11. 什么是瓶颈资源？

12. 阐述哈默关于流程再造的原则。

13. 流程再造和流程改善有什么不同？

二、选择题

1. 下面说法符合自助服务流程的是（　　）。

　　A. 流程标准化程度高　　　　　　　　　　B. 服务效率高

　　C. 个性化程度高　　　　　　　　　　　　D. 半自动化水平

2. 顾客接触程度高的服务流程的好处是（　　）。

　　A. 销售机会多　　　　　　　　　　　　　B. 员工工作简单

　　C. 生产率高　　　　　　　　　　　　　　D. 标准化程度高

3. 下面各个关于生产线的流程通过时间和节拍的关系正确的是（　　）。

　　A. 流程通过时间等于流程的节拍

　　B. 流程通过时间等于平均库存除以流程节拍

　　C. 流程通过时间等于流程节拍除以平均库存

D. 流程通过时间等于平均库存×流程节拍

4. 瓶颈工序是流程中( )。

    A. 能力最大的工序   B. 最重要的工序

    C. 能力最小的工序   D. 生产率最高的工序

三、判断题

1. 项目式流程的例外管理比较少,管理简单。   ( )

2. 节拍等于单位时间产出数量。   ( )

3. 流程通过时间越长,节拍越慢。   ( )

4. 瓶颈就是流程中能力最大的资源。   ( )

5. 产品检验活动是不创造价值的活动。   ( )

四、计算题

1. 某条生产线由三个工序构成,三个工序的单件生产时间分别为 3 分钟、4 分钟、5 分钟。请问:这个生产线的节拍是多少? 每天 8 小时的产能是多少?

2. 某学院的复印室负责全院以及附近其他单位的复印打字等文印服务。由于学生比较多,特别是毕业季节学生毕业论文打印复印的数量很大。该复印室考虑是否购买新的复印设备。目前有供应商推荐两款新复印设备。一款是进口的日本设备,该设备价格是 1 万元,每月的维护固定成本是 750 元,单件服务成本 0.03 元,另外一款是国产设备,设备价格是 7 500 元,每月的维护固定成本是 500 元,单件服务成本 0.035 元。如果复印一件文件的收取的价格是 0.1 元,如果不考虑购置成本,如果每月复印量是 25 000 件文件,应该选用哪个设备? 两款设备的投资回收期和盈亏平衡点各是多少?

3. 一家小型医院,每天每小时有 80 人前来就诊。据统计挂号处平均有 20 人等待挂号,候诊室平均有 30 人等待医生就诊。每个病人的挂号时间平均为 2 分钟,每个病人的看病时间取决于是否需要开检验单,如果只是看病开药处方,平均需要 5 分钟;如果需要做进一步检查,开检验单等,需要 10 分钟。统计分析知道,平均有 30% 的病人只是看病开药方,70% 需要做检验开检验单。请问,该门诊病人平均在门诊的停留时间是多少?

4. 某生产线由三个工序构成,如图 4-16 所示,每个工序的单件生产工时在方框下面。

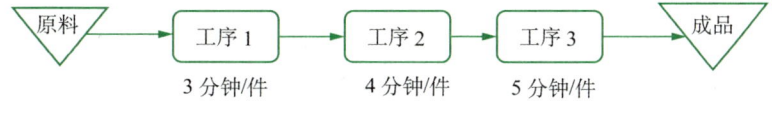

图 4-16　某生产线工序

(1) 该生产线的瓶颈工序是哪个?

(2) 如果是每天工作 16 小时,该生产线能够产出多少产品?

(3) 产品通过时间是多少? 增值时间利用率有多高?

案例讨论

互联网和数字化价值创造新模式下的海尔流程再造

在当今互联网时代,企业为满足顾客越来越多样化、个性化的需求,更多的企业正在采用先进的数字化和智能化技术改变传统的业务流程,实现及时顾客化定制和快速交换。海尔卡奥斯平台是一个基于工业互联网的用户全流程参与和体验的工业互联网平台,是海尔在"人单合一"模式下的企业转型升级平台。通过这个平台,用户可以实现模块化定制、众创定制、专属定制,满足个性化需求。

这是海尔流程再造的表现之一。海尔集团首席执行官张瑞敏曾总结说:"近几年来,海尔主要做了一件事:流程再造。归结起来就是两个转型:一是商业模式的转型,就是从原来传统商业模式转型到人单合一双赢模式;二是企业的转型,就是从单纯的制造业向服务业转型,从卖产品向卖服务转型。"海尔商城所提供的定制化服务即是海尔向服务型企业转型的体现。海尔在其他制造企业还在"卖库存"的时候,转向"卖服务",走在了前面。

海尔的流程再造,其变革之深刻,可以说颠覆了传统的企业运作模式。其理论意义也被印证,美国沃顿商学院马歇尔教授评价,海尔的管理模式超越了西方的管理理论。中国企业联合会执行副会长蒋黔贵认为:"2005年以来,海尔为应对互联网的挑战进行了一系列颠覆性系统性的变革,从战略到机制到运营到考核,涉及到了所有业务、所有环节和所有员工。可以说,海尔正在进行一次具有原创性的伟大实践"。

当前还有很多企业忽视互联网的价值,甚至将互联网视为"洪水猛兽",海尔的实践说明,互联网为传统企业带来的机遇要远远大于挑战。

"人单合一双赢"模式

市场经济要求企业的生产面向市场,但是受限于信息不对称、信息化程度不足等客观因素,企业的生产与市场需求还没有完美地对接起来。这使得企业生产带有盲目性,也造成了市场经济的重大缺陷。不过,随着互联网时代的到来,市场经济获得了解决顽疾的一大工具:互联网。依靠互联网在第一时间了解用户需求,然后安排生产,展开营销,将传统的先产品后市场的模式转变为先市场后产品的模式,能够从根本上解决供需矛盾,企业本身与市场的互动也更加良性。

"人单合一"是海尔集团创始人、董事局名誉主席张瑞敏提出并命名的一种商业模式,通常称为"人单合一模式"。

"人单合一"的基本含义:"人",指员工。进一步延伸,首先,"人"是开放的,不局限于企业内部,任何人都可以凭借有竞争力的预案竞争上岗;其次,员工不再是被动执行者,而是拥有"三权"(现场决策权、用人权和分配权)的创业者和动态合伙人;"单",指用户价值。进一步延伸,首先,"单"是抢来的,而不是上级分配的;其次,"单"是引领的,并动态优化的,而不是狭义的订单,更不是封闭固化的;"合一",指员工的价值实现与所创造的用户价值合一。每个员工都应直接面对用户,创造用户价值,并在为用户创造价值中实现自己的价值分享。

"人单合一双赢"是为了适应互联网时代的要求,因为传统的管理是以企业为中心制定的,而互联网时代是以用户为中心的,这是两者本质的区别。从外部环境上看,家电市场竞争日益激烈,用户对产品的要求不断提高,家电企业如果还停留在过去的以产品为中心的经营模式,对用户的需求所知不多,采用价格策略或者打广告,已无法应对市场竞争的压力。海尔利用互联网进行"人单合一双赢"的管理创新,颠覆了传统的管理模式,让用户决定生产,打造了真正意义上的企业竞争力。

2015年9月19日,张瑞敏在"人单合一双赢模式探索十周年暨第二届海尔商业模式创新全球论坛"上正式表示,"人单合一双赢"模式进入 2.0 阶段,即海尔将建立一个共创共赢的平台,颠覆原来的传统模式,实现企业平台化,用户个性化和员工创客化。

"正三角"变为"倒三角"

与"人单合一双赢"模式相匹配的,是海尔所进行的企业内部组织架构的调整,即由传统的上级命令下级的"正三角"模式转变为上级为下级提供资源支持的"倒三角"模式。"大企业病"的一个突出特征,企业规模增大之后,层级变多,信息传递的速度减缓,导致企业对市场的反应不灵敏。而且互联网时代,用户的需求个性化、碎片化,企业面临的市场环境更为复杂,因此必须保持对市场的高度敏感。为了让一线员工掌握更多的主动权,海尔将组织架构颠倒过来,让领导为员工"服务",让员工组成自主经营体,针对市场需求进行灵活决策,形成了著名的"倒三角"模式。

海尔的自主经营体有三条准则:端到端、同一目标、倒逼体系。"端到端"是指一线经理从客户的需求出发,到客户需求得到满足为止;"同一目标"是指全体员工的目标一致,不同部门之间紧密协作;"倒逼体系"是指根据目标,所有部门承担相应的任务,必须按时按量完成。

从 2005 年开始,海尔推出"人单合一双赢"模式,然后以此为基础改革企业组织架构,到现在已经实践了 7 年,这已经不再仅仅是管理创新,而成为渗透进海尔的一种企业文化。张瑞敏以丰田为例,他说丰田的利润可以超出世界三大汽车厂利润的总和,其看板管理模式被全世界都企业学习,但是没有一家企业学会。因为丰田的看板管理已经成为丰田每一位员工自觉遵守和践行的模式,成为一种企业文化,这不是短期能够学会的。因此,海尔在向日本企业学习的时候,也没有照抄照搬,而是设计了自己的一套创新管理体系,并将之用于实践。海尔正在形成自己的文化。

大规模定制

海尔是国内家电企业推行大规模定制变革的弄潮儿。2009 年 12 月,张瑞敏在接受商务周刊采访时明确提出,中国企业必须从大规模制造改变为大规模定制。他当时还考虑到成本问题,认为大规模定制也要实现低成本,这对中国企业来讲是非常大的挑战。

海尔自 2005 年提出向大规模定制转型,2012 年开始筹建互联工厂。在此期间,海尔互联工厂在打造按需设计、按需制造、按需配送的互联工厂体系的基础上,通过各环节的实时交互满足了用户个性化需求。截至目前,海尔已逐步实现了从大规模制造向大规模定制的转型。此外,海尔还发布了众创汇和海达源两个模块升级版。用户通过手机端可与来自全球的设计师、优秀资源进行交互,满足定制需求。海达源则打破了传统的采购模式,建立起一个以用户为中心的生态圈,帮助更多第三方资源复制智能制造体系。

海尔通过长期的企业变革,从人单合一、小微创业、大规模定制等一系列的再造战略,推动海尔每一个人都能够最大限度利用海尔的渠道、资金、供应链等生态资源优势,实现自我价值和海尔价值的最大化。

资料来源:根据网络资料整理。

问题:

1. 海尔如何通过互联网和数字化环境下进行价值创造模式变革?
2. "人单合一"商业模式含义是什么? 它的价值创造模式有什么特点?
3. 海尔如何利用工业互联网等技术推行大规模定制的?

第五章　设施选址与布置

 学习目标

学习内容	学习目标	学习难度	重要程度	应掌握知识点
设施选址	熟悉	☆☆	★★★	价值网络与设施选址关系 选址决策因素 选址决策方法
设施布置	熟悉	☆☆☆	★★★	设施布置原则和形式 工艺专业化设施布置方法 对象专业化设施布置方法

引导案例

电子商务再疯狂也挡不住本土便利店的快速扩张

最近这些年,电子商务在中国的快速发展使实体商店企业经营进入"寒冬",甚至许多大型超市都因此而减少门店数量的时候,我国本土便利店实体企业却逆势上扬。2024年,全国新增了九千多家超市便利店,规模超过30万家。一度被便利店商家视为"荒漠"的北京,罗森、全家等便利店正在加紧扩张门店;北京本土品牌便利蜂更是在全市开出了500多家门店,蜂拥而至的便利店抢占了7-11的"阵地"。其中扩张最快的便利蜂以最快速度获得驱动算法,利用互联网大数据营销方式,仅用了一年时间就占据了北京大部分便利店的最佳选址。当7-11闭店歇业时,便利蜂就做促销活动,依靠会员模式抢占了7-11的众多用户。

连锁便利店是我国推进城市"一刻钟"便民生活的重点布局领域,也是我国连锁经营消费零售的重要组成部分。根据CCFA整理发布的《2023年中国便利店TOP100》榜单,美宜佳、易捷和昆仑好客位列前三,天福、罗森、芙蓉兴盛和7-11位列榜单第四、五、六、七名。其中,美宜佳更是快速扩张。美宜佳控股有限公司是东莞市糖酒集团控股的,在国内第一家连锁超市——美佳超市基础上发展起来的连锁便利店企业。自成立以来,门店发展以广东为中心,稳步布局全国。至2024年,连锁店数超过36 000家,主要分布在广东、福建、湖南、江西、湖北等二十个省200多座城市。2018年进入江浙沪地区,形成广东、华中、华东、华北、西南五大发展区域,已成为国内规模较大的特许连锁便利店企业。

值得一提的是,在门店选址方面,美宜佳的门店分布区域非常多样。特许经营者可以根据不同情况来确定选址,住宅区、成熟商圈、商业街、商场商圈、城乡接合部等地方,都能看到其身影。美宜佳不仅仅提供基本的便利店商品服务,覆盖600多个品牌资源,6 000多种商

品,满足消费者日常所需新鲜食品、日常用品、粮油副食、个护化妆品、冷藏冷冻品等。业务还延伸至充值缴费、代收代寄、便民支付等 30 多项便民生活服务,其业务重点服务与社区居民生活基本所需,并且服务创新模式更加多元,市场发展空间更为广阔。

资料来源:根据网络资料整理。

问题:

1. 观察身边的便利店售卖的商品和顾客特点,分析便利店为什么能够在电子商务时代快速发展和扩展? 其商业模式有什么是电商网购外卖商业模式无法替代的优势?

2. 便利店选址上需要考虑什么因素,如果是你要开一家便利店,你准备开在什么地方?

第一节 设施选址

企业选址是一个战略决策。选址决定未来企业经营的成本和收益效果。在不同地址上建立企业,对企业的资源获取、供应链结构配置关系、企业市场影响力和竞争力等都有直接影响,在某一些行业(如零售服务),正确的选址就是商业成功的一半。

在现实中,不乏因为选址错误或者选址不当而导致企业经营状况不善的例子。在 20 世纪五六十年代,我国有一些重要的、关系国计民生的大型国有企业,为了战备的需要选址在山区,随着时间的推移,这些企业的选址在今天看来是不合适的。在今天和平的环境下,企业选址主要应从企业经营的环境与市场竞争角度考虑,选择恰当的地址使其方便生产经营并提高竞争力。

一、企业价值网络战略与设施选址

企业的经营战略,特别是价值网络布局战略对于企业设施的选址具有重要影响。不同的战略,需要不一样的生产或者服务设施布局。下面谈谈全球供应链战略、"一带一路"倡议和数字化转型对企业的设施选择的影响。

(一) 全球供应链战略对选址的影响

全球化是一个国家经济发展到一定水平以后自然的结果。西方资本主义国家从 18 世纪开始就通过国际贸易活动进行全球化经营。到 20 世纪,制造业大量地横向一体化,通过全球制造网络进行全球化生产和供应链运作。西方发达国家,如美国已经进入后工业社会,也就是服务社会,服务贸易和服务外包也是服务全球化的一个趋势。

全球化供应链战略对设施选址产生重要影响。供应链全球化运作,需要考虑不同国家资源的配置,比如,供应商在哪个国家,物流配送中心在哪个国家,制造工厂放在哪个国家等等。由于不同国家的经济和政治环境不同,风险因素不同,对整个供应链的运作产生的影响也不同。因此在供应链的设施选址中需要考虑更多的风险和隐性成本因素。

(1) 文化与语言差异。在别的国家进行投资建设工厂,需要考虑文化和语言的差异,这些差异将来影响企业管理上沟通和协调。有的国家有其独特的宗教信仰,在投资建设的时候,就需要考虑这些宗教文化因素对企业经营的影响。

（2）**法律和标准的差异**。不同国家有不同的法律体系和标准,包括税收法律、劳动法律、投资合资法律等。不了解这些不同国家的法律和标准将对投资和运营产生麻烦和纠纷。

（3）**贸易壁垒和市场风险**。企业进行全球化供应链运作,主要考虑资源和市场的利用,比如到一个劳动力成本低的国家建立工厂,把产品销售到另一个市场前景广阔的国家。问题就在于不同国家之间有一定贸易关税和配额限制,这些关税和进出口配额限制将影响供应链的运营。因此基于这样考虑,在全球布局设施的时候,就需要考虑如何规避这样的风险,使投资收益最大化。慎重选择贸易壁垒低,没有进出口配额限制的国家和地区。

（4）**国际物流与供应链中断风险**。全球化供应链战略需要考虑国际物流与供应链中断风险,比如 2020 暴发的新冠疫情导致许多跨国公司由于国际物流运输中断影响了原料运输和产品输送,使这些企业在不同国家的工厂和销售活动受到影响。因此,在选择生产基地或者供应商时如何考虑这些国际物流和供应链中断风险因素,是全球供应链战略下的选址必须考虑的问题。

（二）"一带一路"倡议对选址的影响

"一带一路"倡议是中国政府的一项重要的国际政治经济外交政策,是推动我国和其他国家之间政治和经济密切往来,实现"人类命运共同体"崇高理想的一项重要举措。"一带一路"主要是发展 21 世纪海上丝绸之路和丝绸之路经济带。也就是海上经济贸易通路和陆地(通过中亚等国)经济带。通过"一带一路"的倡议,许多中国企业走出国门,到"一带一路"国家进行投资建厂。比如,东南亚国家(越南、缅甸、老挝、柬埔寨)和中亚五国国家(如哈萨克斯坦)和西亚国家(如伊朗等)。北非、欧洲国家对中国产品也有很大市场需求,越来越多企业通过贸易或者转口贸易和这些国家建立经济往来。

这些国家有的劳动力便宜(如越南、老挝),有的有市场(如哈萨克斯坦),因此,企业要考虑不同丝绸之路沿线国家的特点进行投资。比如,对于面向中亚国家出口型的企业,为了减少物流运输成本,沿海一带的企业可以在新疆投资建厂,出口速度快,运输成本低。对于海上丝绸之路沿线国家,如东南亚、西亚、欧洲国家,可以通过中欧班列(火车)进行货物贸易或者在国外合作建厂方式进行投资建设。

视野拓展 5-1

尼日利亚莱基自贸区成"一带一路"投资非洲热土

在"一带一路"倡议推动下,我国企业走出国门,到"一带一路"国家进行投资兴业,尼日利亚就是"一带一路"的一个新投资热点。

扫描二维码观看视频,思考到非洲投资建厂需要注意什么风险因素?

(三) 数字化转型战略对设施选址的影响

数字化转型是目前和今后一段时间中国企业的一个重要战略,数字化改变了企业商业模式,也改变了企业的价值网络结构。

数字化对设施选址,特别是服务业的设施选址带来一定影响。其中最显著的影响是新零售商业模式的出现,改变了设施选址决策的因素。传统的零售企业选址需要考虑场地的人气、租金、物流、人力成本等多种因素。但是,新零售采用的网上购物流程,实体柜台没有了,商家只需要仓库存放商品的地方就可以了,不需要考虑顾客到店的体验现场,场地的位置不重要了。原来在商业中心的地段是最佳选择,现在可以到场地成本低的郊区,或采用外包给其他商家,或者与其他商家共享仓库等新的设施建设模式。

二、设施选址决策的因素

因为设施选址的影响因素很多,考虑角度不同,选址决策的结果就不同。归纳起来,影响设施选址的因素主要有四个方面,即政治的因素、经济的因素、社会的因素和自然的因素。其中经济的因素是主要的因素,因此本节主要讨论经济因素。由于制造业和服务业在选址中虽然有共同的一些考虑因素,但是聚焦点不同,因此我们分开讨论它们的选址考虑因素。

(1) 选择接近原料供应的地区。原料是企业的基本生产资料,占产品成本的比重比较大,选择一个原料丰富而且价格低的地区,对于降低成本是有利的。特别是一些基础工业和半成品加工业,如石油、化工、纺织、钢铁、水泥、选矿等。

服务业由于可以通过增加市场销售的份额来抵消原料供应成本的增加,因此对于服务业来说,原料供应不是一个重点考虑因素。

(2) 选择接近产品消费市场的地区。产品消费市场容量的大小决定了企业经营的规模。为了增加销售量,选择一个产品需求量大的地区是有利的。接近于产品消费市场,一方面可以降低产品运输成本,另一方面,市场信息反应比较灵敏,可以快速捕捉市场信息,进行产品开发与生产。

服务业由于对市场反应比较敏感,因此应该选择靠近销售市场。而对于制造业来说,不同的行业侧重点不同,基础工业以靠近原料为主,而消费品工业,以接近消费市场为主。

(3) 选择有利于职工生活的地区。由于选址影响职工的生活,因此为了稳定职工队伍,应该选择对职工生活比较方便的地区。企业周围的生活配套设施,如医院、商业场所、交通、公安、消防等,如果比较齐全,可以减少企业自身的投资,反之,企业就需要增加生活设施的建设投资,增加企业的负担。

(4) 选择接近能源动力供应充足的地区。对于一些需要较大的能源与动力供应的企业,必须考虑选择具有充足的能源与动力供应的地区。比如发电厂、钢铁、铝厂等。

(5) 选择劳动力充足与费用低的地区。劳动力成本是企业经营成本中最重要的一部分,特别是劳动力密集的企业,选择劳动力丰富而且价格低廉的地区有利于降低生产经营成本。许多发达国家的企业,由于国内的劳动力比较昂贵,纷纷到发展中国家投资建厂,主要是看中发展中国家的廉价劳动力。

(6) 选择劳动生产率高的地区。劳动力廉价并不一定是一件好事。比如,甲地区的劳动力成本是 10 元/小时,劳动生产率是 15 件/小时,而乙地区的劳动力价格是 12 元/小时,劳动生产率是 20 件/小时,从单位产品成本的角度看,甲地区的单位成本是 $10/15=0.66$

元/件,乙地区是 12/20＝0.6 元/件。因此只有劳动生产率也比较高的地区才是好的地区。

（7）其他的因素。除了以上因素外,选址还需要考虑其他的因素,如政治、文化、自然条件、环保等。

以上各种因素中,不同的行业,有不同的考虑侧重点,比如制造业的选址和服务业的选址的侧重点就不同,制造业侧重考虑生产成本因素,如原料与劳动力,而服务业侧重于考虑市场因素,比如顾客消费水平、产品与目标市场的匹配关系、市场竞争状况等。

企业风景线

曹德旺为何选择安徽合肥投资 57.5 亿元建设汽车玻璃及浮法玻璃全产业链生产基地

汽车作为安徽"首位产业",近年来得到快速发展,聚集了比亚迪、奇瑞、大众、蔚来、江淮、长安等众多整车企业。合肥市则致力于打造"新能源汽车之都",2023 年新能源汽车产量 74 万辆、位居全国前五。2024 年 1 月 27 日,福耀玻璃工业集团股份有限公司与安徽省合肥市肥西县人民政府正式签署"汽车玻璃及浮法玻璃全产业链生产基地项目投资合作协议"。根据协议,福耀集团将投资 57.5 亿元建设汽车安全玻璃项目、汽车配件玻璃项目和优质浮法玻璃项目。

福耀玻璃工业集团股份有限公司在公告中表示,安徽位于中国东部的中心地带,地理位置优越,交通便利,发展潜力巨大,聚集了比亚迪、奇瑞、大众、蔚来、江淮、长安等众多整车企业。合肥市也是全国重要的科教基地和制造业基地之一,近年来,合肥汽车产业处在高速发展阶段,特别是新能源赛道更为突出,被工信部批准为全国唯一新能源汽车产业链供应链生态体系建设试点市。

福耀集团表示,"公司通过建设汽车安全玻璃项目（OEM 配套市场）、汽车配件玻璃项目（ARG 售后维修市场）和优质浮法玻璃项目,实施汽车玻璃和浮法玻璃的全产业链发展模式,将进一步扩大公司的生产和销售规模,满足汽车市场对公司汽车安全玻璃、汽车配件玻璃不断增长的需求,进一步保障公司汽车玻璃原料供应的持续稳定,降低供应风险,产生协同效应,有助于提高公司的销售服务能力,继续增强公司的头部企业虹吸效应,增强公司与汽车厂商的合作黏性,提高公司的综合竞争力和扩大公司的竞争优势,促进公司持续稳定地发展。"

资料来源:根据网络资料整理。

三、设施选址的方法

正因为企业的选址需要考虑上面如此众多的因素,因此,选址决策就不是一件容易的事情,使用合理与科学的选址决策方法至关重要。目前有关选址的决策方法比较多,主要有定性方法与定量方法两类。定量方法有如量-本-利分析法、运输模型法、重心法、引力模型等。下面重点介绍几种常用的定量分析方法和定性与定量结合的综合评价法。

（一）量-本-利分析法

量-本-利分析,也叫盈亏平衡分析,是一种经济评价方法。其基本步骤如下:

（1）确定每种备选方案的固定成本与可变成本;

（2）做出不同方案的成本收入曲线；

（3）确定在某一预定的产量或销售量的情况下，根据成本最低或利润最高的原则选择一种最佳方案。量-本-利分析法如图5-1所示。

量-本-利分析隐含了如下几个假设：

（1）产出在一定范围内，固定成本不变；

（2）销售收入可以预测；

（3）成本与产出成正比。

从图5-1可以看出，在相同的收入条件下，以成本作为评判的标准，当产量低于Q_1时，选择地点1是合适的；当产量在Q_1和Q_2之间时，选择地点2是合适的；当产量大于Q_2时，选择地点3是合适的。

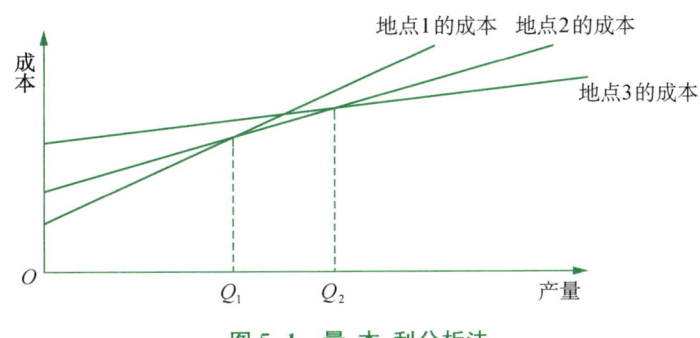

图 5-1　量-本-利分析法

以上分析是假设销售收入（利润）与地点无关的条件下，从成本的角度进行地点比较，但是如果不同的地点销售收入不同（如服务业），就不能采用这种比较成本的方法，而应该从利润的角度进行比较，即比较在一定产量的前提下，选择利润（TR）最高者。

$$TR = Q(p - VC) - FC \tag{5-1}$$

式中：p是销售单价，VC是单位可变成本，FC是经营固定成本。

一般而言，制造业可以采用成本比较法，而服务业则最好采用利润比较法。

应用例题 5-1

利用量-本-利分析法选址

某饮料生产企业为了扩大产能满足未来需求，考虑新建一个工厂，为此考察了四个备选的地点，四个地点的固定成本与单位生产成本如表5-1所示。利用量-本-利分析法选择一个最佳地点。

表 5-1　　　　　　　　　　　　　四个地点的成本

地点	固定成本（元/年）	单位生产成本（元/件）
A（武汉）	250 000	18
B（广州）	280 000	16
C（上海）	300 000	15
D（成都）	200 000	20

    (1) 假如产品销售价格不受生产地点影响（收入曲线相同），计划年产量规模为 80 000 件,选择哪个地点合适?

    (2) 假如不同地点生产的饮料仅在当地销售,价格分别为：$p_A = 30$ 元/件,$p_B = 35$ 元/件,$p_C = 35$ 元/件,$p_D = 30$ 元/件,假如产量规模为 100 000 件/年,应该选择哪个地点合适?

    解：

    (1) 当收入曲线相同时,则用比较总成本高低来确定方案优劣。

    成本曲线：$TC_A = 250\,000 + 18Q$；$TC_B = 280\,000 + 16Q$；$TC_C = 300\,000 + 15Q$；$TC_D = 200\,000 + 20Q$。

    产量规模为 80 000 件时,各地点的总成本为：

    $TC_A = 250\,000 + 18 \times 80\,000 = 1\,690\,000$（元/年）

    $TC_B = 280\,000 + 16 \times 80\,000 = 1\,560\,000$（元/年）

    $TC_C = 300\,000 + 15 \times 80\,000 = 1\,500\,000$（元/年）

    $TC_D = 200\,000 + 20 \times 80\,000 = 1\,800\,000$（元/年）

    显然,C 方案的年经营成本最低,因此,仅从经营成本一项考虑,应该选择 C 方案(上海)。

    (2) 如果考虑收入曲线的影响,应该采用比较利润高低的方法选择地点。

    利用公式(2-1)：

    $TR_A = Q(p_A - VC_A) - FC_A = 100\,000 \times (30 - 18) - 250\,000 = 950\,000$（元/年）

    $TR_B = Q(p_B - VC_B) - FC_B = 100\,000 \times (35 - 16) - 280\,000 = 1\,620\,000$（元/年）

    $TR_C = Q(p_C - VC_C) - FC_C = 100\,000 \times (35 - 15) - 300\,000 = 1\,700\,000$（元/年）

    $TR_D = Q(p_D - VC_D) - FC_D = 100\,000 \times (30 - 20) - 200\,000 = 800\,000$（元/年）

    从利润比较看,仍是 C 方案最佳。

利用量-本-利分析时注意如下两点。

(1) 盈亏平衡考虑。盈亏平衡点是总收入曲线与总成本曲线相交的点,当生产规模大于这一点对应的产量规模时,收入大于成本,赢利;反之,生产规模小于盈亏平衡点时,成本大于收入,亏损。一般而言,盈亏平衡点低的地址,更有利于企业收回投资,即投资回报周期短。

(2) 成本结构影响。量-本-利法是从企业的生产运作成本的角度来考虑不同地点的优劣,这种方法仅仅适合在不需要考虑其他成本或者非成本因素的时候。如果某些企业的设施选址生产运作成本不是主要因素,而其他成本,如运输成本成为主要因素时,需要使用其他方法,即重心法。

(二) 重心法

重心法是一种解决单一设施选址问题的简单方法。它的基本思想是优化设施之间的运输成本,根据物流系统中不同设施之间的距离与运输量,选择一个与各需求点或供应点之间的距离与运输量相乘最小,即成本最低的点。重心法的数学模型如下：

$$\min C(x, y) = \sum W_i d_i \qquad (5\text{-}2)$$

$$x^* = \frac{\sum W_i x_i}{\sum W_i} \tag{5-3}$$

$$y^* = \frac{\sum W_i y_i}{\sum W_i} \tag{5-4}$$

式中：W_i 是第 i 个供应点(或需求点)的运输量，d_i 是第 i 个供应点(或需求点)与选择的配送中心(中心仓库)的距离，(x_i, y_i) 是第 i 个供应点(或需求点)的地理坐标，(x^*, y^*) 是待确定的配送中心(或中心仓库)的地理坐标。

重心法的基本步骤如下：

(1) 建立反映地理位置的坐标系(最好用地图)；

(2) 确定各供应点(或需求点)与待确定的配送中心(或中心仓库)之间的运输量；

(3) 计算待确定位置的坐标，选择运输成本最低的地点。

配送中心(中心仓库)的选址，一般可以采用这种方法。

应用例题 5-2

利用重心法选址

某公司由于业务发展的需要，计划在某地建立一个配送中心，以解决货物的供应问题。现有四个销售点，它们的每月销售量和地理位置如表 5-2 所示。现根据表 5-2 的数据确定一个最佳的配送中心位置。

表 5-2　　　　　　　　　　各销售点的销售量与地理位置

销售点	地理位置(km)	每月销售量(t)
甲	10, 50	100
乙	20, 80	120
丙	50, 100	150
丁	100, 50	200

解：

按照重心法，确定配送中心的最佳位置：

$$x^* = \frac{\sum W_i x_i}{\sum W_i} = \frac{10 \times 100 + 20 \times 120 + 50 \times 150 + 100 \times 200}{100 + 120 + 150 + 200} = 54.2 \text{ km}$$

$$y^* = \frac{\sum W_i y_i}{\sum W_i} = \frac{50 \times 100 + 80 \times 120 + 100 \times 150 + 50 \times 200}{100 + 120 + 150 + 200} = 69.5 \text{ km}$$

(三) 综合评判法

前面介绍的方法都是定量方法，都是从成本或者利润角度考虑的。但是在现实中，设施选址除了成本、利润等定量因素外，还有其他非定量的因素是无法用定量模型去分析的。因此，必须综合考虑各种因素才能做出正确的决策。实际上，企业设施选址主要是用多因素的综合评判法，把定性分析和定量分析方法结合使用。

综合评判法是对不同影响因素，给出不同的权重，然后采用专家打分，再综合各专家的打分结果，用加权评分的办法得到各方案的综合得分。

综合评判法的结果具有一定的主观性，因此为了能够得到公正、合理的评判结果，专家的选择非常重要。另外，评判的标准(指标)的选择也很重要，指标越多，综合效果好。但是，指标太多，容易影响评判专家评判的决策。

(四) 引力模型法

在服务业选址中，市场因素是主要的选址决策考虑因素。对顾客的吸引力是服务业区位优势的体现。因此为了能够体现服务业这一决策特征，在服务业选址中，有一个很有用的选址模型——引力模型，对服务业的选址是非常有用的。

引力模型的思想来源于物理学中的万有引力概念，两个物体之间的引力与它们之间的距离成反比，与它们的质量成正比。利用引力概念，可以建立服务业的选址模型。

(1) 引力。某一服务设施的引力大小，可以用如下的式子表示：

$$A_{ij} = \frac{S_i}{T_{ij}^{\lambda}} \tag{5-5}$$

式中：S_i 是设施 j 的大小(规模)，T_{ij} 是消费者 i 到设施 j 的时间(或距离)，λ 是经验的参数，它反映顾客的行走时间效应(大的购物中心为 2，便利店为 10 或更大)。

(2) 顾客概率。设施的引力的大小决定了服务设施吸引顾客的能力，由于存在竞争，为了表示某一服务设施的吸引顾客的能力，采用一个顾客概率的概念：

$$P_{ij} = \frac{A_{ij}}{\sum\limits_{j=1}^{n} A_{ij}} \tag{5-6}$$

顾客概率越大，说明设施的吸引力越大，该设施越具有区位优势。

(3) 年平均销售额。顾客是潜在的消费者，对于服务设施，其区位优势最终体现在顾客在该设施的消费量的大小上，因此可以用年平均销售量的大小来表示该设施的区位优势的最终指标：

$$E_j = \sum\limits_{k=1}^{K} \sum\limits_{i=1}^{m} (P_{ij} C_i B_{ik}) \tag{5-7}$$

式中：C_i 是 i 地区消费者的数量，B_{ik} 是 i 地区的消费者对产品 k 的年平均消费预算，m 是统计地区数。

从经济性的角度看，年平均销售量越大，越有区位优势，可以作为备选对象，参考其他的选址因素，可以选择一个最佳的方案。

第二节 设施布置

企业设施地址选择完成以后，接下来要做的事情就是如何布置生产与服务设施。本节讨论设施布置的原则、形式与方法。

一、设施布置概述

（一）设施布置的定义

设施布置（facility layout），就是合理安排企业或者某组织内部各功能单位（生产或者服务单位）及其相关的辅助设施的相对位置与面积，以确保系统中人流、物流与信息流的通畅。

从设施布置的定义可知其中有两关键词：一是相对位置，二是面积。前者指不同设施之间的位置关系，后者指各设施的规模。设施布置是生产运作组织中的空间组织问题，目的是使企业的物质设施有效组合，取得最大经济效益。

（二）设施布置的重要性

设施布置与选址一样都是企业的战略性问题，都对企业长远发展有战略影响。设施布置的重要性可以从如下几方面理解。

（1）设施布置与工作效率。设施布置对工作效率有直接影响。例如，工厂车间的设备排列方式对于工人的操作速度有影响，飞机场的安检设施放在什么地方对客户能否快速登机也有影响。

（2）设施布置与经营成本。在工厂中，设施布置不当可能导致物料运输路径增长，从而增加物料运输成本。仓库的布置不当，导致空间利用率低，也会增加仓储成本。

（3）设施布置与安全。工厂或服务企业的设施布置对安全性也有很大影响，一些企业特别是一些公共服务性企业，由于设施布置不当而出现安全事故，给企业与员工造成财产与人身伤亡等损失的教训是沉痛的。

对于服务企业，设施布置除了对工作效率、成本与安全等方面重要影响外，有时候，设施布置还能起到改变企业形象、增加客户吸引力与扩大声誉等作用。

（三）设施布置的目标

设施布置的目的是使生产系统能经济有效提供用户需要的产品或服务，因此设施布置必须满足如下几个目标。

（1）使业务过程的成本最低。这一目标要求设施布置保证物流、人流、信息流能够尽可能在最短的路径上流动或传递，减少迂回与转折。

（2）经济利用空间，节约场地。设施布置如能经济利用空间，可以大大减少基础设施的建设投资。在土地成本越来越昂贵的城市，设施布置更注意节约每一块土地。

（3）提供安全舒适的工作环境。为提高工作效率，设施布置必须为工作者提供一个安全舒适的工作环境，以促进人力资源的利用。

（4）适应市场需求的变化，具有灵活性。市场需求的变化需要设施布置能适应生产能力的不断变化的需要,有调整的余地。

二、设施布置的原则与形式

设施布置应遵循一定的原则,以达到最合理利用场地与空间、节约投资与提高生产运作效率的目的。

(一)设施布置的原则

根据设施布置的目标,设施布置应遵循如下几个原则。

(1)最短路径原则。要使设施之间的物流或人流距离最短,必须尽可能地按照生产工艺流程来布置设施,并且尽可能紧凑。

(2)关联原则。关联原则要求把紧密关联的设施紧靠在一起,如上下工序紧靠在一起,原料与预处理车间靠在一起,而关系不紧密的单位可以适当分离。

(3)分工原则。设施之间要合理分工,如生活区、生产区、办公区等,合理分工有利于管理、环境保护和安全。

(4)专业化原则。设施布置应在分工基础上符合专业化原则,如按照工艺专业化或者对象专业化,从而提高生产率与管理效率。

(5)协调原则。分工必须协调,用系统的、整体的观念合理规划各设施之间的关系。协调包括内部协调与外部协调。内部协调保证了企业内部各设施的整体性;外部协调需要考虑企业设施对环境的影响,如旅游城市的工厂设施布局就要考虑市政的要求。

(6)弹性原则。设施布置要考虑未来发展的需要,要留有余地,为企业今后的发展留有可扩展的空间。

(二)设施布置的形式

设施布置的形式多种多样,主要有如下几种。

1. 工艺专业化布置

工艺专业化布置就是按照工艺专业化的流程组织方式来划分生产单位,把完成相同工艺过程的设备与人员放在一起。例如,汽车装配厂是按照冲压、焊接、涂装、总装等不同工艺阶段组成生产单元的,如图 5-2 所示。

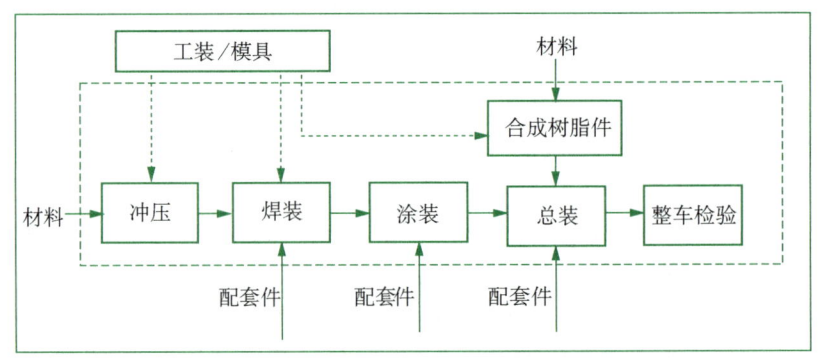

图 5-2 按照工艺专业化布置的汽车总装线设施布置形式

服务业的设施布置中也有许多按照工艺专业化形式布置的。例如,医院的设施按照不同科室布置,如放射科、手术室、康复科、输液室等,每个科室就像工厂的车间一样完成特定医疗服务。再如,饭店可以按照工艺专业化布置把服务设施安排在不同区域,如厨房、售饭厅、餐厅等。

工艺专业化布置的优点是具有灵活性,能够根据需求的变化生产多种产品。但是工艺专业化布置也有缺点,如生产过程中物料的运输路线长、设备利用率低、管理复杂等。

2. 对象专业化布置

对象专业化布置就是按照加工产品对象的不同,把完成相同产品对象生产任务的设备与人员放在一起组成生产单位。

在汽车制造厂中,除了总装生产过程按照工艺过程组织生产单位外,各个零件或者组件的生产按照对象专业化来布置,如齿轮生产车间、发动机生产车间(分厂)等。对象专业化布置的优点是能够提高工作地专业化水平,提高工作效率,缩短生产周期,提高设备利用率,生产管理简单。但是对象专业化布置的缺点是对需求变化的适应性差,比较适合大批量生产,如图 5-3 所示。

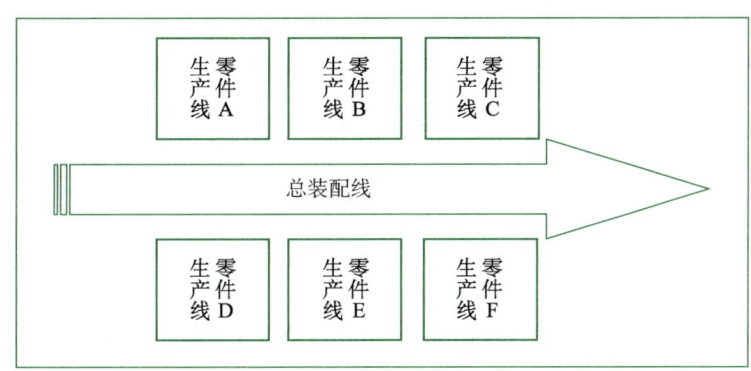

图 5-3 按照对象专业化布置的零件生产单位布置形式

3. 固定位置布置

在一些大型工程项目生产设施的布置中,常采用固定位置布置方法。例如,造船厂后期建造设施的布置,由于产品体积与重量大,不易移动,采用固定产品位置,设备与人员根据需要移动到需要加工的位置上。固定位置布置如图 5-4 所示。

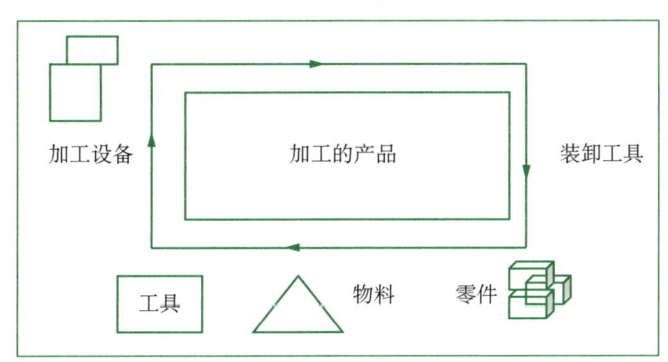

图 5-4 固定位置布置

4. 成组布置

成组布置是根据零件的结构与工艺相似性原理来组织生产的一种方法。它利用了工艺专业化与对象专业化的特征,适应多品种、中小批量的生产。成组布置有三种方式:成组加工中心、成组生产单元与成组流水线。图 5-5 所示三种成组生产设施布置情形。

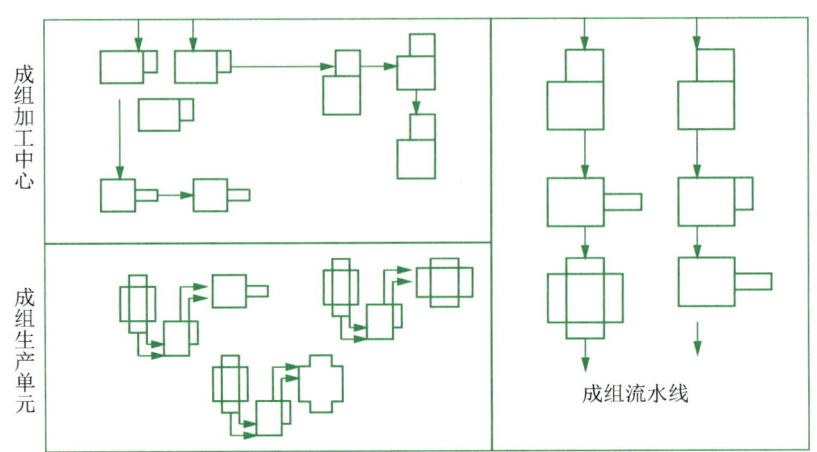

图 5-5　成组设施布置的形式

（1）成组加工中心。成组加工中心是一种初级的成组生产方式,是在一个工作地进行成组生产的生产组织形式。当一组零件工艺可以在一台设备上完成时,采用这种布置方式。图 5-5 左上角有三个加工中心。零件的相似度比较低时,采用这种方式。

（2）成组生产单元。它是按照一组或者几组工艺相似零件共同的工艺路线配置与布置设备,是完成相似零件全部工序的成组生产组织形式。图 5-5 左下角是由 3 个成组加工中心构成的成组生产单元。零件相似度稍微高一点,能够形成多种零件族的时候采用这样方式布置。

（3）成组流水线。当产品的结构与工艺相似性特征较高时,可采用成组流水线布置。成组流水线按照一组产品进行流水生产,具有一般流水生产的特征。图 5-5 右边是两条成组流水线。

上述各种设施布置形式的特征比较,如表 5-3 所示。

表 5-3　　　　　　　　　　　　各种设施布置形式的特征比较

特征	工艺专业化布置	对象专业化布置	固定位置布置	成组布置
生产批量	中小批量	大批量	项目生产	中小批量
品种数量	多品种	少品种	单一品种	多品种
设备利用率	较低	较高	低	高
生产管理	复杂	简单	较复杂	较简单
生产周转	较长	较短	长	较短
工作重点	设备工艺管理,资源分配与协调	作业标准管理,生产线平衡	作业分配与进度控制	产品分类

5. 其他布置形式

除了以上几种常用的设备布置形式外,在实践中,有的企业采用一些独特的生产组织方式,如丰田公司采用的"U"型生产单元组织方式。这种方法将在以后的章节中有详细的介绍。同时我们还需要注意,在现实中,大多数企业生产设施的布置形式不是单一的,往往是几种形式混合采用。例如,某些企业的产品生产过程是工艺专业化,但是在某一具体生产单位中可能采用的是对象专业化,或者在对象专业化基础上采用工艺专业化等。

三、设施布置的方法

前面介绍了设施布置的几种典型的形式,在现实中,最常见的设施布置形式是工艺专业化(process-focused)和对象专业化(product-focused)两种,其他的形式其实是这两种形式的混合和变种。因此这里我们主要介绍这两布置形式的布置方法。

设施布置的方法很多,如关联分析法、往来分析法、线性规划法、仿真方法等。下面重点介绍几种简单实用的方法。

(一) 工艺专业化设施布置的方法

1. 关联分析法

关联分析,也叫作业相关分析,是根据企业各单位之间的关系密切程度来配置设施总平面结构。

关联分析法的步骤是:

(1) 划分设施关联的等级与原因;
(2) 用图或表来表示设施之间的关联关系;
(3) 按照关系紧密程度高的相邻布置的原则进行初步布置;
(4) 根据面积和其他的因素调整布置结构。

关系密切程度一般分为 6 种:绝对重要 A(absolutely important)、特别重要 E(especially important)、重要 I(important)、一般 O(ordinary)、不重要 U(unimportant)、不宜靠近 X,如表 5-4 所示。

表 5-4　关系密切程度分类

代号	关系密切程度	代号	关系密切程度
A	绝对重要	O	一般
E	特别重要	U	不重要
I	重要	X	不宜靠近

设施之间关系密切的原因,不同的企业有不同表现形式,表 5-5 是关系密切原因举例。

表 5-5　关系密切原因举例

代号	关系密切程度	代号	关系密切程度
1	共用场地	4	人员接触
2	共用人员	5	文件接触
3	使用共同记录	6	工作流程连续

115

（续表）

代号	关系密切程度	代号	关系密切程度
7	做类似的工作	9	其他
8	共用设施		

分析设施之间的关系密切程度时,可采用如下处理方法:

(1) 把出现 A 次数最多的优先安排在中心位置;

(2) 其他的设施按照其与已经安排的设施的密切程度布置在已经安排的设施周围;

(3) 根据实际的尺寸、地形地貌和其他的相关关系进行调整。

应用例题 5-3

用关联分析法进行设施布置

表 5-6 是一家工厂的生产设施的关联分析表,其根据关联分析表合理设计该工厂的平面布置图。

解:

通过关联表 5-6 按照每一纵列(或者横),统计出每一个设施的密切程度。或者通过工厂平面布置图(图 5-6),统计出每一个设施的关系密切程度。

比如车间,由表 5-6 可知(按照纵列的"车间"或者横行的"车间"都一样),可以算出:A—4 次,E—1 次,I—3 次。其他设施的密切程度也一样类似方法统计。

把出现 A 次数最大的设施放中心位置,其他依次根据关系密切程度放在周边。得到图 5-6 的布置草图,实际企业会再根据企业设施的现场情况进行调整,才得到最好的布置图。

另外,为了便于分析,也可以采用把定性的关系密切程度转化为定量的关系来分析。例如,采用给密切程度赋权,如 A 为 16,E 为 8,I 为 4,O 为 2,U 为 0,X 为 -80,然后采用权重最大的优先安排,其他的根据其权重的大小进行调整。

表 5-6　　　　　　　　　　　　　　某工厂的设施关联分析表

设施	锅炉房	食堂	办公室	原料库	生产车间	工具库	机修车间	成品库	车库
锅炉房		A	O	U	I	A	A	E	U
食堂	A		U	I	A	A	E	U	U
办公室	O	U		O	E	I	I	O	O
原料库	U	I	O		A	O	O	O	I
生产车间	I	A	E	A		A	A	I	I
工具库	A	A	I	O	A		E	O	O
机修车间	A	E	I	O	A	E		U	O
成品库	E	U	O	O	I	O	U		I
车库	U	U	O	I	I	O	O	I	

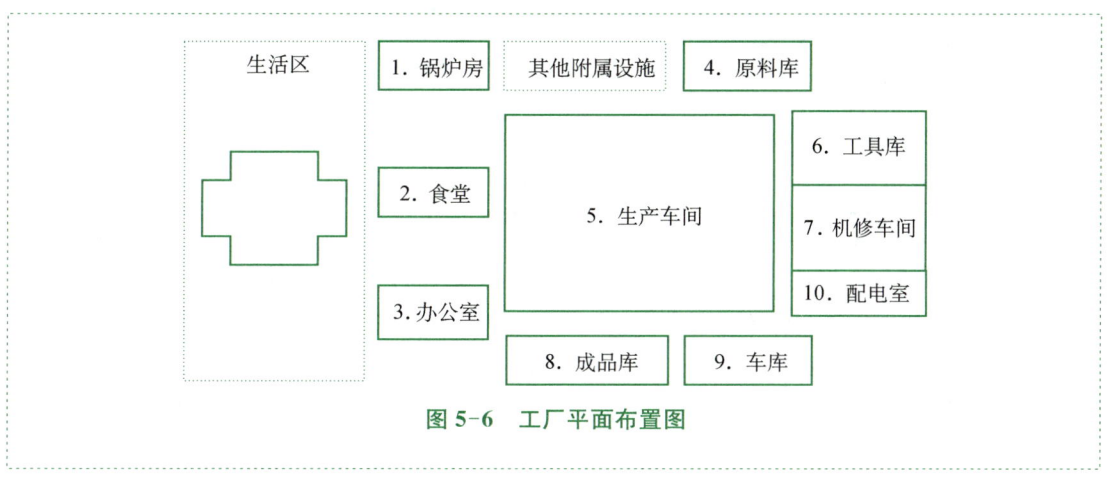

图 5-6 工厂平面布置图

2. 往来分析法

往来分析法(也叫运量分析法)是通过分析设施之间流量(物流、人流、信息流)的大小,把流量大的安排靠近的位置。往来分析适合于工艺专业化的设施布置,这种安排方法能够使两个部门之间的流量最小化,其步骤如下:

(1) 根据设施之间的业务过程(工艺过程),初步确定各设施的相对位置;

(2) 统计各设施之间的流量;

(3) 根据流量的大小,将流量大的安排在相邻的位置;

(4) 根据其他的因素进行调整。

应用例题 5-4

主题公园的布局

某主题公园的设计者正在为公园的布局进行构想,景点之间的游客日均流量统计如表 5-7 所示。请设计合理的主题公园布局。

表 5-7　　　　　　　　　　　景点之间的游客日流量　　　　　　　　　　单位:人次

景点	A	B	C	D	E	F
A		200	250	40	30	105
B	160		300	260	123	30
C	300	320		500	20	80
D	90	250	385		108	210
E	150	108	10	120		176
F	80	50	100	270	167	

解:使游客能在游览过程中的行走距离最小化是设计者要考虑的问题。为此,按照如下步骤进行:

（1）根据初步的分析，参考其他的主题公园的布局，做了一个初步的布局图（图5-7）。

（2）根据其他公园的统计数据，结合预测，得到一个关于一天中各景点之间的游客的客流情况表，如表5-7，把表5-7三角化，得表5-8。

表5-8　　　　　　　　　　　　景点之间的游客日流量　　　　　　　　　　　单位：人次

景点	A	B	C	D	E	F
A		360	550	130	180	195
B			620	510	331	80
C				885	30	180
D					228	480
E						343
F						

（3）把客流量大的景点安排在相邻位置。

（4）根据公园的地理位置与场地的情况进行调整，最后的布局草图如图5-7。

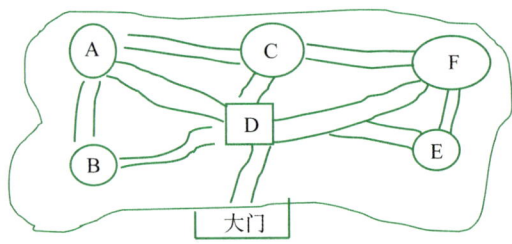

图 5-7　主题公园的布局图（草图）

（二）对象专业化设施布置方法——装配线平衡

装配线的平衡是产品导向（对象专业化）的设施布置的一个重要内容。因为流水生产线的中心问题是平衡生产线上每个工作地（工作站），使其按一定的节拍进行生产，保持均衡、一致的、连续的生产状态，减少各工作地的时间浪费，提高生产设备与人员的利用率。因此装配线平衡的目的是：

（1）提高资源的利用率；

（2）提高生产过程的连续性与节奏性；

（3）减少时间的损失。

1. 装配性平衡的方法

（1）计算节拍。进行装配线的平衡，首先必须确定生产线的节拍。节拍是生产线上连续生产两个相同制品的时间间隔，用公式表示为：

$$r = \frac{\text{计划期有效工作时间}}{\text{计划期出产量}} = \frac{F_e}{N} \tag{5-8}$$

式中,计划期出产量=计划产量/(1-废品率)。

(2)计算最小工作地数目。最小工作地数目按照下面的公式计算:

$$S_{\min} = \left\lceil \frac{\sum\limits_{i=1}^{n} t_i}{r} \right\rceil \tag{5-9}$$

式中:t_i 为第 i 个工序的单件工作时间。「　」表示向上取整数,如 $\lceil 2.05 \rceil = 3$。

(3)组织工作地。按照如下的原则组织工作。

① 保持工序的先后次序。

② 工作地综合作业时间小于节拍,尽可能接近节拍。

③ 工作地数目尽量少,但是不能小于最小工作地数目。

在分配作业给各工作地时,可以按照如下两条规则进行分配作业。

① 优先分配后续作业数较多的作业。

② 优先分配作业时间最长的作业。

(4)计算时间损失系数或效率。

时间损失系数:

$$\varepsilon_L = \frac{S \cdot r - \sum\limits_{i=1}^{S} T_{ei}}{S \cdot r} \times 100\% \tag{5-10}$$

式中:S 是工作地数目,T_{ei} 是第 i 工作地的总工作时间。

效率:

$$\eta = \frac{完成所有作业所需要的总时间}{实际工作地数目 \times 节拍} = \frac{T}{S \cdot r} = 1 - \varepsilon_L \tag{5-11}$$

(5)评价方案。通过对平衡方案的时间损失率与效率的分析,对平衡方案进行评价,以决定是否继续寻找新的方案。

应用例题 5-5

装 配 线 平 衡

有一装配线由 10 个工序组成,各工序的工时定额和作业的先后次序如图 5-8 所示。如果节拍为 15 分钟/件,试进行装配线的平衡。图中圆圈旁边数字为作业时间,单位为分钟/件。

(1)计算最小工作地数目。

$$S_{\min} = \left\lceil \frac{8+5+6+3+6+5+12+6+4+10}{15} \right\rceil = \lceil 4.33 \rceil = 5$$

(2)组织工作地。

由于最小的工作地数目是 5,因此工作地的划分最少是 5,根据组织工作地的原则,把整个装配线划分为 5 个工作地。

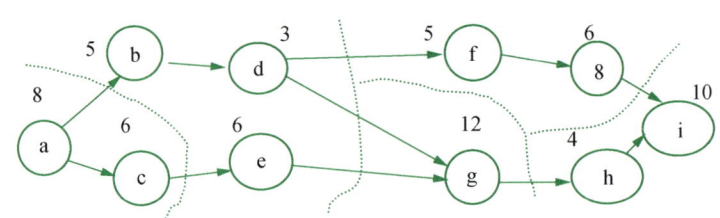

图 5-8 各工序的工时定额和作业的先后次序

（3）计算时间损失率和效率。

$$\varepsilon_L = \frac{5 \times 15 - \sum_{i=1}^{5}(14+14+11+12+14)}{5 \times 15} \times 100\% = 13.33\%, \quad \eta = 1 - \varepsilon_L = 86.67\%$$

2. 装配性平衡应考虑的问题

以上介绍的是理论的装配线平衡方法，实际上企业的装配线是很少完全平衡的，有许多因素影响生产线的平衡。

（1）有些作业互相干扰或不宜靠近的，作业不能放在一个工作地，影响生产线的平衡。

（2）人力与空间限制生产线的组织，也影响生产线的平衡。

（3）合理调整工人，把熟练工人调到高负荷工序，选派工人做流水线巡回作业，协助高负荷工序完成任务，有利于生产线的平衡。

（4）采用高效工具，改造装配线，可以降低装配时间，有利于装配性的平衡。

（5）生产线不平衡在生产过程中是正常现象，部分工序采用临时加班降低负荷，有利于生产线的平衡。

四、服务业设施内部布置的特点

服务业的内部布置与制造业的内部布置有许多不同的地方。如办公室布置和车间的设备布置不同的是，办公室布置不是以物流运输成本最小化为目标，而是以信息流最小化为目标的。在这样的情况下，办公室的布置应尽可能使办公室人员之间的信息传递途径最短，并且有利于人员的沟通与交流。从办事的效率与工作管理的方便性考虑，办公室布置一般采用工艺专业化的原则布置，比如收发室、财务室、接待室、设计室、会议室等。关联分析方法可以用于办公室的布置分析。商店的布置也与工厂车间不同，讲究人流与物流的通畅性，以增加顾客吸引力，充分利用空间为原则。

总结起来，服务业的内部布置与制造相比，有如下特点。

（1）非线性决策因素对设施布置的影响。

> ❓ **学而思，思而学课堂思考题：**谈谈你见过的比较独特的服务业设施布置方式。

在服务业中，设施内部的布置需要考虑诸如顾客接触、顾客心理、美学效果等一些非线性的因素，因此很难用数学的优化模型进行求解。

（2）徽牌、标志、装饰是重要考虑因素。

在服务业的设施布置中，徽牌、标志、装饰有重要的意义,一方面可以增加顾客对服务设施的印象,另一方面在服务过程也起到引导与提示顾客的作用。

好的服务设施的布置应该有如下的特征。

(1)服务流程简单,一目了然。

(2)有利于与顾客的沟通增加顾客接触程度。

(3)三流(物、人、信息)快捷方便。

(4)照顾顾客的等待心理,有适当休息与娱乐位置。

(5)有纪念性的标志与装饰物品,以增加顾客吸引力。

素养园地

企业选址与国家产业布局战略

当今世界正处于百年大变局的时代,投资风险大大增加,全球化、逆全球化、区域化等多方面的因素错综复杂。企业选址要站在国家战略角度,用全球视野审时度势,综合多方面的因素做出正确的决策。

坚持企业主体,创新境外投资方式,优化境外投资结构和布局,提升风险防范能力和收益水平。完善境外生产服务网络和流通体系,加快金融、咨询、会计、法律等生产性服务业国际化发展,推动中国产品、服务、技术、品牌、标准走出去。支持企业融入全球产业链供应链,提高跨国经营能力和水平。

——《中华人民共和国国民经济和社会发展第十四个五年规划和 2035 年远景目标纲要》

"优化区域产业链布局,引导产业链关键环节留在国内,强化中西部和东北地区承接产业转移能力建设。实施应急产品生产能力储备工程,建设区域性应急物资生产保障基地。实施领航企业培育工程,培育一批具有生态主导力和核心竞争力的龙头企业。推动中小企业提升专业化优势,培育专精特新"小巨人"企业和制造业单项冠军企业。加强技术经济安全评估,实施产业竞争力调查和评价工程。"

——《中华人民共和国国民经济和社会发展第十四个五年规划和 2035 年远景目标纲要》

要求:请结合我国"十四五"规划和 2035 远景目标纲要,讨论我国企业在投资选址中如何适应国家战略需求合理布局企业投资选址,提升企业在国家产业布局战略中的地位和作用。

关键术语

设施选址(facility location)　　　　设施布置(facility layout)

重心法(center of gravity)　　　　　工艺专业化(process focused)

对象专业化(product focused)　　　　成组技术(group technology)

装配线平衡(assembly line balancing)

本章小结

1. 对于任何企业,合理选择一个设施经营的地址和科学地布置设施对于降低经营成本和改善运营 效率都是非常重要的。设施选址和布置是一个战略性决策问题。

2. 设施选址决策考虑的因素是多方面的,有政治的因素、经济的因素、社会的因素和自然的因素。其中经济的因素是主要的因素。

3. 选址决策的定量方法包括综合评价法、量-本-利方法、重心法等,本章介绍了设施布置的原则与形式以及常用的设施布置方法。

4. 设施布置有工艺专业化、对象专业化、成组布置、固定位置布置等不同的形式。工艺专业化的设施布置包括关联分析法、往来分析法等;对象专业的设施布置主要是流水线的组织和布置,其中生产线平衡方法是最重要的方法。

练习题

一、思考题

1. 设施选址应考虑哪些因素? 制造业与服务业在选址方面考虑的因素有什么不同?

2. 哪些选址决策方法比较适合制造业? 哪些选址决策方法比较适合服务业?

3. 设施布置应遵守哪些原则?

4. 有哪几种设施布置的形式? 各种布置形式分别适合于什么样的环境?

5. 服务业的设施布置与制造业的设施布置有什么不同? 讨论服务业设施布置中的非结构因素。

二、选择题

1. 对于用重心法进行设施选址,下面说法正确的是(   )。

　　A. 选择一个地址,使该设施在现有设施的地理中心

　　B. 选择一个地址,使其到其他设施的距离之和最短

　　C. 选择一个地址,使与其到其他设施的物料供应与需求运输成本最低

　　D. 选择一个地址,使其与其他设施的运输量最小

2. 工艺专业化布置的优点是(   )。

　　A. 提高设备利用率

　　B. 生产周期短

　　C. 管理简单

　　D. 具有适应需求变量的灵活性

3. 对象专业化布置适用场合是(   )。

　　A. 大批量生产

　　B. 多品种、中小批量生产

　　C. 项目式生产

　　D. 多品种单件生产

三、判断题

1. 冶金企业设施选择在矿山周边更合适。 （　　）
2. 服务设施选址主要考虑客户因素。 （　　）
3. 成组布置是用产品结构与工艺特征分类组成生产单位。 （　　）
4. 工艺专业化布置有利于提高设备利用率。 （　　）
5. 造船是按照工艺专业化布置设施的。 （　　）

四、计算题

1. 一家公司决定建立一个分厂，对 5 个城市进行了全面的研究，准备选择其中之一作为建厂的方案。表 5-9 为 5 个地点的成本数据。

表 5-9　　　　　　　　　　　　　5 个地点的成本数据　　　　　　　　　　　单位：万元

方　案	年固定成本	单位产品可变成本
甲	2 300	7.8
乙	3 000	10
丙	2 000	8
丁	2 750	8.6
戊	2 500	9

另外该公司还收集了有关各地建厂的一些情况资料，如表 5-10 所示。

表 5-10　　　　　　　　　　　　　5 个地点的客观条件

城　　市	地方欢迎的程度	可利用的劳动力	运输条件	生活条件
甲	很好	好	好	好
乙	中等	很好	中等	中等
丙	好	中等	好	很好
丁	中等	特别好	很好	好
戊	很好	中等	中等	特别好

(1) 根据成本数据分析 5 个方案，如果年产量为 1 000 单位，哪个方案好？

(2) 设计一种把定性的因素转化为定量的数据的方法，并和成本数据一起分析，选择一个最佳方案。

2. 一家制造工厂现有 4 个销售点，为了节约运输成本，该厂决定建立一个配送中心负责向 4 个销售点集中送货。4 个销售点的地理位置与每周销售量如表 5-11 所示。请确定配送中心的位置。

表 5-11　　　　　　　　　　　　4 个销售点的地理位置与每周销售量

销售点	地理位置(x, y)	每周销售量
A	300，100	400
B	250，300	300

（续表）

销售点	地理位置(x, y)	每周销售量
C	500,300	250
D	400,250	350

3. 某公司新建一个分厂,由7个车间组成,并且都在一个主厂房内。该主厂房的面积是40×50单位。各车间的面积如表5-12所示。

表5-12   7个车间的面积

车 间	长度(单位)	宽度(单位)
A	10	10
B	20	10
C	10	10
D	20	15
E	25	20
F	20	20
G	20	20

各车间之间的年平均货物运量如表5-13所示。

表5-13   各车间之间的年平均货物运量

车间	A	B	C	D	E	F	G
A		100	300	200	150	200	
B				100			
C		300			250		150
D		350	100			200	
E		200					50
F			200				
G			50		100		

试根据上述数据确定一个合理的车间布置方案。

4. 某医院门诊有10个科室:挂号、收费、内科、外科、儿科、化验室、X光室、B超室、神经科、五官科。这10个科室的关系密切程度如表5-14所示。请合理规划布局。

表5-14   某医院10个科室的关联分析表

科室	挂号	收费	内科	外科	儿科	化验室	X光室	B超室	神经科	五官科
挂号		A	A	A	A	A	A	A	A	A
收费			A	A	A	A	A	A	A	A

(续表)

科室	挂号	收费	内科	外科	儿科	化验室	X光室	B超室	神经科	五官科
内科				I	I	E	E	E	O	I
外科					I	E	E	E	O	O
儿科						E	E	E	O	I
化验室							O	O	I	I
X光室								O	O	I
B超室									I	I
神经科										O
五官科										

注：A=绝对重要,E=特别重要,I=重要,O=一般,U=不重要,X=不宜靠近。

5. 某加工厂有一单一对象的流水线,日计划产量为1 000件,每日2班工作,每班8 h,每班休息时间为30 min,产品的合格率为99%,试确定该流水线的节拍。

6. 已知某装配线的作业顺序图,各作业的单件生产时间写在作业圆圈旁边,时间单位为分钟/件。如图5-9所示。

(1) 假设节拍为120分钟/件,平衡这条生产线,其效率是多少?

(2) 假设节拍为150分钟/件,结果又如何?

7. 某企业的一条生产线加工路线图如图5-10所示。该生产线每天的计划产量是800件,每天两班,每班工作8 h,每班中途休息30 min,图中圆圈旁边的数字为单件生产时间,时间单位为分钟/件。

(1) 计算生产线的节拍。

(2) 计算最小工作地数目。

(3) 按照试凑法进行流水线平衡,并计算时间损失系数与效率。

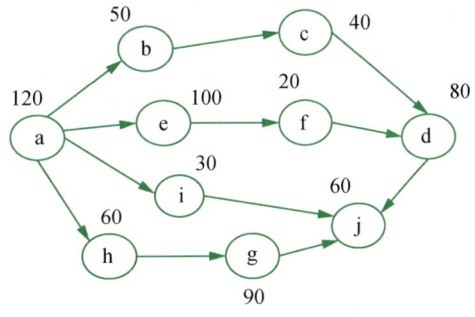

图5-9 装配线作业顺序图

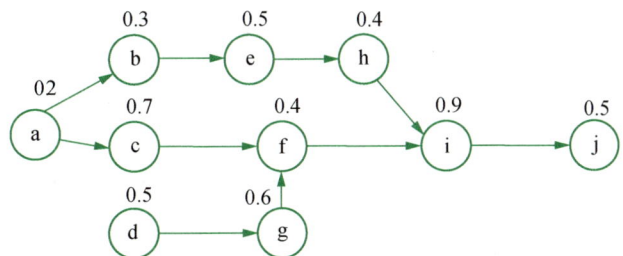

图5-10 某企业的一条生产线加工路线图

案例讨论

某化纤公司在越南的选址决策

XY 公司是一家中国南方某省专门生产聚酯纤维的工厂,为了响应国家关于"一带一路"倡议和"双循环"战略,扩大海外市场,公司领导正决定考察越南的投资环境,以决定在越南建立一个生产基地。公司组成了一个考察团到越南进行了为期两周的考察。

越南国家统计局公布的数据显示,2022 年该国 GDP 增长 8.02%,不仅创下了 25 年来的最快增速,而且创出了过去 10 年来的最高增长纪录。越南已经成为东南亚地区经济增长最快的国家,因此在越南投资的跨国公司也越来越多。2019 年越南成为中国企业在南亚半岛三国(越南、老挝、缅甸)投资流量最大的国家,而且不断加速,这也印证了中国的制造业有寻求跨国产能合作的迫切需求,而且越南已经成为中国制造业迁移的主要目的国之一。中国企业在缅甸的投资流量起伏比较大,2018 年和 2019 年出现投资流出的情况。中国企业对老挝的投资流量相对比较稳定。从 2011—2020 年,中国对三个国家的年投资流量合计由 8.65 亿美元到 35.81 亿美元,在中国对东盟直接投资的年投资流量占比由 14.66% 上升到 22.29%。从表 5-15 看出。

表 5-15　　　　2011—2020 年中国对越南、缅甸、老挝的直接投资流量情况　　　　单位:万美元

年份	越南	缅甸	老挝
2011	18 919	21 782	45 852
2012	34 943	74 896	80 882
2013	48 050	47 533	78 148
2014	33 289	34 313	102 690
2015	56 017	33 172	51 721
2016	127 904	28 769	32 758
2017	76 440	42 818	121 995
2018	115 083	−19 724	124 179
2019	164 852	−4 194	114 908
2020	187 575	25 080	145 430

数据来源:中国商务部《中国对外直接投资统计公报》。

该公司考察了河内、胡志明两个越南的大城市,同时考察了其他两个城市:岘港与海防。下面是考察的一些基本情况。

政府政策

越南政府近年来与中国的外交关系升温,两国高层互访频繁,从而推动了两国经贸活动的发展。越南政府非常希望有更多的中国企业到越南投资建厂,特别鼓励原料工业在越南发展业务,建立独资或合作企业。越南政府给以纺织工业如下的优惠政策;

1. 为使用进口原料的设备减免消费税。
2. 在水、电、运输成本上给以折扣。
3. 企业可获得五年的所得税减免优惠。

市场

越南的纺织工业近年来发展很快,除了本国的纺织企业外,也有别的国家企业在越南建立合资或独资纺织企业。纺织工业的产品除了满足越南国内的需要外,这种劳动密集型的产品也为越南出口换取了大量的外汇。由于劳动力丰富,生产成本低,具有很好的投资回报率。根据预测,在未来的五年,越南的纺织工业将以 10% 左右的速度发展,市场前景广阔。

聚酯纤维是纺织工业的重要原料,目前越南本国生产聚酯纤维没有能够满足需求,有40% 左右需要从日本、韩国等国家进口。因此从市场来看,具有很好的潜力。

劳动力资源

根据越南统计总局数据显示,截至 2022 年 4 月 1 日 0 时,越南已有 9 920 万人口。按近几年人口平均增长速度预测,越南会在今年 4 月中旬成为第 15 个人口破亿国家,也是东南亚第三个人口规模达到 1 亿的国家。根据世界银行发表的《亚太区人口发展报告》,越南正处于人口红利的黄金时期,劳动力人口约占总人口 70%,平均年龄为 29.6 岁,特别适合发展劳动密集型的加工制造业。

与中国人口老龄化比较,越南人口相对年轻。从图 5-11 可以发现,中国人口结构已经步入老龄化阶段,金字塔底部收缩,50 岁以上中老年人比例比增加。越南人口结构呈现出橄榄球形状,劳动年龄人口数量较高,未来比较长的一段时间之内还将继续保持人口红利。

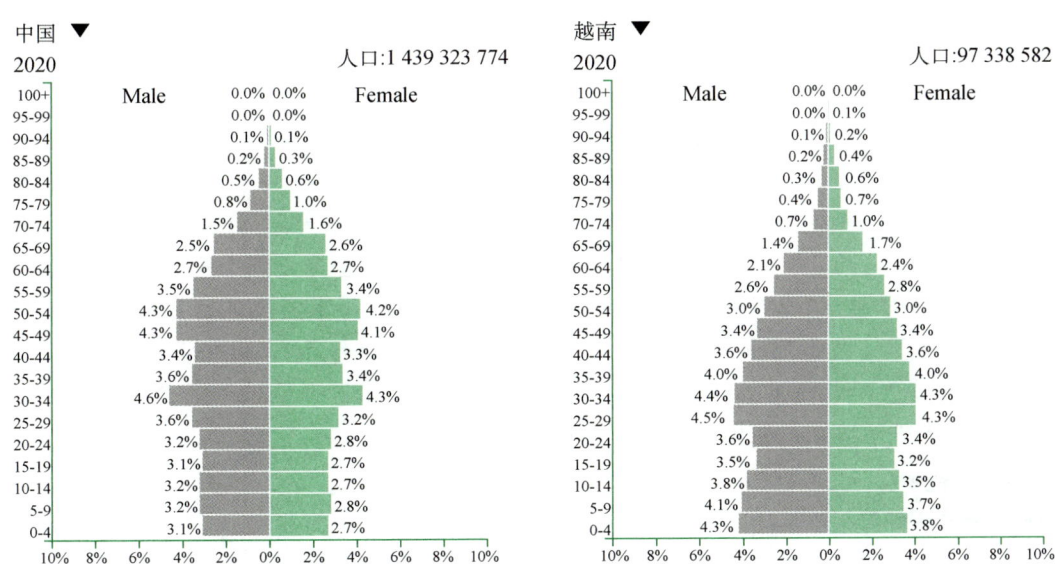

图 5-11 中国、越南人口结构对比图(2020 年)

越南于 2019 年 11 月 20 日通过《劳动法(修正案)》,计划实行 8 小时工作制:每日工作时间不超过 8 小时、平均每周工作时间不超过 48 小时。中国目前人均工资水平是越南的 4到 5 倍,但是制造行业普遍工作时间超过每天 8 小时。

基础设施

越南近年来制造业蓬勃发展,原有基础设施也逐渐满足不了经济进一步发展的需求,如高速公路里程短、铁路运行时速低、港口装卸效率不高等。而且,越南是能源紧缺国,需要从周边国家进口电力。随着生产企业数量的增加,用电量大增,停电的情况时有发生。而越南的公共财力仅能满足 40% 的基建资金需求,剩余的 60% 需要从私人企业和通过外国投资筹集。越南的基础建设处于需要加强阶段。

环保要求

越南加入 CPTPP 后,对环保方面的要求在显著提高。越南政府曾出台法令,个人环保违规行为最高将被罚以 10 亿越南盾(约合 4.44 万美元),机构组织罚金最高为 20 亿越南盾(约合 8.88 万美元)。于政府财政有限,越南供电系统的基础设施不够完善,在干旱季节期间供电不足,工厂面临限电,影响工厂的生产

备选地点

第一备选生产基地位于越南海防市,是越南北部的中央直辖市,面积 1 527.4 平方公里,截至 2019 年人口突破 230 万。位于红河三角洲上,拥有丰富的水资源和越南北方最大的港口。是规模仅次于河内和胡志明的第三大城市。2022 年,海防的经济增长率继续高于全国和其他省市的平均水平。全市 GDP 增长 12.38%,增速较高,跻身全国领先省市。吸引外商直接投资(FDI)资金约 31.3 亿美元,同比增长 91.44%,超出预定计划,是越南全国吸引外商直接投资的领先省市之一。人均地区生产总值 4 296 美元,位居全国第八。越南北部人口较为密集,工资水平较低。这个城市比较好的条件是港口基础设施好,而且在越南北部,靠近原材料产地中国。中国管理人员往来比较方便,近年来当地基础设施得到有效改善。另外,该公司也考虑另两个地点:清化省的清化市,该城市离海防市不远,也属于北部地区,但是港口基础设施差一些,城市人口更少,设施少,但是地税便宜,工资低。2019 年最低工资标准 418 万越南盾(人民币大约 1 225 元)。第三个备选地址是中部的顺化省的顺化市,这个城市是越南中部承天顺化省的省会,面积 150 平方公里,据 2021 年人口普查数据显示,承天顺化省总人口为 115.38 万,人口密度约为 233 人/平方公里。2022 年,顺化市属于二类地区,劳动者的每月最低工资标准 2019 年 371 万越南盾(人民币大约 1 087 元),比海防市略低。越共中央政治局 54-NQ/TW 号决议提出,将承天顺化省建设成为全国乃至东南亚地区经济文化、科学技术、卫生医疗和教育培训中心之一,2025 年实现成为中央直辖市的目标。拥有富排国际机场、真梅港等。按照工资,顺化属于二类地区,工资比海防低一些。

问题:根据全球化选址的因素考虑,请为该公司建立一个选择地址的综合评价指标体系和地址选择的评估方案。应该选择哪个地点?

在线仿真实验 🔍

> **制造设施规划**
>
> 根据学习资源中的资料进行相关仿真实验。

第三篇　运营系统计划与控制

第六章　需求预测

 学习目标

学习内容	学习目标	学习难度	重要程度	应掌握知识点
需求预测概述	熟悉	☆	★	需求预测的作用 预测方法分类 预测程序
主观需求预测方法	熟悉	☆	★★	销售人员意见集中法 市场调查法
时间序列预测方法	掌握	☆☆☆	★★★	指数平滑方法 时间序列分解法
因果关系预测模型	了解	☆☆	★	多元回归模型方法
需求预测新趋势新方法	了解	☆	★	预测新趋势

引导案例

大数据需求预测——美国折扣零售商塔吉特与怀孕预测

如今信息技术已经进入了大数据时代、移动互联网时代,大数据与移动信息技术不但改变了商业模式,也改变了人们的生活方式,改变了企业运营的技术手段。

在大数据背景下,预测变得更准确、更快速、更公平、更有商业价值。大数据能够建立更好、更精确的相关关系分析,产生更有效的需求预测。

大数据相关分析的极致是美国折扣零售商塔吉特(Target)。该公司使用大数据的相关分析已经多年。《纽约时报》的记者查尔斯·杜西格(Charles Duhigg)就在一份报道中阐述了塔吉特公司怎么样在完全不和准妈妈对话的前提下预测一个女性在什么时候怀孕。基本来说,就是收集一个人可以收集到的所有数据,然后通过相关关系分析得出事情的真实状况。

对于零售商来说,知道一个女性顾客是否怀孕是非常重要的。因为这是一对夫妻改变消费观念的开始,也是一对夫妻生活的分水岭。他们会开始光顾以前不会去的商店,渐渐对新的品牌建立忠诚。塔吉特公司的市场专员们向分析师求助,看是否有办法能够通过一个人的购买方式发现她是否怀孕。

公司分析团队首先查看了签署了婴儿礼物登记簿的女性的消费者记录,塔吉特公司注意到,登记簿上的妇女会在怀孕大概第三个月的时候买很多无香乳液。几个月以后,他们会

买一些营养品,比如镁、钙、锌。公司最终找出了 20 多种关联物,这些关联物可以进行"怀孕趋势"评分。这些相关关系甚至使得零售商能够比较准确地预测预产期,这样就能够在孕期的每一阶段给客户寄送相应的优惠券,这才是塔吉特公司的目的。

问题:

1. 这个零售商对妇女怀孕进行预测对零售商的需求有什么作用?
2. 从这个零售商利用大数据预测需求的方法谈谈数据在预测的作用。

任何组织都需要根据未来可能出现的新情况新问题做出判断和预测。国家需要对未来若干年的国民经济形势进行预测,从而制定国家中长期发展规划。企业在市场竞争也需要预测需求,然后组织资源应对未来的变化,因此预测是企业运营成功的关键。本章介绍有关需求预测的基本原理和方法,为制定生产计划和服务运营计划做准备。

第一节　需求预测概述

一、需求预测作用

(一) 预测的作用

在古代人类为了预知未来,产生一种叫"占卜"术的预测方法,通过观测地形、天象等自然现象来预测可能发生的事情,比如下雨和干旱等,为农事活动提供信息。在中国古代由于没有现代科学技术,人们只能依赖于人的主观判断,因此就产生这种朴素的预测方法。

预测的作用是为决策服务。比如,选址和能力扩充决策,需要预测未来长期的能力需求。人力资源部门招聘员工需要预测公司人力资源需求,销售部门需要预测市场需求制定销售计划,生产计划和库存决策是一种中短期的决策,也需要预测未来的市场需求。采购商品或者原料,需要预测商品和原料的需求。技术部门需要通过技术预测来了解技术发展趋势,制定企业的技术发展规划和产品开发计划。因此,可以看出,不管是长期的战略决策,还是中短期的战术决策,企业都需要用到预测。因此预测实际上是企业一个公共的事情,不是某一部门的事情。

预测是一门科学和艺术结合的既有科学方法指导同时又具有人行为偏好性的一种技术。

(二) 服务业需求特点与预测

要正确进行需求预测必须首先了解需求特点。服务业在需求预测方法上和制造业不同,或者说需要与制造业不同的预测技术,是服务需求的特点决定的。我们首先看看服务需求的特点。

1. 服务需求的波动性

由于服务业受到顾客行为的影响,因此需求受时间、地点、顾客等多重因素的影响,表现出明显的波动性。

(1) 服务需求波动比制造业大得多,而且需求规律难以把握。

（2）短期波动时间段不同——如超市、餐馆、酒店、旅游点、地铁、银行、邮局、医院等,每天 24 小时的顾客流量是不同的,时间性非常明显。

（3）长期波动有明显季节性——如航空公司在旅游旺季的流量大,在春节等节日的流量大。

2. 服务需求的时效性

一旦服务需求出现,就要提供服务,否则需求就消失,没有补救的余地。这种特点导致服务要及时响应。

3. 服务需求的地域性

同样的服务内容,不同的地域需求特点是不同的,导致服务需求具有地域差异性。比如在大城市,人们对家政服务的需求比小城市大。

4. 服务需求的顾客相关性

同样的服务内容,不同顾客的差异性也比较大,比如年轻人接受健康服务需求和老年人不同,年轻人更加接受有氧活动的健康活动,老年人更加倾向于消闲旅游式的活动。

二、需求预测过程

现实中,不少企业对需求预测没有规范的程序,随意性比较大。这样需求预测的结果就不可靠。为了提高预测的准确度与有效性,需要建立一个规范的预测工作程序。

一般而言,需求预测的基本程序可分为如下几个步骤:

（1）分析决策问题,明确预测目的。

（2）确定预测的目标与精度要求。

（3）收集、加工预测所需要的资料。

（4）分析需求模式与特征。

（5）选择预测方法与工具。

（6）实施预测。

（7）预测结果分析与判断。

（8）根据预先确定的精度与其他因素进行预测控制,调整预测结果。

（9）提交预测报告。

需求预测实施的步骤如图 6-1 所示。

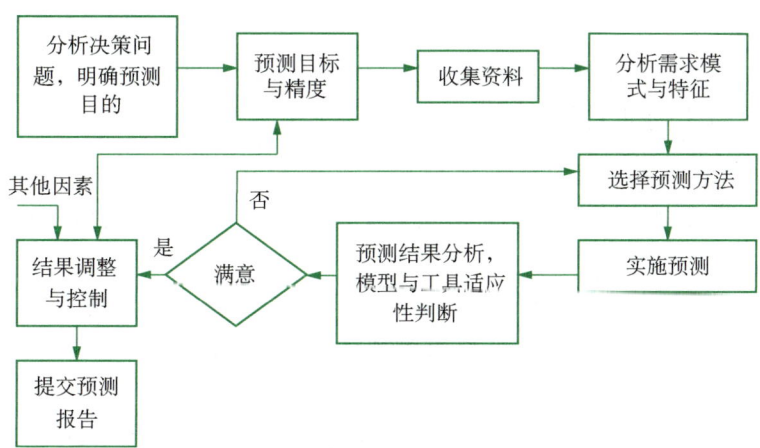

图 6-1　需求预测实施步骤

预测受时间与地点的影响,同样一个产品,在不同的时间与地点的需求规律是不同的。因此需求预测要具体情况具体分析。不能把同样一个预测方法用在不同条件下的需求。因此选择什么预测方法,对于提高预测有效性非常关键。

三、需求预测方法的选择

(一) 预测方法分类

预测方法很多,根据统计,目前世界上存在的预测方法多达 100 多种。古时候,没有科学的预测方法,人们只能依靠主观判断来做预测,比如占卜(算命)也是一种预测方法,是一种定性预测方法。随着科学技术发展,特别是数学的发展,很多预测方法都依靠严格数学模型,从而发展了定量预测方法。随着计算机技术的发展,一些更先进、更精确的预测方法不断出现,为需求预测提供了可靠与科学的方法。

需求预测方法分为客观预测与主观预测两种如图 6-2 所示。

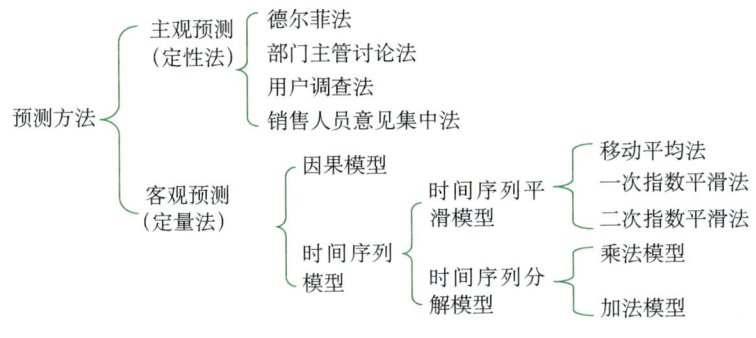

图 6-2 预测方法的分类

1. 主观预测

主观预测是根据预测者的主观判断得到预测结果,这种方法大多是定性预测方法。主观预测法比较适合于没有历史数据,或者历史数据残缺不全,信息不准确的情况。主观预测比较多依靠预测者个人经验与直觉。这种预测方法误差比较大。主观预测法比较常见的有:销售人员意见集中法、德尔菲法、部门主管讨论法、用户调查法等。

2. 客观预测

客观预测法是依据一定的历史数据,用数学模型客观地推理出未来的需求情况。客观预测大多为定量的,因此也有的教科书把这种客观预测叫定量预测。

(二) 选择预测方法考虑因素与原则

预测方法很多,因此选择不同预测方法对于预测的效果是有很大影响的。一般而言,选择预测方法,主要应考虑如下几个方面的因素:

(1) 决策问题的要求。首先是决策的层次与范围。一般来讲,决策的层次愈高,范围愈大,决策问题的重要性越大,对预测的要求就越高。如高层的综合生产计划问题的决策,尽量采用多种方法(定性与定量结合),以便提高预测的准确性。

其次是决策的时间长度。决策问题涉及的时间有可能涉及当前的,也可能涉及长远的问题,因而对预测方法的要求可能是短期的、中期的或长期的。

（2）**数据的可获性及其准确性**。数据的可获性与准确性影响预测方法的应用,当数据比较准确时,采用定量的方法比较适合;但是如果数据本身难以取得,或不准确时,采用定性的方法更有效。

（3）**预测人员对预测方法的掌握水平**。预测人员对不同的预测方法的掌握水平不同,会有不同的应用偏好,人们更偏向于自己比较熟习的方法。

（4）**预测精度与预测成本**。预测的成本包括时间成本和为了进行预测所需要的人力与财力。大面积的调查研究有利于提高预测精度,但是成本也比较大。

选择预测方法的一个基本原则是:简单与实用的方法就是最好的方法。

第二节 主观需求预测方法

主观需求预测方法,也叫定性方法,主要包括德尔菲法(Delphi method)、部门意见集中法、销售人员意见综合法、市场调查法等。下面简单介绍销售人员意见集中法和市场调查法。

一、PERT 预测法

PERT 预测法来源于 PERT(program evaluation and review technique)中的工期估计方法。这种方法是项目管理中项目工期的三种估计方法(关于项目管理内容后面有专门一章介绍)。这种方法在销售需求预测中有很好的效果。

由于销售人员和市场经理对市场比较了解,因此他们可以根据自己的经验主观判断给出一个销售预测数据。但是主观判断是有偏差的,或者有不同的考虑,因此销售人员对需求的判断不是精确的,因此可以要求他们按照自己的判断给出三个估计值。

（1）最乐观(最高)的需求预测值 A。也就是市场前景最乐观情况下的销售量。

（2）最可能的需求预测值 M。也就是正常情况下市场最有可能的需求量。

（3）最悲观(最低)的需求预测值 C。也就是市场最差的需求量。

根据上面三个估计值,可得到某个销售人员的估计需求:

$$平均估计需求量\ X_i = \frac{最乐观的需求预测值 + 4 \times 最可能的需求预测值 + 最悲观的需求预测值}{6}$$

$$= \frac{A + 4M + C}{6}$$

(6-1)

如果有 n 名销售人员参与需求预测活动,则全部平均需求预测值为:

$$X = \sum_{i=1}^{n} X_i / n \tag{6-2}$$

比如,某家电企业三个销售人员的市场估计为:

甲销售人员预测估计值为:最高销售 2 500 台,最低销售 1 500 台,最可能销售 2 000 台。

乙销售人员的预测估计值为:最高销售 2 800 台,最低销售 1 500 台,最可能销售

2 000 台。

丙销售人员的预测估计值为：最高销售 3 000 台，最低销售 2 000 台，最可能销售 2 500 台。

平均销售预测为：

$$X = \left[\frac{2\,500 + 4 \times 2\,000 + 1\,500}{6} + \frac{2\,800 + 4 \times 2\,000 + 1\,500}{6} + \frac{3\,000 + 4 \times 2\,500 + 2\,000}{6} \right] / 3$$

$$= 2\,183 \ 台。$$

二、市场调查法

在没有历史销售数据的前提下，比如企业要推出一个新的产品，没有历史销售数据，如何知道未来新产品的可能销售需求情况呢？通过市场调查是一种比较好的方法。常见的市场调查法有如下几种。

（一）问询法

问询法具体包含多种方法，比如登门走访顾客法和电话采访法。

（1）登门走访顾客法。比如有一家牙膏厂要开发一种新型的牙膏，为了了解这种新型牙膏是否有市场需求，销售人员于是登门到居民家中进行调查（可能带上样品或者问卷调查表），询问顾客对这种新型牙膏的购买欲望和对产品的意见。这种方法成本比较高，时间长。

> **学而思，思而学课堂思考题：** 除了这里列举的市场调查方法，同学们能否想出其他更好、更便捷的市场调查方法？

（2）电话采访法。通过电话和顾客交谈，了解顾客对新产品的需求信息。这种方法简单方便，但是可能遭到顾客拒绝的概率比较大，而且得到的信息不太准确。

（二）展销调查法

有的地方，特别是大城市，如北京、上海、武汉、广州、杭州等，经常举办各种行业性的产品展现活动，参加展销活动的顾客很多，市场调查人员可以向参加展销的人员进行问卷发放，采用现场收集问卷的方式进行调查。

（三）网上问卷调查法

通过网上发放问卷调查（如问卷星等调查网站），是一种简单、省时、省力的方法，成本低，但是信息真实性也受影响。也可以通过邮件或者某些公共网站进行问卷调查。

第三节 时间序列预测方法

时间序列预测方法是以过去的随时间变化的需求关系来预测未来的需求，它分时间序列平滑模型与时间序列分解模型两种。

一、时间序列平滑模型

时间序列平滑模型中有两种常用的方法,即移动平均法、指数平滑技术(一次指数平滑法、二次指数平滑法等),其中最常用的是指数平滑方法。指数平滑预测方法比较简单直观,因此广泛应用于需求预测。

(一)简单移动平均与加权移动平均法

简单移动平均(simple moving average)预测公式为:

$$F_{t+1} = \frac{A_t + A_{t-1} + \cdots A_{t-n+1}}{n} = \frac{1}{n}\sum_{i=t-(n-1)}^{t} A_i \tag{6-3}$$

式中:F_{t+1} 是第 $t+1$ 期的预测值,A_i 是第 i 期的实际值,n 是移动平均用的周期数。

加权移动平均(weighted average)预测的公式如下:

$$F_{t+1} = \frac{\sum_{i=t+1-n}^{t} W_i A_i}{\sum_{i=t+1-n}^{t} W_i} \tag{6-4}$$

式中:W_i 是第 i 时期的实际值的权重。

如果权重采用的是百分比值表示,则 $\sum W_i = 1$,上面的公式也可表示为:

$$F_{t+1} = \sum_{i=t-(n-1)}^{t} W_i A_i \tag{6-5}$$

应用例题 6-1

已知某产品的 2022 年 12 个月的移动平均预测数据如表 6-1 所示。利用简单移动平均与加权移动平均法进行预测 2023 年 1 月份的需求。其中,简单移动平均分移动周期 3 周与 5 周两种情况。加权移动平均的移动周期为 3,但是权重分配也有两种情况:$W_t=0.5,W_{t-1}=0.3,W_{t-2}=0.2$ 和 $W_t=0.4,W_{t-1}=0.4,W_{t-2}=0.2$。

表 6-1　　　　　　　　　移动平均预测数据

时期 t	实际值 A_t	简单移动平均预测		加权移动平均预测($n=3$)	
		$n=3$	$n=5$	权重系数 1	权重系数 2
1(2022 年)	36				
2	37				
3	35				
4	40	36		35.8	36
5	43	37.333 3		37.9	37.4

（续表）

时期 t	实际值 A_t	简单移动平均预测		加权移动平均预测($n=3$)	
		$n=3$	$n=5$	权重系数 1	权重系数 2
6	47	39.333 3	38.2	40.6	40.2
7	45	43.333 3	40.2	44.4	44
8	40	45	42	45.2	45.4
9	37	44	43	42.9	43.4
10	31	40.666 7	42.4	39.5	39.7
11	34	36	40	34.6	35.2
12	36	34	37.4	33.7	33.4
13(2023 年)		33.666 7	35.6	34.4	34.2

（二）指数平滑法

指数平滑方法其依据的基本原理是：(1)"厚今薄古"，即从信息的作用来说，愈靠近当前的数据对未来的影响愈大，愈远离当前的数据，对未来的影响愈小；(2)误差反馈原理，它把预测看作一个不断学习的过程，认为对未来的预测，可以利用过去的经验来进行调整与修正。

一次指数平滑的基本公式是：

$$F_{t+1} = \alpha A_t + (1-\alpha)F_t \tag{6-6}$$

式中：F_{t+1} 是第 $t+1$ 期的预测需求，A_t 是第 t 期的实际需求，α 是平滑系数。

一次指数平滑方法在微软的 Excel 中有相应的应用工具，因此使用时很方便地采用，而不需要人工计算。

应用一次指数平滑的方法进行预测时，要注意的是平滑系数 α 的选择。α 取值范围为（0—1）。一般的规律是：如果 α 选得小，则预测的稳定性好，但是响应性差；如果选得大一些，则响应性好。需求比较稳定时选择较小的 α，需求变动大时选择大的 α。

一次指数平滑适用于数据平稳的情况，当数据有趋势时，采用一次指数平滑方法会出现较大的滞后现象，降低了预测的精度，为此可以采用二次指数平滑方法。

应用例题 6-2

某公司产品的一年内的销售数据如表 6-2 所示。用一次指数平滑法进行预测下一年度的 1 月份的需求。初始 $F_1 = A_1$。其他月份按照公式(6-6)计算。

表 6-2　　　　　某公司的一次指数平滑预测表

月份	实际销售额	不同平滑系数的模拟与预测		
		0.1	0.5	0.9
1	109	109	109	109

（续表）

月份	实际销售额	不同平滑系数的模拟与预测		
		0.1	0.5	0.9
2	123	109	109	109
3	135	110.4	116	121.6
4	145	112.86	125.5	133.66
5	156	116.074	135.25	143.866
6	180	120.066 6	145.625	154.786 6
7	187	126.059 9	162.812 5	177.478 7
8	190	132.153 9	174.906 3	186.047 9
9	210	137.938 6	182.453 1	189.604 8
10	223	145.144 7	196.226 6	207.960 5
11	231	152.930 2	209.613 3	221.496
12	238	160.737 2	220.306 6	230.049 6
13（预测）		168.463 5	229.153 3	237.205

(a) $\alpha=0.1$

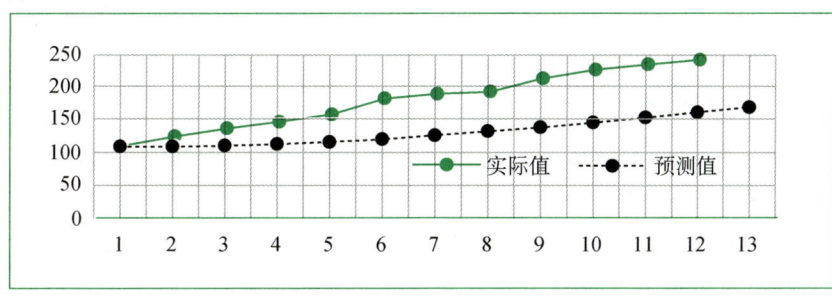

(b) $\alpha=0.5$

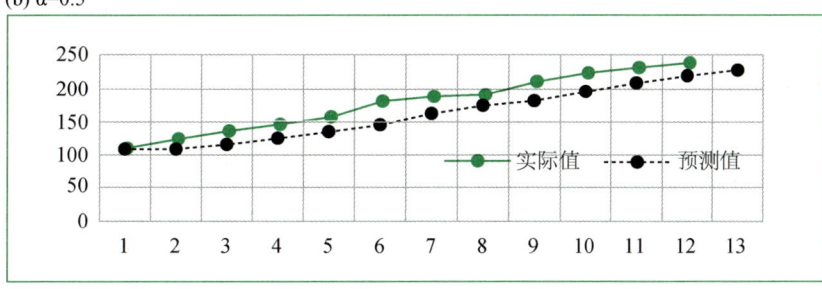

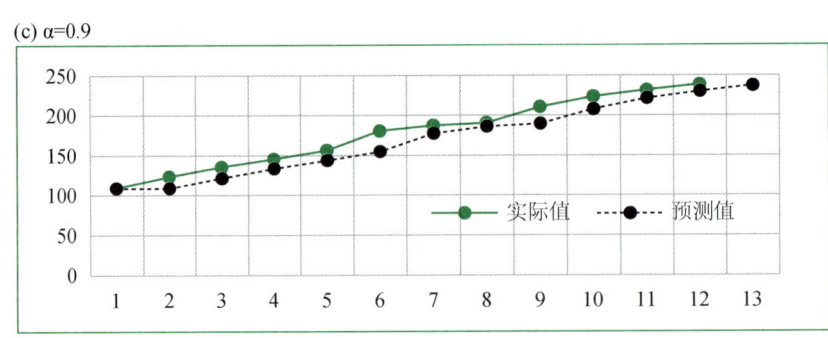

图 6-3　不同平滑系数的预测结果

从预测模型的模拟结果(表 6-2 和图 6-3),看出针对这个问题,平滑系数越大预测效果越好。

读者值得注意的是,上面的结果是利用公式(6-6)计算的结果。如果直接利用 EXCEL 内的一个一次平滑预测工具进行预测,要求输入的一个参数叫"阻尼系数",阻尼系数与平滑系数的关系是:平滑系数+阻尼系数=1。

二、时间序列分解模型

时间序列分解模型的建立是基于这样的观点:需求随时间而变化是多种成分叠加的结果,即任何一个需求值都是趋势成分、季节成分、周期成分、随机成分共同作用的结果。时间序列分解模型就是试图从时间序列中找出各种成分,对各种成分单独进行预测,然后综合各种成分的预测值得到综合的需求预测值。

(一) 时间序列的构成

根据数据的特征,可把时间序列分为趋势成分、季节成分、周期成分、随机成分。

(1) 趋势成分。所谓趋势成分就是预测数据随着时间的推移呈现出上升、下降或者停留在一定的水平上的趋势。趋势成分的预测一般采用线性回归的方法,近似认为其服从线性变化规律。趋势成分是需求预测中最容易获得的预测成分。

(2) 季节成分。季节成分是数据按照一年四季的时间交替呈现出的变化规律。在一些带有季节性的产品(如服装、家具、服务业的旅游产品等)做需求预测时,需要考虑季节成分。

(3) 周期成分。某些产品的需求在一个比较长的经济周期中呈现规律性的上下波动,这种波动称为经济周期。周期成分与行业甚至国家的经济周期有关。例如,某行业经过若干年后,整体需求下降,而再过若干年后,又出现行业整体需求上升的现象。这种周期性需求的上下波动,一般需要几年甚至十几年才能观察到。在一般的企业预测中,这种长时间的周期成分很难预测。

(4) 随机成分。某些不确定的随机的因素导致的需求变动就是随机成分。例如,股票市场经常受到各种政策变动、个别企业的投资与人事变动的影响。随机成分一般也比较难以预测。

（二）时间序列分解模型的应用

时间序列分解模型有两种形式:加法模型(式6-7)与乘法模型(式6-8)。

$$F = T + S + C + \varepsilon \tag{6-7}$$

$$F = T \times S \times C \times \varepsilon \tag{6-8}$$

式中:T 为趋势成分,S 为季节成分,C 为周期成分,ε 为随机成分。

由于周期成分在实际应用难以确定,一般把它归到随机成分中。并且常假设随机波动是正负相抵的,因此一般情况下,时间序列分解模型的应用主要考虑趋势成分与季节成分。

加法模型与乘法模型预测时,会有不同的表现特征,乘法模型预测结果随季节变动产生放大或缩小效应,而使用加法模型,季节变动没有这种效应,如图6-4所示。

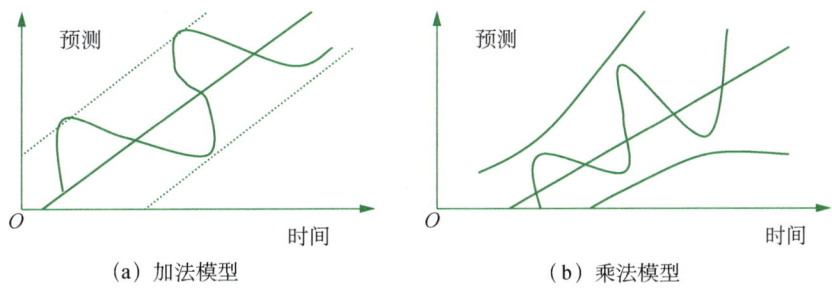

（a）加法模型　　　　　　　（b）乘法模型

图6-4　加法与乘法模型的预测曲线

用乘法模型预测需求的基本程序:
(1) 利用历史数据确定趋势方程;
(2) 确定季节系数;
(3) 利用趋势方程预测未来趋势值;
(4) 用季节系数乘以趋势预测值得综合预测值。

下面以一个例题说明时间序列分解模型的应用。

应用例题 6-3

某公司 2019～2022 年的各个季度的历史销售数据如表 6-3 所示,用时间序列分解模型预测 2023 年、2024 年的需求情况。

表 6-3　　　　　　　　　　　　　**过去 4 年的历史销售数据**

年份	季度	销售量	年份	季度	销售量
2019	1	362	2020	1	382
	2	385		2	409
	3	432		3	498
	4	341		4	387

（续表）

年份	季度	销售量	年份	季度	销售量
2021	1	473	2022	1	544
	2	513		2	582
	3	582		3	681
	4	474		4	557

解：

第一步：利用历史数据确定趋势方程。

趋势方程的确定，最简单的方法是目测法，先把数据描在坐标图上，找出截距后可以确定趋势方程，也可以利用最小二乘法求出线性趋势方程：

$$T_t = 326.500 + 17.485\,3t$$

第二步：确定季节系数。

利用求出的趋势方程，可以求出过去4年不同季节下的趋势预测值，如表6-4中的第四列，表中第五列为实际值与趋势值的比，也就是每季度的季节系数。第六列为平均季节系数，是把各年相同季节的季节系数相加后取平均得到的，如第一季度的平均季节系数：

$$(1.052\,4 + 0.922\,9 + 0.977\,3 + 0.982\,3)/4 = 0.983\,7$$

其他各季的季节系数确定与此相仿，结果如表中的第六列。

第三步：利用趋势方程预测未来趋势值。

利用趋势方程，我们可以计算出未来各个时期的趋势值，比如：我们用趋势方程计算2023和2024年两年的趋势预测值，见表6-4的第4列。

2023年：

春季：$T_{17} = 326.500 + 17.485\,3 \times 17 = 623.750\,1$

夏季：$T_{18} = 326.500 + 17.485\,3 \times 18 = 641.235\,4$

秋季：$T_{19} = 326.500 + 17.485\,3 \times 19 = 658.720\,7$

冬季：$T_{20} = 326.500 + 17.485\,3 \times 20 = 676.206\,0$

2024年：

春季：$T_{21} = 326.500 + 17.485\,3 \times 21 = 693.691\,3$

夏季：$T_{22} = 326.500 + 17.485\,3 \times 22 = 711.176\,6$

秋季：$T_{23} = 326.500 + 17.485\,3 \times 23 = 728.661\,9$

冬季：$T_{24} = 326.500 + 17.485\,3 \times 24 = 746.147\,2$

第四步：用季节系数乘以趋势预测值得出综合预测值。

把表6-4的每一年的第4列数据（趋势预测值）分别乘以春、夏、秋、冬的平均季节系数SI，可以得到该年份的春、夏、秋、冬的综合预测值，比如：

2023年：

春季：$T_{17} = T_{18} \times \text{SI}_{春} = 623.750\,1 \times 0.983\,7 = 613.583\,0$

夏季：$T_{18} = T_{18} \times SI_夏 = 641.235\ 4 \times 1.013\ 8 = 650.084\ 4$

秋季：$T_{19} = T_{19} \times SI_秋 = 658.720\ 7 \times 1.131\ 9 = 745.606\ 0$

冬季：$T_{20} = T_{20} \times SI_冬 = 676.206\ 0 \times 0.873\ 1 = 590.395\ 5$

2024 年：

春季：$T_{21} = T_{21} \times SI_春 = 693.691\ 3 \times 0.983\ 7 = 682.384\ 1$

夏季：$T_{22} = T_{22} \times SI_夏 = 711.176\ 6 \times 1.013\ 8 = 720.990\ 8$

秋季：$T_{23} = T_{23} \times SI_秋 = 728.661\ 9 \times 1.131\ 9 = 824.772\ 4$

冬季：$T_{24} = T_{24} \times SI_冬 = 746.147\ 2 \times 0.873\ 1 = 651.461\ 1$

　　把以上结果填在表 6-4 的最后一列，就是 2023 年，2024 年的综合预测值。值得注意的是预测年份之前的年份(如表 6-4 中的 2019 年、2020 年、2021 年、2022 年)趋势预测值和综合预测一样按照上面的方法计算，得到的预测值在统计学上叫"拟合结果"，拟合结果和实际值可以用来计算预测的误差和精度(后面一节将介绍)，如果误差太大，则这种预测模型不合适，需要寻找新的预测方法。

表 6-4　　　　　　　　　　　　　时间序列季节指数计算

年份	季节序列 t	实际值 A_t	趋势预测值 T_t	季节系数 A_t/T_t	平均季节系数 SI	综合预测值 F_t
2019	1	362	343.985 3	1.052 4		338.412 7
	2	385	361.470 6	1.065 1		366.458 9
	3	432	378.955 9	1.140 0		428.940 2
	4	341	396.441 2	0.860 2		346.132 8
2020	5	382	413.926 5	0.922 9	第一季度 SI$_春$=0.983 8	407.220 9
	6	409	431.411 8	0.948 1		437.365 3
	7	498	448.897 1	1.109 4	第二季度 SI$_夏$=1.013 8	508.106 6
	8	387	466.382 4	0.829 8		407.198 5
2021	9	473	483.867 7	0.977 5	第三季度 SI$_秋$=1.131 9	476.079 0
	10	513	501.353 0	1.023 2		508.271 7
	11	582	518.838 3	1.121 7	第四季度 SI$_冬$=0.873 1	587.273 1
	12	474	536.323 6	0.883 8		468.264 1
2022	13	544	553.808 8	0.982 3		544.837 2
	14	582	571.294 1	1.018 7		579.178 0
	15	681	588.779 5	1.156 6		666.439 5
	16	557	606.264 8	0.918 7		529.329 8
2023 (预测年份)	17	无	623.750 1			613.645 3
	18		641.235 4			650.084 4
	19		658.720 7			745.606 0
	20		676.206 0			590.395 5
2024 (预测年份)	21	无	693.691 3			682.453 5
	22		711.176 6			720.990 8
	23		728.661 9			824.772 4
	24		746.147 2			651.461 1

三、预测误差测量

前面介绍了各种预测方法,在应用这些方法的过程中,人们发现不同的预测方法效果不一样,有的预测准确些,有的误差比较大。为了衡量不同预测方法的好坏,需要一些衡量预测效果的指标,就是误差的判断指标,以便更好选择与评价预测方法。

(一)平均绝对误差

平均绝对误差(mean absolute deviation,MAD)是一个经常使用的误差指标,用来衡量平均每一个预测值与实际值之间的绝对偏差程度:

$$\text{MAD} = \frac{1}{n}\sum_{t=1}^{n} \mid F_t - A_t \mid \tag{6-9}$$

式中:F_t 是第 t 期的预测值,A 是第 t 期的实际值,n 是预测期数。

平均绝对误差指标能够很好反映预测方法的精度,但是缺点是对于预测方法的无偏性(误差是正偏差还是负偏差的问题)无法判断。比如,对三个点的预测,一个预测方法产生的偏差($A_t - F_t$ 值)结果是 1,1,1,另一个预测方法产生的偏差($A_t - F_t$ 值)是-1,-1,-1。按照公式(6-9)计算平均绝对误差,则两个方法的误差结果是一样的。但是实际上前者是正偏差,后者是负偏差。

(二)平均绝对百分比误差

平均绝对百分误差(mean absolute percentage error,MAPE)是用来衡量平均每一个预测点的绝对误差与实际值的比,用百分比表示的误差效果,其形式为公式(6-10):

$$\text{MAPE} = \frac{1}{n}\sum_{t=1}^{n} \left| \frac{A_t - F_t}{A_t} \right| \times 100\% \tag{6-10}$$

(三)平均平方误差

平均平方误差(mean square error,MSE)是把误差用平方值表示,取平均每一预测点的平均值,计算公式为(6-11)。

$$\text{MSE} = \frac{1}{n}\sum_{t=1}^{n} (A_t - F_t)^2 \tag{6-11}$$

MSE 的值越小,预测精度越高;反之预测精度较低。这个误差衡量指标与平均绝对偏差一样,可以反映精度,但是无法衡量无偏性效果。

(四)平均预测误差

平均预测误差(mean forecast error,MFE)是衡量预测点的误差的平均值。公式为(6-12)。这个指标能够很好反映预测的偏差性质是正偏差还是负偏差,但是对精度衡量效果差。

$$\text{MFE} = \frac{1}{n}\sum_{t=1}^{n} (A_t - F_t) \tag{6-12}$$

以上各种误差衡量指标,各有优缺点。在这些指标当中,最常用的指标是 MAD、MAPE、MSE。

第四节　因果关系预测模型

前面介绍的时间序列预测方法是基于需求只有时间这样的一个影响需求的变量的情况下的预测方法。但是,有些情况下,需求,特别是服务需求,除了按照时间演进而发生改变,同时受到多方面的因素的影响。比如产品需求受到价格、广告、促销、居民消费水平、产品质量等多方面的影响,如果仅仅考虑时间变量,显然不够精确。特别是服务业,比如餐厅、医院、交通运输等。因此建立更加全面反映影响需求的多因素因果关系模型预测方法是提高预测精度的一个手段。

因果关系预测(causal relationship forecasting)模型是使用时间以外的其他变量来构建需求量和影响需求的某些变量之间的因果关系模型来预测的一种方法。因果关系模型一般是采用回归分析方法,回归分析有线性回归、非线性回归、一元回归、多元回归等多种。具体的因果关系预测模型这里不介绍,下面用一个例子说明其应用。

应用例题 6-4

医疗服务需求预测

某城市的医疗卫生部门,为了规划医院的服务能力,对该城市的医疗服务需求进行一次需求预测。

考虑医疗服务受到多方面因素影响,决策部门决定选择的解释变量(即影响卫生服务需求的因素)包括:人口数:即区域内的年平均人口数;GDP:区域的年国内生产总值,反映区域的经济水平;次均门诊费:区域内所有医院的平均每次门诊费用,以此作为门诊服务的综合价格指标;每床日费用:区域内所有医院的平均每日住院费用,以此作为住院的综合价格指标;基本医疗保险覆盖率:区域内已参加基本医疗保险的人口数占总人数的比例(%);大型医院的辐射作用(简记为辐射),考虑到某些区域内可能有特大型医院,而这些医院的服务对象客观上又有相当大一部分不是本区域内的居民,因而设立一个专门的变量来反映这一事实。当区域内有这种特大型医院时,辐射=1;否则,辐射=0。

选取某一特大城市所有 10 个区、县某年的断面资料,分作 10 个区域样本,通过最小二乘法来估计卫生服务需求模型:

$$\text{Ln(年门诊人次)} = a_1 \times \text{人口数} + a_2 \times \text{GDP} + a_3 \times \text{Ln(次均门诊费)} + a_4 \times \text{每床日费用} + a_5 \times \text{辐射} + \varepsilon_1$$

$$\text{Ln(年住院床日)} = b_1 \times \text{人口数} + b_2 \times \text{GDP} + b_3 \times \text{Ln(每床日费用)} + b_4 \times \text{次均门诊费} + b_5 \times \text{医保覆盖率} + b_6 \times \text{辐射} + \varepsilon_2。$$

通过数据分析,把上述模型的系数 $a_1, b_1, a_2, b_2, a_3, b_3, a_4, b_4, a_5, b_5, a_6, b_5$ 确定下来,就可以知道各影响因子:人口数、GDP、次均门诊费、每床日费用、医保覆盖率等几个因素的影响系数取得,如果系数为正,说明该因素是正向影响,如果该系数是负的,该因素的影响是负向。

通过数据分析决策人员发现：

（1）在所有因素中，GDP和区域内有特大型医疗机构这两个因素对门诊和住院需求有非常显著的正向影响，即卫生服务需求随GDP的增加而增加。

（2）门诊的价格弹性为-0.1294，而住院的价格弹性为-0.1279。也就是说门诊和住院费用越贵，就诊和住院人数减少。同时，从均次门诊费和每日床位费两变量的符号可推知，对门诊需求而言，若住院价格上涨，则门诊需求会增加，而住院需求会减少，说明门诊对住院有替代作用；对住院需求而言，若门诊价格上涨，则住院需求也会减少，因住院一般是通过门诊需求（即门诊诊断）后才有可能发生的；门诊费用上涨，意味着门诊需求减少，从而使住院需求也跟着减少。当然，在结果中，价格尚未表现出显著性。

视野拓展 6-1

新能源汽车的需求影响因素

发展新能源汽车是实现低碳绿色发展的战略举措，新能源汽车的发展受多方面的因素影响，观看新闻视频，思考影响新能源汽车需求的因素有哪些，如果用因果预测模型来进行新能源汽车需求预测，你能够构建一个预测模型吗？

第五节　需求预测新趋势与新方法

前面介绍了一些比较常见的预测方法，这些方法已经广泛被企业应用。最近十多年来，随着管理理论与实践的发展，新的预测方法不断出现。本节简要介绍有关预测方法的发展，最后介绍一种基于供应链管理的预测方法——CPFR技术。

一、预测方法发展的趋势

预测方法发展有如下几个趋势：

（1）传统定量预测方法使用仍是预测主要工具。现在的定量预测方法已经获得广泛应用，今后这些预测方法仍是预测的主要工具。

（2）定性与定量综合。由于需求的变化，定量预测方法虽然具有定性预测无法相比的优势，但是定量预测方法存在的缺陷也日益明显，因此如何把定性与定量方法结合是预测的新趋势。

（3）预测计算机化。预测计算机化是一个新趋势，国外已经有一些公司专门开发一些预测软件，这些软件能够方便使用，而且预测效果好。

（4）智能预测方法开发。目前已经有一些智能预测方法，比如神经网络、专家推理系统预测等，这些模拟人的定性判断预测的智能方法是预测的一个新方向。

二、基于供应链的协同计划、预测与补给

协同计划、预测与补给（collaborative planning, forecasting and replenishment, CPFR），是供应链管理方法中快速反应（quick response，QR）的发展。确切地说，CPFR 是基于供应链管理的协同式商务理念，是供应链管理一种新的策略。它对于供应链伙伴改善合作关系、提高预测的准确和供应链效率、减少库存、提高消费者满意程度等均有重要的意义。CPFR 是一种供应链协同运作技术，其中最重要的一个协同策略是协同预测。

CPFR 过程模型包括 3 个阶段共 9 大基本步骤。第一个阶段为计划，包括步骤 1 和 2；第二个阶段为预测，包括步骤 3～8；第三个阶段为补给，包括 9 个步骤（图 6-5）。

第一步：制定框架协议。这一步是合作伙伴包括零售商、分销商和制造商等为合作关系建立指南和规则，共同达成一个通用业务协议，包括合作的全面认识、合作目标、商业协议、资源授权、例外准则、纠纷解决机制、合作伙伴的任务和业绩衡量、合作伙伴的盈利率等。

第二步：创建共同业务计划。合作伙伴相互交换战略和业务计划信息，以发展联合业务计划。合作伙伴首先建立协作伙伴战略，然后定义各有关分类任务、目标和策略，并建立合作项目的项目管理简况如订单最小批量、生产提前期、交货期、订单间隔等。

第三步：创建销售预测。利用零售商数据、因果关系信息、已计划事件信息创建一个支持联合业务计划的销售预测。

第四步：识别销售预测的例外情况。识别分布在销售预测约束之外的项目，每个项目的例外准则需在第一步中得到认同。

第五步：销售预测例外情况的解决/合作。通过查询共享数据、电话、交谈、会议等解决销售预测例外情况，并将产生的变化提交给销售预测第四步。

第六步：创建订单预测。合并数据、因果关系信息和库存策略，产生一个支持共享销售预测和联合业务计划的订单预测，提出分时间段的实际需求数量，并通过产品及接收地点反映库存目标。订单预测周期内的短期部分用于产生订单，在预测周期外的长期部分用于计划。

第七步：识别订单预测的例外情况。识别分布在订单预测约束之外的项目，例外准则在第一步已建立。

第八步：订单预测例外情况的解决/合作。通过查询共享数据、电话、交谈、会议等调查研究订单预测例外情况，并将产生的变化提交给订单预测第六步。

第九步：订单产生。将订单预测转换为已承诺的订单，订单产生可由制造厂或分销商根据能力、系统和资源来完成。

CPFR 在美国等一些国家得到应用，但是我国企业目前对这种新的管理策略了解不多。CPFR 实施的难点是双方的合作关系基础，这种关系基础要求比较高，因为共同进行预测与补货，没有足够的合作基础，很难实施。目前我国企业缺乏这方面基础条件。

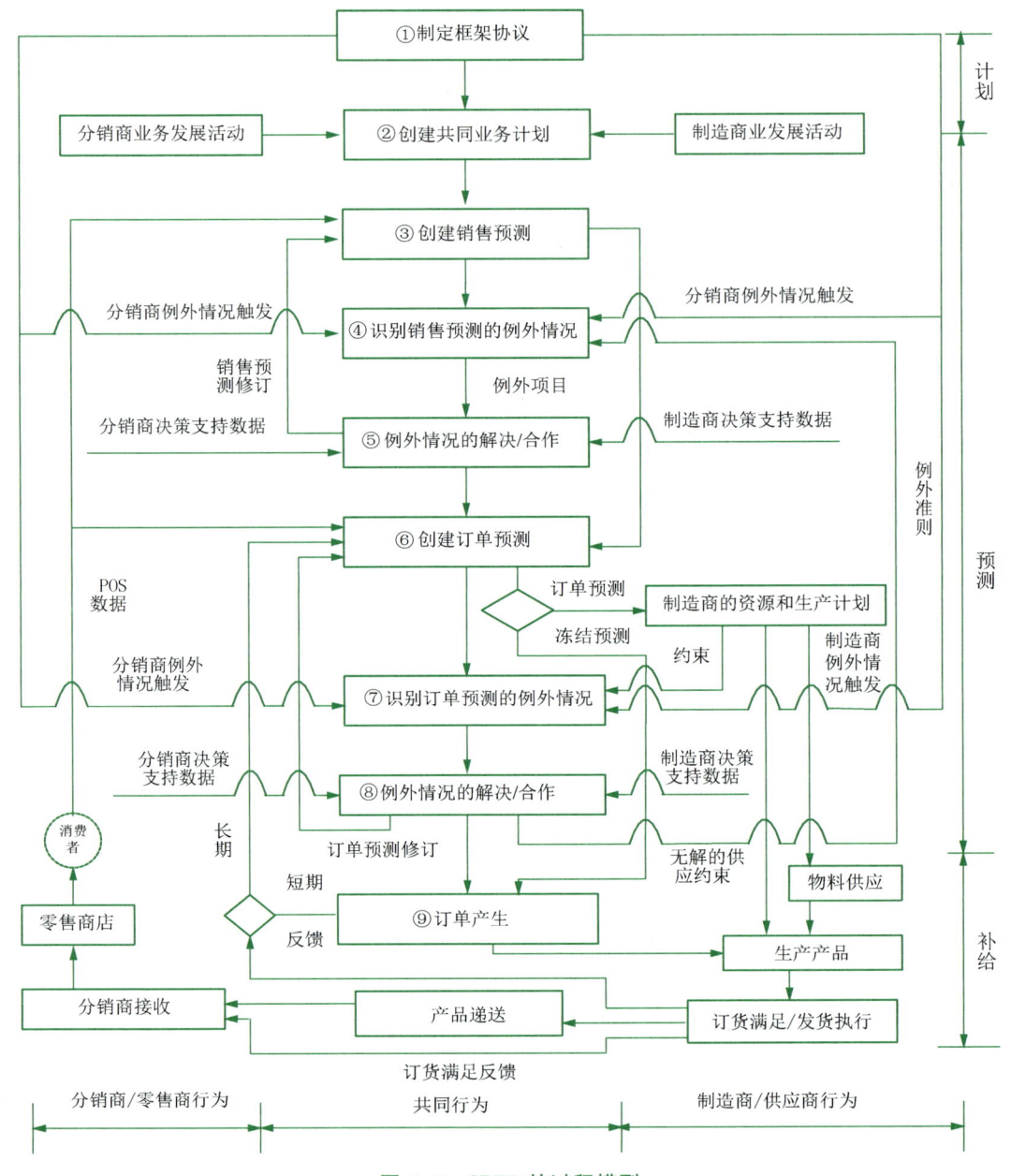

图 6-5 CPFR 的过程模型

企业风景线

京东利用大数据进行需求预测

京东一直致力于通过互联网电商建立需求侧与供给侧的精准、高效匹配,供应链管理是零售联调中的核心能力,是零售平台能力的关键体现,也是供应商与京东紧密合作的纽带,更是未来京东智能化商业体布局中的核心环节。

京东预测系统主要支持三大业务：销量预测、单量预测和 GMV 预测。其中销量预测主要支持商品补货、商品调拨；单量预测主要支持仓库、站点的运营管理；GMV 预测主要支持销售部门计划的定制。

销量预测按照不同维度又可以分为 RDC 采购预测、FDC 调拨预测、城市仓调拨预测、大建仓补货预测、全球购销量预测和图书促销预测等；单量预测又可分为库房单量预测、配送中心单量预测和配送站单量预测等（在这里"单量"并非指用户所下订单的量，而是将订单拆单后流转到仓库中的单量。例如一个用户的订单中包括 3 件物品，其中两个大件品和一个小件品，在京东的供应链环节中可能会将其中两个大件品组成一个单投放到大件仓中，而将那个小件单独一个单投放到小件仓中，单量指的是拆单后的量）；GMV 预测支持到商品粒度。

京东大数据预测主要算法。

（1）机器学习算法，主要包括 GBDT、LASSO 和 RNN：GBDT：是一种迭代的决策树算法，该算法由多棵决策树组成，所有树的结论累加起来做最终答案。我们用它来预测高销量，但历史规律不明显的商品。

RNN：这种网络的内部状态可以展示动态时序行为。不同于前馈神经网络的是，RNN 可以利用它内部的记忆来处理任意时序的输入序列，这让它可以更容易处理如时序预测、语音识别等。

LASSO：该方法是一种压缩估计。它通过构造一个罚函数得到一个较为精练的模型，使得它压缩一些系数，同时设定一些系数为零。因此保留了子集收缩的优点，是一种处理具有复共线性数据的有偏估计。用来预测低销量，历史数据平稳的商品效果较好。

（2）时间序列算法，主要包括 ARIMA 和 Holt winters：ARIMA：全称为自回归积分滑动平均模型，于 70 年代初提出的一个著名时间序列预测方法，我们用它来主要预测类似库房单量这种平稳的序列。

Holt winters：又称三次指数平滑算法，也是一个经典的时间序列算法，我们用它来预测季节性和趋势都很明显的商品。

（3）结合业务开发的独有算法，包括 WMAStockDT、Similarity Model 和 New Product 等：WMAStockDT：库存决策树模型，用来预测受库存状态影响较大的商品。

Similarity Model：相似品模型，使用指定的同类品数据来预测某商品未来销量。

New Product：新品模型，顾名思义就是用来预测新品的销量。

资料来源：根据网络资料整理。

素养园地

双循环战略和供给侧改革与企业需求管理

最近几年，我国许多企业由于受到国内外经济环境的影响，订单减少，产销业务萎缩，在市场竞争中受到很大生存压力。面对当今世界复杂多变的市场，企业在需求管理中，如何把握需求，挖掘需求是需求管理的关键。根据国家"十四五"规划和 2035 年远景目标纲要的指引,企业要扩大内需,挖掘国内国际两个市场的需求。

坚持扩大内需这个战略基点,加快培育完整内需体系,把实施扩大内需战略同深化供给侧结构性改革有机结合起来,以创新驱动、高质量供给引领和创造新需求,加快构建以国内大循环为主体、国内国际双循环相互促进的新发展格局。

深化供给侧结构性改革,提高供给适应引领创造新需求能力。适应个性化、差异化、品质化消费需求,推动生产模式和产业组织方式创新,持续扩大优质消费品、中高端产品供给和教育、医疗、养老等服务供给,提升产品服务质量和客户满意度,推动供需协调匹配。优化提升供给结构,促进农业、制造业、服务业、能源资源等产业协调发展。完善产业配套体系,加快自然垄断行业竞争性环节市场化,实现上下游、产供销有效衔接。

——《中华人民共和国国民经济和社会发展第十四个五年规划和2035年远景目标纲要》

要求:请结合"十四五"规划和2035年远景目标纲要,讨论企业如何化解需求订单不足的危机,扩大市场需求,增加生产和销售,增加收入。

关键术语

需求预测(demand forecasting)　　　　时间序列预测方法(time series forecasting)
指数平滑(exponential smoothing)　　　因果关系模型(casus relationship model)

本章小结

1. 需求预测是企业需求管理的核心,万事都要有预测,预测是预知未来可能发生的事情,以便做出正确的应对措施。

2. 需求预测包括定性和定量预测两大类,定性需求预测也叫主观需求预测,定量需求预测也叫客观需求预测。主观需求预测方法主要包括德尔菲法(Delphi method)、部门意见集中法、销售人员意见综合法、市场调查法等。本章重点介绍销售人员意见集中法和市场调查法。

3. 定量需求预测方法包括时间序列预测方法、因果模型法等。时间序列预测方法包括平滑法、时间序列分解模型法等。预测方法的精度和可靠性可以通过预测误差来判断,根据相应的预测误差评价方法,对预测结果进行分析,根据误差结果调整和选择更加合适的预测方法,提高预测精度和可靠性。

4. 随着技术的进步,预测的方法越来越先进,更加精确,各种高级预测方法,如基于大数据、人工智能和基于计算机和信息技术的预测方法的出现,将更好提高预测精度和有效性。

练习题

一、思考题

1. 服务需求有什么特点?

2. 定性预测与定量预测方法有什么不同?

3. 需求预测中时间序列成分有哪几种?

4. 因果预测模型一般适合什么场合?

二、选择题

以下选择题有唯一答案,请从其中选择最佳答案。

1. 对于一次指数平滑预测,平滑系数越大,则(   )。

    A. 预测精度越高   B. 预测精度越低

    C. 预测响应性好   D. 预测稳定性好

2. 属于主观预测法的是(   )。

    A. 德尔菲法   B. 时间序列分解模型

    C. 因果模型预测   D. 指数平滑预测法

3. 为了提高预测的响应性,如果用一次指数平滑预测,平滑系数应选(   )。

    A. 接近零的比较小的数   B. 大于 1 的数

    C. 接近 1 的比较大的数   D. 小于零的数

三、判断题

1. 德尔菲法是一种定量预测方法。   (   )

2. 没有绝对正确的预测方法,只有相对正确的预测方法。   (   )

3. 一次指数平滑法也是一种加权预测方法。   (   )

4. 平均绝对误差可以衡量预测的无偏性,但是不能很好衡量预测精度。 (   )

四、计算题

1. 下表是某公司的过去一年的实际销售量统计值,请依据这些数据进行预测下一年度 1 月份需求。

表 6-5   **某公司过去一年的销售历史数据**

月份	销售量	月份	销售量
1	100	7	187
2	123	8	190
3	135	9	210
4	145	10	223
5	156	11	231
6	180	12	238

(1) 用简单移动平均预测法进行预测。

(2) 用 $\alpha=0.4$,初始值为 100 进行一次指数平滑预测。

(3) 计算两种预测方法的误差值 MAD。

2. 某公司一年 12 个月的销售历史数据如下,请利用下表的数据进行预测下一年度 1 月份需求。

表 6-6 某公司 1 年的销售历史数据

月份	销售量	月份	销售量
1	50	7	128
2	76	8	150
3	98	9	170
4	102	10	189
5	132	11	201
6	140	12	220

（1）用平滑系数 $\alpha = 0.2$，初始值为 50，一次指数平滑预测。

（2）用平滑系数 $\alpha = 0.8$，初始值为 50，一次指数平滑预测。

（3）计算两个预测模型的 MAD 值，哪个模型更好？

3．某公司过去三年来的实际销售历史数据如表 6-7 所示，试根据这些数据选择恰当的预测方法预测未来一年各季度的需求量。

表 6-7 某公司过去三年的销售历史数据

2021 年	销售量	2022 年	销售量	2023 年	销售量
第一季度	156	第一季度	169	第一季度	178
第二季度	234	第二季度	245	第二季度	260
第三季度	170	第三季度	187	第三季度	195
第四季度	250	第四季度	268	第四季度	289

4．下面是一系列实际数据及用两个预测模型得到结果，请计算有关模型的预测误差指标。

（1）计算 MAD 和 MFE。

（2）哪个模型的精度更高？哪个模型的无偏性更好？

表 6-8 某公司的销售实际数据和预测数据

需求	模型 1 预测结果	模型 2 预测结果
2 130	2 130	2 130
2 340	2 400	2 304
2 609	2 503	2 450
2 450	2 650	2 506
2 897	2 780	2 650
3 001	2 902	2 780
2 098	3 091	2 809
2 780	3 202	2 540
2 450	2 560	2 430

案例讨论

某电子厂的需求预测

某电子生产厂最近一段时间,生产与销售之间似乎不同步,需求预测不准确,导致生产计划无法根据市场需求来组织生产。

该公司过去对需求预测主要依靠销售人员,也就是教科书上说的销售人员意见集中的办法进行预测。一般每年定期召集各销售部门的负责人进行需求预测,然后经过统计汇总的办法得到公司的需求预测数值,预测精度很低。这种预测方法与该公司的销售政策有关。该公司的销售政策实行提成制,各位业务主管的收入直接与销售收入挂钩。平时与客户的联系也主要是销售人员与客户之间的单线联系,并且一个销售人员对众多的客户,所以在平时的业务沟通过程中可能会产生信息传递失真的状况,但是目前公司对这种状况并没有很好的解决办法,也没有派公司的高层主管去及时与客户进行沟通。

表6-9的数据是从该公司ERP系统中提取的一种不是常规品种的销售预测和实际销售数量对比情况。该产品为三极电子管产品,这个产品只有个别客户使用,但是该公司在平时的需求预测中并没有对常规品种和特殊品种作区分,所以销售预测也照常规品种一样去做,生产部门一样把这样的品种排入生产计划。表中我们可以看出,销售预测和实际销售数量之间的误差非常明显,可以说这种销售预测根本就没有作用,一点参考价值都没有,误差最大时有150%。

表6-9 　　　　　三极电子管产品销售预测、销售订单和实际销售数量对比表

月份	销售预测	销售订单	实际销售数量	预测与实际误差
1 月	50 000	0	0	−1
2 月	60 000	30 000	30 000	−0.5
3 月	90 000	26 000	26 000	−0.711 1
4 月	50 000	45 000	45 000	−0.1
5 月	50 000	33 000	33 000	−0.34
6 月	30 000	6 000	6 000	−0.8
7 月	30 000	39 000	39 000	0.3
8 月	30 000	75 000	75 000	1.5

问题:

1. 对于该公司采用的这种销售人员的主观判断预测方法,你认为有什么不好,如果要继续采用这种方法,应如何改善?

2. 根据该公司的实际销售值,你判断该需求特点,然后选择一种预测方法,然后与该公司的预测数据(第2列)比较,你的方法是否提高了预测精度?

在线仿真实验 🔍

需求预测

根据学习资源中的资料进行相关仿真实验。

第七章 综合生产计划

 学习目标

学习内容	学习目标	学习难度	重要程度	应掌握知识点
生产计划概述	熟悉	☆	★	生产计划的层次结构 滚动计划方法
综合生产计划编制	熟悉	☆☆☆	★★★	品种决策方法 综合计划编制
服务业综合计划	了解	☆☆	★★	服务能力管理的策略

引导案例

某电子零件公司的生产计划

某电子零件公司的目前生产计划的编制模式主要是按设备的产能进行编制的,生产部门根据销售部提供的已经确定的订单和每月初的销售预测、当时的成品库存、材料库存、人力资源状况和设备的生产能力编制生产计划,其决策过程如下:

(1)当前的库存能否满足已经取得的订单需要,如果库存的产品已经能满足订单的需要,订单中的产品不再排入当月的生产计划,如果订单中的产品在当前的库存中没有,那么生产部门立即把订单入排生产计划中。

(2)库存可以满足已经取得订单时,生产部门要看销售部门的销售预测,当库存产品也能满足销售预测,那么预测的产品不再排入生产计划,如果库存不能满足销售预测,那么生产部门立即将销售预测排入生产计划。

(3)如果已经排入的生产计划已经满足订单和预测的数量,而生产能力还有剩余,生产部会根据以往的经验增加常用品种的生产补充库存。

(4)当生产能力不能同时满足销售订单和销售预测时,生产计划的编制原则是优先排已经取得订单的产品,然后根据客户的重要程度排入重要客户的需求预测产品。

(5)在销售旺季,当生产能力和库存水平不能满足销售订单时,生产计划的编制原则时:首先寻求OEM,再根据公司的总产能和OEM的总量优先安排公司的重要客户订单,在满足重要客户订单的前提下再根据情况对中、小客户进行排序,或对客户的交货期进行协商,采取分批交货的方式尽量满足所有客户的需求。

(6)如果采取以上措施还是不能满足订单时,公司一般会以最快的速度增加设备来提

高生产能力以满足市场需要。

（7）当库存不能满足订单需要时，一般情况下，生产计划部门很难对用户订单的交货进行准确的答复。

（8）重要客户的紧急订单和部分客户要求交货期很短的订单计划部门只能采用插单的方式生产，对于被挤出计划的产品，没有明确的补充办法和准确的再生产时间。

问题：

1. 用流程图描述该公司的生产计划流程。

2. 该公司的生产计划存在什么缺点？

当今市场瞬息万变，任何一个企业都在感受着"计划不如变化快"的市场压力。生产计划是企业运作的龙头，如何科学与合理制定生产计划，满足市场需求是企业生产管理者最重要的一项工作。本章讨论企业的综合生产计划的制定方法，包括生产计划一般流程、滚动生产计划方法、综合生产计划编制方法、服务生产计划等。

第一节　生产计划概述

战略和计划是任何组织的行动指南。如果我们把"战略"看成企业的灵魂，那么"计划"就是企业的"神经"。一个没有战略的企业，如同没有灵魂的"幽灵"，一个没有计划的组织如同没有神经的"僵尸"。生产计划在制造企业计划系统中处于核心地位，如同"神经中枢"。它牵动企业各个部门的业务活动。

生产计划就是制定在一定时期内综合考虑企业各种资源和能力约束的条件下最大限度满足需求的不同产品的产出数量、产出期限和产值等经济指标。生产计划好比企业的方向盘，指引企业前进的方向。

一、生产计划的层次结构

按照计划的时间长短，生产计划可以划分为长期计划、中期计划、短期计划三种形式。

（一）长期计划

长期计划是高层管理部门制定的计划，涉及到产品开发、生产发展规模、技术的发展水平、生产设施的更新改造等。长期计划一般是1年以上的计划，比如3～5的计划，甚至更长时间。长期计划是一种战略决策层次的、全局性的计划。制定这样的计划需要进行长期的需求预测，根据企业内外环境条件和企业发展战略的需要来制定。这样的计划一般需要多部门协调，并由最高领导层决策。长期计划一般比较粗，是指导性战略规划，随着时间的推移，这种战略层次的计划也会根据需要调整和改变。

（二）中期计划

中期的计划是确定在现有的生产条件下的生产经营活动应达到的目标，包括产值、产量、品种、利润等，具体表现为生产大纲、产品出产进度计划等。中期的生产计划一般以年为计划跨度，因此也叫年度生产计划，计划时间单位是月，也就是规定每个月的生产计划内容。中期生产计划是一种指导性的生产计划，由于需求的变化，特别是订单型生产企业，这种中期的生产计划和实际生产计划有比较大差异，一般需要采用滚动的生产计划方式根据需求变化进行滚动修订和调整。

(三) 短期计划

短期计划是对日常的生产活动的具体安排与调度，如物料需求计划、作业计划。短期计划把生产任务分配到车间、工段、班组。一般从1天到几周内的时间计划都可成为短期计划。计划时间单位可以是天，也可以是周。短期计划要求详细规定业务活动的资源需求(人员和设备等)、工作程序(工作排序和任务分配)、具体数量和时间(不同人员和设备的数量和开始和结束工作时间)等信息。

随着市场变化越来越快，目前许多企业，特别是订货型生产企业，生产计划的周期越来越短，计划的量变化越来越大。

一般企业生产计划的层次结构，如图7-1所示。

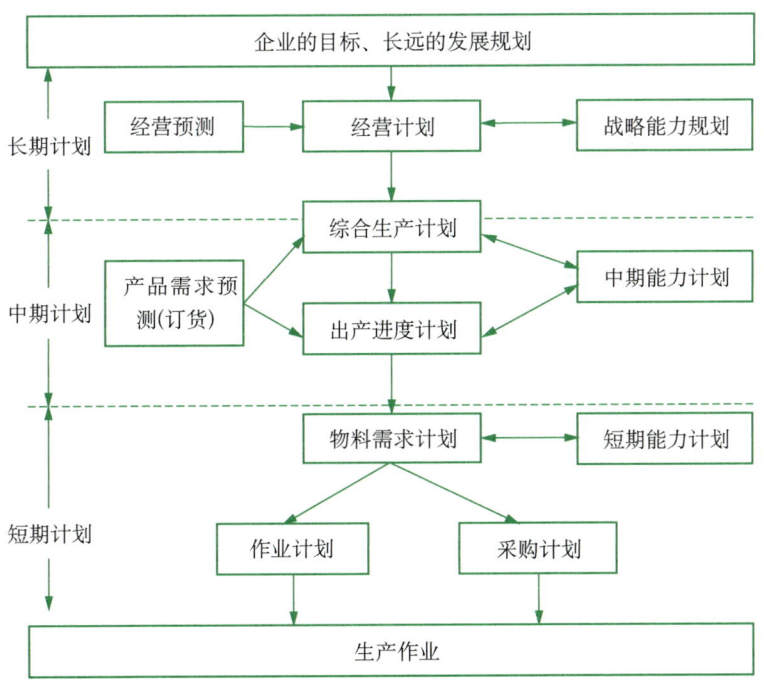

图 7-1 生产计划的层次结构

离散工业与流程工业的生产计划的重点不同，离散工业由于生产过程工艺路线复杂，因此生产计划的重点在于低层的作业计划的制定与调度。流程工业由于工艺流程简单，物料需求计划变得相对简单，一般是按照一定的产品制成率(收成率)来确定各个工艺阶段的生产计划量，但是生产大纲的不同产品的产量优化却是流程工业生产计划的重点。

本章主要讨论中期的综合生产计划问题，关于短期的物料需求计划与作业计划将在以后的各章详细介绍。

二、生产计划的信息集成

生产计划的制定要依据一定的信息,那么生产计划的决策信息主要来自哪些方面呢?也就是说,我们在制定生产计划时,应该考虑哪些因素呢?

制定一个完善的生产计划,需要考虑如下几个方面的信息,如图 7-2 所示。

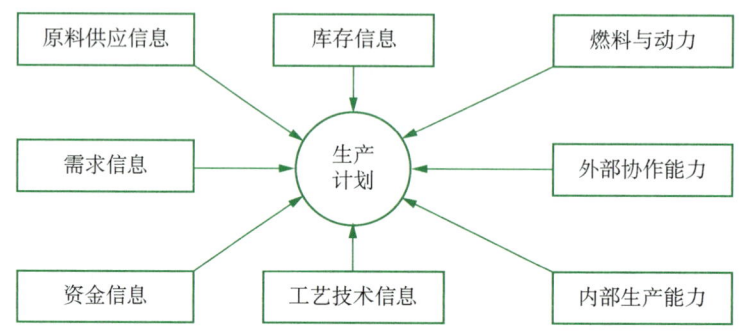

图 7-2　生产计划所需要考虑的几个方面的信息

（1）需求信息。需求的信息包括预测的需求信息和订货的需求信息。市场预测是一个非常重要的问题,如何准确有效预测市场需求的变化,对于制定生产计划是非常重要的。

（2）资源信息。资源信息包括原料、资金、燃料与动力等信息。掌握资源,对于生产计划的有效性非常重要,生产计划的目的就是要充分利用现有的资源,包括内部与外部的资源,将其转化为产品。

（3）能力信息。这里的能力是指企业把资源转化为产品的能力,包括内部的生产能力(劳动力能力、设备能力)、外部的协作能力、库存水平、工艺技术水平等。企业的生产能力包括了物的能力因素与人的能力因素。

要使制定的生产计划有效,首先必须使所使用的生产信息准确可靠。要做到这一点,一要靠企业的完善的制度作保证;二要建立企业信息化系统,管理好企业的信息,使信息准确、可靠、一致。

三、不同生产类型的生产计划特征

第一章介绍了两种典型生产类型—订货型生产(MTO)和备货型生产(MTS),两种生产类型除了生产系统设计和组织方面存在差异,在生产计划上也表现不同的特征。

备货型生产是在没有订单的前提下,按照市场需求的预测,确定生产计划量,以补充库存,维持一定库存水平。这是一种以库存来满足市场需求的生产方式。用户需要的时候直接在商店或到企业仓库提货,因此产品交货期最短。

订货型生产是根据订单的要求来组织生产,产品一般没有库存,并且产品的性能、数量、规格和交货期等都可以通过谈判协商的方法确定,然后组织生产。

备货型生产与订货型生产的生产计划的决策内容不同,前者主要是确定产品的品种与产量,而后者主要是确定品种、价格与交货期。表 7-1 为两种生产类型的生产计划的特点。

项目	备货型生产(MTS)	订货型生产(MTO)
计划的主要输入	需求预测	订单
计划的稳定性	变化小	变化大
计划的主要决策变量	品种、产量	品种、交货期、产量
交货期设置	准确、短(随时供货)	不准确、长(订货时确定)
计划周期	固定而且较长	变化而且短
计划修改	根据库存定期调整	根据订单随时调整
生产批量	根据经济批量模型而定	根据订单要求而定
生产大纲	详细	粗略

表 7-1　　　　　　　　　　　　备货型生产与订货型生产的生产计划特点

由于两种不同的生产类型的计划存在这样的差异,在现实中,作为生产计划人员,就需要根据不同的生产类型采用不同的生产计划策略,不可照搬。

四、滚动式生产计划方法

(一) 滚动式生产计划的基本模式

滚动式生产计划的基本模式是把计划分为两个时段进行编制:执行计划与预计计划。执行计划即当前正在执行的计划,是比较详细的计划,一般不可以再变动的。预计计划是未来的计划,一般比较粗,有调整的余地,当预计计划转为执行计划时,需要根据三个方面的信息进行调整:需求的变化、生产条件的变化、上一时段的计划的执行结果的差异分析。

滚动计划的基本原则是"近细远粗",按照"预测-计划-执行-调整"的基本工作思路,随着时间的推进,不断地滚动前进。每一计划阶段完成后进入下一阶段的计划时,都是根据前一计划循环的计划执行结果调整,使执行计划与预计计划相互衔接,粗细结合,动静结合。

滚动式生产计划需要确定两个时间单位:计划期与滚动期。

(1) 计划期。滚动计划的计划期是生产计划的时间跨度,根据生产计划的不同层次,中长期计划一般是年为计划期、中短期计划为季、月、周。

(2) 滚动期。滚动期是修订生产计划的时间间隔,一般滚动期是执行计划的时间长度。根据生产计划期的长度,滚动期有季滚动、月滚动、周滚动等。

图 7-3 为滚动式生产计划方法的示意图。

(二) 滚动式生产计划的优点

滚动生产计划把计划按照时间分段执行,做到了长短结合、粗细结合,提高了计划的科学性与可行性。滚动式的生产计划具有如下优点。

(1) 生产计划具有远见性与严肃性。滚动计划近细远粗,一方面充分发挥长期计划对短期计划的指导作用,使短期计划受长期计划的约束,另一方面根据需求与条件的变化进行调整,从而使计划

> **学而思,思而学课堂思考题**:滚动计划的思想可以用到很多场合,举例说明你自己的学习中有没有采用滚动计划的思想。

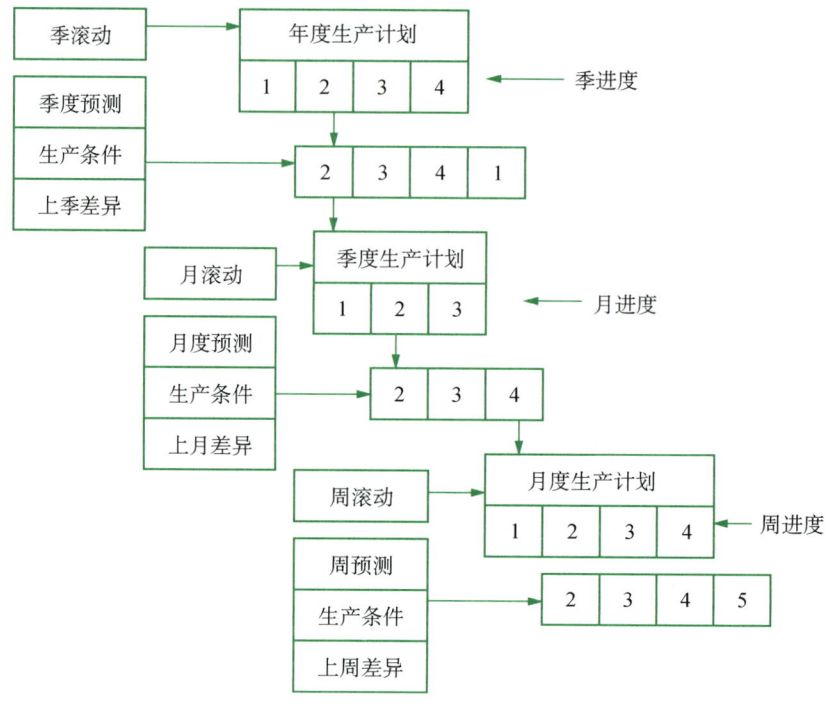

图 7-3　滚动式生产计划方法

具有预见性与严肃性。

（2）有利于提高生产计划的连续性与稳定性。按期滚动生产计划,保证了生产计划的衔接,避免了生产任务的大起大落,从而提高了生产计划的连续性与稳定性。

（3）提高生产计划的灵活性与指导性。在滚动计划中,从预测需求到实施计划,不断根据市场需求的变化和生产经营条件的变化进行修改、调整和补充,从而提高了生产计划的指导意义与对于市场需求变化的适应性。

 企业风景线

广州丰田的滚动生产计划

汽车制造企业对生产计划采用滚动的方式制定生产计划。广州丰田公司的生产计划按照时间长度分为:年度计划、季度计划、月度计划及日程计划,其中年度计划为 3 年计划形式,每年分别于年末的 11/12 月向公司内部公布一次,年中 5~7 月间再进行修正之后的 2.5 年计划。季度计划则根据年度经济的发布,进一步确定每一季度的计划,确定大宗物料及进口物料需求的发布。月度计划是指丰田每个月（N 月）会滚动更新未来的 4 个月（N+1,N+2,N+3,N+4）的月度计划,月度生产计划规则如表 7-2 所示。

计划项目	N+1月	N+2月	N+3月	N+4月
表 7-2		丰田公司的月度生产计划规则		
车辆台数计划	○	○	○	○
车辆台数确定计划	○	○	+	+
车型、规格、颜色确定	○	+	+	+
每日车辆台数计划	○	○	+	+

其中,$N+1,N+2$月确定每日的生产台数,$N+1$月确定所有车型的规格和颜色。日度计划需要根据平准化原则对各种配置车型的生产计划进行均衡化的编排,包括车型、颜色、内装饰风格、发动机类别以及变速箱类别等。

最后生产计划系统需要提前4天锁定计划并发送到排程控制系统进行平准化排序,即 D 日发送 $D+4$ 日的计划。

第二节　综合生产计划的编制

综合生产计划也叫生产计划大纲,是一种中期的生产计划。一般是指产品大类年度计划,它规定某一年度内企业生产的主要经济指标,如品种、产量、产值等。

备货型生产与订货型生产的综合生产计划决策重点有所不同。备货型生产的决策重点是品种与产量的决策,而订货型生产的决策重点是品种、产量、价格与交货期决策。

不管是订货型生产还是备货型生产,综合生产计划的基本任务是产品品种的选择(或订单选择)、产量优化、进度安排,下面我们就重点讨论这几个问题。

一、品种决策

(一) 订货型生产的品种决策

在订货型生产中,品种的选择一般根据用户订单决定,因此品种的选择实际上就是订单的选择。许多企业常常由于订单选择不当导致生产不能按期交货影响了企业的声誉,或者由于生产计划与销售计划不能很好配合使生产部门与销售部门出现矛盾。因此销售部门在接受生产订单时有必要和生产部门以及其他部门一起共同制定一个订单选择的决策程序。

订单的选择策略有两种:即时订单选择法和累积订单选择法。即时订单选择法是每接到一个订单即对每一份订单进行评价,做出是否接受订单的决策。累积订单选择法是把接到的订单累积起来,在固定的期间内,从中选择订单,并决定订单的优先权。

订单的选择是一个多目标的综合决策问题,当业务部门(销售部门)接到客户的订单后,需要根据企业的实际与其他部门协商,从以下几个方面考虑是否接或接多少订单:

(1) 企业产品战略规划;

（2）对客户质量要求的满足能力；

（3）生产成本与利润大小；

（4）对客户的交货期要求的满足能力；

（5）物资供应的能力。

这些问题涉及企业的多部门，包括生产、工程、物资、质检、财务等部门，企业每接一份订单，特别是大的生产订单，尽量召开由以上相关部门参加的生产协调会议，评估企业对订单的接受能力，然后做出决策。

大多数企业接受订单都是以利润最大化为主要的决策目标，基于这一目标，订单选择的方法，可以采用：

（1）用线性规划、整数规划等确定利润最大的订单组合；

（2）在所有订单中，按照某种标准确定订单的优先权，根据优先权选择满足生产能力的订单。

（二）备货型生产的品种选择策略

备货型生产的品种选择与订单生产方式不同，主动权在企业。企业可以根据自己的经营战略来确定生产或者不生产什么产品。一般，备货型生产选择产品的原则是：

（1）优先选择需求增加率与利润增长率高的产品；

（2）优先选择有市场发展潜力的产品；

（3）优先选择能树立企业品牌优势的产品；

（4）优先选择国家扶持发展的产品。

备货型生产的产品选择是一种产品组合问题，目前有三种可供企业应用的产品组合策略。

1. 波士顿矩阵策略

波士顿矩阵是波士顿公司首创的一种业务分析方法，它通过对销售增长率与市场占有率两大指标的评价分析，在一个两维的平面图上分析产品的组合，如图 7-4 所示。

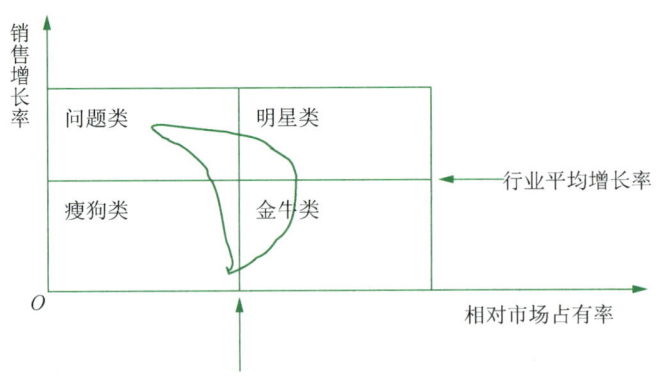

图 7-4　波士顿矩阵分析图

波士顿矩阵的横坐标表示企业产品的相对市场占有率，以企业与最大竞争对手的市场占有率之比 1：1 为分界线。纵坐标是产品的销售增长率，以行业的平均增长率为分界线。把企业的产品分为 4 类。

（1）问题类。该类产品的市场销售增长率高，但是相对市场占有率低，如新产品。

（2）明星类。当问题类产品成功后就会变成明星类产品，如名牌产品。该类产品能保持较高的销售增长率与市场占有率，是市场中的领先者。

（3）金牛类。当企业某一产品市场占有率低于行业平均增长水平，但仍能保持较高的市场占有率时，这类产品是金牛产品。这类产品具备规模经济与较高的利润率，能为企业带来大量的现金收入，有稳定的销售利润，是企业的大众化产品。

（4）瘦狗类。这类产品的市场销售增长率和市场相对占有率较低，利润率低，有时可能出现滞销与亏损，这类产品企业必须根据市场预测与盈亏情况分析，作出是否再生产或淘汰。

在正常情况下，企业产品的发展要遵循"问题→明星→金牛→瘦狗"的正常顺序。企业的产品组合应集中在明显类与金牛类，问题类产品即新产品，不能停，但是也不宜太多；瘦狗类不能太多，要形成一个"月牙形"。

2. GE公司矩阵法

美国通用电器公司（简称GE公司）提出的另一种业务分析方法——GE矩阵法可以用于产品的优化组合。GE矩阵法与波士顿矩阵法类似，但是波士顿矩阵法偏重分析过去和现在的状况，而GE矩阵法则偏重分析现在与未来的状况。

GE矩阵法按照产品实力与行业吸引力把产品分为三大区域九类，如图7-5所示。图中左上角的三个格子表示最强的战略产品单位（如A），企业应该采用投资-拓展的策略。从左下角到右上角的对角线上的3个格子表示中等状态的战略产品（如B和C），企业应采取选择-盈利策略。右下角的三个格子表示产品的总体吸引力很低（如D），企业应采取收割—放弃策略，即有利可图时，继续生产，无利可图时应撤退。

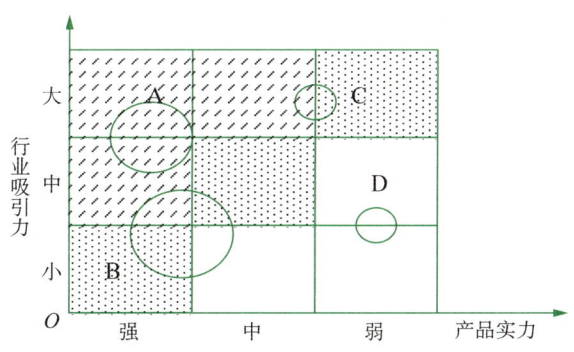

图7-5 GE矩阵法分析图

3. 收入-利润顺序法

收入-利润顺序法是将产品按照销售收入与利润的大小进行排序，组成一个矩阵图，如图7-6。

按照收入-利润的大小顺序，产品可分为四大类。

（1）处于左下角的位置的产品，如A，收入与利润都比较高，在市场中有竞争力，属于可继续生产的产品。

（2）右上角的产品，如B，收入与利润都比较低，这类产品有两种可能：一种是已经处于衰退期的老产品，应该停止生产；另一种可能是新产品，处于成长期，顾客不了解，销售额低，工艺技术也不成熟，可继续生产，并通过扩大宣传与促销提高销售收入。

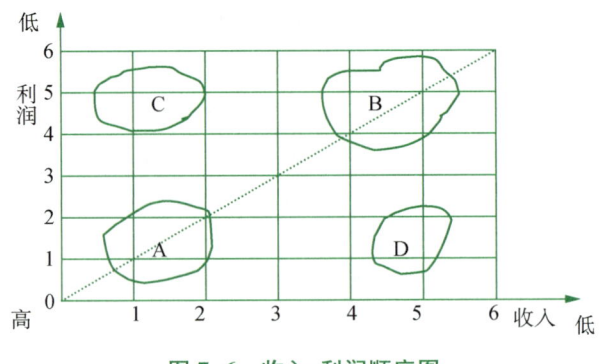

图 7-6　收入-利润顺序图

（3）处于左上角的产品，如 C，收入比较好，但是利润不高，可能价格低，或成本高的，因此应做分析后决定是否生产。

（4）右下角的产品，如 D，利润高，收入不高，应属于可继续生产的产品。

二、产量优化

当生产的产品品种确定以后，生产计划的主要任务就是优化各种产品的计划生产数量，使企业的利润达到最大化。由于产量的优化涉及到人力、设备、材料、资金等多方面的因素与约束条件，因此产量的优化需要考虑多方面的约束，一般采用线性规划的方法。

一个最简单的线性规划模型：

$$目标函数：\mathrm{Max}\ Z = \sum_{i=1}^{n} c_i x_i \tag{7-1}$$

$$约束条件：\sum_{i=1}^{n} a_{ij} x_i \leqslant b_j \quad j = 1, 2, \cdots m$$

$$x_i \geqslant 0$$

式中：x_i 为 i 产品的计划产量，c_i 为第 i 产品的单位利润，b_j 为第 j 种资源的可用量，a_{ij} 为一个单位 i 种产品需要 j 种资源的数量。

应用例题 7-1

某企业需要生产 6 种产品，各产品需要使用的原料有 4 种，各产品单位产量对原料的使用量、每种原料的最高供应能力、单位产品的利润等基本数据如表 7-3 所示。

表 7-3　　　　　　　　生产计划基本数据

产品	P1	P2	P3	P4	P5	P6	可供应量
原料 1	2	3	2	4	2	2	500
原料 2	2	3	4	3	4	5	680
原料 3	2	2	3	1	5	2	400
原料 4	3	3	3	2	1	1	700
单位利润	18	30	25	21	21	27	

根据以上的数据，可以建立线性规划模型：

目标函数：$Max Z = 18x_1 + 30x_2 + 25x_3 + 21x_4 + 21x_5 + 27x_6$

约束条件：

$$2x_1 + 3x_2 + 2x_3 + 4x_4 + 2x_5 + 2x_6 \leqslant 500$$
$$2x_1 + 3x_2 + 4x_3 + 3x_4 + 4x_5 + 5x_6 \leqslant 680$$
$$2x_1 + 2x_2 + 3x_3 + 1x_4 + 5x_5 + 2x_6 \leqslant 400$$
$$3x_1 + 3x_2 + 3x_3 + 2x_4 + 1x_5 + 1x_6 \leqslant 700$$
$$x_1, x_2, x_3, x_4, x_5, x_6 \geqslant 0$$

采用 Excel 求解得：$x_1 = 0, x_2 = 121.8, x_3 = 21.8, x_4 = 0, x_5 = 0, x_6 = 45.5$

总利润为 5 427.2

在实际中，许多企业的生产除了利润最大化这样一个目标外，还有其他的目标，因此生产计划的决策也是一个多目标的决策问题。多目标的优化一般采用转化为单目标的方法求解。转化的方法有加权法、效用系数法、序列或优先级法、非劣解法等。

三、生产进度安排

产品品种与产量确定以后，生产计划的最后一步工作就是将生产计划量按照时间进度，分阶段（季度或月份）分配到各时间段上，合理利用生产能力与企业的各种资源。生产计划排产需要考虑需求的波动特征，调整生产计划，因此应对非均衡需求的生产计划策略对生产计划制定是很重要的。

（一）非均衡需求处理策略

生产与需求总是存在矛盾，因为需求是变化无常的，因此生产计划是否能够反映需求的变化是能否提高生产计划有效性的关键。比较常用的处理非均衡需求的基本策略有三种：均衡策略、追赶策略、混合策略，如图 7-7 所示。

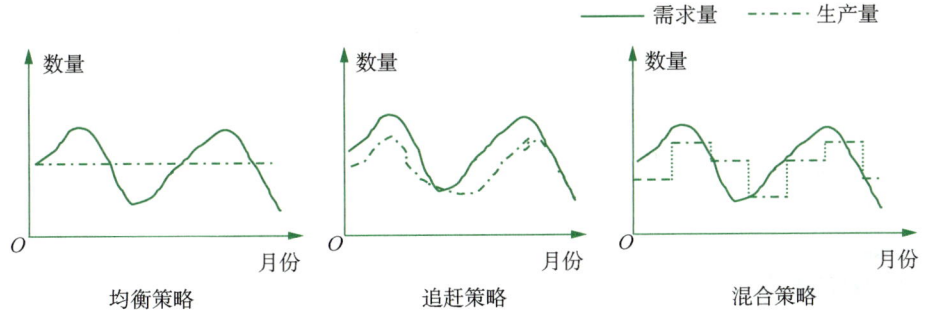

图 7-7 三种平衡生产与需求的策略

1. 均衡策略

均衡策略是保持生产率不变，生产维持一定的水平，不随需求而变动。这种策略满足市场需求的变化是通过库存来调节的，当销售量降低时，库存增加，当销售量增加时，库存减少。

均衡策略适用于需求变化不是很大的情况,如大量生产装配工业、流程工业的生产等。均衡策略生产管理比较方便,有利于生产计划的制定与执行。

2. 追赶策略

追赶策略是生产计划量随需求而变,不断追赶需求的变化。这种策略的库存量比较小。追赶策略能够保持准时化生产,即快速满足需求变化,但是生产计划与执行难度大,生产调整的工作量大。追赶策略一般采用加班、减员或外包业务的方法实现。一般订货型生产和需求变化大的备货型生产比较适合于采用追赶策略。

3. 混合策略

混合策略是将均衡策略与追赶策略混合使用,基本思想是分阶段跟踪需求的变化,即采用长期追赶,短期均衡的策略,即从长期看是追赶的,但在一定的短期范围内是均衡的。当需求变化规律不明显,以及混合生产(备货与订货型)情况下可以采用混合策略。

均衡策略能发挥长期与短期计划的优点。一方面在短期内采用均衡生产计划的方式,使生产组织方便,有利于稳定生产秩序与设备的利用;另一方面从长期范围内采用追赶的策略,最大限度利用流动资金,减少滞销与积压。

采用什么样的策略,企业应比较两种费用的关系:一是变动生产水平的费用;二是库存费用。

(1) 变动生产水平的费用。改变生产水平的费用主要是加班费用、临时外包的加工费用、临时招聘工人与解聘工人的费用、培训工人的费用等。变更生产水平的费用大小取决于3个因素:紧急改变还是正常改变、当时的生产水平、变更的幅度。

(2) 库存费用。库存费用包括提供存储装备和劳务需要的费用,以及存储的报废、贬值、占用资金利息等。

一般情况下,当变更生产水平所需的费用大于维持库存所需要的费用时,采用均衡策略为好,相反则应采用追赶策略。

在实际生产中,企业做生产计划时,通过调整生产能力满足需求,不同的行业有不同的处理方法。

(1) 设备密集型企业的生产计划。一般像设备密集的企业(如化工企业),生产能力相对稳定,很难通过劳动力的变化来调整能力满足市场需求,这个时候最好采用提高设备利用率,以库存满足需求的均衡策略来生产。

(2) 技术要求比较高的行业的生产计划。这种企业显然不适合采用调整劳动力的办法,因为符合企业需要的熟练劳动力不是随时可以招聘得到的,应该更多采用加班与人员储备的办法来调整生产。

应用例题 7-2

某蚊香厂是一个劳动密集型企业,生产过程中主要是靠劳动力的变化与加班、外包等方式来调整生产能力满足需求。该厂全年生产数据的有关信息如表7-4所示。

这个表显示的生产数据表明,该厂采用的是追赶策略进行生产,通过调节劳动力数量来实现追赶策略。表的计划量、预测量与实际产量不完全相同,这是执行计划过程中的调整结果。

表 7-4		某蚊香厂全年生产数据			
月份	生产计划(件)	实际产量(件)	市场预测(件)	平均在职人数	实际产量占全年的比例(%)
1	27 000	23 157	27 000	50	8.4
2	35 000	32 779	35 000	82	12
3	51 118	51 118	61 000	133	18.6
4	45 144	45 144	45 000	131	16.4
5	19 925	19 925	33 000	127	7.24
6	10 282	10 282	10 000	30	3.74
7	3 000	3 000	5 300	16	1.1
8	1 000	1 000	3 000	15	0.36
9	4 000	4 000	5 000	15	1.45
10	0	0	0	15	0
11	31 000	20 000	15 000	45	7.3
12	83 000	64 754	83 000	150	23.5

(二) 不同生产方式的出产进度安排的策略选择

虽然前面提出了三种基本的出产进度安排的策略,但是不同的生产方式下产进度计划的安排有所不同。

1. 大量大批生产的出产进度安排

大量大批生产一般是面向库存的生产,因此采用均衡的策略比较好,各时段的计划可以采用均匀一致的方式,当产品供不应求时,也可以采用线性递增或抛物线递增的方式。

2. 成批生产的出产进度安排

成批生产的品种比较多,而且是定期或不定期轮番生产,因此出产进度安排不仅要对每一产品按季度、月度分配任务,而且要合理搭配不同品种的生产进度。具体做法有如下几种。

(1) 有合同订货的产品,按合同订货要求的数量与交货期安排,以减少库存。

(2) 产量大的、季节性变动小的产品,按"细水长流"的方式安排。

(3) 产量小的,在符合合同要求的前提下,按照经济批量的原则,集中轮番的方式生产。

(4) 同一系列的产品,尽可能在同一时期生产,有利于组织生产。

3. 单件小批生产的出产进度安排

单件小批生产一般是订货型生产,编制综合生产计划时,往往只有一部分订单,出产进度计划比较粗略。在安排时应注意如下几点。

(1) 小批生产尽量采用"集中轮番"的方法组织生产,以减少同期生产的品种数,提高生产效率。

(2) 单件产品、新产品和需要关键设备的产品,在满足订货合同的前提下,尽可能分季度、分期分批交错安排,避免生产技术准备和设备负荷的闲忙不均。

表 7-5 为产品出产进度表的一个形式。

表 7-5			产品出产进度表										
序号	产品	全年任务（台）	出产进度										
			年度										
			第一季度			第二季度			第三季度			第四季度		
			1月	2月	3月	4月	5月	6月	7月	8月	9月	10月	11月	12月
1	A	500	40	40	40	45	45	45	45	45	45	40	40	30
2	B	480	30	30	30	35	35	35	35	35	35	30	30	20
3	C	300	50	50	50	50	50	50						
4	D	200				50	50	50	50					
5	E	100								20	20	20	20	20
6	F	615	50	50	50	55	55	55	50	50	50	50	50	50
7	G	670	55	55	55	55	55	55	55	55	55	55	55	55
8	H	735	60	60	60	70	70	70	65	65	65	50	50	50

视野拓展 7-1

供应链协同计划——S&OP（销售与运营计划）

综合生产计划的编制是企业资源能力和市场需求的平衡,在一些大型的、具有复杂供应链结构的企业,特别是一些跨国公司,其生产计划制定需要综合平衡供应链中的供应和需求的矛盾,在制定生产计划时需要建立多部门协调机制,以会议沟通形式同步制定需求计划、销售计划和生产计划,以达到供应链供需平衡,这种计划机制叫 S&OP（销售与运营计划）。在 S&OP 计划机制下,S&OP 团队通过一系列的计划会议,以 1～3 个月的滚动计划,通过调整生产能力、供应能力、库存等策略,制定综合生产计划,满足需求。

扫描二维码了解 S&OP 的基本原理

（三）综合生产计划编制的经验法

综合生产计划编制最终要制定出产品的月度出产进度安排。在实践中,经验法是企业广泛采用的出产进度安排的方法。这种方法按照前面提出的产品出产进度安排策略与原则,根据经验确定各时段的生产计划,然后比较不同的方案的成本,选择成本最低的方案。

经验法的基本步骤如下:

（1）决定每个时期的需求量；

（2）确定各时期的生产能力；

（3）决定正常工作、超时工作以及需要转包的生产量；

（4）确定正常用工成本、增员/减员成本、库存成本；

（5）计算各方案的总成本，比较各种方案，选择成本最低方案。

经验法安排出产进度可以采用表格结合产量曲线图的方式进行分析，逐一比较，选择最佳的方案。表 7-6 为出产进度安排分析表。

表 7-6   **出产进度安排分析表**

时期（月）	1	2	3	4	5	6	7	8	9	10	11	12
预测需求												
最大产能												
计划产出 其中：正常生产 　　　加班生产 转包（外协）生产												
库存 其中：期初库存 　　　期末库存												
成本 其中： 　　　正常生产费用 加班生产费用 转包（外协）合同 增员/减员费用 库存费用 延迟交货损失												
总计成本：												

注：上表中有关计算公式：

期初库存＝上期末库存

期末库存＝期初库存＋计划出产量－需求

平均库存＝（期初库存＋期末库存）/2

正常生产成本＝正常生产量 * 单位产品正常生产成本

加班生产成本＝加班生产量 * 单位产品的加班成本

转包生产成本＝转包生产量 * 单位产品转包生产成本

增员/减员费用＝单位聘用/解聘成本 * 聘用人数

库存成本＝单位库存 * 平均库存量

延迟交货成本＝单位延迟交货成本 * 延迟交货量

进行方案比较时，一般能满足如下几个要求的方案是可行方案：①满足销售需求；②生产均衡性好；③成本最低。

用经验法进行生产计划，要根据需求的特点决定采用什么样的生产策略（即前面介绍的三种非均衡需求的处理策略：追赶策略、均衡策略、混合策略等）。

下面用一个例子用来说明如何应用不同的策略制定生产计划。

应用例题 7-3

某制造商要制定上半年的 6 个月某产品的生产计划。已知信息:现有工人 30 人,采用一班工作制(每天工作 8 小时),每人每天正常生产可生产 10 个产品。每天加班限度为正常的 25%(即最多每天工作时间 10 小时)。正常生产成本为 100 元/单位;加班生产成本为 120 元/单位;而转包合同生产为 150 元/单位;存货持有成本为 10 元/每单位每月。延迟交货成本为 20 元/每单位每月;招聘临时工成本为 1 000 元/人,解聘临时工成本为 1 500 元/人,临时工与正式工的工资率一样。工厂正式工人不进行解聘。

调整生产能力的策略优先次序:①加班;②外包;③使用临时工。也就是说在生产中正常生产时间满足不了需求,优先考虑加班,当加班满足不了需求时考虑转包,或者使用临时工。上半年的需求预测和每月工作天数如表 7-7 所示。

表 7-7 上半年的需求预测和每月工作天数

月份	1	2	3	4	5	6	合计
需求预测	4 000	5 000	6 000	7 000	7 500	6 500	36 000
每月工作天数	22	19	21	21	22	20	125

解:1. 产能分析

首先确定产能,分正常生产与加班生产能力计算。6 个月的工作日各不同,因此产能稍有不同,1 月份工作时间 22 天,2 月份是 19 天,3、4 月份工作时间为 21 天,5 月 22 天,6 月工作 20 天。根据这样的信息可得到每月的正常生产能力(=每人每天生产量×月工作天数×工人数),加班生产能力按照 25% 的加班量计算(=正常生产能力×25%)。由于总需求是 36 000,而总最大生产能力(正常+加班)为 46 875。能力大于需求可以接受生产任务。

2. 均衡策略:稳定工人数,改变库存水平满足需求

总需求是 36 000 单位,因此均衡生产计划的每月生产量为 36 000/6=6 000 单位。以现有员工为基础生产,优先用正常生产,不足部分用加班生产弥补。具体的计划成本分析如表 7-8 所示。在这个计划中,由于 2 月份的正常能力只有 5 700,不足 6 000,采把不足的部分用到 5 月份生产(这样可以减少库存成本)。

表 7-8 均衡生产计划成本分析表

项目		1月	2月	3月	4月	5月	6月	总计
预测需求		4 000	5 000	6 000	*7 000*	*7 500*	*6 500*	36 000
最大产能	正常生产	6 600	5 700	6 300	6 300	6 600	6 000	37 500
	加班生产	1 650	1 425	1 575	1 575	1 650	1 500	9 375
计划产出		6 000	5 700	6 000	6 000	6 300	6 000	36 000

(续表)

项目	1月	2月	3月	4月	5月	6月	总计
其中:正常生产	6 000	5 700	6 000	6 000	6 300	6 000	36 000
加班生产	—	—	—	—	—	—	—
转包(外协)生产	—	—	—	—	—	—	—
库存							
其中:期初库存	0	2 000	2 700	2 700	1 700	500	9 600
期末库存	2 000	2 700	2 700	1 700	500	0	9 600
平均库存	1 000	2 350	2 700	2 200	1 100	250	9 600
成本							
其中:							
正常生产费用	600 000	570 000	600 000	600 000	630 000	600 000	3 600 000
加班生产费用	—	—	—	—	—	—	—
转包(外协)合同	—	—	—	—	—	—	—
增员/减员费用	—	—	—	—	—	—	—
库存费用	10 000	23 500	27 000	22 000	11 000	2 500	96 000
延迟交货损失	—	—	—	—	—	—	—
总计成本	610 000	593 500	627 000	622 000	641 000	602 500	3 696 000

3. 追赶策略:利用加班改变生产能力

以上策略库存成本较大,可以采用另一个追赶策略。每一月都不留库存,需要多少则生产多少。但是这种情况下,前面三个月的内部生产能力可以满足需求,但是后面三个月的能力不足,需要加班。具体计划成本分析如表7-9所示。

表7-9 追赶生产计划成本分析表

项目		1月	2月	3月	4月	5月	6月	总计
预测需求		4 000	5 000	6 000	**7 000**	**7 500**	**6 500**	36 000
最大产能	正常生产	6 600	5 700	6 300	6 300	6 600	6 000	37 500
	加班生产	1 650	1 425	1 575	1 575	1 650	1 500	9 375
计划产出		4 000	5 000	6 000	7 000	7 500	6 500	36 000
其中:正常生产		4 000	5 000	6 000	6 300	6 600	6 000	33 900
加班生产					700	900	500	2 100
转包(外协)生产		—	—	—	—	—	—	—
库存		0	0	0	0	0	0	0
其中:期初库存		0	0	0	0	0	0	0

（续表）

项目	1月	2月	3月	4月	5月	6月	总计
期末库存	0	0	0	0	0	0	0
平均库存	0	0	0	0	0	0	0
成本							
其中：							
正常生产费用	400 000	500 000	600 000	630 000	660 000	600 000	3 390 000
加班生产费用				84 000	108 000	60 000	252 000
转包（外协）合同							
增员/减员费用							
库存费用							
延迟交货损失							
总计成本	400 000	500 000	600 000	714 000	768 000	660 000	3 642 000

4. 混合生产计划

这种采用长期追赶，短期均衡策略，尽量利用正常生产时间，减少加班的数量。前面三个月份以相同的产出生产，都是 5 000 单位，后三个月都是以 7 000 单位均衡生产。因为前面三个月份需求比较低，产生一定数量的库存用来弥补后面三个月的生产能力不足。但是 5 月份会产生 500 的延迟交货。混合生产计划成本分析如表 7-10 所示。

表 7-10　　　　　　　　　　　混合生产计划成本分析表

项目		1月	2月	3月	4月	5月	6月	总计
预测需求		4 000	5 000	6 000	**7 000**	**7 500**	**6 500**	36 000
最大产能	正常生产	6 600	5 700	6 300	6 300	6 600	6 000	37 500
	加班生产	1 650	1 425	1 575	1 575	1 650	1 500	9 375
计划产出		5 000	5 000	5 000	7 000	7 000	7 000	36 000
其中：正常生产		5 000	5 000	5 000	6 300	6 600	6 000	33 900
加班生产					700	400	1 000	2 100
转包（外协）生产								
库存								
其中：期初库存		0	1 000	1 000	0	0	0	2 000
期末库存		1 000	1 000	0	0	0	0	2 000
平均库存		500	1 000	500	0	0	0	2 000
延迟交货		0	0	0	0	500	0	500
成本								

（续表）

项目	1月	2月	3月	4月	5月	6月	总计
其中：							
正常生产费用	500 000	500 000	500 000	630 000	660 000	600 000	3 390 000
加班生产费用				84 000	48 000	120 000	252 000
转包（外协）合同							
增员/减员费用							
库存费用	5 000	10 000	5 000				20 000
延迟交货损失					10 000		10 000
总计成本	505 000	510 000	505 000	714 000	718 000	720 000	3 672 000

从以上三个方案，成本最小是的追赶策略，即第二方案是较好的方案

视野拓展 7-2

综合计划的数学规划方法

感兴趣的同学请扫描如下二维码阅读综合计划的数学规划方法

第三节　服务业的综合计划

虽然制造业的生产计划方法可以用于服务业，但是由于服务业运作上的差异，使服务业在计划与能力规划方面有一些特点。

一、服务业的生产计划特点

服务业与制造业相比，在生产计划与能力规划方面有如下几个方面的特点。

（1）追赶策略是服务业的首选策略。由于服务的"产品"一般是不可以用库存的方式储存起来满足需求，因此服务生产一般采用追赶的方式来满足需求，即当需求增加的时候则扩大服务能力，需求减少的时候则减少服务。

（2）调节生产能力的主要手段是改变人力与场地。大多数服务业是靠人力资源与场地的改变来满足需求的变化，因此调节生产能力的主要手段是改变人力资源与场地的规模。

（3）服务业使用短期调节较之长期调节更有效。服务需求的变化使得服务业的管理者更喜欢使用短期能力调节策略，如加班加点、临时招聘与解聘，这种短期的调节比长期的调节更加有效。

（4）服务业的生产能力更有弹性、模糊性。服务业的服务能力与服务的对象、服务者与服务对象的接触程度等有关，因此同样的服务机构与服务人员，在不同的条件下的服务能力差别比较大，从而导致服务业的能力弹性大，具有更大模糊性。

（5）服务能力与服务业的经营理念与管理模式之间关系甚密。决定服务业的服务能力的因素除了人力资源与场地规模外，服务企业的经营理念与服务管理模式很大程度上也影响其服务能力。因此企业在服务能力扩充时应注意更新服务模式与经营理念。

由于服务业的独特性，除了少数商品服务业（如物流和零售），大多数提供劳务服务的服务企业通常只做能力投入计划（服务资源运行计划），不做服务产出计划。制造企业按照一定的预测需求确定产出计划，然后决定投入资源的能力计划。因此产出计划和能力计划都是明确的，有投入必然有产出。比如，汽车厂根据需求预测制定每个月产出多少汽车（产出计划），然后安排多少机器和工人上班（能力计划），资源的能力投入越多，产品的产出量越多。但是服务虽然需求也可以预测，但是服务不可存储，因此不能像制造一样按照计划"生产"然后存储起来，投入和产出不一定成正比，投入资源多，不一定服务的顾客多。因此产出是不可计划的，只能规划一定时期的投入资源的能力数量。比如，航空公司的生产计划只做航班计划、飞行计划和机组排班计划。但是不能计划每个月运送多少旅客（同样一个航班一架飞机，满员可以运送 100 多人，少则 1 个人都有可能）。同样，医院只能计划每个月的医生和护士的上班人数和排班计划，但是不能计划每个月要医治多少病人；公安派出所只能计划每个月有多少人上班，但是不能计划每个月要抓多少犯罪人员，否则就变成笑话。

二、服务能力管理

（一）服务能力规划策略

服务业在进行能力规划时，以下几种策略可供参考。

（1）扩大服务领域。当某一服务领域的业务减少时，可以通过扩大服务领域的办法，实现年度营业计划完成，如在淡季开发互补性服务。

（2）扩建新的营业网点。扩建新的营业网点是服务业扩大服务能力的一个战略选择，但是扩大服务网点时需要考虑竞争对手的反应，评估风险与收益的关系。

（3）利用价格调节需求。改变价格可以改变服务的需求，它可以从两方面调节需求量与需求达到的时间：高价格抑制高峰时的需求或将它转移到其他时间段，低价格刺激低峰时的需求。

（4）利用促销手段。服务业的生产与销售是同时进行的，因此巧妙利用促销手段有利于计划的落实与完成，比如广告、展销会等。

（5）服务延伸。服务业可以通过服务延伸来增加利润，保证利润计划的完成，如火车售票处增加飞机票船票的销售业务，医院开展一条龙的医疗护理、营养及心理关怀业务。

以上各种服务能力的管理策略，可以用图 7-8 更加详细展示。这个图把服务能力管理的策略分为两大类：需求端的管理策略和供应端的管理策略。

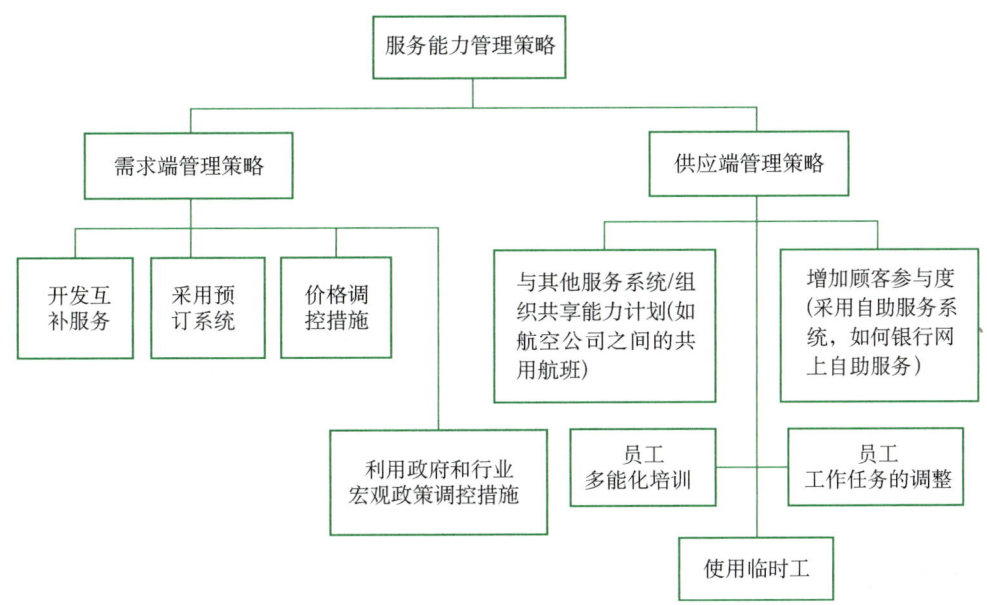

图 7-8 服务能力管理策略

从图 7-8 的管理策略中,我们看出,服务能力管理要从供应和需求两端进行考虑。一般的做法是,当服务能力不足时,首先应该考虑在供应端来增加服务能力供给。在没有办法增加服务供给的前提下,再考虑服务需求调节措施(抑制需求和转移需求)。

(二)服务能力利用率的 70% 原则

从前面的讨论中我们知道,服务企业的运营能力计划是一个非常重要的问题。与制造企业的生产能力计划不同,如何规划一个合理的服务能力利用率对于服务企业至关重要。

通常情况下,制造业追求比较高的能力利用率,这主要是为了减少能力损失,因为在制造业能力损失是一种浪费。为此,制造企业能力利用率一般会达到 90% 以上,特殊情况下超过 100% 都是允许的(在生产任务多的时候为了赶工超负荷运作)。

与制造企业追求高能力利用率不同,服务企业的能力利用率却不是越大越好,有一个比较恰当的水平。理论和实践经验表明,一般的服务系统,顾客服务需求和服务资源的服务能力之间需要保持一个恰当比例。一般而言,服务能力利用率最佳比率是 70%。也就是说,服务能力利用率在 70% 左右的时候服务系统处于最理想的服务状态,低于这个比值和高于这个比值都不是最好的。图 7-9 展示了服务能力利用率的不同区间划分。

在这个图中,根据服务能力利用率划分为三个区间。

(1)**不可服务区**。在这个区域(图 7-9 的左上角区),服务需求大于服务能力,存在大量的顾客不能获得服务,因此顾客服务抱怨增加,服务质量下降。

(2)**可服务区**。在这个区域(图 7-9 的右下角区),服务需求小于服务能力,所有顾客都可以得到服务,顾客满意度一般比较高,服务质量比较好。服务资源有富余,空闲状态出现。

(3)**服务危险区**。在这个区域(图 7-9 中间三角形区),服务系统的能力利用率处于利

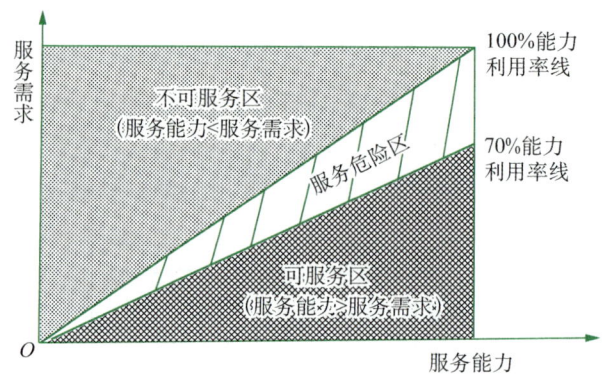

图 7-9 服务能力利用率区域划分图

用率100％和70％线之间,服务系统处于相对饱和的能力利用状态,一旦服务需求超过能力,则进入服务不可服务区,导致服务系统出现问题,因此是服务危险区。

应用例题 7-4

急救中心救护车队的能力规划出了问题

为了展示服务能力70％原则在服务运营中的重要性,并说明如何恰当规划服务能力利用率,这里我们用一起曾经发生在我国某省会城市的真实的医疗急救事故来阐述。事故的原因是因为该城市的急救中心的救护车队伍服务能力有限,无法按时赶到病人需要救助的现场,导致病人死亡的故事。整个事件大致描述如下。

一位青年由于胸膜炎急性发作,母亲拨打急救中心电话。急救中心离该病人的住家距离1000米左右,但救护车在接到电话之后半小时才到达。由于耽误了救护时间,病人在救护车到达之后已经死亡。为此,病人家属起诉该市急救中心,认为急救中心没有尽到救护责任。但急救中心解释:

(1) 全市急救中心共17辆车,17位司机,每天值班车5辆,司机连续工作24小时,之后休息2天。

(2) 有2/3的车辆处于闲置状态,这是因为必须执行劳动法,不得让司机超负荷工作。

(3) 另外还有一些车需要维修。

(4) 根据测算,该市对救护车的平均需求为每天5辆车。

(5) 当时之所以半小时后到达,是因为值班的车都不在,当值班车回来之后急救中心立即调度车辆到达现场。

请你根据服务能力管理的观点,分析该市急救中心这样安排是否妥当,为什么?

解:这个例题的分析,留给学生在老师的指导下在课堂进行讨论。同学在分析讨论时注意如下两点:

(1) 该急救中心的救护车的能力利用率是多少?按照图7-9的划分,这个急救中心的能力利用率处于什么区域?

（2）结合下面的服务应急计划管理的内容，谈一谈这个急救中心今后要避免类似的事故，在应急管理方面需要做些什么改善。

通过这个例子，我们可以看到服务能力利用率控制在一个恰当的水平是多么的重要。

（三）服务应急计划

与制造企业可以按照预先制定的生产计划来正常运行不同，许多服务型企业除了正常的运营计划以外，还需要一套应急计划系统进行应急管理。原因是服务企业的需求和制造企业的需求不同。制造企业的需求相对平稳，需求出现有一定规律，因此生产计划的执行相对来说平稳和可控。相反，服务需求波动比较大，突发性现象比较明显，规律难以掌握。当需求突发增加远远超过服务资源的承受能力，服务系统出现服务负荷远大于正常能力的时候，服务系统如果没有应急的措施，会导致服务系统的崩溃或者混乱，这种情况下，仅仅依靠日常的服务运营计划难以保证服务系统的正常。因此为了保证服务系统能在突发需求到来的时候也能应对自如，减少不必要的损失，服务运营系统就必须有一套应急管理系统，制定相应的服务应急计划。

目前，已经有一些服务企业采用服务应急管理系统做得比较好。比如广州地铁集团公司，每年都对地铁客流出现的突发性高峰期制定有相应的应急计划。每年的几个节日是城市地铁客流的高峰期，比如五一节、国庆节、元旦等，这些节日往往出现客流远超平时，因此该地铁公司制定了一整套完

> 🔖 **学而思，思而学课堂思考题**：思考一下，举办一场体育比赛需要做好什么的应急计划？组织一次户外旅行活动要做好什么应急计划？

善的应急计划体系，在车辆调度和人员上岗安排等都有预先明确的应急方案。除了这种大的节日应急计划，该公司对每天的能力高峰也有一定的应急预案，多年来广州地铁公司由于服务应急管理措施得力，一直以来没有出现过重大的安全事故和突发性危机事件，服务工作得到广大市民的好评。

一般而言，以下这几类服务企业的服务应急计划对于这些企业的正常运行有非常重要的作用：①医院；②旅游、酒店服务企业；③民航、铁路和城市公交服务企业；④快递、电商物流企业。

按照服务应急计划的时间长度，服务应急计划可以分为两类：长期应急计划（战略应急计划）与短期应急计划（战术应急计划）。长期的应急计划需要制定应急物资和人员等长期的应急保障计划，短期的应急计划是根据短期的需求的波动采用临时性的资源调整措施来实行。

三、收益管理策略在服务综合计划的应用

前面我们讨论了服务能力计划的策略，其中就包括需求端的策略。需求调整策略是制定服务综合能力计划的重要手段，通过价格调节主动影响需求可以减少供需矛盾。这种策略叫收益管理或者叫收入管理（revenue management，yield management）。

收益管理是根据不同时期不同顾客需求采取不同的定价策略，以获得最大收益的综合计划策略。收益管理平衡服务能力和服务价格的关系。收益管理最早是从航空服务业应用开始，后来在酒店业也得到广泛应用，是需求和能力管理策略的延伸，它把市场需求管理、能

力管理、定价策略结合起来形成一个综合的增加企业盈利性的运营策略。

收益管理的主要内容包括如下几个方面。

（1）顾客细分和需求预测。

（2）动态定价（根据需求动态调整价格）。

（3）存量控制（也叫能力控制）。

（4）超额预订（比实际能力多的预订数量）。

实施收益管理的企业一般要具备如下特点：一是服务产品价值易流逝，受时间影响大，比如酒店的床位、航空公司的座位，如果顾客不来，其价值消逝；二是可以在消费前进行销售，即可以预售；三是需求波动比较大；四是服务能力相对固定，短期内不易改变；五是顾客对价格敏感；六是服务变动成本低，固定成本高。

早期收益管理主要在航空和酒店业应用，现已扩展应用到服务业，比如：电力行业、物业、医院、租赁业（共享汽车）、场地出租（停车场）、健康培训、互联网服务、电信服务等。

（一）动态定价策略

动态定价策略是提高收益的重要手段，采用不同的时间和不同的顾客应用不同的定价策略，从而达到综合收益最大化。动态定价的前提是顾客对价格敏感，价格变化能够产生刺激或者抑制需求的作用。以某旅游景区的价格变化为例，某旅游景区门票价格对旅游意愿和旅游人数的影响如表 7-11 所示。

表 7-11　　　　　　　　　　某旅游景区门票价格对旅游意愿和旅游人数的影响

门票价格（元）	25	30	45	60	70
日均客流（人）	4 000	3 700	1 600	1 500	800

航空公司是经常采用动态定价策略的企业。图 7-10 显示采用单一价格和动态多价格的情况下收入的比较。显然，在采用动态多价格的时候，可以满足不同的价格顾客的需求，获得更多的收入。

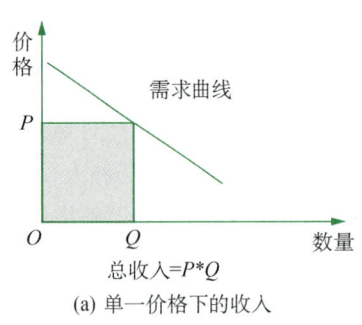

(a) 单一价格下的收入

总收入=P*Q

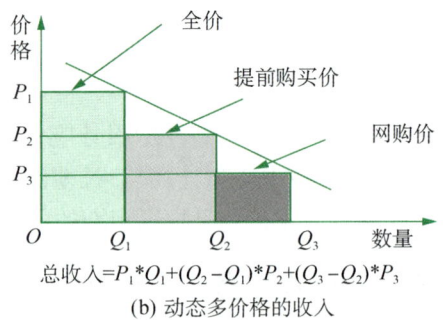

(b) 动态多价格的收入

总收入=$P_1*Q_1+(Q_2-Q_1)*P_2+(Q_3-Q_2)*P_3$

图 7-10　航空公司采用单一价格和动态多价格的收入比较

其他的服务行业，也可以采用类似的价格，比如健身俱乐部目前是比较流行的城市服务业，如果采用单一价格就不能很好满足消费者的需求，因此现在有的俱乐部采用动态价格，可以很好吸引不同的消费者。根据不同情况采用不同的价格，比如，周末和平时价格不同，会员价格和单次消费价格不同，这样吸引不同的顾客。

（二）超额预售

超额预售是预订的数量超过实际可提供服务的能力的服务预售策略。由于采用预订服务，个别顾客由于各种原因取消预订导致服务企业损失掉服务机会，为了减少这种损失，服务企业采用超过实际能力的销售策略。但是，超额销售也存在一个风险，如果预订的顾客都出现（没有取消预订），则服务企业需要提供额外的服务，增加了成本。因此超额预售需要平衡这两种风险损失。

超额预售的决策是一个风险决策问题，一般可以通过损失进行决策，使损失最小化（图7-11）。当销售的数量达到一定数量时，超额预售导致的两个损失：一个是超额预售的顾客来了不能提供预订的服务损失（顾客到达没有服务，需要重新安排服务，如航空公司重新安排航班或者转变航司的航班的损失、酒店安排旅客住高级客房或者其他酒店的损失），二是超额预售的顾客没有来导致服务空缺的损失（航空公司空位或者酒店空房）。因为顾客到达与否是一个随机现象，因此可以通过概率统计方法获得两种情况下的损失，总损失最小的情况就是最佳的超额预售数量。

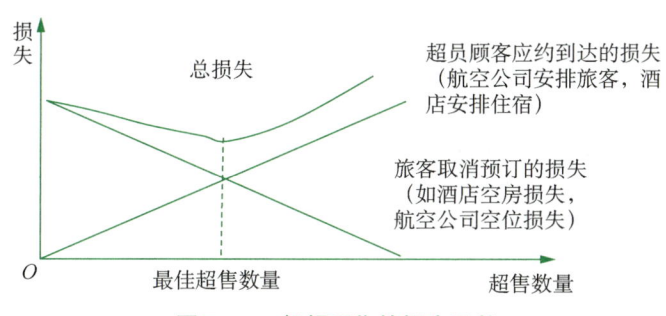

图 7-11　超额预售的损失函数

党的二十大报告精神与企业生产计划和产能规划

制定生产计划是用能力满足需求，是平衡供给和需求之间的矛盾。计划不如变化快，企业生产什么产品，面对什么市场，都要搞清楚。有的产业，有的产品产能过剩，但是有的产业供不应求，这就是我国中央领导讲的供给侧结构性矛盾问题。

我们要坚持以推动高质量发展为主题，把实施扩大内需战略同深化供给侧结构性改革有机结合起来，增强国内大循环内生动力和可靠性，提升国际循环质量和水平，加快建设现代化经济体系，着力提高全要素生产率，着力提升产业链供应链韧性和安全水平，着力推进城乡融合和区域协调发展，推动经济实现质的有效提升和量的合理增长。

——习近平总书记在中国共产党第二十次全国代表人会上的报告

要求：请根据习近平总书记的讲话思路，讨论企业生产计划的决策中如何利用供给侧改革的战略思想选择合适的产品生产，如何构建产能规划，优化能力构建，解决供需矛盾。

关键术语

综合生产计划（aggregate production planning）
生产能力（production capacity）
滚动计划方法（rolling planning method）
服务能力（service ability）

本章小结

1. 生产计划具有层次结构的特征，从决策时间长度、决策内容范围等考虑，可以把计划分为长期计划，如能力规划和选址决策；中期计划，如年度生产计划（综合生产计划）；短期计划，如车间的日程作业计划。

2. 制定一个有效的综合生产计划决策需要各种内外信息，如外部的需求信息、供应信息、外部协作信息等，内部的资源和能力信息、工艺信息、资金信息、燃料和动力信息等。同时科学的计划方法的应用也是提高计划有效性的方法。滚动生产计划是一种提高生产计划有效性的方法。

3. 不管是订货型生产还是备货型生产，综合生产计划的基本任务是产品品种的选择（或订单选择）、产量优化、进度安排。备货型生产和订货型生产的产品决策不同，订单选择是订货型生产的产品决策的核心。

4. 服务业的综合计划决策重点是服务能力规划和管理。服务能力管理可以从需求端和供应端两方面考虑。服务能力利用率的最佳状态是 70%。

5. 由于服务需求的波动性明显，服务业需要考虑建立应对突发性状况的服务能力管理策略——服务应急计划，服务应急计划管理是服务业的一个计划管理的重要内容。

练习题

一、思考题

1. 什么是滚动式生产计划方法？滚动式生产计划有什么好处？

2. 提高生产计划有效性的主要策略是什么？

3. 处理非均衡需求的策略有哪几种？各有什么特征？各适用什么场合？

4. 服务能力利用率通常维持多少最佳？

二、选择题

1. 备货型生产的综合生产计划的特征是(　　　)。

　　A. 预测作为主要计划信息来源

　　B. 订单作为计划主要信息来源

　　C. 生产计划变化大

　　D. 采用追赶策略

2. 滚动式生产计划的好处是(　　　)。

A. 提高计划的连续性　　　　　　　B. 生产计划稳定

C. 可以同时制定不同产品的计划　　D. 生产成本低

3. 追赶策略制定生产计划的特征是( )。

A. 经常加班加点　　　　　　　　　B. 均衡出产

C. 按照预测制定生产计划　　　　　D. 生产管理简单

4. 服务能力的最佳利用水平是( )。

A. 100%　　　　　　　　　　　　　B. 70%

C. 50%　　　　　　　　　　　　　 D. 小于70%

三、判断题

1. 滚动生产计划既有连续性又有稳定性。 （ ）

2. 波士顿矩阵法进行产品组合分析主要基于产品的潜在竞争力分析。 （ ）

3. 追赶策略制定生产计划可以实现库存最小化。 （ ）

4. 服务业的长期能力调整比短期能力调整更有效。 （ ）

5. 服务能力利用率越高越好。 （ ）

四、计算题

1. 某工厂接到四份顾客订单,订单的加工时间和利润如表 7-12 所示,总可用工时是 200 小时,试确定该公司如何接受顾客的订单。

表 7-12　　　　　　　　　　　　　　订单加工时间和利润表

项目	订单			
	A	B	C	D
加工时间(小时)	50	75	60	80
利润(万元)	400	650	500	700

2. 某机械加工厂有 4 个生产车间,目前有 A 和 B 两种产品要生产,其生产工艺过程的工时定额、两种产品的单位利润如表 7-13 所示。求可使利润最大化的产量计划。

表 7-13　　　　　　　　　　　　某机械加工厂两种产品生产情况

	甲车间	乙车间	丙车间	丁车间	单位利润(元)
A	12	32	12	25	10
B	25	16	23	28	15
生产能力(h)	800	1 500	900	1 200	

案例讨论

电动玩具厂的生产计划

　　某电动玩具厂是一家有 10 多年历史的玩具生产民营企业,由一名企业家投资兴建。玩具厂公司产品大部分销往欧美国家,出口总额占总生产量的 75%。该公司为了提高经营效益,减少对国外订单的依赖,最近几年致力于开拓国内市场。

预测未来一年的需求如表 7-14 所示。

表 7-14 未来一年的需求 单位:件

1月	2月	3月	4月	5月	6月	7月	8月	9月	10月	11月	12月
6 000	6 500	5 000	4 000	5 400	4 000	3 000	4 000	6 000	6 100	7 000	6 500

该公司要根据这些需求数据制定未来 1 年的生产计划,确定各月的产品出产进度。该公司现在有两条生产线,每条生产线现有工人 25 人,每月工作天数如表 7-15 所示。

表 7-15 各月工作天数

1月	2月	3月	4月	5月	6月	7月	8月	9月	10月	11月	12月
22	20	21	22	21	20	21	21	21	20	21	22

该公司采用一班工作制(每天工作 8 h),每人每天正常生产可生产 10 个产品。每天加班限度为正常的 25%(即最多每天工作 10 h)。正常生产成本为 100 元/单位;加班生产成本为 120 元/单位;而转包合同生产为 150 元/单位;转包的生产能力没有限制。存货持有成本为 10 元/每单位每月。延迟交货成本为 20 元/每单位每月;招聘临时工成本为 1 000 元/人,解聘临时工成本为 1 500 元/人,临时工与正式工的工资率一样。公司正式工人不进行解聘。

该公司采取调整生产能力的策略优先次序:①加班;②外包;③使用临时工。也就是说,在生产中正常生产时间满足不了需求,优先考虑加班;当加班满足不了需求时,考虑外包或者使用临时工。

问题:

为该公司制定均衡生产计划与追赶生产计划,确定哪个生产计划的成本更低?

 在线仿真实验

综合生产计划

根据学习资源中的资料进行相关仿真实验。

第八章　库存管理

 学习目标

学习内容	学习目标	学习难度	重要程度	应掌握知识点
库存管理概述	熟悉	☆	★★	库存问题类别 库存控制系统
库存决策模型	掌握	☆☆☆	★★★	单周期库存决策模型 定量库存系统决策 定期库存系统决策
库存分类管理与库存周转分析	熟悉	☆	★★	ABC 分类管理思想 库存周转率定义

引导案例

京东的智慧供应链库存管理

供应链从某种意义上来说也是一个库存链，库存周转和现货是其中最重要的指标。如何保持高于 90% 的现货率呢？对京东来说，面对千万级的自营商品，仓储网络层级极其复杂，采销人员人均所需要负责的商品数量已高达万计。如何将几万个供应商提供的各种商品合理地布入各个仓库，通过物流配送将商品快速提供给用户？

对于内部库存来说，京东通过大数据预测对区域的消耗进行内配，综合商品的畅销等级、商品销售预测、公司经营战略等因素，并结合京东仓储布局情况，计算仓与仓之间的补货或回退建议，并根据这些建议自动生成生产内配单据，协助仓储管理人员管理实现补货和货物的回退，提升运营效率，降低运营成本。目前智能调拨系统已覆盖了京东全业务范围的仓储模式，仓间补货已实现全自动化，无须人工管理，完全依赖通过大数据建立的神经网络，每天处理数以万计的补货、调拨、回退等业务。

同时，对供应商来说，如何进行科学补货，在保证现货率同时拥有合理的周转一直是难题。京东通过大数据、机器学习等技术打造的智能补货，有效地解决了补货数量难确认、补货时间难找准、操作烦琐耗时间等难题。经过 3 年的用户行为数据和业务数据双积累，产品流程不断优化，并深入融合业务进行算法模型优化，创新出包括默认标准模型、安全库存模型、新品模型、季节品模型、长尾品模型、大家电模型、补货点百分比模型、以供定采模型、图书补货模型、图书不动销模型等 10 种算法模型。据透露，京东目前在已使用智

能补货的重点品类中库存周转天数降低20%,重点商品现货率提高5%,并可使人员效率大大提升。

资料来源:根据网络资料整理。

问题:

1. 京东是如何利用智慧供应链协同技术实现库存的高效管理的?
2. 库存管理应该包括哪些工作内容?

也许每一个企业都能举出种种理由要储备物资——稳定生产、防止短缺、提高服务水平、缩短交货期、平抑需求波动、持货看涨,等等。然而,每一个企业都在为自己的库存付出代价——风险与成本。没有人能预测到企业储备的物资,是否会失去市场与使用价值。更加可怕的是企业因为库存而掩盖管理中的缺陷,使企业丧失竞争力。企业需要寻找得与失的最佳平衡,这是本章要深入讨论的话题——库存管理。本章将讨论库存管理的基本概念和管理库存的理论和方法,包括单周期库存决策、多周期的库存控制系统——定量库存控制系统和定期库存控制系统的基本决策和运行策略、库存分类管理、库存周转等基本库存管理概念和理论。

第一节　库存管理概述

一、库存的定义与作用

(一)库存的定义

库存从广义来讲,是指一切处于闲置状态的用于未来的资源,如人、财、物、信息等。本书介绍的是供应链中的物质库存。从供应链的角度看,库存有不同的状态,供应商有原料或者半成品库存,制造商有原料、半成品、产品库存,分销/零售商有商品库存。供应链上不同状态的物质库存如图8-1所示。

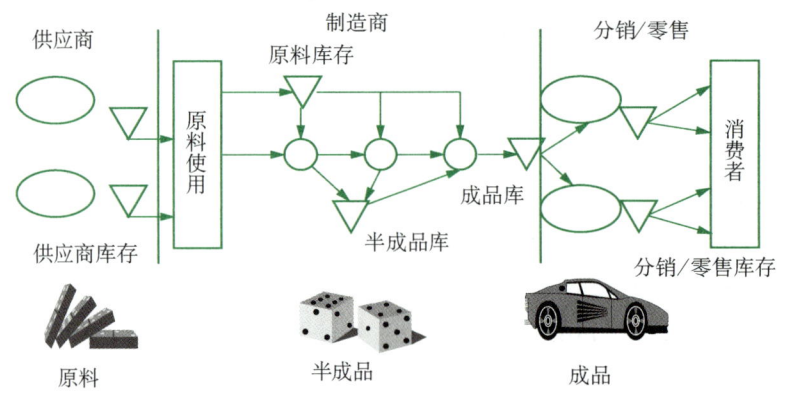

图8-1　供应链上不同状态的物质库存

（二）库存的作用

库存是闲置的资源，从管理上讲，库存是企业业务流程无法达到无缝连接的结果。设想一个理想状态：超市里顾客需要的东西立马就从供应商生产线送到顾客手上，超市不需要商品仓库；每一个家庭，如果家里需要的菜肴食品，用手机上网购物平台点击购买需要的商品，商家可以立马送到家门口，家庭不需要冰箱存放食品；如果制造工厂的车间生产的原料，向供应商发送订货指令，供应商立马把原料送到车间现场，工厂不需要原料仓库。我们可以想像出任何一个不需要仓库的理想状态。但是现实很残酷。可以说，由于生产和生活中的各种业务流程之间无法达到无缝连接，没有库存，现实生活几乎不能正常运转。因此，库存有其重要的作用。

（1）应对需求不确定性。当需求波动时，有库存可以随时满足需求。商店如果有库存可以随时满足顾客订货，工厂有物料库存可以随时进行生产。

（2）应对供应不确定性。作为供应链上一个环节，制造企业需要原料供应，零售企业需要制造企业供应货物。然而，作为供给一方企业，在供应过程中，可能由于各种原因会不能按时交货（交货数量或者交货时间），从而影响下游企业运营。为了保持业务正常，减少供应不确定性的风险，供应链上的企业都维持一定库存。

（3）缩短交货时间，减少顾客流失。企业有库存可以及时交货；如果没有库存，等到订单来再组织进货或者生产，顾客就需要更长的等待时间，不耐烦的顾客就因此流失掉。

> ❓ **学而思，思而学课堂思考题**：从管理上讲，库存有什么弊端？

（4）应急储备，保持社会稳定。企业需要库存是为了经营需要，国家也需要库存，是为了社会安定。国家有储备粮以便在发生灾害的时候进行应急救灾和稳定市场。

（5）减少订货费用和生产准备费用。如果没有库存，企业就得一旦有需求就进货，或者生产，就会频繁地进货或者进行生产准备，这样订货费用或者准备生产的费用比较高。如果按照一定的批量进行订货或者生产，维持一定库存，就可以减少采购次数或者生产准备次数，从而减少订货或者生产准备费用。

（6）投机和避免市场价格波动造成损失。有的企业在采购物资的时候，特别是期货市场，物资价格是随时波动的，如果市场未来的价格上涨的，提前采购维持库存是可以减少未来价格上涨的损失的。也有企业"持货看涨"，当预期未来价格上涨的时候，低价购入，以期未来涨价的时候销售，这是投机行为。

（7）保持生产连续性。生产过程中，由于不同工序的能力是不同的，或者由于生产过程因为人员或者设备原因导致工序之间不能正常连续生产，如果工序之间保持一定的库存可以防止中断，维持生产连续性。

库存虽然具有以上作用，但是库存本身是一种资金占有，因此库存其实是一种不流动的资产。而资金不流动，就不能创造价值。因此，库存越多，占用的不流动资金越多，企业创造价值的机会损失越多。因此，如何合理设置库存并减少库存，提高库存流动性是库存管理的核心。

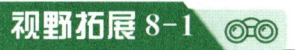 视野拓展 8-1

持有库存的目的多种多样，但是核心的理念是从企业利益出发，使企业损失最少或

者获利最大,扫描二维码观看新闻视频,思考该豆制品厂要储备这么多大豆目的是什么?

二、库存问题分类

对库存问题有不同的分类方法,根据库存物品的需求特征,本书把库存问题按照图 8-2 进行分类。

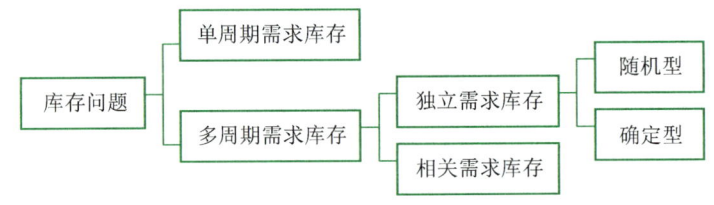

图 8-2　库存问题的分类

(一) 单周期需求库存问题

如果对物品的需求是一次性的,这种需求即为单周期的需求,对这类物品的库存管理称为单周期的库存管理。单周期需求的库存在实际生活中并不多,主要是一些特殊的商品,如为某种节日准备的商品(中秋月饼、圣诞树)、需求时间短的物品(如纪念品)等。单周期库存一般库存时间不长,不存在库存订货点与库存检查期的决策问题,其主要决策变量是订货量。由于单周期需求的库存订货量决策具有较大风险性,因此如何优化订货量是单周期库存问题的核心。

(二) 多周期需求库存问题

在实际生活中,大多数的库存问题都是多周期库存问题。多周期需求是在较长时间内反复发生的需求,库存需要不断补充,因此多周期库存问题的决策包括:

(1) 何时订货?

(2) 每次订多少?

(3) 多长时间检查库存?

回答这些问题是多周期库存控制的核心。

(三) 独立需求库存与相关需求库存问题

多周期库存问题根据需求物资之间的关系又可以进一步分为独立需求的库存问题与相关需求的库存问题两种。独立需求是指不同物资的需求是互不相关的,需求的变化是独立于企业管理者主观控制能力之外的,其数量与出现的概率是随机的、模糊的、不确定的,因而只能通过预测的方法来确定。在制造企业中,产品的库存是独立需求库存。相关需求是指某一物资的需求与其他物资需求相关,其需求的数量与需求时间与其他的物资需求之间存在一定关系,因此可以通过一定的数量关系推算得到,比如制造业中半成品与原材料的库存就是相关需求的库存。半成品与原材料的需求可以通过产品的结构关系与一定的生产比例关系确定,而不需要预测。

三、库存成本

库存管理从本质上讲是成本控制问题,目标是以最少的库存成本获得最高用户满足率,也就是库存服务水平。因此了解库存相关成本,对于正确指导库存管理是非常重要的。库存成本包括如下几种。

(一)存储成本

存储成本是物资存放于仓库中需要支付的费用,这些费用包括:

(1)资金成本,比如采购的物资是通过贷款与借款的方式投资的,那么企业为此需要支付利息与保险金等;

(2)仓库成本,如仓库的管理费用、设备维修费、仓库作业成本等;

(3)物资损耗与变质成本,即物资在存储过程中发生的损耗与变质所导致的损失。

(二)订货(准备)成本

当库存的物资是来自外部的供应者时,库存管理者需要与物资供应者进行物资供应的交易活动,这种订货过程发生的费用是订货费。当库存物资来自库存管理者内部,即自制的物资时,企业要为此进行生产的调整,这种为准备、调整工艺而发生的费用就是准备费用。

(三)缺货成本

当企业库存物资无法满足用户的需求而造成损失时,就发生了缺货成本。缺货成本一方面可能是由于失去赢利的机会而导致机会损失,这是一种机会成本;另一种情况是企业由于缺货而延迟交货而赔偿,或为此进行的补救费用(如加班费)。

(四)货物成本

货物成本是指购买或生产货物需要的费用,这与货物的单价与数量有关。

站在库存管理者的角度考虑库存问题,库存管理的目标就是使这四种成本总量最小化。

四、服务业的库存问题

我们一般说服务是不能存储的,但是不等于服务业没有库存。一些服务企业也有物质库存,比如零售和物流服务业有大量的商品库存,旅游酒店也有物品库存。这里介绍一些与人们日常生活最密切的服务业的特殊库存问题。

(一)医院的药品和血液库存问题

医院的药品和用于特殊治病需要的血液也是医院的常见库存,但是这些库存和工业品的库存不同,属于短生命周期的物品库存,特别是血液库存,需要在短时间内使用和更新。血液的供应源通常来源于社会的自愿捐献,因此受到外界的社会血液捐献的供给量的影响,波动也比较大。

> ❓ **学而思,思而学课堂思考题**:你能够举例说出其他特殊的服务行业的库存类型吗?

（二）新零售商品库存问题

互联网经济出现以后，零售商的在线销售前台和库存后台之间的连接非常重要。由于消费者在线购买行为的变动性比较大，导致需求波动比较大，因此库存信息更新要快，库存补给应该采用连续检查的库存系统，及时响应顾客需求。

（三）酒店客房和航空座位存量控制问题

酒店的客房和航空座位，可以作为一类特殊的"服务库存"。存量控制是服务收益管理核心内容之一（需求预测、动态定价、存量控制和超额预订是收益管理的核心内容）。航空飞机的坐位和酒店床位的超额预售策略就是利用单周期库存的报童模型原理。

（四）电力库存问题

电力行业是一类特殊服务行业，提供的服务产品是电力，电力产生有多种途径，如水电、火电、风电、核电、光电（太阳能）等。按照库存的理论，电力在输送过程可称之为在途库存，多余的电力可以存储起来。电池是一种存储电力的设备，除了电池，还可以把低峰时期的多余的电力通过抽水蓄能的方式（电能转化势能），把电能存在起来到电力高峰需求时再通过水力发电方式进行再利用。

企业风景线

85%产品不入库背后——海尔的数字化大规模定制转型

"从冲压钣金到完成检测封箱下线，生产一台洗衣机只要38分钟，其中内筒只要3分钟。"站在海尔青岛中德滚筒洗衣机互联工厂车间3楼平台，可将生产全貌尽收眼底。工厂前工序生产总监刘泰宏说，箱体、内筒的生产，全都搭着缆车般的空中积放链或者电梯前往下一个步骤，大量工作都由自动化、智能化设备完成。

不同于其他长流程制造工厂，这座工厂产线很短，也看不到物料存储、运输、调配的杂乱场面，地面、空中积放链、地下3层组成的立体智能物流配送体系构建起这座立体工厂的框架，多道工序高效协同。整个内筒生产车间，只见机械快速而有条不紊地运行，罕见工人身影。以一体冲压线为例，传统工厂内人工转运高达5次，单工序作业、换模时间长，产品也易损伤、不良率高。通过数字化改造建设互联工厂后，智能冲压精度提升了10倍，快速换型效率提升了100%，AI视觉检测质量提升了30%，噪声则下降了50%，这个环节的用人数量也从16人下降到2人。

高效率意味着大产能。大产能没有高库存，更是海尔制造的新变化。这座工厂生产的洗衣机大多无须进入仓库，因为开产之前就已"名花有主"，一下线就包装，再通过物流直达用户或者客户。海尔青岛中德滚筒洗衣机互联工厂年产洗衣机近300万台，每个工作日有超过1万台洗衣机流向世界各地，但厂区仓库很小，只有小面积物流中转站。

在传统制造业，曾有"库存是万恶之源"之说。许多精益管理的企业都在追求加快周转、降低库存。早在2008年，海尔集团就提出"0库存"的目标。经过多年努力，2022年海尔家电全品类不入库率已达85%。

根据海尔智家2022年年报，公司全年营收2 435亿元，冰箱/冷柜、洗衣机、空气能源解决方案、家庭用水解决方案收入均为百亿元规模。如此巨大的产销量,如何做到85%产品不入库?

秘诀在于,海尔这几年实现了"大规模制造"向"大规模定制"的转变。近年来,海尔智家大力推行以用户为中心的大规模个性化定制模式,从根本上保证了低库存。

资料来源:根据网络资料整理。

第二节　库存决策模型

现代库存理论起源于上世纪初。库存理论基本思想是优化库存成本,满足顾客需求(服务水平要求)。库存管理决策的理论模型很多,不同的应用环境有不同的决策模型,本章重点介绍常见三种库存决策模型:单周期的库存决策模型、多周期的定量订货系统决策模型和定期订货系统决策模型。

一、单周期库存决策

上一节已经指出,单周期的库存问题的主要决策是订货量的决策,即如何确定一个最佳的订货量。

由于单周期的需求时间短暂,一旦超过最佳的需求时机,所存储的物品就会低价处理或报废,所以有的企业把单周期需求物品叫时令商品。这种时令商品的订货量必须满足与需求量相当,如果超过需求,则产生过量的存储成本(也叫陈旧成本),如果订货量小于需求量,则产生机会损失成本。最佳的订货量就是使这两种成本总和最小化。解决这样的问题最简单的方法是采用边际分析法。

边际分析方法的原理是,假设订货量为 Q,需求量为 D,考虑增加一个单位的订货量的时候可能导致的过量成本和减少一个单位时可能的机会损失成本,使损失最小。步骤如下。

(1) 确定过量订货时的单位商品的陈旧成本为 C_o(cost of quantity over demand)

$$C_o = C - S \tag{8-1}$$

式中:C 为商品的买入价,S 为商品过量时的处理价。

(2) 确定订货不足时的单位商品的机会损失成本 C_u(cost of quantity under demand)

$$C_u = P - C \tag{8-2}$$

式中:P 为商品正常卖出的价格。

(3) 确定最佳服务水平(临界概率)。

订货决策者的意图是决定一定订货数量的商品,使其最佳地满足顾客需求。设服务水平为销售中需求 D 小于或者等于最佳订货水平 Q^* 的概率,即:$SL = P(D \leqslant Q^*)$。则缺货概率为需求大于订货量的概率,即:$P(D > Q^*) = 1 - P(D \leqslant Q^*)$。边际分析的方法基本思路是,在某一个最佳的订货量 Q^* 水平点,考虑两种可能情况:当多订一份产品的时候可能导致库存成本,而当少订一份产品的时候可能导致机会损失成本,当两者处于均衡状态的时候，即满足如下等式成立时的订货量为最佳订货量。

$$P(D \leqslant Q^*)C_o = P(D > Q^*)C_u \tag{8-3}$$

从上面等式得到：

在最佳订货量下的服务水平（临界概率）为：

$$\text{SL} = P(D \leqslant Q^*) = \frac{C_u}{C_u + C_o} \tag{8-4}$$

（4）确定最佳订货量。

确定最佳服务水平以后，就可以根据需求分布特征，确定最佳订货量。

① 需求为连续随机变量。如果需求是服从正态分布 $d \sim N(\mu, \sigma^2)$，则最佳订货量为：

$$Q^* = \mu + z\sigma \tag{8-5}$$

式中，z 是一个参数，由 $\Phi(z) = P(D \leqslant Q^*) = \dfrac{C_u}{C_u + C_o}$ 确定，它等于从标准正态分布表中找到累积概率等于 $\Phi(z)$ 所对应的 z 值。

② 需求为离散随机变量。如果需求是离散随机变量，一般很难保证累积需求概率等于公式（8-4）的右边的数值，因此通常是选择某一个需求数 D^*，使其累积需求概率 $P(X \leqslant D^*) \geqslant \dfrac{C_u}{C_u + C_o}$，并且两者差最小的，该需求数作为订货量 Q^*。

应用例题 8-1

某商店计划国庆节期间进一批节日商品销售，进购价为每件 5 元，正常售价为 10 元，如果在节日期间没有售完，过期将降价处理，价格将变为 2 元。该商品的需求概率分布统计如表 8-1 所示。问该商店应该订多少货。

表 8-1　需求概率分布

需求 D	300	400	500	600	700	800	900	1 000
概率 $P(X=D)$	0.05	0.15	0.20	0.25	0.15	0.10	0.08	0.02
累积概率 $P(X \leq D)$	0.05	0.20	0.40	0.65	0.80	0.90	0.98	1.0

解：

单位库存成本为：$C_o = 5 - 2 = 3$，单位缺货成本为：$C_u = 10 - 5 = 5$，则最佳服务水平：

$$P(D \leqslant Q^*) = \frac{C_u}{C_u + C_o} = \frac{5}{5+3} = 0.625$$

从表 8-1 看，最佳的订货量为 600。

单周期库存决策模型运筹学叫报童（newsboy）模型。这种决策模型广泛应用于零售行业、航空和酒店业的超额预售,以及任何一次性订货库存问题。

二、多周期库存决策模型

与单周期的库存管理决策只是做订货决策不同,多周期库存控制决策除了订货量的决策,还是需要考虑订货时机问题,也就是什么时候订货。目前多周期的库存决策有两种常见的决策模型:定量订货决策和定期订货决策模型。

在以下的各种模型中,如果不特别声明,各模型的参数含义统一定义如下:TC 为一定时期(年或月)物资库存总成本;D 为库存物资的一定时期(年或月)的需求;C_s 为单位物资的缺货成本;C 为物资的购买单价或单位生产成本;d 为物资的需求率;t 为库存检查期;H 为单位物资的一定时期存储成本;C_o 为订货成本(或调整生产准备成本);L 为订货提前期(或生产提前期);R 为订货点;SS 为安全库存;S 为最高库存水平;Q 为订货批量。

(一) 定量订货系统决策模型

定量订货系统,属于连续检查库存控制系统的一种,也叫(Q, R)策略系统。该库存系统的主要决策变量是:订货批量 Q 和订货点 R。其库存控制的基本原理是:规定一个订货点 R,作为订货触发的时机,连续监控库存水平变化,当库存水平降低到订货点 R 时,就发出一次固定订货量 Q,如此循环往返进行。下面我们先介绍确定需求的情形,然后讨论需求为随机的决策。

1. 经济订货批量模型

经济订货批量模型是最基本的订货模型,它是按照库存总费用最小的原则来决定订货量。为此需要有一些基本的假设:①需求率固定;②订货提前期固定;③订货费用与批量无关;④不允许缺货;⑤每次订货一次性交货;⑥存储成本是存储量的线性函数;⑦产品的价格固定。

把满足上面这些基本假设条件下的连续检查的库存补给(Q, R)策略称为经济订货批量模型,如图 8-3 所示,其中曲线斜率等于需求率。

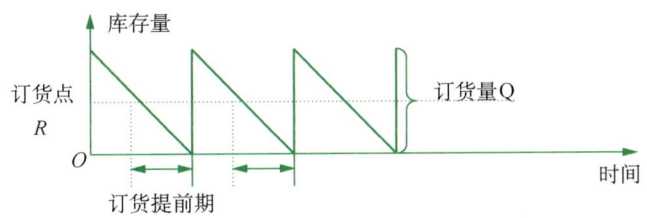

图 8-3 经济订货批量模型库存变化曲线

由于以上假设中需求率与订货提前期都是确定的,故这种模型称为确定型模型(如果需求率、订货提前期是变化的则称为随机型模型。)

库存的总成本为:

库存总成本=货物成本+订货成本+存储成本

即

$$TC = DC + C_o \frac{D}{Q} + \frac{Q}{2}H \tag{8-6}$$

（1）订货量。

上面的式子(8-5)用曲线表示，它是一条下凹的曲线，如图 8-4 所示。

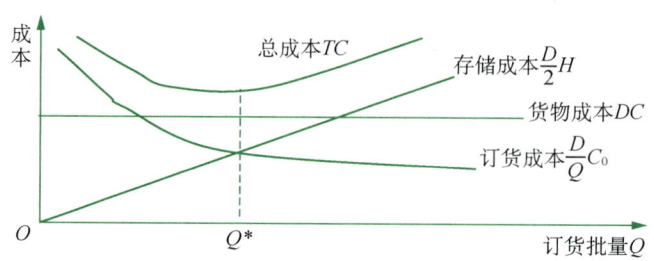

图 8-4 经济订货批量模型的成本曲线

经济订货批量就是使总库存成本最低的批量，如图 8-4 中的 Q^*，将式子 8-6 对 Q 进行微分求导，得经济订货批量的基本公式：

$$EOQ = \sqrt{\frac{2DC_o}{H}} \tag{8-7}$$

（2）订货点。

在该模型中，假设需求与订货提前期是固定的，而且不允许缺货，因此在确定性定量订货系统中，订货点就是订货提前期内的需求：

$$R = L \cdot d \tag{8-8}$$

应用例题 8-2

> 某公司对某产品的需求 $D = 600$ 件／月，订购成本 $C_o = 30$ 元／次，订货提前期 3 天，单位货物存储成本为每月按货物价格的 10% 计算，单价 $C = 12$ 元／件，求经济订货批量 Q^*、每月订货次数、订货点。（每月按 30 天计算）
>
> （1）订货量：
>
> $$Q^* = EOQ = \sqrt{\frac{2DC_o}{H}} = \sqrt{\frac{2 \times 600 \times 30}{12 \times 10\%}} = 173 \text{（件）}$$
>
> （2）月订货次数：
>
> $$n = D/EOQ = 600/173 = 3.45 = 4 \text{ 次／月}$$
>
> （3）计算订货点：
>
> $$R = \left(\frac{600}{30}\right) \times 3 = 60 \text{（件）}$$

经济订货批量模型所解决的是简单的单一产品订货决策问题，当库存物品有几百甚至几千种时,如何处理这种呢? 在这种情况下,一般有三种订货策略:①单个订货策略,②联合订货策略,③混合订货策略。另外,订货批量也需要根据供应与需求双方的情况进行调整。

2. 随机需求条件下定量订货系统决策

经济订货批量模型是假设需求是稳定的情况,假如需求是不确定的,比如正态分布的随机需求情况下,库存决策模型就需要考虑缺货问题。在这样的情况下,订货点与订货量又如何决策呢? 这种情况下就是随机需求条件的库存决策问题。

如果需求是变化的,而且变化是正态分布,而提前期是固定的情况,其基本的库存变化图形如图 8-5 所示。

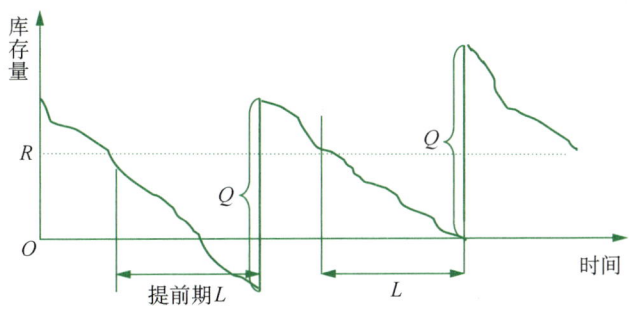

图 8-5　需求变化,提前期稳定的 (Q,R) 策略库存订货模型

(1)确定随机需求分布参数。

随机需求分连续随机需求和离散随机需求两类。连续的随机需求也有不同的随机需求函数,最常见的是正态分布函数,此外,有其他的随机需求函数,比如泊松分布函数、拉普拉斯分布函数、伽玛分布函数等。本教材都采用正态分布随机需求函数,即:$d \sim N(\bar{d}, \sigma_d^2)$。式中,$\bar{d}$ 是单位时间的需求均值,σ_d 是单位时间的需求标准差。

如果订货提前期为 L,则提前期内的需求分布也是随机的,$D_L \sim N(\overline{D_L}, \sigma_L^2)$ 代表提前期内的需求分布函数,其中提前期内的需求均值和标准差为:

$$\overline{D_L} = \bar{d} \times L \tag{8-9}$$

$$\sigma_L = \sqrt{L}\sigma_d \tag{8-10}$$

值得注意的是,计算 $\sigma_L = \sqrt{L}\sigma_d$,要把 L 的时间单位转化为和 σ_d 一样的时间单位。比如,$\sigma_d = 10$ 件 / 月,如果提前期 $L = 2$ 月,则,$\sigma_L = \sqrt{L}\sigma_d = \sqrt{2}\sigma_d$;如果 $L = 2$ 周,$\sigma_L = \sqrt{L}\sigma_d = \sqrt{(2/4)}\sigma_d$;如果 $L = 15$ 天,$\sigma_L = \sqrt{L}\sigma_d = \sqrt{(15/30)}\sigma_d$。

(2)计算订货量。

严格来讲,在需求为随机的情况下的经济订货批量与前面讲的需求确定的情况下是不同的,需要考虑到随机需求情况下可能出现的缺货成本。基本思想也是按总成本最小化的原理计算。由于理论计算比较烦琐,这里不做介绍。在实际中,通常采用确定需求的条件下的经济订货批量模型来确定随机需求条件下的订货批量,即需求为随机的情况的订货量仍用 $Q^* = \sqrt{\dfrac{2D \cdot C_0}{H}}$ 这个公式。

随机需求条件下的库存控制,重点不是订货量,而是订货点与安全库存的确定,下面就讨论这个问题。

(3) 确定订货点与安全库存。

在随机需求的情况下,订货点除了提前期内平均需求外,为了减少缺货,需要建立一个安全库存。安全库存量的大小取决于库存管理者对缺货的容忍程度,或者说,希望得到什么样的服务水平。

确定库存服务水平和安全库存以后,订货点就可以确定了。

订货点＝提前期内的期望需求＋安全库存

即:

$$R = \overline{D}_L + SS = \overline{D}_L + z\sigma_L \tag{8-11}$$

其中:z 是安全系数,是一个对应服务水平 $P(z)$ 的标准正态分布函数的累积概率函数的分位数,通过查正态分布表得到。

并有安全库存为:

$$SS = Z\sigma_L = Z\sqrt{L}\sigma_d \tag{8-12}$$

提前期内需求分布与安全库存水平如图 8-6 所示。

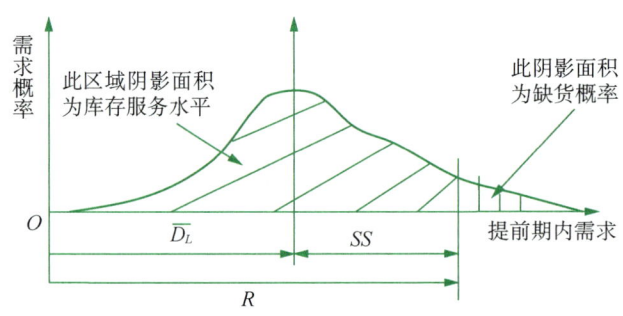

图 8-6　提前期内需求分布与安全库存水平

应用例题 8-3

某一商店销售一种洗衣粉,价格是 15 元/瓶。统计数据显示,需求平均值为 125 瓶/周,标准差 25 瓶/周。供应商的订货提前期是 10 天。订货成本是每次 100 元,保管费用是每瓶每年 2 元。采用定量订货系统进行库存补给,库存满足率 95%,试确定经济订货批量、安全库存和订货点水平(每年按 52 周计算)。

解:

(1) 经济订货批量。

$$Q^* = EOQ = \sqrt{\frac{2DC_o}{H}} = \sqrt{\frac{2 \times 125 \times 52 \times 100}{2}} = 806(\text{瓶})$$

（2）安全库存。

需求标准差是每周 25 瓶/周，提前期是 10 天（＝10/7 周），库存满足率为 95%，查标准正态分布表，得到安全系数 $z=1.64$。因此安全库存为：

$$\mathrm{SS}=z\sqrt{L}\sigma_d=1.64\times\sqrt{10/7}\times25=49 \text{ 瓶}。$$

（3）订货点。

$$R=\overline{D_L}+\mathrm{SS}=125\times\frac{10}{7}+49=228（瓶）$$

为了方便读者使用，表 8-2 列出常用服务水平与库存的安全系数 z 的对应关系。

表 8-2 　　　　　　　　　　　服务水平与库存安全系数的对应关系

服务水平 $P(z)$	0.999	0.995	0.99	0.975	0.95	0.90	0.85	0.80	0.75
安全系数 z	3.09	2.58	2.33	1.96	1.64	1.28	1.04	0.85	0.67

（二）定期订货系统的库存决策

定期订货系统与定量订货系统不同，这种库存系统是规定一个固定的最高库存水平和库存检查期（也就是订货间隔期），每隔一定时间，就检查库存，发出一次订货，订货数量取决于最高库存水平和当时库存余额，用最高库存水平减去库存余额得到订货量。所以，定期订货系统的库存决策有两个：一是订货间隔期是多少？二是订货量是多少？定期订货系统叫 (t, S) 策略系统，其中，t 是库存订货间隔期，S 是最高库存水平。按照库存检查的时间划分，定期订货系统属于周期检查库存策略系统，有的教科书把定期订货系统叫周期检查系统。

定期订货系统也分确定型与随机型两种类型。在确定型系统中，我们仍像定量订货系统一样，假设需求稳定、订货提前期固定，不允许缺货。随机型系统则假设需求或提前期是可变的，因此需要考虑安全库存问题。图 8-7 为定期订货系统库存模型。

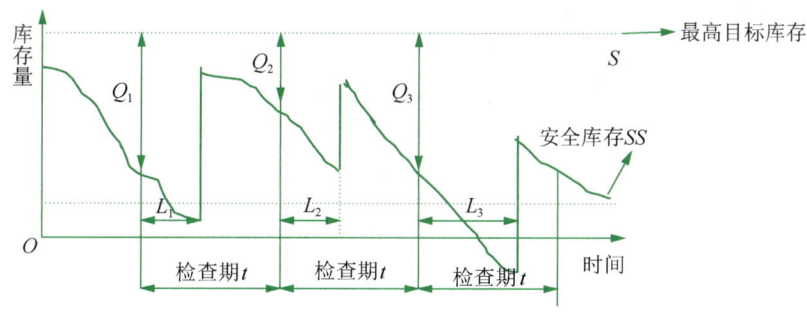

图 8-7　定期订货系统库存模型

1. 确定库存检查周期

库存检查周期，企业俗称盘点周期。确定库存检查周期，可以采用经验法或经济订货间隔期法。

（1）经验法确定库存检查周期。

当企业面临如下的情况时，一般可以采用周期性库存检查方法控制库存，这样的情况下,库存检查周期一般采用经验的方法确定。

① 考虑自然的工作日历。比如有的企业采用自然的日历周期,按月、季度进行库存盘点。

② 考虑企业的生产周期或供应商的供货周期。当企业的生产计划或供货周期相对稳定时,库存检查与订货周期与生产计划保持同步,可以进行组合订货,以减少订货、运输等成本。

③ 考虑季节性因素。有些产品的需求是季节性的,需求周期表现出一定的周期性,那么这样的物品可以按照需求的周期进行盘点。

(2) 经济订货间隔期法。

库存检查周期也可以按照库存成本优化方法,建立使库存成本最低的经济订货间隔期,来确定库存检查周期。

$$年库存成本=货物成本+订货成本+存储成本$$

$$TC=CD+\frac{C_0}{t}+\frac{DtH}{2}$$

将上式对 t 求导,得经济订货间隔期:

$$T^*=\sqrt{\frac{2C_o}{DH}} \tag{8-13}$$

根据经济订货间隔期来确定库存检查周期,即每经过 T^* 检查一次库存,可以保证库存成本最低。

以上是通过理论的计算得到的一个关于经济订货间隔期(库存检查期),但是我们必须看到,实际上,企业很难用这一模型对每一种物资设立一个经济订货间隔期。实际上,很多企业的库存盘点周期是从经验出发的,比如企业的物资供应特点、管理制度的要求等。但是这样一个计算模型,可以给我们实际管理工作提供一个决策参考。

2. 确定订货量

在定期订货系统中的订货量一般可以采用目标库存设置法,就是给库存设立一个目标库存水平,每次检查库存的时候,按照现有库存水平把库存补给到一个目标值。如果是随机需求的情况,则考虑建立安全库存,订货量中再加上安全库存量,即:

$$订货量=最高库存水平-现有库存量$$
$$=检查期内需求+订货提前期内需求+安全库存-现有库存$$

用公式表示如下:

$$Q_i=\overline{d}(t+L)+SS-I_i \tag{8-14}$$

式中: I_i 为订货时库存的库存余额。

其中安全库存根据随机模型的特点而定。如果是需求正态分布,而提前期固定的情形,则有:

$$Q_i=\overline{d}(t+L)+z\sigma_d\sqrt{t+L}-I_i \tag{8-15}$$

安全库存:

$$SS = z\sigma_d \sqrt{t+L} \tag{8-16}$$

应用例题 8-4

> 某公司销售的一种产品,单价为 100 元,每天需求的平均值为 100,标准偏差为 15,订货提前期为 2 周(14 天),订货费用为每次 100 元,单位货物年存储费用为 10 元,要求用户满足率达到 95%。采用定期订货系统进行库存管理,试确定经济订货间隔期、安全库存量和最高库存水平。每年按 365 天计算。
>
> **解:**
> (1) 经济订货间隔期。
>
> $$t = T^* = \sqrt{\frac{2C_0}{DH}} = \sqrt{\frac{2 \times 100}{100 \times 365 \times 10}} = 0.023\ 4(年) = 8.54\ 天 \approx 9\ 天$$
>
> (2) 安全库存。
> 因为公司要求用户满足率为 95%,即服务水平达到 95%,查表 8-2 得,$z=1.64$
>
> $$SS = z\sigma_d\sqrt{t+L} = 1.64 \times 15 \times \sqrt{9+14} = 118$$
>
> (3) 最高库存水平。
>
> $$S = \bar{d}(t+L) + SS = 100 \times (9+14) + 118 = 2\ 418。$$

从安全库存公式可以看出,定期订货系统和定量订货系统相比,安全库存要高一些,因此在通常情况下,对于需求波动大的物品,为了减少安全库存,应尽量缩短库存检查周期,或者采用连续检查的定量订货系统。

第三节　库存的分类管理和库存周转分析

一、库存物资分类管理

当企业的物品比较多的时候,由于管理资源有限,同时不同的物品的重要性不同,企业需要根据不同物品的特点进行分类管理,提高库存管理效率。

(一) ABC 分类法

意大利经济学家 Pareto 揭示的社会现象"20-80"规律,告诉人们在进行库存控制时,应该抓住关键的少数,集中精力控制少数重要的、关键的物资。

ABC 分类法把库存物资按照其占用的资金的多少,即价值的多少,分为三类:A 类物资、B 类物资、C 类物资。

A 类物品:通常是指资金占比多,品种数量少的重要的物品。一般品种数量占比为 20%~30%,金额为 50%~90%的物品。

B 类物品:品种数量占比为 10%~35%、资金占比为 10%~35%的物品。

C 类物品:品种数量占比为 50%~70%、资金占比为 3%~15%的物品。

ABC 分类管理的一般步骤:

(1) 确定每类物品的年用量。

(2) 将每类物品年用量乘以该物品的单价得到该物品的年占用资金总额。

(3) 根据物品的年资金占用额进行排序。

(4) 计算年累计资金使用量和物品累计百分比。

(5) 根据物品的资金占比和数量占比划分物品类别。

表 8-3 是一家商店的物资按照 ABC 分类法进行分类的情况。

表 8-3 某商店的库存物资的分类表

代号	库存物品	单价	年销售量	金额(千元)	金额百分比	序号	分类
11	电视机	4 000	1 000	4 000	29.88%	3	
12	冰箱	3 500	1 500	5 250	39.22%	1	A
13	电脑	9 000	300	2 700	20.17%	2	
20	录音机	300	500	150	1.12%	6	
21	电扇	200	1 000	200	1.49%	5	
22	热水器	800	800	640	4.78%	4	B
23	照相机	1 200	300	360	2.69%	8	
24	鞋	120	500	60	0.45%	7	
32	CD(VCD)	30	500	15	0.11%	9	C
33	茶叶	100	100	10	0.075%	10	C
合计				13 385			

(二) 不同类型物质的库存管理策略

ABC 分类的目的在于掌握不同库存物资的特点,有针对性进行库存控制。一般而言,对 A 类物资进行严格的控制,在提高用户满足率的前提下,采取措施减少库存。而对于 C 类物资则可以维持较高的库存,防止短缺。三种库存物资的控制策略具体描述如下。

(1) A 类物资。采用定量订货系统,并严格控制订货点与订货量,保持最完整的、准确的记录数据,保持较高的预测监控状态,提高需求预测准确度,采购订货由高层领导审批。

(2) B 类物资。一般控制,维持正确的记录和库存检查,可以采用定量,或者定量和定期结合的混合系统,适当增加采购批量。

(3) C 类物资。采用长的库存检查周期的定期订货系统。简化库存管理手续,采用大宗采购方式。

二、库存周转分析

从管理的角度看,库存是成本问题,因此库存多,资金积压多,成本大。因此为了减少库存成本,一般企业都采用各种措施加快库存物资的流动速度。反映库存流动速度的指标是库存周转率,或者库存时间。原料和产品的库存周转率一般用如下公式计算:

$$原材料库存周转率 = \frac{一定时期原料使用量（或成本）}{原料平均库存量（或成本）}（次/年，或者次/月）$$

$$产品库存周转率 = \frac{一定时期销售产品的数量（或者销售产品的成本）}{产品的平均库存量（或者成本）}（次/年，或者次/月）$$

周转率的单位一般是次/年或者次/月，周转率越高，表示周转速度快。与周转率关联的另一个库存周转指标是库存周转时间，也叫库存维持时间。库存周转时间代表库存在仓库的停留时间，其单位一般是天，或者周。因为周转速度快的库存，仓库停留时间短，因此周转时间和周转率之间有一定关系。库存周期率和库存周转时间的关系：

$$库存周转天数 = \frac{库存周转期总天数}{库存周转率}（天）$$

不同行业的库存周转率差别比较大，快消品，如牛奶制品等短生命周期的或者保鲜类产品、时尚产品（如：IT 产品、服装等）库存周转率比较高，耐用消费品（如家用电器和工业用产品）库存周转率比较低。

企业可以从多方面角度提高库存周转，降低库存。如：提高生产过程连续性，减少停顿；提高需求预测准确性，减少安全库存；加强和供应商的协作，提高信息透明度，减少交货的不确定性；采用先进库存管理方法。

 企业风景线

苹果公司库存周转天数只有 5 天

像苹果公司这样的全球最大的手机制造商成功的秘诀有很多，但是有一个非常值得我们总结的苹果成功经验就是她的库存管理。库存管理对于一个产品生命周期短的时尚产品来说是非常重要的。苹果公司在库存管理方面的成绩得益于库克的卓越工作。

库克在苹果公司的职业生涯几乎和乔布斯重新进入苹果公司处于同一时候，在那个时候，苹果的分销很混乱。但是库克扭转这个局面。他舍弃了苹果自己制造业务，采用合同制造方式，他以"库存是魔鬼"的观念领导分销。他曾经提到库存贬值很快，就像牛奶存放数天后失去的价值一样快。他曾经说库存每周要损失 1%～2%。基于这种理念，苹果公司不断改进库存管理。以前戴尔是订单生产的领跑者，现在苹果是领跑者。

据科技博客网站 AppleInsider 报道，市场调研机构 Gartner 发布的最新报告显示，苹果的存货周转率为 74%，也就是说每隔 5 天全部存货周转一次，对于一家消费电子产品企业来说，这绝对是一个令人惊讶的数字。苹果的存货周转期仅只有 5 天，如果按照一年 365 天计算的话，存货周转率为 74.1%，是全行业的龙头老大。麦当劳是唯一一家存货周转率高于苹果的公司——142.4%，也就是说，存货周转期仅只有 2.5 天。在电子产品行业，戴尔和三星分别以 10 天和 21 天的存货周转期位列苹果之后。亚马逊的存货周转期为 37 天。

素养园地

能源产供储销系统和国家能源安全

能源是国家经济和社会发展的命脉,在建设中国式现代化的进程中,能源的关键性作用更加明显。习近平总书记在中国共产党第二十次全国代表大会上做的报告中谈到如何进行能源革命,降低碳排放的问题。他提出:

"深入推进能源革命,加强煤炭清洁高效利用,加大油气资源勘探开发和增储上产力度,加快规划建设新型能源体系,统筹水电开发和生态保护,积极安全有序发展核电,加强能源产供储销体系建设,确保能源安全。"

——习近平总书记在中国共产党第二十次全国代表大会上的报告

新疆是我国重要的综合能源基地之一,拥有丰富的煤炭、太阳能、风能资源。新疆累计查明煤炭资源量 4 500 亿吨,居全国第二位。同时,新疆也是国家规划建设的 9 个大型风电基地之一,拥有十三间房等 9 大风区,风能资源总储量 8.9 亿千瓦,约占全国的 20%,位居全国第二位,开发潜力巨大。近年来,新疆依托陆上能源输送大通道,大力推进"疆电外送",优化全国能源资源配置,缓解中东部地区用电紧张局面。"疆电外送"范围覆盖我国 20 个省区市,来自新疆的电力东到上海、北至北京、南达广东,实现了"能源空中走,电送全中国"的目标。国网新疆电力有限公司发布数据显示,从 2010 年起的十多年间,新疆通过四条电力外送通道累计向全国 20 省区市输送电量 5 037 亿度,成为我国"西电东送"能源战略布局的重要基地之一,有力支援中东部省市电力供应,缓解了我国能源资源与电力需求地理分布不均衡的矛盾。

要求: 根据习近平总书记的能源安全的战略思想,讨论我国如何充分利用如新疆等西北地方的煤炭等能源优势,搞好煤炭库存、电力需求、电力供应和能源存储的战略性问题,保证社会经济健康发展和可持续发展。

关键术语

库存(inventory)   相关需求(dependent demand)

独立需求(independent demand)   定量订货系统(fixed order quantity system)

定期订货系统(fixed order interval system)

订货点(reorder point)   安全库存(safety stock)

库存周转率(stock turn rate)   订货批量(order quantity)

ABC 分类(ABC classification)

本章小结

1. 库存可以根据不同的划分标准分为不同的类型。按照库存物品的相关性分为独立需求和相关需求库存,按照需求的重复性分为单周期和多周期库存。不同的类型的库存物品,管理策略不同。

2. 多周期的库存管理常见的库存管理系统分为定量订货系统和定期订货系统两大类。

3. 库存物品很多的时候,为了有效管理库存,需要对物品进行分类管理,常见的库存物品分类管理方法是 ABC 分类法。ABC 分类法是按照物品的数量和金额的多少进行划分的方法。

4. 库存周转率是库存管理的一个重要绩效指标,加快库存周转,可以提高库存利用率,降低库存成本。库存周转快慢跟不同的行业和管理策略有关。

练习题

一、思考题

1. 独立需求库存问题与相关需求库存问题的不同点在哪里?

2. 定量订货系统与定期订货系统的特点是什么?

3. 库存的成本结构中,哪些成本与订货批量有关,哪些与存储的时间有关?

4. 库存控制系统的基本问题是什么?

5. 分析库存的利与弊。

6. 解释服务水平、缺货概率、安全库存三者的关系。

7. ABC 分类法有什么优点与缺点?

8. 什么是库存周转率? 它对评价库存管理的绩效有什么作用?

二、选择题

1. 下面的物品属于独立需求库存的是( )。
   A. 原材料　　　　　　　　　　B. 半成品
   C. 成品　　　　　　　　　　　D. 零件

2. 需求方差变为原来的 2 倍,则安全库存水平( )。
   A. 为原来的 2 倍　　　　　　　B. 减少一半
   C. 为原来的 1.4 倍　　　　　　D. 不变

3. 供应商交货提前期延长 1 倍,则经济订货批量变为( )。
   A. 原来的 1 倍　　　　　　　　B. 原来的 2 倍
   C. 原来的一半　　　　　　　　D. 不受影响

4. 与定期订货系统相比,定量订货系统的特征是( )。
   A. 安全库存水平低　　　　　　B. 容易缺货
   C. 安全库存水平高　　　　　　D. 订货批量较大

5. 物资库存持有成本(存储成本)增加 1 倍,则经济订货批量( )。
   A. 增加 1 倍　　　　　　　　　B. 变为原来的 1.4 倍
   C. 增加 2 倍　　　　　　　　　D. 增加 1.4 倍

6. ABC 分类管理法中,应该集中精力控制( )物资。
   A. A 类　　　　　　　　　　　B. B 类
   C. C 类　　　　　　　　　　　D. 统一管理

三、判断题

1. 库存管理的目标是服务水平和成本。 （　　　）

2. 定量订货系统是连续检查库存系统。　　　　　　　　　　　　（　　）

3. 增加安全库存的目的是提高订货批量。　　　　　　　　　　　（　　）

4. 在确定性条件下,定期订货系统的经济订货批量和定量订货系统相等。　　（　　）

5. 库存周转率越高,库存水平越低。　　　　　　　　　　　　　（　　）

四、计算题

1. 经销商推销一种水果,批发价是每斤2元,零售价是3元,过期后放到下一周将由于部分变质而降价出售,每斤1.5元。根据过去12周来的统计,大致的需求规律如表8-4所示。

表8-4　　　　　　　　　　　　　　水果需求规律　　　　　　　　　　　　　单位:斤

周期	1	2	3	4	5	6	7	8	9	10	11	12
需求量	100	120	130	140	150	160	170	180	190	200	210	220
概率	0.01	0.05	0.10	0.15	0.18	0.15	0.12	0.10	0.06	0.04	0.03	0.01

试根据上述条件决定订货量。

2. 某医院每年的手术手套的需求量大致为1 000双,每次采购费用为200元,存储费用每双手套每年为1元,采购价格为每双手套是10元,采用定量订货的方法进行库存控制,订货点与订货量是多少。

3. 某企业每年都要向外订购大量的某种商品进行销售,该商品的需求量服从正态分布,平均每月需求为100吨,标准偏差为10吨,订货费用为每次100元,订货提前期为7天,货物的保管费用为每吨每月5元。单价为每吨800元。要求用户满足率达到90%,采用定量订货系统进行控制,试确定订货策略。

4. 某木材经销商,每年的木材销售量大致为1 000吨,单价为每吨木材800元,订货费用为每次300元,每吨的存储成本每年每吨单价的20%,目前该公司是每月订一次货,试用经济订货周期理论分析原来公司的库存管理是否合理。

5. 某企业的装配车间需要一种零件,该零件的年需求量为5 000件,供应商的交货期为10天,订货费用为每次100元,存储成本每件每年为单价的30%,单价为50元,试确定最优的订货量与订货点。

6. 某公司的产品过去12月来的需求情况如表8-5所示。

表8-5　　　　　　　　　　　　　12个月产品需求情况　　　　　　　　　　　单位:台

月份	1	2	3	4	5	6	7	8	9	10	11	12
需求	150	145	160	137	152	170	156	180	149	151	168	171

假设需求是服从正态分布的,交货期为2周(14天)。一次订货费用为50元,每台产品的月存储费用为2元,如果要求用户满足率达到90%,

(1) 采用定量订货的库存控制方法,订货点、经济订货批量、安全库存是多少?

(2) 如果采用定期订货的库存控制方法,经济订货间隔期、安全库存是多少?

案例讨论

海产品批发中心的库存管理

广州市"好来鱼"海产品销售中心经营海产品的批发和零售业务,市场销售行情好。该公司的海产品要从400多公里外的海滨城市湛江进货,然后批发给该市的一些菜市场的个体户销售。

海产品运输和库存都要用冷藏柜,因此成本比较高。时间长了容易变坏和损耗率比较高。因此进货和库存管理是该海鲜销售中心管理人员最头疼的事情。为了加强供应链管理,该公司最近招聘了一位学工商管理专业的大学毕业生小李。公司总经理希望小李提出一份改进公司供应链管理,优化商品管理和库存管理的改善措施。

小李从公司销售历史数据得知,公司去年的12个月的销售数据如下表8-6所示为公司主要几种海产品的销售量,从销售的数据看,每个月的销售在200～300吨,夏季是旺季,冬季是淡季。表8-7是产品的月销售价格。

表8-6 　　　　　　　　　　　　过去一年的海产品销售量　　　　　　　　　　　　单位:吨

月份	1	2	3	4	5	6	7	8	9	10	11	12
黄花鱼	202	303	214	225	244	252	284	302	295	288	263	234
带鱼	150	165	160	180	190	210	230	265	235	220	200	180
三文鱼	45	50	50	56	67	78	65	60	56	50	45	40
沙丁鱼	123	154	200	210	220	230	235	210	190	185	178	165
金昌鱼	76	80	90	105	120	134	150	160	154	140	135	100

表8-7 　　　　　　　　　　　　过去一年的海产品销售价格　　　　　　　　　　　　单位:元/公斤

月份	2	3	4	5	6	7	8	9	10	11	12	13
黄花鱼	25.7	24.5	26.7	24.8	20.9	18.6	21.5	23.6	24.9	25.8	27.8	28.7
带鱼	32.5	36.9	30.8	26.7	25.7	24.7	25.6	26.9	25.8	26.7	27.7	30.2
三文鱼	78.5	80.7	56.8	51.2	45.8	40.6	50.7	56.8	69.8	76.9	80.5	75.5
沙丁鱼	8.5	7.6	6.6	7.8	7.4	8.6	7.7	8.5	9.8	7.7	8.9	7.5
金昌鱼	5.4	7.6	8.5	7.5	6.7	6.1	5.5	6.2	6.5	7.8	8.1	8.5

海产品库存的存储成本包括仓储费用、搬运费和仓库管理费用,其中仓储费用由于水电消耗大,是大头。综合考虑仓库的各种费用,小李估算得到海产品的每月的库存存储成本为价格15%。订货费用主要是制单、协调各部门所需时间费用、货物入库验货费用等,估算目前基本上120元/次。另外,根据目前的情况,海产品供应方要求提前三天订货(提前期是3天)。目前公司的做法是每周一次进货(7天一次订货的定期订货方法),所有的鱼都一样同时订货同时进货。

小李在想思考这样的问题:目前公司这样的每周一次联合进货的做法是否经济?联合

订货的最经济订货间隔期是多少？如果每种鱼独立订货进货是否可行？

问题：

请为小李分析以上问题，提出合理的海鲜的库存管理策略。

在线仿真实验

库存管理

根据学习资源中的资料进行相关仿真实验。

第九章　MRP

 学习目标

学习内容	学习目标	学习难度	重要程度	应掌握知识点
MRP 的原理	掌握	☆	★★	相关需求的特点 MRP 的原理
MRP 输入与输出	熟悉	☆☆	★★★	主生产计划制定策略 库存状态文件 物料清单 BOM 文件
MRP 处理逻辑与应用	掌握	☆☆☆	★★★	MRP 的计算方法 MRP 的应用
从 MRP 到 ERP 的演变	了解	☆	★★	从 MRP 到 ERP 演变过程 MRPII 的主要功能

引导案例

MRP-数字化"灯塔工厂"的生产"交响乐"的指挥棒

在美的数字化"灯塔工厂"生产车间里面,各种生产信息被实时显示在车间挂板显示屏幕上,员工在忙碌地按照生产工艺要求完成各种生产操作,流水线的产品有序地从一个工位流动到另一个工位,地面的 AGV(自动导轨输送车)来回穿梭地输送零件到指定得到位置,每一个工位的工人旁边都整齐堆放着从仓库或者其他上游工序转运来的需要加工生产的半成品。仓库里面,供应商送货车不时进出,卸货然后离开,仓库里面负责仓库物料管理的工人用扫描仪器把物料信息扫描后登陆到系统中,这些信息自动显示到系统里面,生产部门和供应链管理部门同一时间掌握到物料入库信息。工人在把一些需要的生产物料装上配料车,送到车间。成千上万的物料准确无误从仓库到车间,完成生产的产品准确无误进入产品库,然后按照顾客订单运输出去。

能够这样完美地指挥从物料采购入库到产品出产入库的全过程的是企业资源计划的核心部件—物料需求计划 MRP。MRP 的核心是物料清单 BOM,物料清单能够展开所有产品的物料组成结构和需求关系,通过 BOM 可以清楚知道企业的产品结构,美的公司工厂通过物料需求计划能够实时下达物料计划,驱动采购计划、生产排产、能力计划,按需组织生产,实现了供应链的无缝链接。

问题：

1. 怎么样理解 MRP 是生产"交响乐"的指挥棒的管理意义？
2. 物料清单 BOM 的功能是什么，为什么说它是 MRP 的核心？

在企业信息化和数字化的浪潮中，全球范围内，成千上万的制造企业像美的一样建立自己的计算机辅助生产管理系统，利用计算机和信息技术进行生产管理，其中库存管理是计算机和信息技术在制造企业生产管理中最早应用的一个环节。20 世纪 60—70 年代，计算机进入实用阶段，美国企业对生产管理方式进行变革，依靠计算机技术，在企业推行计划主导行的"推式生产管理模式"。物料需求计划（materials requirement planning，MRP）就是这个推式生产管理模式的核心。20 世纪 60—80 年代日本的丰田公司提出另一个生产管理新模式——准时生产（JIT 生产），准时生产是"拉式生产管理模式"。MRP 和 JIT 构成了 20 世纪制造企业生产管理两种最大创新性管理模式。

第一节　MRP　概　述

MRP 是一套解决制造企业相关需求物料库存管理的工具，用以协调和平衡物料需求与物料库存之间的矛盾。MRP 是解决企业物料需求计划的方法，也是一种精确的生产计划工具，同时也是一种管理思想和管理模式，本节我们先理解 MRP 的思想和原理。

一、相关需求库存问题的特点

在前面库存管理一章我们已经根据需求特点把库存问题分为独立需求和相关需求库存问题两大类，其中制造企业的原材料和半成品库存是属于相关需求库存，这种相关需求库存问题有如下特点。

（1）制造过程的原材料、半成品的库存是相关需求库存，它们的需求量由产品的装配关系决定。

在前面一章我们对相关需求与独立需求进行了区别，这种区别有其重要的意义，意义在于把企业生产制造过程中的物料进行了区分，对不同类型的物料采用不同的处理方法，减少了库存的工作量。

（2）最终产品的需求一经确定，其原材料、零部件的需求可以按照一定的装配关系计算出来，不需要预测。

独立需求的需求量，是外部的市场决定的，只有通过预测才能确定下来，因此它对生产系统来说，是一个外生的变量。而相关需求，即某一需求与其它的需求相联系，比如零部件的需求与产品需求有关，可以通过产品结构与工艺关系确定下来，因此对相关需求进行预测是没有必要的。

由于以上特点，为了克服传统的独立需求控制方法进行相关需求库存控制存在的效率低而且不经济的局限性。随着计算机技术在企业管理的应用，20 世纪 60 年代末美国的生产与库存管理协会(APICS)提出把传统的以产品为中心的生产方式变为以零件为中心的生产方式,也就是围绕物料转化组织准时生产的思想,这就是物料需求计划的思想的起源。之后美国 IMB 公司按照物料需求计划的思想开发一种计划主导型的生产管理系统,MRP 是其中主要组成。用 MRP 取代传统的订货点的库存管理方法,大大降低了库存成本,提高了生产计划有效性。因此,物料需求计划既是一种先进的库存控制方法,更是一种先进的生产管理模式,从此,制造生产管理进入计算机时代。

二、制造业基本方程与相关需求

任何制造企业的生产组织过程都需要回答如下 4 个问题:

(1) 要生产什么?(产品需求与进度计划)

(2) 要用到什么?(产品结构与资源)

(3) 已经有了什么?(现有多少库存)

(4) 什么时候需要,各要多少?

正因为这四个问题是任何制造业生产组织都要回答的问题,所以一般把它叫做"制造业基本方程"或"制造业通式"。

制造业基本方程的基本思想是围绕物料组织制造资源,实行按需准时生产。按照这样的思想组织生产,即当产品的需求确定以后,生产过程中所需要的任何物料的需求是产品制造工艺和产品结构的函数,可以通过反工艺顺序的方法,按照产品的装配关系确定下来,并且生产过程中所需要的人力、设备、工具等可以围绕物料的转化组织起来,从而形成一整套新的生产方法体系。这种新的生产方法体系就是物料需求计划 MRP 的精髓所在—以物料转化为中心组织制造资源,按需生产。

三、制造工程网络与物料需求计划

制造业基本方程说明制造过程物料的需求与制造的工艺与产品结构有关,这种制造过程物料的相关需求关系,可以用一个网络结构图表示,这种网络结构就是制造工程网络,如图 9-1 所示。

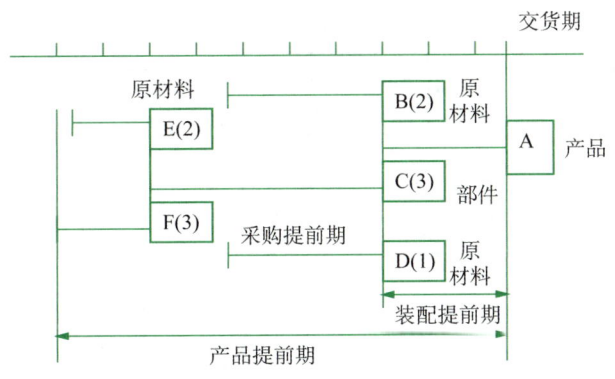

图 9-1　制造工程网络

制造工程网络非常清晰地反映了制造过程中物料的两层关系:

(1) 制造工程网络反映了产品的物料转化关系(产品组成结构);

（2）制造工程网络反映了产品加工的时间进程（生产提前期）。

这两层关系，反映了计划的两个基本要素：时间要素与数量要素（"期量标准"）。也就是说，制造工程网络反映产品上下层物料之间的供需品种与数量的关系，也反映了物料之间的时间优先顺序与时间的构成。有了这两种关系，就可以按照反工艺顺序的方法，确定生产制造过程的物料需求计划。

按照制造工程网络中不同层次的物料之间的供需关系，围绕物料转化组织生产，这种生产方式与传统的按照设备为中心组织生产的指导思想与出发点不同。它体现了以顾客为中心的"服务"理念，每一道工序都与其后续工序形成供需"服务"关系。所以，以物料转化为中心来组织生产，就要求一切制造资源都围绕物料而转，比如要生产什么样的产品，就需要什么样的人员、设备和工具等。

因此，MRP反映了以市场为导向的现代生产组织原则。

四、MRP 的原理

以上从相关需求库存问题出发，通过制造业基本方程和制造工程网络，阐述围绕物料转化组织生产，按照产品需求倒推物料需求的计划方法，这就是物料需求计划的基本思想。由此我们把 MRP 的原理概括如下：

MRP 是在产品结构与制造工艺基础上，根据产品结构各层次物料的从属与数量关系，以物料为对象，以产品完工日期为时间基准，按照反工艺顺序的原则，根据各物料的加工提前期制定物料的投入、出产数量与日期。

MRP 的逻辑原理可以用图 9-2 来表示。MRP 承接主生产计划下达的生产计划任务，根据产品结构和加工工艺文件，利用库存状态信息，制定对内的加工计划，即投产和出产的时间和数量，同时提出对外的物料采购计划。由对内的物料投入出产计划可以制定车间的生产作业计划，使各个生产阶段相互衔接起来，准时生产。根据对外的采购计划，可以把物料库存管理和供应商管理联系起来，因此 MRP 也是供应链管理中的一个桥梁。

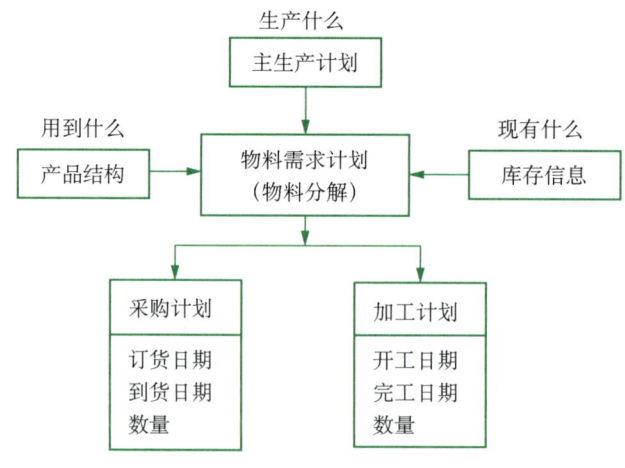

图 9-2　MRP 的逻辑原理

MRP 的原理说明了物料需求计划的工作机制是制造业基本方程，尽管物料需求计划的处理方法很多，但是所依据的基本原理，也就是它的推理机制是相同，这种相同的推理机制就是制造业的基本方程所体现的以物料为中心组织制造资源,在正确时间、正确地点、按照规定的数量得到需要的物料,实现按需生产。

MRP 在美国获得广泛推广以后,20 世纪 80 年代初进入我国,之后我国越来越多企业推行 MRP,如沈阳鼓风机厂、郑州纺织机械厂等都是我国最早一批使用 MRP 进行物料需求计划的企业。我国企业早期使用引进国外软件公司的 MRP,后来我国的一些大学和研究所开始自主开发适合企业的 MRP。应用 MRP 能够显著降低库存成本,提高服务水平和生产效率;在缩短交货期,提高顾客响应性方面发挥重要作用。

MRP 具有广泛适应性,不仅仅在面向库存的生产 MTS 企业应用,同时也能够在面向订单的生产 MTO 生产环境应用;适用于大批量生产,也能够适用于中小批量生产,甚至可以扩展应用到某些非制造企业。一般认为,MRP 最适合 MTS 生产环境以及产品结构比较稳定的生产环境,不适合于年产量比较小的企业以及个性化程度比较高的,如大型定制式订单生产的场合。

第二节　MRP 的输入与输出

一、MRP 的输入

为了制定一个完整的物料需求计划,需要输入大量的数据,这些数据包括工厂日历、设备数据、员工数据、工艺数据、产品出产计划(主生产计划)、库存状态、产品结构、供应商信息、成本数据等等。在基本的 MRP 处理模型中,有三个基本的输入数据:产品出产计划(主生产计划)、产品结构、库存状态。

(一) 主生产计划

主生产计划 MPS(master production scheduling),也叫主排产,是把综合生产计划转化为具体的产品(或独立零件)出产进度计划,它是综合生产的具体化与细化。主生产计划在综合生产计划与物料需求计划中间架起一座桥梁。

主生产计划要满足两个约束条件:一是要保证生产总量等于综合生产计划确定的生产总量,二是在决定产品批量、生产时间时必须考虑资源的约束。

1. 主生产计划的信息来源

主生产计划是根据实际的需求信息制定出产品的出产进度计划,主生产计划的需求来源主要有:预测、客户订货、库存及其他需求(如服务备件、厂际需求)。除了以上的需求信息外,制定一个主生产计划还需要产品提前期、生产能力等数据。

2. 主生产计划的时间标准

主生产计划的时间标准包括计划时间单位、计划期。因为主生产计划是综合生产计划的分解,所以主生产计划的时间单位与综合生产计划的时间单位有关,如果综合生产计划的时间单位是月,那么主生产计划的时间单位一般是周。

计划的时间跨度,也就是计划时期,一般要求比最长的产品生产周期要长。比如产品生产周期是 20 周,那么主生产计划的跨度要大于 20 周,否则零件的投入出产计划就不可行。

3. 主生产计划的分期滚动

主生产计划与综合生产计划一样,也应该考虑计划的柔性,采用滚动的计划方法,使计划根据实际的内外条件变化进行调整。为此,一般可以对主生产计划分为三种:冻结计划、确认计划、预计计划。

冻结计划是执行的计划,一般不能再修改,生产能力状态在这个时段是确定的。确认计划允许一部分的修改,生产能力有一部分是可变动的。预计计划是预测的计划,允许对计划进行修改,生产能力是不确定的。

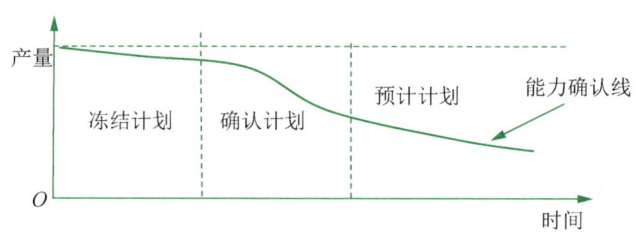

图 9-3　主生产计划的三个时区

4. 主生产计划的制定程序

不同企业的主生产计划制定规则和程序不太相同,输出的报表格式也不同,取决于企业的生产组织方式(预测型生产或者订单型生产)、使用的计划软件工具等。通常情况下,主生产计划的编制程序基本上遵循三个步骤:

第一步,初步编制计划,在这一步过程中,主要根据销售计划(预测)、订单、库存等信息进行初步的排产;

第二步,在初步计划的基础上编制能力计划,决定需要的人力、设备与关键的资源;

第三步,平衡生产能力与生产计划,对资源负荷进行平衡,确认后批准并下达最终主生产计划。

(二) 产品结构文件

产品结构文件(bill of materials,BOM),也叫物料清单,是 MRP 的核心文件。它在物料分解与产品计划过程中占有重要的地位,是物料计划的控制文件,也是制造企业的核心文件。

在产品结构文件中,零件处于不同层次,采用层次码表示。产品的层次码为最高层,用 0 层表示,其他部件、零件的层次码依次按照层次分解的方法分为 1 层,2 层……。有时一个零件同时在不同的部件上使用,为了计算机处理方便,把同一零件集中表示在它们的最低层次上,即采用低层码,提高计算机的运行效率。

为了形象表示产品的结构层次关系,一般用一个树状结构图描述产品结构如图 9-4 所示。图中的产品 A 由三个零部件构成:B,C,D。其中 B 有两个地方使用,本来 B 应该和 C,D 处在同一层,但是为了方便计算机处理,把它放在和 F 下面的一个 B 同一层次上,取同一层次码 3。同样,零件 K 也有两个地方使用,零件 C 下面的 K 本来和 E 和 F 同一层次的,但是把它和 F 下面的 K 放到第 3 层次,3 是其低层码。图中零件代号里面的括号内数字代表该零件在上层零件的使用数量,即一个上层零件需要该零件的数量。比如,D(3)代表 D 的上层零件 A 和 D 数量关系是 1 个 A 需要 3 个 D,其他零件也是如此。

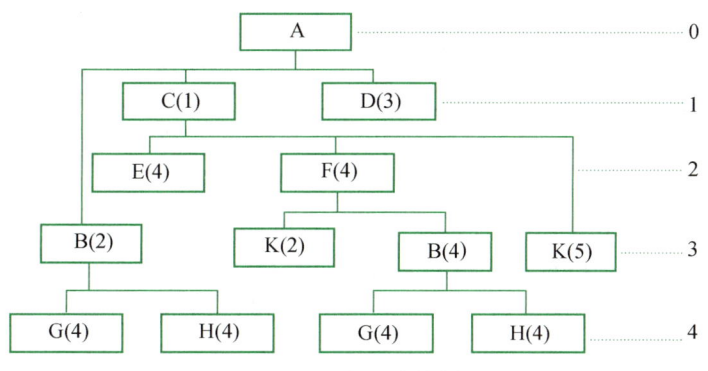

图 9-4　产品结构树

产品结构树是一个图形，不适合数据库存放，在数据库里面存放的产品结构文件 BOM 是一个包含多个属性的产品结构数据库字典。产品结构文件 BOM 根据不同的用途有不同的类型：用于产品规划与生产计划的计划 BOM、用于产品设计的设计 BOM、用于产品装配的装配 BOM、用于生产工艺维护的工艺 BOM、用于成本核算的成本 BOM。各种物料清单可以为一个整体，也可以独立存在，作为整体，它们有相同的信息，作为独立使用时，包含的信息有差别。

用于生产计划的 BOM 文件，按照展开的方式有单层展开式、多层展开式和综合展开式等不同类型，这主要看软件设计与企业的物料管理的特点而定，在这里不一一罗列。图 9-5 是一个 BOM 展开用户界面。

BOM层级	子项物料编码	物料名称	规格型号	物料属性	BOM版本	单位	用量:分子	用量:分母	标准用量	实际数量
2	410025CP90	铜篮	组合件	虚拟	410025CP90_	个	1	1	1	1
3	410025CP	铜篮	组合件	自制	410025CP_V1	个	1	1	1	2
4	41002503	铜篮	组合件	自制	41002503_V1	个	1	1	1	3
5	41002511	铜篮	组合件	自制	41002511_V1	个	1	1	1	4
6	41002403	铜篮	组合件	自制	41002403_V1	个	1	1	1	5
7	41002411	铜篮	组合件	自制	41002411_V1	个	1	1	1	5
8	40902203	框架	10X6X219-149 HPb59	自制	40902203_V1	个	1	1	1	6
9	40902202	框架	10X6X219-149 HPb59	自制	40902202_V1	个	1	1	1	7
10	001501	10*6铜棒（异	铜棒（异型）HPb59-1 1	外购		千克	0.2600	1	0.2600	1.9656
8	408020L103	铜线	HPb59-1 φ3.5X66.6	自制	408020L103_	个	1	1	1	5
9	408020L102	铜线	HPb59-1 φ3.5X66.6	虚拟	408020L102_	个	1	1	1	5
10	001646	φ3.5铜线		外购		千克	0.0120	1	0.0120	0.0648
8	408020L203	铜线	HPb59-1 φ3.5X172.2	自制	408020L203_	个	1	1	1	5
8	408020L303	铜线	HPb59-1 φ3.5X211.4	自制	408020L303_	个	1	1	1	5
8	408020L403	铜线	HPb59-1 φ3.5X219	自制	408020L403_	个	1	1	1	5

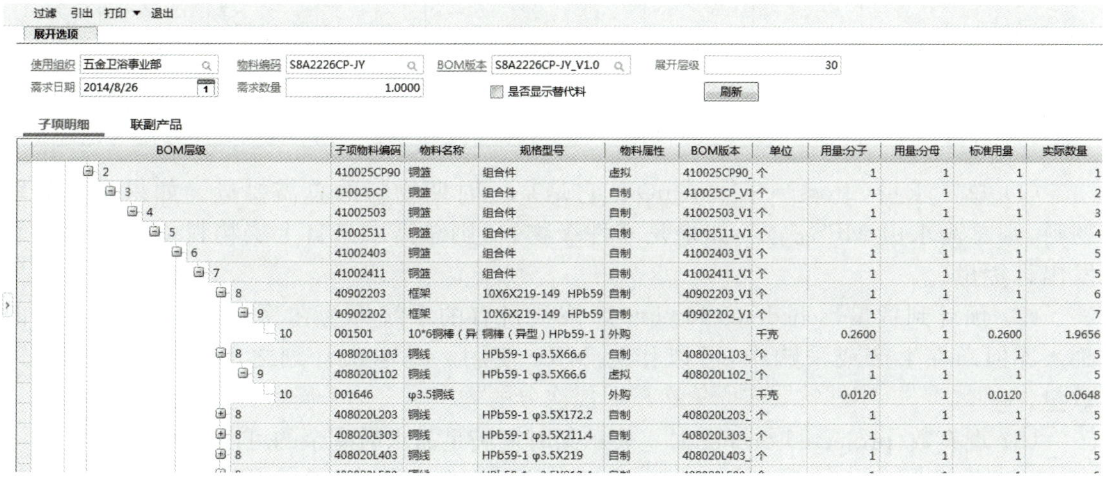

图 9-5　BOM 的用户界面示例

如何设计与维护物料清单是一个非常重要的问题，对于物料需求计划 MRP 以及整个制造资源计划系统的计划准确性有非常大的影响。因此对物料清单的建立与维护，需要工艺、计划、生产、物料、财务等各部门人员共同参与。

为了保持生产计划信息的传递的准确性与一致性，除了在产品设计阶段保持产品结构的层次关系准确可靠外，需要建立 BOM 维护与更改制度，确保 BOM 的动态准确性。

（三）库存状态文件

库存状态文件是 MRP 的操作文件，MRP 所有数据的操作与存储都通过库存状态文件。MRP 中的库存状态文件的格式，不同的系统有所差别，但是一些基本数据项是必备的，比如总需求量、现有数、净需求量、计划接收（发出）订货量等。表 9-1 是一种库存状态文件的格式。

库存状态文件的数据主要有两部分，一部分是静态的数据，在运行 MRP 之前就确定的数据，如表 9-1 的上半部分，包括物料的编号、描述、提前期、安全库存等，另一部分是动态的数据，如表中的下半部分。MRP 在运行时，不断变更的是动态数据。下面对库存状态文件中的几个数据进行说明。

表 9-1　　　　　　　　　　　　　　　　库存状态文件

物料号：　　　　　　　　　　　　　　　　描述：

现有量：　　　　　　最大订货量：　　　　订货批量：　　　　　提前期：
最小订货量：　　　　安全库存：

周次	1	2	3	4	5	6	7	8
日期								
总需求								
预计到货量								
现有数								
净需求量								
计划接收订货量								
计划发出订货量								

（1）总需求量（gross requirement）。它是某一时期物料的总需要量。如果是产品级物料，则总需求由 MPS 决定，如果是零件级物料，则总需求来自上层物料（父项）的计划发出订货量。

（2）预计到货量（scheduled receipt）。该项目有的系统称为在途量，即计划在某一时刻入库但尚在生产或采购中，可以作为 MRP 使用。是本次计划之前产生的计划入库数量。

（3）现有数（projected on hand）。表示某时期满足需求后剩余的可用的库存数。

（4）净需求量（net requirement）。当现有数不能满足需求时产生的需求。

（5）计划接收订货量（planned order receipt）。当净需求为正时，就需要接收订货量，以弥补净需求。计划接收订货量取决于订货的批量的考虑，如果采用按需求订货的方式，则计划接收订货量就是净需求量。

（6）计划发出订货量（planned order release）。计划发出订货量和计划接收订货量数量相等，但是时间上比计划接收订货量提前一个时间段，由计划接收订货日期减去提前期，得发出订货日期。

另外，也有的系统设计的库存状态文件可能还包括一些辅助数据项，如订货情况、盘点记录、待决的行动记录(尚未解决的订货,需求的变化等)。这些数据项在 MRP 计算过程中,可以不使用。

二、MRP 的输出

MRP 的输出内容主要是生产与库存控制计划与报告,其内容与形式,不同系统有差别。一般来讲,MRP 可以有如下几个方面的输出内容。

(1) 计划发出的订单,主要是零部件的投入出产计划、原材料采购或外协件计划。这两种计划是 MRP 的主要输出内容。

(2) 订单执行的注意事项通知。

(3) 已发出订单的变动通知。

(4) 工艺装备的需求计划。

(5) 库存状态数据。

除了以上几种报告外,也有一些辅助的报告,比如:

(1) 例外情况报告,如迟到或过期的订货报告、过量的废品与缺件报告等。

(2) 用于预测需求与库存的计划报告,如采购约定与评价需求的信息。

(3) 交货期模拟报告。对不同的产品实际交货期进行模拟。

(4) 执行控制报告,如指出呆滞物品、实际的使用量与费用的偏差报告。

第三节 MRP 的处理逻辑与应用

这一节,先介绍基本 MRP 的处理逻辑,并用例子说明它的运算过程,然后再讨论 MRP 在实际应用中的一些问题,包括 MRP 技术参数(安全库存、提前期和批量问题等)、MRP 逻辑在服务业的应用问题。

一、基本 MRP 的处理逻辑和计算过程

按照前面的 MRP 原理,MRP 制定物料需求计划是按照反工艺顺序,从产品结构文件中最上层物料开始,逐层进行计算确定每一层物料的需求计划。计算过程在库存状态文件中进行,逐行逐列计算,即先确定总需求,然后计算现有库存数、净需求,再计算计划接收订货数量和计划发出订货数量。

开发 MRP 应用的计算机软件公司一般设计一个计算机程序来实现 MRP 的计算过程。MRP 的计算有不同方法(算法),因此不同的软件公司的 MRP 算法流程有一定差异,我国两大管理软件公司用友和金蝶的算法流程就不一样。但是,所有的 MRP 系统其 MRP 逻辑是一样的,只是某些计算项目和程序上略有差异而已,即所有的 MRP 算法都遵从以下两个原则:

原则一:自顶向下分解原则。MRP 计算要从最顶层次的物料(0 层)开始,瀑布式展开,逐层分解计算,从最终产品的主计划(MPS)导出各层次物料需求计划。

原则二:供需平衡原则。MRP 计算要确保下层物料(子项)的供应数量满足上层物料

（父项）的需求要求，而且时间衔接（按需要的时间生产和交货需要的数量）。

MRP 可以用表格手工进行完成。做法是在库存表格，按照物料层次码，从最顶层（0层）物料开始，对每一个物料库存表格逐行、逐列进行计算。

手工表格计算 MRP 的步骤如下。

（1）计算总需求。

如果是终端项目（产品），只有独立需求量，用主生产计划给定的需求数作为其总需求；如果是中间物料，在产品结构树上找到该物料的上层物料（父项），根据上层物料的计划发出订货量确定该物料的总需求，即：总需求＝上层物料计划发出订货量×每单位上层物料对该物料的需要量。总需求的时间和上层物料的计划发出订货量时间一致。

特殊情况，某些中间层次的物料，除了上层物料的相关需求外，也存在独立需求（如某些零件有外销量），则除了上层物料产生的相关需求外，也要加上这类独立需求量。

（2）计算现有数和净需求。

现有数和净需求一般同步考虑，即根据前一时期的现有数、本期预计到货量和总需求确定当期的现有数和净需求。

本期现有数＝前期现有数＋本期预计到货量－本期总需求

$$\text{本期净需求}=\begin{cases}\text{本期总需求－前期现有数－本期预计到货量，（不考虑安全库存）}\\\text{本期总需求－前期现有数－本期预计到货量＋安全库存，（考虑安全库存）}\end{cases}$$

根据净需求判断是否需要订货：如果净需求大于 0，需要订货，则进入第三步；否则，计算下一时期的现有数和净需求。

如果某时期有净需求，则在完成第三步确定订货批量以后，该时期的最后现有数要加上本期计划接收订货量，即：

本期现有数＝前期现有数＋本期预计到货量－本期总需求＋本期计划接收订货量。

如果采用的订货规则是按需订货，也不考虑安全库存，则发生净需求和订货以后的每一时期的现有数都会变成 0。

（3）确定计划接收订货量和计划发出订货量。

根据订货的批量规则确定计划接收订货量（关于订货批量问题在后面讨论），在"计划接收订货量"一行和"净需求"同一列（即和净需求同时期）位置上填写相应的订货量（本节介绍的是按需订货，也叫逐批订货方式，计划接收订货量等于净需求）。然后根据该物料的提前期，再在"计划发出订货量"一行比"计划接收订货量"往后（表格左边）挪动一个"提前期"的位置填写和计划接收订货量一样的数据，作为计划发出订货量。

下面用一例子说明 MRP 处理逻辑的应用。

应用例题 9-1

已知某种产品的结构如图 9-6 所示，物料清单如表 9-2 所示，该产品的主生产计划的总需求如表 9-3 所示，物料库存信息如表 9-4 所示。各物料的订货均采用按需订货方式。请根据提供的信息，完成该产品的物料需求计划（MRP 展开表用库存状态表格计算）。

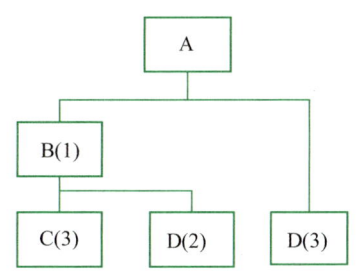

图 9-6　产品结构树

表 9-2　物料清单

行号	物料名称	物料编码	层次	父项	结构数量	单位
1	A	001	0	—	1	台
2	B	002	1	001	1	台
3	C	003	2	002	3	件
4	D	004	2	002	2	件
5	D	004	2	001	3	件

表 9-3　主生产计划(总需求)

周次	1	2	3	4	5	6	7	8	9
需求					200		300		150

表 9-4　库存状态信息

编号	名称	现有数	提前期	预计到货量
001	A	50	1	
002	B	100	2	第 2 周 40
003	C	50	1	第 1 周 10
004	D	100	1	第 1 周 50

解:按照反工艺顺序的方法,从产品级开始,按照物料清单逐层展开计算,各物料 MRP 展开表如表 9-5、表 9-6、表 9-7、表 9-8 所示。

(1) 产品 A 的 MRP 展开表。

表 9-5　产品 A 的 MRP 展开表

物料提前期	需求项目		周次								
			1	2	3	4	5	6	7	8	9
产品 A LT＝1	总需求						200		300		150
	预计到货量										

（续表）

物料 提前期	需求项目	周次								
		1	2	3	4	5	6	7	8	9
产品A LT=1	现有数	50	50	50	50	50	0	0	0	0	0
	净需求					150		300		150
	计划接收订货量					150		300		150
	计划发出订货量				150		300		150	

该物料（产品A）在1～4周没有总需求，在5、7、9三周有总需求（表9-2主生产计划的需求），因此前面四周没有净需求。1至4周的现有数都是50。第5周因为总需求200，现有数＝50＋0－200＝－150，库存不能满足需要，于是净需求＝200－50－0＝150。计划接收订货量150，提前期1周，于是第4周计划发出订货量150。订货以后，第5周库存现有数为0。第7和第9周如此计算。

（2）物料B的MRP展开表。

表9-6 物料B的MRP展开表

物料 提前期	需求项目	周次								
		1	2	3	4	5	6	7	8	9
物料B LT=2	总需求				150		300		150	
	预计到货量		40							
	现有数	100	100	140	140	0	0	0	0	0	0
	净需求				10		300		150	
	计划接收订货量				10		300		150	
	计划发出订货量		10		300		150			

物料B是A的下层物料，因此其总需求来自上层物料A的计划发出订货量。因为物料A在第4、6、8周有计划发出订货量，于是物料B在第4、6、8周有总需求，从产品结构树图9-6或者物料清单表9-2得知，1个A需要1个B，因此物料B在第4、6、8周的总需求分别为150、300、150。其他数据项计算方法如物料A。

（3）物料C的MRP展开表。

表9-7 物料C的MRP展开表

物料 提前期	需求项目	周次								
		1	2	3	4	5	6	7	8	9
物料C LT=1	总需求		30		900		450			
	预计到货量	10								

（续表）

物料提前期	需求项目		周次								
			1	2	3	4	5	6	7	8	9
物料 C LT＝1	现有数	50	60	30	30	0	0	0	0	0	0
	净需求					870		450			
	计划接收订货量					870		450			
	计划发出订货量				870		450				

（4）物料 D 的 MRP 展开表。

表 9-8　　　　　　　　　　　　物料 D 的 MRP 展开表

物料提前期	需求项目		周次								
			1	2	3	4	5	6	7	8	9
物料 D LT＝1	总需求			20		1 050		1 200		450	
	预计到货量		50								
	现有数	100	150	130	130	0	0	0	0	0	0
	净需求					920		1 200		450	
	计划接收订货量					920		1 200		450	
	计划发出订货量				920		1 200		450		

在上面这个例子中,值得注意的是物料 D 的 MRP 展开表,因为有两个地方都用到物料 D(A 和 B 都需要 D),但是每个物料只要 1 个库存状态表,因此要把来自不同上层物料对物料 D 的需求计划在一个表格计算(表 9-8)。因为一个产品 A 需要 3 个 D,一个物料 B 需要 2 个 D。产品 A 在 4、6、8 周有计划发出订货量 150、300、150。物料 B 在 2、4、6 周分别有 10、300、150 的计划发出订货量。因此对于物料 D,则在第 2 周总需求为 $10 \times 2 = 20$、第 4 周总需求为 $150 \times 3 + 300 \times 2 = 1\,050$,第 6 周总需求为 $300 \times 3 + 150 \times 2 = 1\,200$,第 8 周总需求为 $150 \times 3 = 450$。

从以上例子可以看出,在基本 MRP 计算中,除了第 1 次订货之前可能存在库存以外,第 1 次订货以后各次库存现有数都是 0,没有库存,也就是基本 MRP 的逻辑反映了 MRP 的基本思想:按照物料转化组织准时生产(在需要的时间生产和采购需要数量的物料)。但是,MRP 不是一种真正意义准时生产模式,它是一种推式(Pull)生产模式,每一个物料按照计划生产,不管下游工序(产品结构树的高层物料)是否需要,总是按照计划准时生产,把结果推向下工序。它和丰田公司的按照市场需求的拉动式准时生产(JIT 生产,第十三章介绍)不同,丰田公司的 JIT 才是真正意义的准时生产。由于生产过程存在不确定性因素会导致无法按照计划生产,库存和缺货仍是存在的。因此,能否真正按照围绕物料转化组织准时生产不是 MRP 本身能决定的。为此,应用 MRP 就需要考虑现实生产因素,接下来我们讨论 MRP 应用的技术参数问题。

二、MRP 应用技术参数问题

上面介绍的是基本 MRP 的处理逻辑，这个基本处理逻辑有几个问题。一是提前期是固定的，与批量无关；二是计划接收（发出）订货量等于净需求，没有考虑订货批量规则的应用；三是没有考虑安全库存。下面讨论这三个问题。

（一）安全库存

在独立需求库存问题中，安全库存是应付供需不确定因素的一个重要参数，对于相关需求计划 MRP，理论上讲不需要设立安全库存，因为 MRP 逻辑就是按照需要准时生产，这是 MRP 的优点，引入安全库存就会使 MRP 失去一个优点。引入安全库存，会导致该物料下面的各层次物料的需求计划都会产生变化，增加库存，因此设立安全库存在 MRP 中是需要慎重的问题，一般只在最底层物料，也就是外购件设立安全库存。订单生产环境下，外购件不要安全库存。

（二）批量规则

前面的例子中，当出现净需求为正需要订货补充库存时，每一次计划接收（发出）订货量都是等于净需求的，接收订货以后，库存现有数为 0。这样的订货方式叫逐批订货，或者按需订货批量规则（lot for lot，LFL）。在现实中，这样的订货方式有时不经济，如果净需求太小，比如只有 1 个单位也订货就很不经济。因此为了减少订货和生产准备的费用，就像独立需求库存那样，也可以采用其他的订货方式，采用增大批量，减少订货或生产准备成本。但是采用增大批量以后，也和安全库存一样破坏了 MRP 的按需准时生产的优点，增加了库存，并且会引起其他下层物料需求变化，这种现象叫 MRP"系统紧张"。为了减少系统紧张，一般只在低层物料，也就是外购件用大批量采购。目前企业常见的订货批量规则有固定批量法、定期订货批量等，这里不介绍。

视野拓展 9-1

MRP 批量规则

前面介绍的是基本 MRP 原理，采用的是按需订货方式，即 LFL 订货规则，除了这种最简单最基本的规则，MRP 还有其他的订货规则，下面的阅读材料有进一步介绍。

（三）提前期

前面的例子中，各个物料的提前期是固定的，也与采购批量无关，而且采用统一时间单位-周。但是实际上，企业的生产或者采购提前期都不是固定的，而且不同物料的采购或者生产提前期都可能不同，有长有短，有的几天，有的几周等。而且采购批量大提前期长，批量小提前期短。因此提前期的设置也是现实中需要考虑的问题。

本书介绍的只是基本 MRP 的处理逻辑，因此在例题和后面的习题中，我们都是按照基本 MRP 的处理逻辑进行物料需求计划的计算。

三、MRP 逻辑在服务业的应用问题

当我们了解了 MRP 的处理逻辑以后,自然会想到,MRP 能否用于服务业?虽然服务业一般来说主要是事务性的劳务活动,但是一样存在物料需求问题,比如,一种服务物品和另一种服务物品如果存在相关关系,那么 MRP 的处理逻辑是可以用的。典型的情况是物流分销配送行业。配送需求计划(distribution requirement planning,DRP)就是 MRP 的逻辑在物流配送领域的扩展应用。除了配送需求计划,还有一些服务行业可以应用 MRP 处理逻辑。

(1)餐饮行业。制作菜肴如果能严格按照计划菜谱进行准备物料和制作的话,特别是西餐,物料需求计划逻辑也可以应用。比如,预制菜目前是一个时新的零售行业,可以按照物料需求计划逻辑来准备各种菜肴的配料和食品。但是在我国,餐饮行业,特别是中餐的菜肴的制作一般缺乏精确性,要按照 MRP 逻辑来处理食品的物料难度大。

(2)装修行业。装修行业在进行装修材料的准备时,也可以利用 MRP 的逻辑准备材料,减少采购的浪费。

第四节 从 MRP 到 ERP 的演变

一、从 MRP 到 MRPII 的发展过程

(一)计划与能力的协调—闭环 MRP

基本的 MRP 系统隐含了这样一个假设:无限能力,即基本的 MRP 在做物料需求计划时是建立在无限能力的基础上的,由于没有考虑能力约束,计划就很难保证是可行的。由于没有考虑能力约束和没有和计划执行反馈信息形成闭合回路,因此一般把基本 MRP 叫做开环的 MRP。为了弥补基本 MRP 的这个缺陷,于是在 MRP 之后需要一个能力需求计划(capacity requirement planning,CRP),以增加计划的可行性,在基本的 MRP 产生的物料需求计划与企业车间的生产能力之间寻找平衡,以保证计划的有效性。这就出现了所谓的闭环的 MRP 系统,如图 9-7 所示。

闭环的 MRP 系统体现了两个方面的生产管理思想。一方面是企业的资源的有限性,生产计划必须建立在已有的资源的基础上,因此闭环的 MRP 除了物料需求计划外,还把能力需求计划与作业计划、采购计划等一起考虑。另一方面,生产计划与控制是一个整体,生产计划必须考虑生产控制的信息,根据控制的结果修订原来的计划或制定未来的计划,这中间就有现有的生产控制信息的反馈问题,因此闭环的 MRP 把计划执行与计划制定过程形成一个闭环。闭环的 MRP 比开环的基本 MRP 更加可行与有效。

(二)物流与资金流的统一——MRPII

闭环的 MRP 主要还是对物料的管理,企业的生产是物流与资金流的统一,因此当闭环的 MRP 出现后,人们自然会想到,能否把与生产活动有关的管理过程统一起来,对生产管理

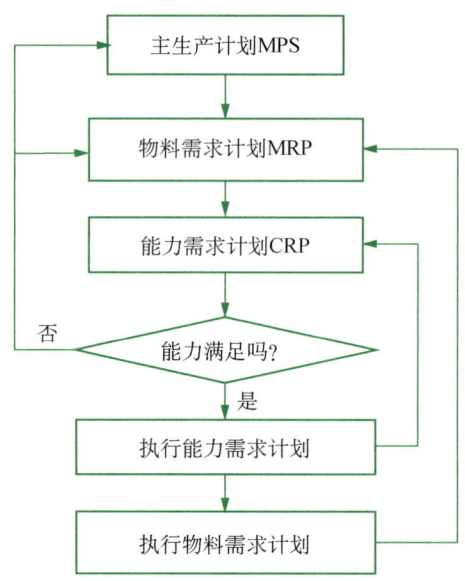

图 9-7　闭环的 MRP 系统

进行评价与分析(生产成本核算),使企业的经营计划与生产计划保持一致? 于是又把成本核算应收账与应付账等财务管理有关的活动连接起来,形成物流与资金流的统一,这就是制造资源计划(manufacturing resource planning)。由于其三个单词的缩写也是 MRP,为了区别于前面的物料需求计划,称之为第二代的 MRP,用 MRPII 表示。

制造资源计划 MRPII 以生产计划为中心,把与物料管理有关的产、供、销、财各个环节的活动有机地联系起来,形成一个整体,进行协调,使它们在生产经营管理中发挥最大的作用。其终的目标是使生产保持连续均衡,最大限度降低库存与资金的消耗,减少浪费,提高经济效应。

从物料需求计划 MRP 发展到制造资源计划 MRPII,这是对生产经营管理过程的本质认识的不断深入的结果,体现了先进的计算机技术与管理思想不断融合的过程,因此 MRP 发展为 MRPII 是一个必然的过程。

二、MRPII 的结构与功能

从 1977 年 9 月 Oliver 提出制造资源计划 MRPII 以来,国内外成千上万的软件公司在开发制造资源计划,功能模块都有差别,但是基本原理是相同的,图 9-8 是 MRPII 的工作流程图。

虽然不同的开发商开发的 MRPII 各有特点,但是都有一些普遍使用的模块,是大多数公司采用的,这些模块包括如下几个方面的内容。

(1) 基础数据管理子系统。这个子系统主要是为生产计划的制定提供基础数据,比如物料清单管理、工艺管理、资源管理(设备、人员、工厂日历等)等。

(2) 库存管理子系统。这个子系统主要是对生产过程中的原料、半成品、产品、机物料、标准件等进出仓库的管理,通过库存管理减少库存资金的占用,提高经济效益。

(3) 经营计划管理子系统。这个子系统包括对销售合同的管理、销售计划、需求预测、

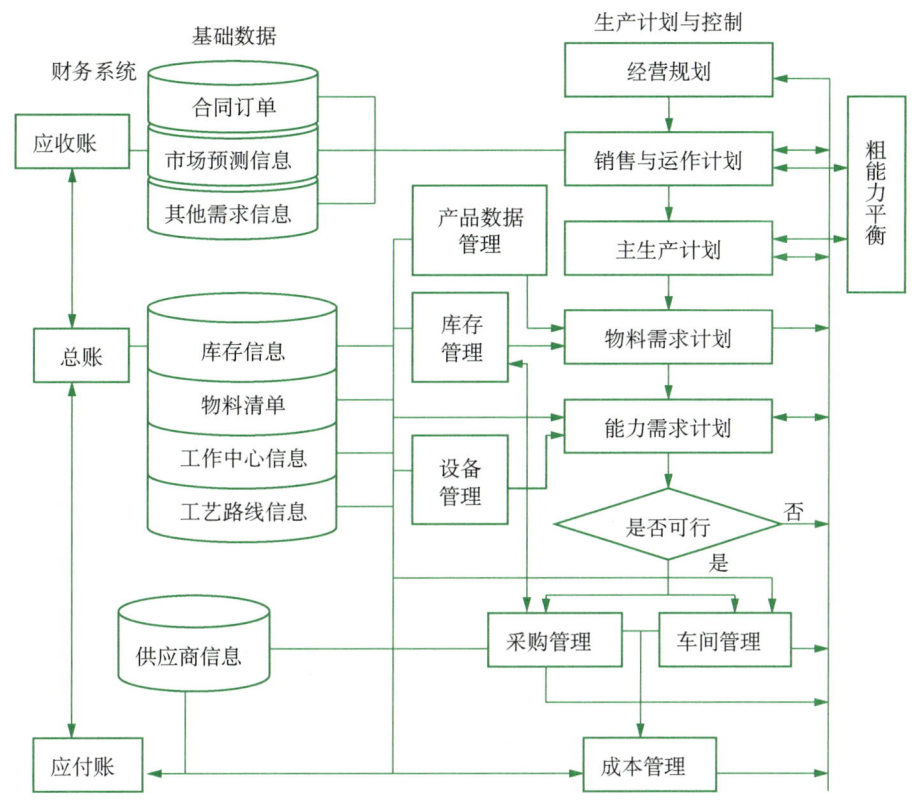

图 9-8　MRPII 工作流程图

销售分析与统计等。

（4）主生产计划子系统。主生产计划是物料需求计划的龙头，具有将经营销售计划转为生产计划、建立生产批次与总装配计划、产品出产进度安排、生产计划修改、粗能力平衡、生产计划查询等功能。

（5）物料需求计划子系统。物料需求计划是 MRPII 的核心，一般包括对内的零部件的投入出产计划、对外采购与外协计划和能力需求计划。

（6）生产作业计划与控制子系统。根据物料需求计划制定车间内部的作业计划，如派工单、工票的生成与打印、各种生产现场数据的收集与统计分析等。

（7）物资采购供应子系统。包括定额制定、定额发料、供应商的评价与管理、物资供应计划、采购合同管理、物资统计分析等一系列的采购供应管理内容。

（8）成本核算与财务管理子系统。包括成本标准与成本计划、成本计算、成本差异分析等模块，提供按产品结构、工艺、工序、时间等不同的要求的成本数据的查询，按照生产成本的构成进行材料成本、人工成本、制造费用等的计算与分析。

制造资源计划 MRPII 是一个集成化的生产管理系统，使用 MRPII 系统，可以使企业获得如下诸多好处。

（1）改进计划管理工作。MRPII 的最大优势是其生产计划的科学性与模拟预见性，因此 MRPII 能够提高生产计划的有效性。

（2）加强生产管理与其他经营管理职能的联系与协调能力。由于建立了和销售、采购、库存、财务等部门的统一的数据库存系统,从而使各部门在一个信息共享平台上从企业整体的利用出发,协调各部门的活动,提高企业响应市场的能力。

（3）改进企业的基础管理。MRPII 要求企业各种基础数据准确可靠,因此通过实施 MRPII 可以改进企业基础管理工作,业务流程与管理制度的规范化管理等都有会有提高。

（4）提高经济效益。使用 MRPII 后,许多企业都获得了库存降低、成本降低、交货期缩短、交货准时、资源利用率提高等经济效益。

三、从 MRPII 到 ERP 的演变与发展

自 20 世纪 90 年代以来,在 MRPII 的基础上,一种新的集成化企业管理信息系统——企业资源计划（enterprise resource planning，ERP）出现。ERP 比 MRPII 在功能上有新的发展,支持更大范围的企业集成。不仅在物料需求计划上,而且在质量管理、产品数据管理、流程作业管理、仓库管理、财务管理、工程项目管理、人事管理、综合信息等方面提供全面的支持。图 9-9 表示了从 MRP 到 ERP 的演变关系与它们的联系。

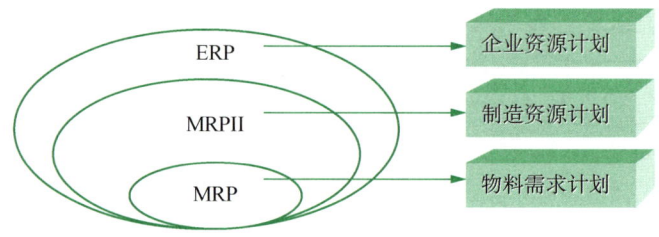

图 9-9　从 MRP 到 ERP 的演变

随着企业管理模式的发展,特别企业过程重组的应用,企业组织结构从传统的递阶组织向网络化、虚拟化发展,对 ERP 提出了更高的要求。这些要求体现在如下几方面。

（1）支持实时、智能化管理。

（2）支持供应链的同步化运作。

（3）支持企业知识管理。

（4）支持电子商务和在线工作流管理。电子商务是企业活动发展的方向,未来的企业信息系统必须支持远程商务活动的快速化和在线工作,以获得竞争的优势。

（5）支持动态企业建模,商业环境不断改变,企业的业务流程和工作流程不断改变,信息模型也应相应改变,这种动态的企业模型是未来企业信息系统必须具备的柔性要求。

如今,互联网技术进一步发展,ERP 在云计算的环境下,实现了网络化和在线化,原来的基于局域网的 C/S（服务器/客户机）模式的 ERP 向互联网的 B/S（浏览器/服务器）模式发展,进一步发展成为云环境的 ERP,成为企业数字化转型的工具。

另外,ERP 不仅仅在制造企业使用,在服务业也一样可以使用。不少服务企业也都根据服务企业需求开发有 ERP 系统。虽然制造业的 ERP 核心功能——物料需求计划这一功能在服务业很少应用,但是其他功能,如物资管理、人力资源事管理、财务管理、销售管理等功能是可以应用的。

四、互联网环境下的 ERP 和高级计划与排产系统 APS

最近几年互联网的快速发展又进一步推动企业进行新的数字化转型,传统的 MRP、ERP 等工具在互联网环境下又有新的发展。

传统的 ERP 运行环境是封闭的企业内部网,随着信息技术的发展,互联网的发展,云计算出现以后,企业的应用环境扩大了,基于云计算的企业协同运作环境出现,企业开始建立数字化协同运作系统,如图 9-10 所示。

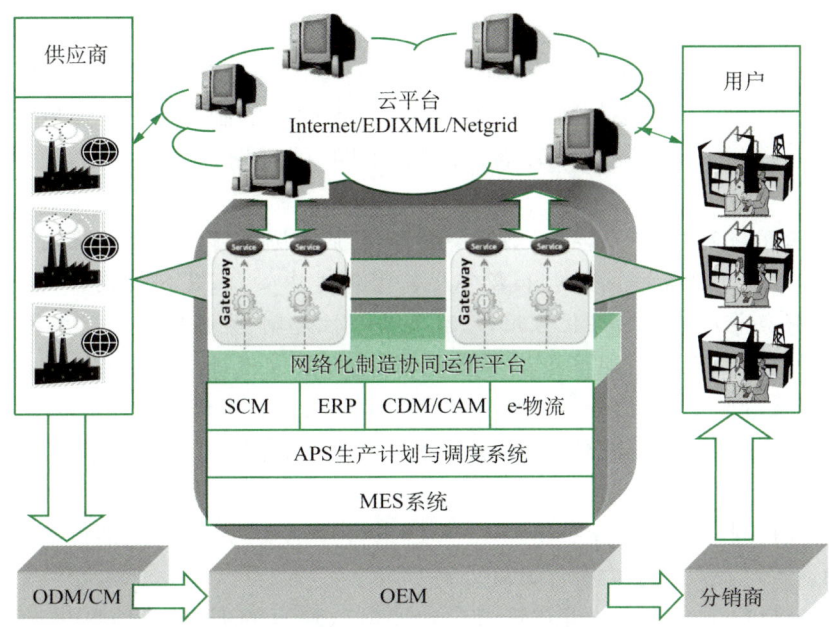

图 9-10 云制造环境下的企业协同计划与调度系统

在互联网和云计算环境下,ERP 要和 SCM、e-物流等供应链系统集成在一起形成供应链协同运作环境,同时,利用 APS 进行协同计划与控制,通过 MES 对车间作业底层进行有效的管理,保证生产数据及时共享和对计划执行情况的快速调整。

五、人工智能与 ERP 的融合

近年来随着人工智能技术的发展,人工智能 AI 和企业资源计划 ERP 的融合的话题成为业界的热点。一些领先的 ERP 供应商,包括 SAP 都纷纷开始把人工智能工具加入 ERP 系统中,以增强 ERP 的功能和应用能力。比如,2024 年,SAP 公司就把 SAP Joule 作为一款生成式人工智能工具助手作为 SAP S/4HANA 应用套件。它通过智能化的交互,根据用户的需求和偏好提供个性化的服务和支持。在 SAP ERP 系统中,AI 技术被广泛应用于数据分析和需求预测。通过机器学习算法和大数据分析技术,系统可以实现更智能的数据分析和需求预测,帮助企业更好地理解市场趋势。AI 技术还可以实现自动化决策和智能化推荐,在供应链管理和人力资源管理等领域发挥重要作用。系统通过机器学习算法自动识别和分析数据,为企业提供智能化的决策支持。比如,利用 SAP ERP 公有云中提供的 AI 技术,企业能够实现对采购订单中供应商交期的预测。这意味着企业可以提前了解供应商是

223

否可能延迟交付，一旦察觉到可能的延迟，企业可以迅速采取措施，例如与供应商进行及时沟通或寻找备选方案，以确保货物按时到达，避免潜在的额外成本或生产中断。

素养园地

MRP 推动我国企业转型升级

过去四十年来，计算机和信息技术不断发展带给企业不断的变革。我国企业从 20 世纪 80 年代初开始推行 MRP 进行生产管理，以及之后 90 年代的 MRPII 和 ERP。最近十多年，有不少企业应用制造执行系统 MES 和高级计划与排产系统 APS。而近几年，新的互联网环境下的云计算、数字化制造与智能制造等不同新的制造系统及其管理工具不断出现，进一步推动我国企业的转型升级。正如"十四五"规划和 2035 年远景目标纲要提出的：

实施"上云用数赋智"行动，推动数据赋能全产业链协同转型。在重点行业和区域建设若干国际水准的工业互联网平台和数字化转型促进中心，深化研发设计、生产制造、经营管理、市场服务等环节的数字化应用，培育发展个性定制、柔性制造等新模式，加快产业园区数字化改造。深入推进服务业数字化转型，培育众包设计、智慧物流、新零售等新增长点。加快发展智慧农业，推进农业生产经营和管理服务数字化改造。

——《中华人民共和国国民经济和社会发展第十四个五年规划和 2035 年远景目标纲要》

要求：

1. 请结合我国"十四五"规划和 2035 年远景目标纲要，讨论企业推行数字化转型和发展智能制造等对提高竞争力有什么好处。

2. 企业推行数字化转型是否意味着企业要淘汰现有的 ERP 等信息化工具，去上全新的数字化系统或者平台工具？

关键术语

物料需求计划（materials requirement planning）

制造资源计划（manufacturing resource planning）

企业资源计划（enterprise resource planning）

物料清单（bill of materials）

批量（lot）

提前期（lead time）

闭环 MRP（loop MRP）

本章小结

1. 物料需求计划 MRP 是在产品结构与制造工艺基础上，根据产品结构各层次物料的从属与数量关系，以物料为对象，以产品完工日期为时间基准，按照反工艺顺序的原则，根据各物料的加工提前期制定物料的投入出产数量与日期。

2. MRP 主要输入包括主生产计划、库存状态文件、产品结构文件等，主要输出包括对外的物料采购计划和对内的物料投产计划，以及各种相关的计划调整信息等。

3. 基本的 MRP 是没有考虑能力的开环的系统，当把能力平衡考虑进去以后，变成闭环的 MRP(MRPI)，再把资金流——成本信息考虑进去以后，形成物流和资金流统一，就进一步演变成制造资源计划。制造资源计划进一步演变成企业资源计划。

4. 随着信息技术的发展，互联网和云计算的出现，出现 MES、APS 等新的计划与调度系统，这些新的功能和 ERP 集成将更好提高企业计划与调度执行力，提高企业生产管理的效率。

练习题

一、思考题

1. 阐述物料需求计划的基本原理。

2. 物料清单 BOM 在 MRP 中有什么作用？

3. 能力需求计划的任务是什么，它对物料需求计划起什么作用？

4. 什么是闭环的 MRP，它和基本的 MRP 有什么不同？

5. 安全库存在 MRP 是如何考虑的？

6. 制造资源计划比闭环的 MRP 有哪些不同之处？其管理思想与特点是什么？

二、选择题

1. 下面项目属于 MRP 的输入项目的是(　　　)。

　　A. 主生产计划　　　　　　　　　　　B. 能力计划

　　C. 采购计划　　　　　　　　　　　　D. 派工单

2. 下面的功能 MRP 没有的是(　　　)。

　　A. 物料需求计划　　　　　　　　　　B. 库存状态更新

　　C. 成本核算　　　　　　　　　　　　D. 订货变更通知

3. 能力需求计划的输入是(　　　)。

　　A. 主生产计划　　　　　　　　　　　B. 库存文件

　　C. 物料需求计划　　　　　　　　　　D. 订单

4. MRPII 与闭环 MRP 的区别是(　　　)。

　　A. MRPII 增加了成本核算模块　　　　B. MRPII 增加了能力平衡功能

　　C. MRPII 增加了库存记录文件　　　　D. MRP 的批量计算不同

三、判断题

1. MRP 可以适用于任何生产环境。　　　　　　　　　　　　　　　　　(　　　)

2. MRP 的基本思想是按照需求准时生产。　　　　　　　　　　　　　　(　　　)

3. MRP 是处理相关需求库存的方法。　　　　　　　　　　　　　　　　(　　　)

4. 基本 MRP 的提前期是固定的。　　　　　　　　　　　　　　　　　(　　　)

5. 基本 MRP 考虑能力平衡问题。　　　　　　　　　　　　　　　　　(　　　)

四、计算题

1. 已知产品 A 的结构树如图 9-11 所示，产品主生产计划的总需求和各零件的库存状态信息如表 9-9、表 9-10 所示,请确定各物料的需求计划。

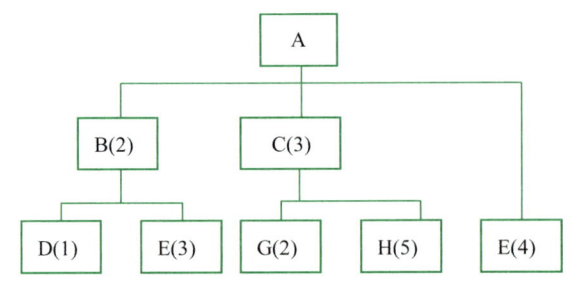

图 9-11　产品结构树

表 9-9　　　　　　　　　　　　　　产品 A 主生产计划(总需求量)

周朝	1	2	3	4	5	6	7	8	9	10	11
需求							50	80	0	100	120

表 9-10　　　　　　　　　　　　　　　　库存状态信息

名称	现有数	提前期	预计到货量
A	5	1	
B	10	1	第 1 周 50
C	0	2	第 2 周 10
D	7	2	第 2 周 50
E	0	1	
G	0	3	
H	8	2	第 2 周 20

2. 已知产品 A 结构树如图 9-12 所示。产品 A 主生产计划的总需求如表 9-11,各物料的库存状态数据如表 9-12 所示。请根据这些数据计算物料需求计划。

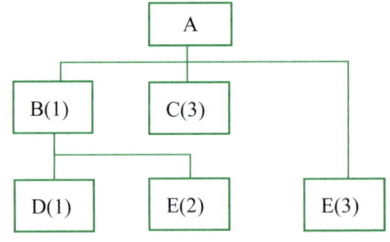

图 9-12　产品结构树

表 9-11　　　　　　　　　　　　　　产品主生产计划(总需求)

周次	1	2	3	4	5	6	7
需求					400	500	600

表 9-12 库存状态信息

名称	现有数	提前期	预计到货量
A	50	1	
B	100	1	第1周50
C	0	2	第1周100
D	50	2	第2周50
E	100	1	

案例讨论

食堂能否用"物料需求计划 MRP"来采购食物？

某大学的 MBA"运营管理"课堂上有一位小李同学，在学习有关库存管理专题课上，站起来和老师交流，提出了一个问题。小李说："老师，我是本科就学工商管理专业的，我们本科的时候也有一门运营管理课程叫"生产与运作管理"，老师给我们讲了 MRP 的基本原理，但是因为没有经验，对理论理解不深入。我毕业后先在外面企业工作，后来调到咱们大学的食堂工作，快十年了。我最近思考一个问题，我们食堂在每天的各种菜肴用料采购方面是否可以用 MRP 进行管理更加科学，可以节约成本，减少浪费。我们食堂的食品采购，按照老师讲的库存管理方法分类，长期以来采用的是独立需求库存管理方法，就是定期采购，当然不同食品采购时间长短不同。像米、面、盐、油、醋等可以存放时间久的就相隔长一点时间定期采购。但是鱼、肉、蔬菜基本上当天采购或者隔天采购，因为库存成本高，而且过夜或者多天存放就需要冷冻等，库存电费等成本高，同时耗损大。我在考虑，按照老师刚才讲的物料需求计划，菜的成分应该属于相关需求。一道菜就是一个独立需求的"产品"，构成这道菜的不同成分，比如"青椒肉丝"这道菜就是一个"产品"，它的主体原料成分辣椒和肉就是相关需求。如果能够按照物料需求计划去采购食品，需要多少，我们就采购多少，尽量按照需求来采购，就能减少浪费，节约成本。但是，后来，我发现，这样做法也存在很大难度，因为中餐不是西餐，不像麦当劳做厨，他们能精确计算每道菜需要油、面几毫升、几克。我们的厨房师傅没有办法精确计算出一道菜各种成分的精确用量，他们总是用"盐少许，火候适中"这样的经验做菜方法，比较粗放"。老师听了学生的问题，也开始沉思起来。

问题：

1. 食堂的食物能否按照物料库存管理方法，分独立需求和相关需求库存管理？
2. 菜原料如果要按照物料需求计划采购需要什么条件？

第十章 作业计划与控制

 学习目标

学习内容	学习目标	学习难度	重要程度	应掌握知识点
作业计划与控制概述	了解	☆	★★	作业计划的重要性 作业计划与控制的内容
制造车间作业排序	掌握	☆☆☆	★★★	单台设备排序方法 流水车间作业排序方法
生产控制	熟悉	☆	★★	生产控制的基本内容 生产进度控制的策略
服务作业计划	熟悉	☆☆	★★★	服务员工排比方法

引导案例

飞机航班延误谁来买单

某日下午,某飞机场由于天气的原因(雷雨)导致飞机航班停飞,数百名旅客被迫等候在机场。机场通知,计划飞往西安的某航班的起飞时间由原来的下午5点40分改为晚上9点。但是,旅客等到晚上,大雨仍未见停,旅客被告知当天的航班不能起飞了,改为第二天上午10点起飞。当天晚上,航空公司为旅客在机场附近的酒店订了房间,由航空公司统一安排住宿。

听到这个消息,旅客有点骚动,个别旅客情绪激动要找航空公司论理,最后被解释几番才平息。大家乘坐航空公司安排的大巴到酒店住宿,少数家在本市的旅客自己回家去,第二天再来。

第二天早上7点多,旅客被通知前往机场准备登机。8点到达机场后,旅客正在准备登机,一个不好的消息告诉旅客,原本安排的飞机因为机械故障需要修理,无法执行飞行任务,但是已经另行安排其他飞机来接替承担该航班的飞行任务。但是接替的飞机目前仍在其他城市飞往本地途中,可能需要推迟到中午12点才能回来。一波未平,一波又起,原本以为可登机却突然又来一次等待,这个时候,有部分旅客就不耐烦了,提出需要航空公司补偿损失。有两位商人因为急于要参加一次重要的商务谈判,他们提出要改乘其他航班,旅客乱成一团。后来,经过交涉,航空公司机场办事处请示领导,同意了每位旅客给予一定的赔偿,并提供免费午餐。

问题：

1. 你认为飞机航班延误这种现象能够通过精确的作业计划来减少吗？
2. 服务作业计划和制造业的作业计划有什么不同？

第一节 作业计划与控制概述

一、作业计划与控制的内容

本节以车间作业管理为例进行讲解作业计划与控制的内容。企业的生产任务必须通过车间的现场管理来完成，生产管理的主要活动就是围绕生产车间展开，因此车间作业管理是生产管理的核心。车间作业管理的内容包括如下几个方面。

（一）制定作业计划

生产作业计划是根据物料需求计划（厂级作业计划）下达的生产任务，结合车间的情况，安排本车间各工段、工作中心、轮班的作业任务。作业计划也包括为生产进行的一些准备工作的安排和生产现场的能力核算。作业排序是作业计划的基础，因此本章重点介绍作业排序的方法。

（二）日常派工

派工即是根据车间作业计划的要求，向车间现场工作地和工人下达生产指令，把作业计划落实到每个轮班、每个岗位。比较常用的派工方式有标准派工、定期派工和临时派工三种。

在大量生产环境下使用标准派工，采用标准的计划与标准的作业指示图指挥生产。每一工序、每一岗位的工作都按照标准固定下来，不必经常分配任务。定期派工用于成批生产环境，根据作业计划每隔一定时期给工作地分配任务。而临时派工在单件生产中用得最多，由于生产任务随机性比较大，经常有临时性生产任务分派。同时，临时调整生产进度也需要采用临时派工。

派工的工具主要有加工路线单、工序工票、看板等。加工路线单以零部件为单位，把所有的生产工序作业任务与统计数据记录在一张票中，在不同的工序中流转，加工路线单适合批量小，同时生产周期不长的情况。而工票则是以单一工序为对象的，一个工序一张票，适合于生产批量大的情况。

（三）作业控制

作业控制的内容包括：进度控制、在制品控制、质量控制。本章重点介绍进度控制与在制品控制。

生产控制是通过生产调度与作业统计工作完成的。作业统计是进行生产调度的基础，通过对生产作业统计数据的分析，检查生产进度、在制品的完成情况，采取措施确保生产计划的完成。

229

（四）文明生产与现场改善

文明生产是维持一个良好的生产工作环境与工作场所，改善工作效率，减少工作的故障与事故。现场改善的方法包括像日本企业采用的 5S 活动、全员生产维护、目视管理与定置管理等，更加详细的现场改善方面的内容将在第 13 章的精益生产中介绍。

二、作业计划与控制的发展

（一）手工的生产作业计划与控制

在 20 世纪 70 年代以前，企业的生产作业计划与控制活动基本上只能依靠车间管理人员的手工完成，用手工进行作业计划编制，用手工进行生产作业统计和分析，这种手工的作业计划与控制管理手段比较粗放。首先是计划的准确性比较差；其次，当生产计划需要调整时，需要比较长时间，导致对需求变化的响应比较迟钝。

（二）计算机化的生产作业计划与控制

20 世纪 70 年代以后，计算机技术开始运用于工厂的生产管理，生产计划与控制技术慢慢从手工方式转为计算机化方式。车间作业计划的计算机化大大改善了作业计划的准确性和效率，生产控制技术也得到发展。基于 MRP 的物料需求计划出现以后，20 世纪 80 年代基于 MRP 的输入输出控制技术、以后出现的 JIT（准时生产）的看板控制技术和 TOC（约束理论）的瓶颈管理技术等先后应用到生产控制中。

（三）集成化的生产计划与控制技术

20 世纪 80 年代到 90 年代，集成的思想在制造企业的生产管理中广泛流行。随着基于企业内部网的数据库技术的发展，计算机集成制造系统为企业生产计划与控制的集成提供了技术平台。企业资源计划 ERP 的应用，进一步扩大企业的生产计划与控制集成空间。企业资源计划系统 ERP 和制造执行系统 MES 等现场作业调度系统之间的数据传输和信息互联，使工厂范围的生产计划与控制集成得到实现。

（四）数字化与智能化的生产作业计划与控制

进入 21 世纪，随着新一代信息技术的出现，生产作业计划与控制技术也进入了一个新阶段—数字化与智能化时代。智能制造和工业 4.0 技术出现以后，有许多先进的信息技术又进一步推动了生产作业计划与控制技术的发展。最近几年，云系统、大数据、5G 技术、物联网技术等都慢慢运用到生产作业计划与控制中，成为先进的生产计划与控制技术。现在，一些先进的制造企业，比如我国的海尔、美的等都已建立基于云平台的生产作业控制系统，通过工厂云平台实现车间联网控制和远程监控。

第二节　制造车间作业排序

在车间作业计划中，一个很重要的工作就是把需要加工的产品安排到不同设备（工作站）上，并决定不同产品的加工先后次序，按照计划产出，这种工作叫做作业排序。作业排序是作业计划的核心内容。合理的作业排序,可以缩短生产周期,提高按时交货的能力;充分利用设备能力,提高生产资源利用率;减少在制品数量,提高资金周转率。以下介绍一些比较成熟而实用的排序理论与方法和它们在生产作业计划中的应用。

一、单台设备上的作业排序方法

单台设备上的多个工件的排序问题是最简单的排序问题。当一台设备面对多个工件需要加工时,虽然整批零件的完工时间不会因为加工顺序的改变而改变,但是不同的加工顺序会导致各单个工件的完工时间发生变化,从而影响工件按时交货。

解决单台设备的作业排序问题,可以采用不同的排序规则。不同的排序规则的排序结果不同。以下列出常用的几种排序规则。

(1) 最短加工时间优先规则(shortest processing time,SPT)。

(2) 最短交货期优先规则(earliest due date,EDD)。

(3) 先到先加工规则(first come first served,FCFS)。

(4) 最小松动时间优先规则(松动时间＝交货期－加工时间,STR)。

(5) 临界比率最小优先规则(交货期减去当前日期除以作业时间)。

(6) 综合规则(综合使用两种规则,如先按照最短交货期优先排序,然后按照最短加工时间优先的原则排序)。

(7) 后到先加工规则。

(8) 随机规则。

一般来讲,一个作业排序可以从两个方面评价不同的排序规则的优劣。

(1) 拖期的工件数或拖期时间。每一工件都有确定的交货期,加工过程应该确保按期交货,如果发生延期,则应尽量使拖期的工件数最少,或拖期的时间最小,这样拖期损失最小(如拖期罚款)。

(2) 工件在车间的停留时间或在制品量。工件在车间中停留时间取决于等待时间与加工时间,等待时间越长,停留时间越长。停留时间长,则车间在制品量大,资金积压多,成本高。

下面以一个例题来说明几种规则的应用。

应用例题 10-1

有 6 个工件需要在某台设备上加工,各工件的加工时间与交货期如表 10-1 所示(工件编号是工件达到工作地的先后次序)(当前日期为 1)。

表 10-1　　　　　　　　　　　　工件的加工时间与交货期

工件编号	1	2	3	4	5	6
加工时间	7	8	10	2	5	6
交货期	14	12	20	10	15	18

解: 根据排序规则,采用六种排序规则进行排序,得到结果如表 10-2 到表 10-6。

表 10-2 按照先来先加工的规则排序

作业排序	1	2	3	4	5	6
工件编号	1	2	3	4	5	6
加工时间	7	8	10	2	5	6
等待时间	0	7	15	25	27	32
完成时间	7	15	25	27	32	38
交货期	14	12	20	10	15	18
拖期时间	0	3	5	17	17	20

注：总的拖期数是 5 件，平均拖期时间为：(0＋3＋5＋17＋17＋20)/6＝10.33，平均流程时间：(7＋15＋25＋27＋32＋38)/6＝24

表 10-3 按照最短加工时间优先规则排序

作业排序	1	2	3	4	5	6
工件编号	4	5	6	1	2	3
加工时间	2	5	6	7	8	10
等待时间	0	2	7	13	20	28
完成时间	2	7	13	20	28	38
交货期	10	15	18	14	12	20
拖期时间	0	0	0	6	16	18

注：总拖期数为 3 件，平均拖期时间为：(0＋0＋0＋6＋16＋18)/6＝6.67，平均流程时间：(2＋7＋13＋20＋28＋38)/6＝18。

表 10-4 按照最短交货期优先规则排序

作业排序	1	2	3	4	5	6
工件编号	4	2	1	5	6	3
加工时间	2	8	7	5	6	10
等待时间	0	2	10	17	22	28
完成时间	2	10	17	22	28	38
交货期	10	12	14	15	18	20
拖期时间	0	0	3	7	10	18

注：总拖期数为 4 件，平均拖期时间为：(0＋0＋3＋7＋10＋18)/6＝6.33，平均流程时间：(2＋10＋17＋22＋28＋38)/6＝19.5。

表 10-5 按照最小松动时间优先规则排序

作业排序	1	2	3	4	5	6
工件编号	2	1	4	3	5	6
松动时间	4	7	8	10	10	12
加工时间	8	7	2	10	5	6

（续表）

作业排序	1	2	3	4	5	6
工件编号	2	1	4	3	5	6
等待时间	0	8	15	17	27	32
完成时间	8	15	17	27	32	38
交货期	12	14	10	20	15	18
拖期时间	0	1	7	7	17	20

注：工件3和5松动时间相等，采用随机规则确定这两个工件的次序。总拖期数为5件，平均拖期时间为：$(0+1+7+7+17+20)/6=8.67$，平均流程时间：$(8+15+17+27+32+38)/6=22.83$。

表 10-6　　　　　　　　　　　　　按照临界比率最小优先规则排序

作业排序	1	2	3	4	5	6
工件编号	2	1	3	5	6	4
临界比率	1.375	1.87	1.9	2.8	2.83	4.5
加工时间	8	7	10	5	6	2
等待时间	0	8	15	25	30	36
完成时间	8	15	25	30	36	38
交货期	12	14	20	15	18	10
拖期时间	0	1	5	15	18	28

注：总拖期数为5件，平均拖期时间为：$(0+1+5+15+18+28)/6=11.16$，平均流程时间：$(8+15+25+30+36+38)/6=25.33$。

表 10-7　　　　　　　　　　　　　各排序规则的结果比较

排序方法	总拖期工件数	平均拖期时间	平均流程时间
先来先加工	5	10.33	24
最短加工时间优先	3	6.67	18
最短交货期优先	4	6.33	19.5
最小松动时间优先	5	8.67	22.83
临界比率最小优先	5	11.16	25.33

从表 10-7 看出，最短加工时间优先是最好的规则，因为其拖期数、平均流程时间都是最小的；其次是最短交货期优先规则。其后是最小松动时间优先规则、先来先加工规则、临界比率最小优先规则。

经过大量的分析证明，各种排序规则中，有两个规则是最为重要的，就是最短加工时间优先规则和最短交货期优先规则，而且有如下两个结论。

结论1：对于单台设备，SPT 规则可使平均加工时间最小。

结论2：对于单台设备，EDD 规则可使最大延迟时间最小化。

这两个结论告诉我们,当需要以优化企业资源、减少在制品数量和加工时间为目标的时候,用最短加工时间优先的 SPT 规则为最好;当需要以满足顾客交货水平和顾客满意度为目标时,用最短交货期优先的规则为最好。

二、流水生产线作业排序方法

流水车间的排序问题,也叫 Flow-shop 排序问题。Flow-shop 排序问题的特征是所有工件的加工路线一致(方向一致),如果所有工件的加工路线完全相同,则是一种同顺序的流水车间排列排序问题,本书即介绍这种情形。

流水车间的排序问题可以描述为有 n 个工件要在 m 台设备上加工,每一个工件的加工工艺路线一致,选择一个满足一定的优化目标的零件加工顺序。排序的优化目标有很多,但是普遍采用的是最长流程时间最短化(使所有加工产品的最长完工时间最短)。

为了分析方便,对以上优化模型的约束条件的考虑一般是基于如下的假设。

(1)一个工件不能同时在不同机器上加工。

(2)工件在加工过程中采用平行移动方式(每个工件在上一道工序完成后立即进入下道工序,不等待)。

(3)不允许中断,工件一旦进入加工状态,一直加工完成为止,中途不插入其他工件。

(4)每道工序只在一台设备上加工。

(5)工件数、机器数与加工时间已知。

(6)每台设备同时只能加工一个工件。

在以后的排序模型分析中,都是基于这样的假设条件来分析排序问题。

(一)多工件两台设备的排序问题算法

对于多个工件两台设备的排序问题,1954 年约翰逊(Johnson)提出的算法是比较好的一种解决方法,这个方法属于最优化方法。该算法的基本步骤是:

(1)列出工件编号,$i = 1, 2, \cdots, n$,在设备 1 和设备 2 上加工时间 p_{i1} 和 p_{i2},并用时间矩阵(表格)表示;

(2)从加工时间 p_{i1} 和 p_{i2} 中找出最小加工时间:

① 如果最小加工时间出现在第 1 台设备,则对应的工件应尽可能往前排(先加工);

② 如果最小加工时间出现在第 2 台设备,则对应的工件应尽可能往后排(后加工);

(3)从加工时间数据矩阵中删去已经排序的工件,重复(2),直到所有的工件排完为止。

应用例题 10-2

已经有 6 个工件需要在两台设备上加工的流水作业,单件加工时间矩阵如表 10-8 所示。应用 Johnson 算法确定最优解。

表 10-8　　　　　　　　　　　　　　加工时间矩阵

i	1	2	3	4	5	6
p_{i1}	8	4	7	1	3	10
p_{i2}	3	2	6	9	2	5

解：按照 Johnson 算法，确定排序过程如表 10-9 所示。

表 10-9　　　　　　　　　　　应用 Johnson 算法确定排序过程

步骤	排序结果	备选方案
1	4 ☐ ☐ ☐ ☐ ☐	4 ☐ ☐ ☐ 5
2	4 ☐ ☐ ☐ ☐ 2	
3	4 ☐ ☐ ☐ 5 2	
4	4 ☐ ☐ 1 5 2	
5	4 ☐ 6 1 5 2	
6	4 3 6 1 5 2	4 3 6 1 2 5

表 10-9 中的第 2 步，由于最小时间是 2，有两种可选的方案，即先选工件 2 和先选工件 5，最后得出两种不同的排序结果：436152 或 436125。两种排序的最长流程时间都是 35。故两种排序都是最优的排序。排序结果的甘特图如图 10-1 所示。

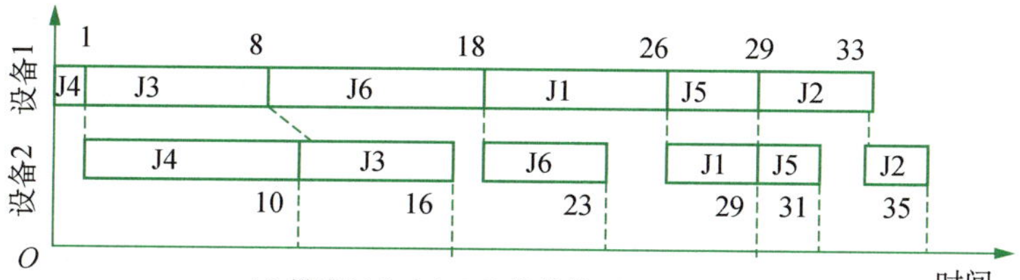

(a) 排序(4-3-6-1-5-2)的甘特图

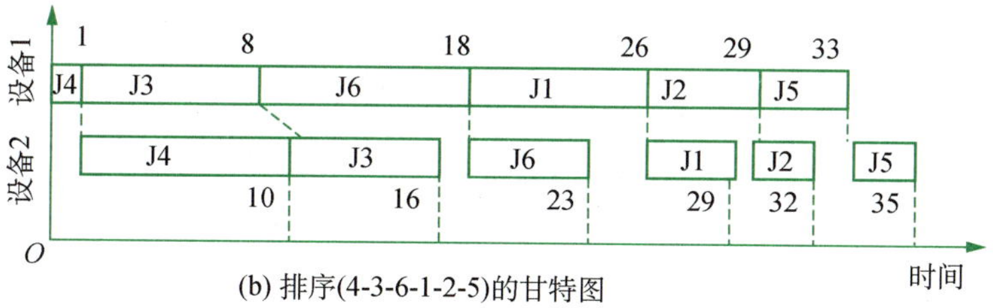

(b) 排序(4-3-6-1-2-5)的甘特图

图 10-1　排序结果甘特图

（二）多工件多设备的排序问题

3 台以上设备的流水车间的排序问题，比两台设备的排序问题复杂得多。小规模的多设备的流水车间排列排序问题，可以采用分支定界法找到最优解，但是如果规模比较大的情形，则只能采用启发方法。关于流水车间排序问题的启发算法有很多，下面介绍两个简单实用的方法。

1. Palmer 法

该方法是 1965 年由 Palmer 提出的,该方法的基本思想是把加工的工件按照一个斜度指标来排序。

斜度指标为:

$$\lambda_i = \sum_{k=1}^{m} [k - (m+1)/2] p_{ik} \quad i = 1, 2, \cdots, n \tag{10-1}$$

式中,m 为机器的数目,n 为工件数目,p_{ik} 为工件 i 在设备 M_k 上的单件加工时间。

排序的做法是按照工件的斜度指标不增(即递减)的顺序排列。

应用例题 10-2

已知有 5 个工件要在 4 台设备上加工,加工时间矩阵如表 10-10 所示。用 Palmer 法排序。

表 10-10　　　　　　　　(5×4)流水车间工件加工时间矩阵

i	1	2	3	4	5
p_{i1}	9	5	2	15	3
p_{i2}	6	7	8	5	4
p_{i3}	2	8	10	7	9
p_{i4}	1	9	12	8	5

解:由计算公式:$\lambda_i = \sum_{k=1}^{4} [k - (4+1)/2] p_{ik}, i = 1, 2, 3, 4, 5$

得:$\lambda_1 = -\dfrac{3}{2} p_{11} - \dfrac{1}{2} p_{12} + \dfrac{1}{2} p_{13} + \dfrac{3}{2} p_{14} = -\dfrac{3}{2} \times 9 - \dfrac{1}{2} \times 6 + \dfrac{1}{2} \times 2 + \dfrac{3}{2} \times 1$

$\qquad = -14$

$\lambda_2 = -\dfrac{3}{2} p_{21} - \dfrac{1}{2} p_{22} + \dfrac{1}{2} p_{23} + \dfrac{3}{2} p_{24} = -\dfrac{3}{2} \times 5 - \dfrac{1}{2} \times 7 + \dfrac{1}{2} \times 8 + \dfrac{3}{2} \times 9$

$\qquad = 6.5$

$\lambda_3 = -\dfrac{3}{2} p_{31} - \dfrac{1}{2} p_{32} + \dfrac{1}{2} p_{33} + \dfrac{3}{2} p_{34} = -\dfrac{3}{2} \times 2 - \dfrac{1}{2} \times 8 + \dfrac{1}{2} \times 10 + \dfrac{3}{2} \times 12$

$\qquad = 16$

$\lambda_4 = -\dfrac{3}{2} p_{41} - \dfrac{1}{2} p_{42} + \dfrac{1}{2} p_{43} + \dfrac{3}{2} p_{44} = -\dfrac{3}{2} \times 15 - \dfrac{1}{2} \times 5 + \dfrac{1}{2} \times 7 + \dfrac{3}{2} \times 8$

$\qquad = -9.5$

$\lambda_5 = -\dfrac{3}{2} p_{51} - \dfrac{1}{2} p_{52} + \dfrac{1}{2} p_{53} + \dfrac{3}{2} p_{54} = -\dfrac{3}{2} \times 3 - \dfrac{1}{2} \times 4 + \dfrac{1}{2} \times 9 + \dfrac{3}{2} \times 5$

$\qquad = 5.5$

按照斜度指标不增的顺序排列,得到排序结果为:3-2-5-4-1,流程时间为:55。

2. 关键工件法

我国著名生产管理专家陈荣秋教授 1983 年提出了一种比较简便的多工件多设备的排

序启发算法,称为关键工件法。该方法的基本步骤如下:

(1) 首先计算每个工件的总加工时间 $p_i = \sum_{j=1}^{m} p_{ij}$,把总加工时间最长的一个工件作为关键工件 C;

(2) 将剩余的工件按照如下的规则排序:

① 如果 $p_{i1} \leqslant p_{im}$,则按 p_{i1} 不减的顺序排列得序列集 S_A;

② 如果 $p_{i1} > p_{im}$,则按照 p_{im} 不增的顺序排列得序列集 S_B;

(3) 按照(S_A, C, S_B)的顺序组成的排列即为所求的顺序。

应用例题 10-3

应用例题 10-2 的数据,计算各工件的加工时间,用关键工件法排序。

解:(1) $p_1 = \sum_{j=1}^{4} p_{1j} = (9+6+2+1) = 18, p_2 = 5+7+8+9 = 29$

$p_3 = 2+8+10+12 = 32, p_4 = 15+5+7+8 = 35$

$p_5 = 3+4+9+5 = 21$

可知关键工件为 4 号工件。故 $C = \{4\}$

(2) $p_{i1} \leqslant p_{i4}$ 的工件是 2、3、5,按 p_{i1} 不减的顺序排列,得 $S_A = \{3, 5, 2\}$,剩下的工件是 1 号工件,因此,$S_B = \{4\}$。

(3) 最后的排序结果为:3-5-2-4-1。总流程时间是 55,排序的结果甘特图如图 10-2 所示。

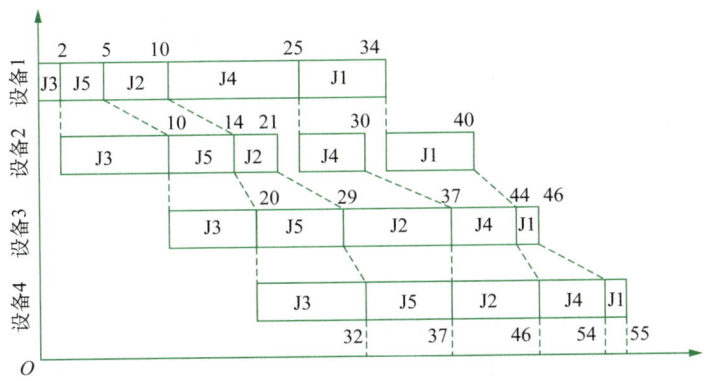

图 10-2　排序结果甘特图

排序问题现在已经成为运筹学的一个重要分支,它属于组合优化问题的一种,而组合优化问题是数学的难题之一,到目前为止仍是数学上一个很有挑战性没有得到解决的世界难题。对于这个问题更多知识,感兴趣的读者可以阅读有关排序论的著作和文献。求解排序问题一般有三种方法:第一种是经典的最优化方法(如整数规划的分支定界法),第二种是智能算法(如遗传算法、模拟退火算法等),第三种是启发算法。上面介绍的是启发算法。启发算法是最简单实用的方法,不需要高深数学和计算机编程就可以得到结果,因此能够被企业使用。

第三节 生产控制

一、生产控制系统

生产计划能否完成,除了计划本身要合理外,生产过程中的执行控制是另一个重要方面。生产计划完成之后,生产管理者的任务就是如何保证计划得到一致性贯彻执行,这就是生产控制的问题。生产计划与控制是生产管理同一个问题的两个方面,它们之间形成一个闭合的回路,如图 10-3 所示。

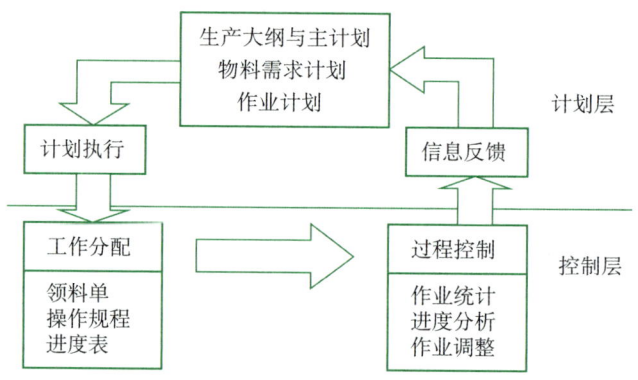

图 10-3 生产计划与控制系统

(一)生产控制内容

生产控制就是对生产过程进行监督、检查、分析偏差,采取措施进行调节和校正偏差,使计划能够顺利执行。

按照生产管理的运作空间,生产控制分三个层次(三级):

(1)订货控制。生产控制的第一层次是订货控制,这表现在订单优先权的分配、根据需求与生产能力决定综合生产计划与主生产计划、保持需求与综合生产能力的平衡(粗能力平衡)。订货控制是属于高层决策问题。

(2)投料控制。当主生产计划确定以后,接下来就是进行投料生产,即物料采购计划与零件加工的投入与出产进度安排。这一层次的控制主要是物料的购进跟踪与反馈,生产能力与生产计划的平衡(细能力平衡),保证产品能按订货要求的期限出厂。

(3)作业控制。作业控制是最底层的生产控制活动。作业控制的主要任务是按照作业计划的要求进行生产任务的分配(计划执行),然后对生产过程进行实时的监督与跟踪,把执行的信息反馈给计划部门,修正计划。作业控制是本章重点讨论的问题。

生产控制的内容主要是两个方面:

(1)进度控制。进度控制是生产控制的核心,正常情况下,企业生产应该按照计划进度进行,保证产品按照计划出产,如果有偏差即采取措施减少偏差。

（2）在制品控制。为了保证生产过程连续性，必须控制各个生产阶段的在制品数量。

关于进度和在制品控制的方法是本节的重点。

不同的生产类型，生产控制策略不同。

1. 大量生产的生产控制策略

大量生产方式下，生产进度控制主要是保持生产均衡性与节奏性，使生产连续均衡出产。因此，生产进度控制的关键是通过生产日报与月报来控制每日、每月的生产进度，使其保持与计划同步，保持生产按照节拍均衡产出。

提高生产均衡率可以充分利用生产资源，提高资源利用率。要提高生产均衡性，首先必须对生产作业计划要周密规划，正确估计各作业工序的投入与出产数量，减少投入出产时间与数量的误差。其次要做好生产调度工作，发现进度偏差时应及时采取措施纠正。第三是要保证生产物资及时到位与设备与工具的完好性。第四就是要对工人的工作安排进行合理组织与调整。

2. 成批生产的生产控制策略

成批生产与大量生产不同，由于生产品种增加，生产均衡性下降。当一个生产线同时生产不同的产品时，由于不同产品可能需要相同的生产资源，因此在保证不同的产品进度的条件下，确保各产品按照需要轮番出产是生产控制的关键。在这种情况下，生产进度控制的主要工作是正确控制各产品（零件）投入与出产批量与投入与出产日期。

3. 订单式生产的进度控制策略

订单式生产，如单件生产，或者多品种小批量生产，作业进度控制比较复杂，生产均衡性几乎无法做到。生产进度控制的重点在于保证各订单按照顾客的交货期与交货数量要求及时交货。一般单件小批量生产是按照作业计划图表（如甘特图、网络图）进行作业计划编制的，因此，只要在计划进度图表的计划线下用不同的颜色的线条画出实际的进度线就可以。也可以采用表格方式建立各生产工序的投入与出产日程进度计划，当发现实际进度与计划有偏差时，调度人员要会同有关计划与生产部门协商解决有关问题。

（二）生产调度工作

一般来讲，生产作业控制是通过两个方面的工作完成的：一方面对生产现状进行跟踪分析。在流程工业有实时的生产数据采集与分析系统，在离散加工业一般也有生产统计报告的专人负责制度，负责生产数据的统计与报告。另一方面是根据分析的结果提出调度的措施，进行生产调度。下面重点谈谈有关调度工作原则、方法问题。

生产调度是生产控制的核心环节，生产调度的主要任务是：

（1）检查生产作业计划的执行情况，掌握生产动态，及时采取必要的调整措施。

（2）检查生产作业的准备情况，督促和协调有关部门做好这方面的工作。

（3）根据生产需要，合理调配生产资源，保证各生产环节、各工作地协调进行生产。

（4）组织厂级和车间级的生产调度会议，协调车间之间、工段之间的生产进度。

1. 生产调度的三大制度

（1）值班制度。在工业企业的生产过程中，为了保证各轮班生产情况的正常，需要建立调度值班制度，调度人员与车间的轮班一起进行跟班，随时解决生产轮班中出现的生产问题，并填写调度值班工作记录，把有关遗留问题在交接班时向下一班调度员汇报。

（2）会议制度。调度会议是解决生产过程中的问题的一种团队管理方法，开好调度会议是搞好调度工作的基础。根据企业的规模大小和生产情况,调度会议的频次与形式有多种多样。如果生产问题涉及全厂各个部门,则需要召开全厂性的生产协调调度会议,如新产品开发试制过程、特殊产品的生产等,这种会议一般可以临时性召开。日常的生产调度会议一般定期举行,厂级的生产调动会议可以每周举行一次,由主管生产的厂长主持,解决全厂性的生产问题。车间级的调动会议根据实际召开,参加的人员主要是车间有关生产负责人(车间主任、班组长、统计人员),解决车间的生产进度与涉及车间局部的生产问题。除了例行的调动会议外,日常调度过程中要经常性召开调度现场会议解决现场突发性与临时性的问题。

(3)报告制度。为了使企业各级管理者都能及时了解生产进展,需要建立调度报告制度。调度报告有书面的正式报告与口头非正式的报告两种方式。正式的调度报告一般按照企业调度工作的要求,定期把某段时间的生产调度情况进行总结性报告,把存在的问题与解决措施与建议作为报告的内容向主管生产的厂长提交,非正式的报告是在调动过程中随时都需要的一种报告。

2. 生产调度的工作原则

(1)计划性原则。以计划指导生产,全面完成计划是生产调度的最高目标。虽然调度有灵活性,但是灵活性必须在计划的范围之内。

(2)预见性原则。生产调度要有预见性,及时准确把握生产信息,及早发现生产过程中的问题,既控制投入,也控制出产;既控制当前生产,也要规划下步生产。

(3)集中性原则。生产调度工作牵涉到多个部门的关系,必须坚持集中统一指挥的原则,维护调度的权威性。

(4)关键点原则。生产过程的问题很多,生产调度人员要善于抓住关键点,把重点工作放在重要的工序和薄弱的环节上,解决生产瓶颈。也就是说,生产调度最重要的是要知道轻重缓急,抓住主要矛盾。

(5)行动性原则。在生产调度过程中,当发现生产进度发生偏差时,要采取措施,要有行动落实,不能熟视无睹。

(6)效率性原则。调整生产要及时,讲效率,行动要果断,不能延误时机。如果行动不果断,一个工序出现的问题会使整个生产线发生连锁反应,从而造成更大损失。

3. 生产调度工作方法

在生产调度过程中,掌握一定的工作方法非常重要,一方面需要不断总结经验,另一方面要加强学习与交流。为了提高调度的工作效果,点、线、面相结合是一种比较好的工作方法。点,即重点解决生产过程中的瓶颈问题;线,即对产品的生产进行全线的跟踪与负责;面,即全面把握生产情况,进行全面的管理与调度。

由于企业生产过程的特点不同,不同企业的生产调度工作也有不同的特点。调度者要根据实际采用不同的工作方法。

 企业风景线

广州五羊-本田摩托生产调度部 FOG 推进计划

五羊-本田为了提高生产效率,进一步扩大生产能力,促进生产调度部优化管理的整体进步,曾经推出了一个称为为 FOG(future operation growth)的推进活动,该项活动的目的是在不增加投资,或者少投资的情况下通过一系列的优化管理改革,将人力、物力发挥至极限,以达到更好的经济效益。

该项活动包括几个主要步骤:第一步,调查现状,比如节拍、稼动率、班次与日产能力分析;第二步,稼动率提高与品质改善;第三步,在制品库存的零库存目标管理;第四步,工作人员的效率提高等。推进办法:各科室在每年初根据 FOG 目标和自身的情况,制定本科室的年度 FOG 推进计划,以季度为时间单位进行推进,然后进行总结。

二、生产进度控制

生产进度控制是依据生产计划的要求,检查各种产品的投入与出产的时间、数量以及配套性,以保证产品能准时出厂按期交货。

造成企业生产进度不能与计划同步的原因很多,主要有如下几个方面。

(1)计划本身考虑不周全,导致计划脱离实际生产条件。

(2)生产条件的变化。即使生产计划在制定时是完善的,但是随着时间的推移,生产条件会发生改变,如设备故障、人员的变动、材料供应的突然改变等都会影响计划不能按时完成。

(3)计划改变。由于市场的需求的变化,中途紧急订货或取消订货,导致原来制定生产计划的正常生产条件发生改变。

(一) 进度控制的工作步骤

生产进度控制分为三个步骤。

1. 生产进度统计

生产作业进度统计是生产进度控制的首要任务。进度统计可以用表格方式,如表 10-11 所示是某工序的进度统计表,也可以用累计进度曲线图表示,如图 10-4 所示。

表 10-11　　　　　　　　　　　　　某工序进度统计表

项目	日期										
	1	2	3	4	5	6	7	8	9	10	11
计划日产量(台)	120	120	120	120	120	120	休息	125	125	125	125
实际日产量(台)	100	115	120	110	125	118		123	125	120	124
日完成率(%)	83.3	95.8	100	91.6	104	98.3	休息	98.4	100	96	99.2
计划累计产量	120	240	360	480	600	720		845	970	1 095	1 220
实际累计产量	100	215	335	445	570	688		811	936	1 056	1 180
累计完成率(%)	83.3	89.6	93.1	92.7	95	95.6		95.9	96.5	96.4	96.7

除了进度统计报表与累计进度曲线图外,在一些加工装配性企业,也可以采用甘特图来表示装配产品的成套性出产情况。

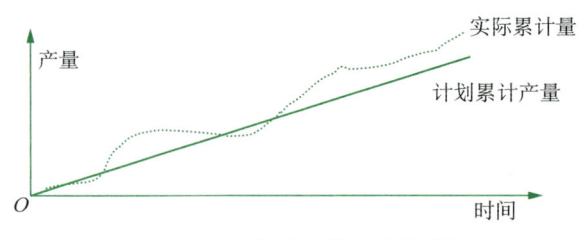

图 10-4　生产进度的累计统计图

2. 进度差异分析

通过进度统计报表,可以进行进度差异分析,根据日程的进度分析生产时间进度与产量进度,如产量进度落后于时间进度则应采取措施,调整剩余的生产计划。

3. 作业调整

如果实际生产进度与计划发生了偏差,就需要采取措施调整未来的作业计划,以确保生产计划按时完成。调整作业计划可以从如下几个方面考虑。

（1）改变作业顺序。把交货期有富余时间的作业挪后加工,把交货期紧迫的提前进行,可以通过计算临界比率的方法确定作业的紧迫性。

（2）安排加班。加班加点是许多企业经常采用的调整生产任务的方法,当改变作业计划都无法满足生产任务调整要求时,最常用的办法就是加班。

（3）向其他生产环节求援。当一个生产环节抽不出人员和设备赶工时,可以向其他生产环节求援,如把某条生产线的工人抽调到工作任务紧的生产线,但是这种情况又可能造成其他生产线的生产任务的拖延。

（4）利用外协。如果企业内部的生产调整都不能满足要求时,必须向外寻求支援,如进行外协,把一部分生产任务转包给其他的企业。

（二）作业进度控制中应注意的几个问题

为了搞好生产进度控制,生产管理部门应注意如下几个方面的问题。

（1）注意关键零件与关键工序的进度的检查与监督。关键零件与关键工序是影响生产进度的主要环节,因此必须密切关注它们的进度。

（2）搞好生产过程物资供应,确保物资的准时供应。

（3）做好生产作业统计工作,确保信息反馈及时与准确。

（4）搞好生产现场管理,维持正常的生产秩序,使物流合理化。

（5）掌握供需求变动的趋势,灵活调整作业计划。

三、在制品管理

在制品管理是生产控制的基础工作,在制品管理的任务是对生产过程中各工序原材料、半成品、产品的存储位置与数量、车间之间的物料流转等进行管理,确保生产进度,提高生产均衡性与连续性。搞好在制品的管理,有利于缩短生产周期、加速资金的周转、提高经济效益。

在制品管理应重点抓好如下几个方面的工作。

（1）建立、健全在制品的收、发与领用制度。

（2）正确、及时对在制品进行统计与核查。

（3）合理存放与妥善保管在制品。

（4）合理确定在制品管理的任务及分工。

四、智能制造环境下的生产控制

随着工业制造技术的不断进步和发展，制造生产控制的技术也在不断进步。智能制造是新一代制造技术，是工业 4.0（第 4 次工业革命）的核心内容。工业 4.0 的主要特征是网络化和智能化，它依靠物联网技术、互联网技术、大数据和人工智能等先进的技术进行数字化和智能化生产。智能制造包括设备智能化、生产智能化和物流智能化等几个方面。在这种新的制造环境下，车间生产管理需要什么改变呢？本节介绍两个方面内容，一是讨论智能制造环境下的人的因素问题，第二个介绍智能制造环境下的生产控制技术手段。

（一）智能制造环境下人的因素

智能制造系统改变了人对生产率的贡献度。随着技术的进步，一线工人和手工生产 工作对生产率的贡献度在降低，而工程师和知识性工作的贡献度在增加，如图 10-5 所示。

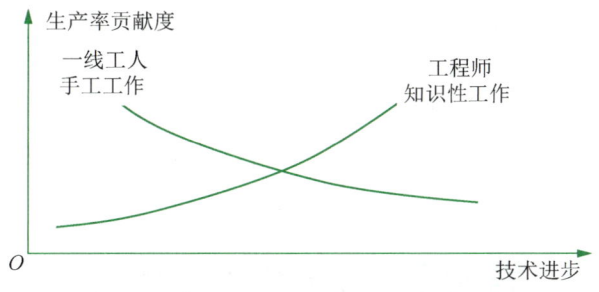

图 10-5　技术进步与人对生产率贡献度的变化

由于生产中人的角色在改变，生产线的智能化水平的提高也改变了生产控制的手段。车间生产管理者的工作方式和管理手段在改变。传统的生产控制的手段是通过现场的生产调动人员现场指挥来实现，但是在新的智能生产系统车间，生产调度更多依靠数字化和智能化手段进行。因此在生产管理中要提高生产管理者的知识运用能力，掌握现代信息技术和各种先进的生产管理工具，发挥工程师的作用，把生产控制的重点放在生产信息的处理、分析和沟通上，依靠技术和科技手段进行生产控制。

（二）智能制造环境下的生产控制技术手段

（1）基于云平台的工业互联网信息沟通和共享平台。云技术的发展为工业生产控制提供了很好的平台，传统的企业局域网下的生产信息的共享能力比较低。通过云技术，可以大大改善企业的信息沟通和共享能力，工业互联网使企业不同的部门的信息能及时沟通，有效提高了企业的现场生产管理信息和高层生产计划、销售计划和交货信息等的同步化能力。

（2）基于制造执行系统 MES 的作业计划与控制的数字化监控技术。目前越来越多的企业运用各种先进的数字化生产计划和控制技术，而电子看板和电子监控技术的使用，大大改善了生产控制的技术手段，及时和有效处理生产过程中出现的各种问题，提高了精准控制的能力。

（3）**基于 5G 移动互联网技术和手机移动端的生产信息监控。** 传统的生产控制主要依靠手工统计报表数据进行现场的生产监控，信息反应比较慢，随着移动互联网技术的应用，现在已经有一些企业可以通过移动互联网技术，以手机作为移动终端，车间生产信息可以随时随地由车间生产管理者掌控，这些信息同时可以传输到企业的其他部门和高层管理者手机，做到"一机在手，生产信息尽在手中"的及时敏捷的生产控制能力。

（4）**基于物联网技术的生产信息跟踪工具。** RFID 等物联网技术的应用，使得企业可以对每个零件和每一个产品的生产信息快速连接到企业的数字化平台中。通过数字化平台生产进度的信息（包括完工数量、交货时间、质量状况等）都可以得到及时跟踪和反馈。

（5）**基于大数据分析的生产控制策略。** 大数据技术，包括机器学习、神经网络等可以为生产控制提供有效的帮助。通过生产数据的大数据分析可以精准获得订单流特征、生产质量的动态、设备健康状况等，为及时跟踪生产进度，提高生产控制精准性提供科学的依据。

随着工业生产的数字化和智能化水平的提高，越来越多的企业在车间生产控制手段方面会越来越先进，正如美的、海尔、伊利等等一大批先进制造企业一样，通过数字化和智能化改造与升级，企业生产率水平得到了大大提升，市场竞争力和综合经济效益和社会效益都得到提高，这是一个基本趋势。作为生产管理者，需要面对新技术革命的到来，不断充实自己的知识和提升自己的能力，适应这种新的技术革命的需要，依靠技术进步进行生产现场管理，提高生产管理的水平。这是当今企业生产管理者必须面对的新挑战。

第四节　服务作业计划

一、服务作业计划的特点

服务作业计划与制造业的生产作业计划有很大的不同，这是服务业的作业特点决定的。

（一）顾客参与性

由于顾客的参与，服务企业在作业计划的制定过程中需要考虑用户的影响，这种影响使得作业计划不能完全遵照制造业的作业排序方法及规则，另外，顾客的参与性也导致作业完成不确定性增加。

（二）服务作业能力弹性

由于服务对象不同，即使同样的服务人员在相同的时间内所提供的服务也不同，从而导致服务作业的能力动态性比制造业大。

（三）服务优先权公平性原则

在制造业中，作业优先权一般是基于制造系统来考虑，即在保证交货要求的前提下，使制造成本最低，从而选择最佳的作业调度规则。在服务业中，由于不同的服务对象来自不同的顾客系统，利益主体不同，排队优先权的选择首先考虑的是服务公平性原则，在此基础采用例外原则。

（四）服务过程的多样化

服务分为标准服务与顾客化服务两种，即使是标准化服务，服务内容的个性化要求也是存在的，因此在服务作业计划的制定过程中需要考虑个性化需求。不同的服务内容需求导致服务过程的多样化，而这种多样化的服务过程导致人员调度、服务设施的安排困难增加。

（五）环境因素的影响

服务业的作业安排与制造业不同的是，制造业的作业过程一般在封闭的车间内完成，外部环境的影响较小，而服务业的作业过程受环境因素影响比较大，因此在制定服务作业计划时，需要考虑环境变化，对人员调度与进度安排留有余地。

服务作业计划有两类问题：一类是将不同的顾客需求分配到不同的服务系统中去的排队问题；另一类是将不同的服务人员安排到顾客需求不同的时间段上去的人员排班问题。

二、服务排队管理

排队问题是服务作业管理的一个重要问题，它从顾客需求一侧来研究如何提高服务效率与顾客满意度的方法。过去，我国服务企业比较注意资源利用，缺乏对顾客排队问题研究，顾客满意度比较低。现在越来越多的服务企业，比如银行、餐饮店、商店等越来越注意这个问题。

（一）排队系统的特征

排队现象无时不在，无处不在。随着互联网的出现，原来的很多现场的排队现象转移到网上去了，如外卖和网络购物等。这里介绍的是线下现场排队问题。

> 🤔 **学而思，思而学课堂思考题**：有人说，通过预约可以减少排队现象，但是也有人反驳，认为预约并没有减少排队现象。你认为预约能减少排队现象吗？

图 10-6 所示描述了一个排队系统的基本特征：需求群体、到达过程、排队结构、排队规则和服务过程。

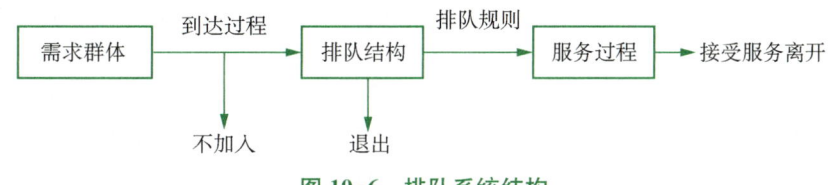

图 10-6 排队系统结构

1. 需求群体

在某些排队系统中，顾客的来源是有限的，例如一家复印店只有 8 台复印机，每台复印机都是一位潜在的"顾客"，随时可能出故障并需要维修服务。除非需求群体非常小，通常都假设需求群体是无限的，或者到达是相互独立的；例如到达一家大型城市洗车店的汽车、到一家超市的购物者或到一所大学注册上课的学生。

许多排队模型假定到达的顾客是耐心的顾客，不会拒绝排队或中途离队。事实上，人们经常拒绝排队或者中途离队，这也表明了排队理论和队列分析的重要性和必要性。

2. 到达过程

顾客要么根据已知的时间表到达服务台，要么随机到达。通常在排队问题中，顾客到达过程是假设随机的，单位时间内到达者数量可以近似估计为泊松分布，相邻顾客到达的时间间隔服从指数分布。

3. 排队结构

排队系统的顾客站队方式构成排队结构。排队结构也叫排队通道结构。排队结构有多种，比较常见的排队结构是单一队列，但是，也可以是多队列。多队列指排在两个或两个以上服务台前的并排的多个单队列，或者只在中间某点汇集的多个单队列。也可以采用混合队列方式（单队列和多队列混合使用）。

4. 排队规则

多数排队系统使用先到先服务（FCFS）的规则，这是一种静态排队规则，也是最公平的规则。通常情况下，优先使用这种静态规则。但是，在某些特殊情况下，服务系统可以根据顾客特征赋予不同优先级，动态调整排队优先次序，即采用动态排队规则。比如，医院急救室或超市的快速收银台，可以根据病人或者顾客特殊情况给予各种不同的优先权，打破先到先服务的规则。这些优先法则包括：预订优先、紧急优先、最大盈利顾客优先、最大订单优先、最优顾客优先和最短服务时间优先等。

5. 服务过程

服务过程有两个基本方面。一个是服务时间的分布。另一个是服务系统的设计。通常，假设服务时间随机的，其近似于指数分布。

服务系统通常用服务通道数（平行的服务台的数量，如火车售票处有多个售票窗口）和阶段数（服务经过多个服务过程，如游客在游乐场需要多次检票进入不同的游乐项目）来分类，例如单通道单阶段系统（如单人理发店等待理发）、单通道多阶段系统（如免下车快餐店）、多通道单阶段系统（如银行）和多通道多阶段系统（如医院）。

（二）排队绩效指标和排队模型

1. 排队系统的绩效指标

衡量排队系统的绩效指标和制造作业排序问题一样，都是从两个角度考虑，一个从顾客角度，减少顾客等待时间和在服务系统的停留时间，另一个是从企业角度，提高服务系统的资源利用率。

（1）服务系统利用率。排队系统的系统利用率是平均顾客达率和平均服务率的比。服务系统利用率高，可以提高服务资源使用率，对企业来说是一件好事，但是服务系统利用率高，也会导致顾客排队时间和等待时间延长，顾客抱怨增加。因此服务系统利用率的高低是服务系统的重要绩效指标。

（2）系统和排队列队中的顾客数量。系统和排队队列的平均顾客数量用 L_s 和 L_q 表示。在队列中的顾客数也叫排队长度，队列短，一方面可能是服务能力高，也说明服务效果好；反之，队列长意味着太低的服务效率或者能力不够。系统的顾客数多，可能导致系统拥挤和顾客满意度下降。因此企业要根据顾客排队实际需求决定服务系统的能力，适当安排服务排队结构。

（3）顾客在系统和排队队列中的时间。系统和排队队列中的人数并不总是意味着长的排队时间，因此除了排队和系统人数指标，衡量排队系统绩效还需要考察顾客在系统和排队中的时间。顾客在系统的平均停留时间和在队列的平均排队时间分别用 W_s 和 w_q 表示。排队时间长短和顾客感受有关，如果服务过程顾客的感受很好，即使排队等待时间长，顾客满意度也会比较高。因此为了缓解顾客排队过程的心理压力，提高顾客排队满意度，企业应该提高排队过程中的顾客感受。比如，提高顾客排队过程的愉悦感，转移顾客注意力，提高排队环境舒适度等，让顾客排队感受的排队时间比实际排队时间短的时候，顾客感知的服务质量比较高。

2. 排队模型

模拟排队过程的数学模型叫排队模型。根据顾客的达到时间分布、服务时间分布、服务台数量、系统容量限制、顾客源数目、排队规则组合起来形成排队服务模型，用一组符号表示如下：

$$X/Y/Z/A/B/C$$

符号的含义如下。

X 是顾客达到的时间分布，用"M"代表到达时间服从指数分布，用"G"代表其他到达时间分布。

Y 是服务时间分布，用"M"代表服务时间服从指数分布，用"G"代表其他分布。

Z 是服务台的数目，用"1"代表单服务台，用"C"代表多服务台。

A 是系统容量限制，表示服务系统最大接受多少服务对象，用"∞"代表系统容量无限制。

B 是顾客源数目，表示顾客数目，分有限与无限两种，用"∞"代表顾客源无限制。

C 是排队规则，缺省的规则是先来先服务，FCFS。

一般情况下，为了简便，通常只用前面三个符号代表排队模型，后面的符号省略。比如，M/M/1 代表顾客到达时间和服务时间服从指数分布的单队列、单服务台的排队模型。M/M/C 代表顾客到达时间和服务时间都是指数分布的单队列、多服务台系统模型。

由于排队模型很多，有的模型很复杂，计算烦琐，因此我们只介绍最简单也是最实用的单一服务台单队列的排队模型——M/M/1 排队模型。

在这种排队系统中，到达的顾客排成一队，由一个服务台服务，如图 10-7 所示。

这种系统有如下假设。

（1）以 FCFS 的规则服务，无论队列有多长，每个到达者都想得到服务。

（2）顾客之间相互独立，但是顾客的平均数（到达率 λ）一直保持不变。

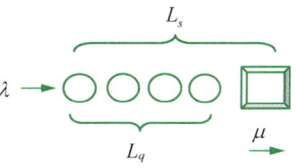

图 10-7　M/M/1 排队模型

（3）到达服从泊松分布且来自一个无限（或非常大）总体。

（4）每名顾客的服务时间不一样且相互独立，但是平均服务率 μ 已知。

（5）服务时间服从指数分布。

（6）服务率大于到达率。

当这些条件被满足时，则有：

（1）系统中（正在等待的及正在被服务的）顾客的平均数：

$$L_s = \frac{\lambda}{\mu - \lambda} \tag{10-2}$$

（2）顾客在系统中的平均时间（等待时间＋服务时间）：

$$W_s = \frac{1}{\mu - \lambda} \tag{10-3}$$

（3）队列中等待的顾客的平均数：

$$L_q = \frac{\lambda^2}{\mu(\mu - \lambda)} \tag{10-4}$$

（4）顾客在队列中的平均等待时间：

$$W_q = \frac{\lambda}{\mu(\mu - \lambda)} \tag{10-5}$$

（5）系统的利用率：

$$\rho = \frac{\lambda}{\mu} \tag{10-6}$$

应用例题 10-4

　　某个体理发店的顾客到达服从泊松分布，平均每小时到达 3 名；理发时间服从指数分布，平均每小时为 4 名顾客理发。顾客以先到先服务的规则被服务，并且来自一个几乎无穷的总体。从这个描述中，我们可以获得该个体理发店的排队系统的运行特征：

（1）到达率 $\lambda = 3$ 名 / 小时。

（2）服务率 $\mu = 4$ 名 / 小时。

（3）理发店中的顾客数 $L_s = \dfrac{\lambda}{\mu - \lambda} = \dfrac{3}{4 - 3} = 3$ 名。

（4）顾客在理发店中的平均时间 $W_s = \dfrac{1}{\mu - \lambda} = \dfrac{1}{4 - 3} = 1$ 小时。

（5）排队等候理发的顾客数 $L_q = \dfrac{\lambda^2}{\mu(\mu - \lambda)} = \dfrac{3^2}{4(4 - 3)} = \dfrac{4}{3} = 2.25$ 名。

（6）顾客排队等待的平均时间 $W_q = \dfrac{\lambda}{\mu(\mu - \lambda)} = \dfrac{3}{4(4 - 3)} = 0.75$ 小时。

视野拓展 10-1

怎么样让排队等待变得不那么厌烦？

　　排队等待是一件令人厌烦的事情，但是恰当的排队管理不是管理排队，而是管理排队过程的体验，让排队变得轻松愉悦的时候，排队就不那么厌烦了。怎么样做到顾客排队不厌烦,有什么技巧? 扫描二维码阅读材料拓展视野。

三、服务人员排班

　　员工排班就是安排工作人员的上班工作时间,把人员安排到不同的工作时间段上进行工作,这是日常作业计划的一个工作内容,不管是制造业还是服务业都需要进行人员排班。对于制造企业来说,工人的排班相对来说比较简单,一般是按照班组进行作业,所以排班是按照班组为单位进行,同一班组的人员统一上班,统一休息。但是服务人员不同,很多服务企业的人员上班没有固定的工作班组。排班不是按照班组进行,而是以个体为单位的,轮班计划具体落实到个人。例如医院的医生或者护士排班,不同医生和护士的工作时间不同,因此需要为他们建立轮班工作时间表。图 10-8 为一家医院的急诊科室的医生排班表。可以看出,有的医生除了在白班、夜班、休息等时间安排,还有不同地点上班的安排。

2022年07月4组急诊科医生

序号	日期\姓名	1	2	3	4	5	6	7	8	9	10	11	12	13	14	15	16	17
1	文建龙	3线	白/夜5线	5线	休	2线	白	夜	休	3线	白/夜5线	5线	休	2线	白	夜	休	3线
2	董玉莲	2线	白	夜	休	3线	白/夜5线	5线	休	2线	白	夜	休	3线	白/夜5线	5线	休	2线
3	张宇钦				白/4线	夜	休	白/4线	夜	休	白/4线	夜	休	白/4线	夜	休		
4	钟友露	白	夜	休	3线	白/夜5线	5线	休	2线	白	夜	休	3线	白/夜5线	5线	休	2线	
5	杨帅	白/夜5线	5线	休	2线	白	夜	休	3线	白/夜5线	5线	休	2线	白	夜	休	3线	
6	陈小琴	休	2线	白	夜	休	3线	白/夜5线	5线	休	2线	白	夜	休	3线	白/夜5线	5线	
7	马玉樟	休	3线	白/夜5线	5线	休	2线	白	夜	休	3线	白/夜5线	5线	休	2线	白	夜	
8	刘洋	夜	5线	休	2线	白	夜	休	3线	白	夜	休	2线	白	3线	白/夜5线	5	
9	谢欢	夜	休	3线	白/夜5线	5线	休	2线	白	夜	休	3线	白/夜5线	5线	休	2线	白	夜
10	曹越华	夜	休	白/4线	夜	休	白/4线	夜	休	白/4线	夜	休	白/4线	夜	休	白/4线	夜	休
11	高春燕	休	白	白	白/6线	休	白/6线	白/6线	白/6线	休	白/6线	白/6线	白/6线	休				
12	谢肯宇	夜	休	休	休	白												
13	孟祥成													进修				
14	向云川	白/4线	夜	休	白/4线	夜	休	白/4线	夜	休	白/4线	夜	休	白/4线	夜	休	白/4线	夜
15	杜刚	休	白/4线	夜	休	白/4线	夜	休	白/4线	夜	休	白/4线	夜	休	白/4线	夜	休	白/4线

图 10-8　医院的医生排班表示例

　　以上医院这个例子中上班人数是固定的,只是不同人的上班时间和地点不同而已,每个时期(每个月)每个人的上班时间固定,每人固定在 1 周之内休息 2 天时间。还有另外一种类型服务企业人员排班,由于业务需求比较多样化,除了部分人员按照统一班组排班外,还有以个体为单位的不同时期上班人数是变化的轮班计划制度。比如,餐饮零售业,企业不同时间段的工作人员需求数会根据服务需求有所不同,有时增加,有时减少,因此轮班上岗人员是按照实际的人员需求量来安排的,每一时间段的上班人数都不相同。这类排班问题是无固定班组、动态需求人数的排班。解决无固定班组、动态需求人数的轮班问题一般采用启发方法,启发方法只能得到近优解,不一定得到最优解。下面介绍一种求解无固定班组的单班次轮班计划的制定方法,这种方法用于考虑每周五天工作,连续休息两天的情况。

基本步骤如下:

步骤一:从每周的人员需求量中,找出人员需求量之和最小的连续两个工作日,安排一名人员在这两天中休息;

步骤二:在其他工作日的需求人数中减去已经安排休息的一人;

步骤三:重复步骤一和步骤二,直到全部需求被满足或人员全部安排为止。

应用例题 10-5

已知某公司一周内每天的人员需求如表 10-12 所示,采用每天一班,每人每周五天工作制,编制单班次的轮班计划,使每人每周的两天休息日尽可能连在一起。

表 10-12　　　　　　　　　　　一周内每天的人员需求量

	周一	周二	周三	周四	周五	周六	周日
需求人数	6	7	5	4	8	9	10

解:

根据表 10-12,最少需要 10 个工作人员,按照启发算法的方法制订轮班计划。表 10-13 为计划排班过程,表 10-14 为最终的排班表。

在表 10-13 表格中,带 * 的单一格表示该员工在这天休息,其他日期为该员工上班时间。比如,表格 10-13 第一行为第 1 个员工的工作安排,因为周三和周四连续两天加起来的需要人员最少(9),因此安排员工 1 在这两天休息,其他星期一、二、五、六、日上班。

第二行,把第一行上的已经安排员工 1 上班的各日的需求人数减 1,没有安排上班(带星号的两天)不变照写。周一、二、五、六、日各减 1,变成 5,6,7,8,9。周三、四的和第一行一样,还是 5,4。考察发现,连续两天需求人数最少的仍是周三和周四,因此继续安排第 2 个员工在这两天休息,其他各天上班。得到第三行。

第三行的时候,连续两天需求人数最少的有两个选择,一个是周一和周二、周三和周四,他们的总需求人数都是 9。这里选择周三和周四,作为员工 3 的休息日,其他为上班时间(如果选择周一和周二作为员工 3 的休息日,结果不同)。如此类推,一直到第 10 行。

第十行,星期二、五、六、日都只需要 1 个人上班,而星期一、三、四不需要人上班(需求数为 0),因此把第 10 个员工安排在连续两天都不需要人上班的周三、四两天休息,其他时间上班。这样就用 10 个员工完成了排班工作。

表 10-13　　　　　　　　　　　一周内人员排班过程

人员编号	排班情况						
	周一	周二	周三	周四	周五	周六	周日
1	6	7	5*	4*	8	9	10

（续表）

人员编号	排班情况						
	周一	周二	周三	周四	周五	周六	周日
2	5	6	5*	4*	7	8	9
3	4	5	5*	4*	6	7	8
4	3*	4*	5	4	5	6	7
5	3	4	4*	3*	4	5	6
6	2*	3*	4	3	3	4	5
7	2	3	3	2*	2*	3	4
8	1*	2*	2	2	2	2	3
9	1	2	1	1	1*	1*	2
10	0	1	0*	0*	1	1	1

表 10-14　一周工作轮班计划表

	排班情况						
	周一	周二	周三	周四	周五	周六	周日
员工 1	▲	▲	☆	☆	▲	▲	▲
员工 2	▲	▲	☆	☆	▲	▲	▲
员工 3	▲	▲	☆	☆	▲	▲	▲
员工 4	☆	☆	▲	▲	▲	▲	▲
员工 5	▲	▲	☆	☆	▲	▲	▲
员工 6	▲	▲	▲	▲	☆	☆	▲
员工 7	▲	▲	☆	☆	▲	▲	▲
员工 8	☆	☆	▲	▲	▲	▲	▲
员工 9	☆	☆	▲	▲	▲	▲	▲
员工 10	▲	▲	▲	☆	☆	▲	▲
在岗人数	7	7	5	4	8	9	10
需求人数	6	7	5	4	8	9	10
人员差额	+1	0	0	0	0	0	0

注：▲表示在岗，☆表示休息

如何化解医疗资源供需矛盾,减少医院就医排队难问题

　　我国人口众多,长期以来,医疗资源短缺和医疗资源发展区域不均衡,医疗资源供给和需求矛盾导致我国大多数医院门诊挂号和住院病床紧张的现实。面对这样的现状,医院如何在有限的资源条件下尽量满足需求呢? 我国政府为了实现建设健康中国的目标,"十四五"规划和2035年远景目标纲要对解决医疗资源紧张,人民群众看病难,就医难的问题提出战略规划:

　　坚持基本医疗卫生事业公益属性,以提高医疗质量和效率为导向,以公立医疗机构为主体、非公立医疗机构为补充,扩大医疗服务资源供给。加强公立医院建设,加快建立现代医院管理制度,深入推进治理结构、人事薪酬、编制管理和绩效考核改革。加快优质医疗资源扩容和区域均衡布局,建设国家医学中心和区域医疗中心。加强基层医疗卫生队伍建设,以城市社区和农村基层、边境口岸城市、县级医院为重点,完善城乡医疗服务网络。

　　——《中华人民共和国国民经济和社会发展第十四个五年规划和2035年远景目标纲要》

　　要求:请结合我国"十四五"规划和2035年远景目标纲要,讨论如何缓解大城市(如省城)大医院的病人就医排队等待问题。

关键术语

作业计划(operation scheduling)　　　　排序(sequencing)

生产控制(production control)　　　　服务作业计划(service scheduling)

排队(queuing)　　　　优先规则(priority rule)

本章小结

　　1. 作业计划的基础是排序,本章介绍了单台设备排序、流水作业排序的有关算法,重点介绍了几种重要的排序方法的应用。

　　2. 生产作业控制的基本任务是保证作业计划按照预定的时间与数量完成,生产调度是作业控制的关键,掌握生产调度的工作方法与原则对于搞好生产控制至关重要。本章讨论了生产调度的原则、工作方法。

　　3. 服务作业计划与制造业的作业计划有很大的不同,这是由服务作业的特点决定的。本章重点介绍了排队服务模型与工作轮班计划。

练习题

一、思考题

1. 解释作业计划、排序两个概念之间的关系。

2. 制造业中各种排序规则都适用服务业吗？选择作业调度规则时,制造业与服务业的考虑侧重点有什么不同？

3. 生产调度的三大制度对搞好生产调度工作有什么意义？

4. 当在餐厅等待就餐的顾客太多而出现等待现象时,你如果是餐厅的服务员,你将采取什么办法使顾客能耐心等待而不离开餐厅？

5. 为什么"先来先服务"的规则在制造业并不常用,而在服务业却是一个最常用的排队规则？

二、选择题

1. 作业排序属于( )类型的生产管理问题。

　A. 厂级生产计划问题　　　　　　　　B. 车间管理问题

　C. MRP 的输出问题　　　　　　　　　D. 外协管理问题

2. 当车间里生产多个任务,某一加工任务进度落后于计划,( )方法应优先考虑。

　A. 加班　　　　　　　　　　　　　　B. 调整加工顺序

　C. 减少生产任务下达　　　　　　　　D. 外包

3. 一个排队系统的顾客达到率为 20 人/小时,服务率是 30 人/小时,则顾客在系统中的停留时间为( )。

　A. 1 小时　　　　　　　　　　　　　B. 0.1 小时

　C. 2 小时　　　　　　　　　　　　　D. 5 分钟

4. 一个排队系统的顾客到达率是为 20 人/小时,服务率是 30 人/小时,则系统中的平均顾客数为( )。

　A. 2 人　　　　　　　　　　　　　　B. 3 人

　C. 1 人　　　　　　　　　　　　　　D. 4 人

三、判断题

1. 车间作业计划是一种短期生产计划类型。　　　　　　　　　　　　　( )

2. 为了提高订货交货准时率,最好采用最短交货期优先的规则。　　　　( )

3. 先来先服务(FCFS)是一种动态排队规则。　　　　　　　　　　　　( )

4. 利用互联网购物没有排队问题。　　　　　　　　　　　　　　　　　( )

四、计算题

1. 有一台机床需要加工 5 种工件,已知各工件在该机床的加工时间和交货期要求如表 10-15 所示,请按照如下优先调度规则安排作业次序。

(1)最短加工时间优先;(2)最短交货期优先;(3)先来先加工;(4)最小松动时间优先。

表 10-15　　　　　　　　　　各工件加工时间与交货期

工件编号	1	2	3	4	5
加工时间	4	8	10	3	5
交货期	13	17	20	16	10

2. 某流水车间有两台机床 A、B,有 6 个工件需要经过这两台设备进行加工,其加工时间如表 10-16 所示,试确定最优加工顺序。

表 10-16 各工件加工时间表

i	1	2	3	4	5	6
A	7	4	6	8	3	8
B	8	2	5	9	2	10

3. 汽车配件厂的工人王师傅在工厂日历的第 100 个工作日接到 10 份加工生产任务要在他负责的机床上加工,各任务的加工时间与交货时间如表 10-17 所示,试按照临界比率最小优先规则确定不同任务的加工顺序。

表 10-17 各任务加工时间与交货期 单位:日

任务	1	2	3	4	5	6	7	8	9	10
加工时间	15	10	30	5	12	8	15	5	21	13
交货期	150	120	180	126	130	125	145	110	135	125

4. 某流水车间有 5 台设备,现有 6 个工件需要在这流水生产线进行加工,工件的加工时间矩阵如表 10-18 所示,试用启发方法优化其加工顺序。

表 10-18 加工时间矩阵

工件编号	1	2	3	4	5	6
设备 1	3	7	8	4	2	6
设备 2	4	3	9	5	5	1
设备 3	2	2	10	9	3	8
设备 4	5	1	3	7	9	3
设备 5	7	6	7	8	4	6

5. 某劳动服务公司的一周内工作人员的需求量如表 10-19 所示,试确定一个工作轮班表,尽可能使每个工作人员在一周的两个休息日连续。

表 10-19 一周内工作人员需求情况

日期	周一	周二	周三	周四	周五	周六	周日
人员需求	7	9	10	5	7	4	5

6. 学生宿舍有一个修理店,专门为学生提供修鞋服务,假设来修鞋的学生到达服从泊松分布,平均每小时 5 人,一名师傅修鞋的时间服从指数分布,每双鞋平均需要 10 分钟。试求:

(1) 在店内等待修理的鞋的平均数。

(2) 一双鞋平均等待修理的时间。

(3) 一双鞋在店内停留的时间。

案例讨论

某邮局的排队现象

为了研究某一个邮局的排队现象，某大学的教授组织了一个学生学习小组，组织学生到学校附近的邮局进行了一次现场考察研究，利用学习到的排队理论进行分析该邮局的服务情况。

样本概况

分别选取了上午 10:50—11:50，下午 1:35—2:35 两个时段的总计 30 个个体进行观察记录。得到包含各个体进入系统的时间、开始接受服务的时间及服务完成后离开系统的时间共 30 组数据，如表 10-20 所示。

表 10-20　　　　　　　　　　　原始数据资料

编号	进入系统	时间间隔	开始服务	等待时间	离开系统	服务时间
1	10:50:35		10:58:52	8 分 17 秒	11:03:04	4 分 12 秒
2	10:52:30	1 分 55 秒	11:03:06	10 分 36 秒	11:06:30	3 分 24 秒
3	10:52:32	2 秒	11:06:31	13 分 59 秒	11:09:22	2 分 51 秒
4	10:58:22	5 分 55 秒	11:12:56	14 分 34 秒	11:17:28	4 分 32 秒
5	11:01:23	3 分 1 秒	11:17:29	16 分 6 秒	11:19:03	1 分 34 秒
6	11:09:38	8 分 15 秒	11:19:04	9 分 26 秒	11:23:42	4 分 38 秒
7	11:09:54	16 秒	11:23:44	13 分 50 秒	11:25:36	1 分 52 秒
8	11:12:21	2 分 27 秒	11:25:37	13 分 16 秒	11:36:02	10 分 25 秒
9	11:18:47	6 分 26 秒	11:36:02	17 分 15 秒	11:41:30	5 分 28 秒
10	11:19:08	21 秒	11:41:31	22 分 23 秒	11:44:44	3 分 13 秒
11	11:25:03	5 分 55 秒	11:44:45	19 分 42 秒	11:48:51	4 分 6 秒
12	11:26:33	1 分 30 秒	11:48:52	22 分 19 秒	11:51:24	2 分 32 秒
13	11:38:24	11 分 51 秒	11:51:26	13 分 2 秒	11:55:15	3 分 49 秒
14	11:47:30	9 分 6 秒	11:55:16	7 分 46 秒	11:57:02	1 分 46 秒
第一时段均值		4 分 23 秒		14 分 28 秒		3 分 53 秒
15	13:39:45		14:04:42	24 分 57 秒	14:04:58	16 秒
16	13:44:52	5 分 7 秒	14:06:48	21 分 56 秒	14:07:40	52 秒
17	13:51:18	6 分 26 秒	14:07:42	16 分 24 秒	14:09:54	2 分 12 秒
18	13:51:54	36 秒	14:09:55	18 分 1 秒	14:11:30	1 分 35 秒
19	13:53:03	1 分 9 秒	14:11:31	18 分 28 秒	14:13:18	1 分 47 秒
20	14:10:19	17 分 16 秒	14:15:30	5 分 11 秒	14:21:29	5 分 59 秒

（续表）

编号	进入系统	时间间隔	开始服务	等待时间	离开系统	服务时间
21	14:10:20	1 秒	14:15:31	5 分 11 秒	14:20:19	4 分 48 秒
22	14:12:03	1 分 43 秒	14:21:30	9 分 27 秒	14:29:29	7 分 59 秒
23	14:14:22	2 分 19 秒	14:25:20	10 分 58 秒	14:27:00	1 分 40 秒
24	14:19:45	5 分 23 秒	14:29:30	9 分 45 秒	14:30:20	50 秒
25	14:20:29	44 秒	14:30:22	9 分 53 秒	14:31:24	1 分 2 秒
26	14:21:10	41 秒	14:31:25	10 分 15 秒	14:36:20	4 分 55 秒
27	14:23:49	2 分 39 秒	14:35:25	11 分 36 秒	14:38:40	3 分 15 秒
28	14:28:05	4 分 16 秒	14:38:40	10 分 35 秒	14:40:45	2 分 5 秒
29	14:32:45	4 分 40 秒	14:40:46	8 分 1 秒	14:42:59	2 分 13 秒
30	14:34:50	2 分 5 秒	14:43:00	8 分 10 秒	14:45:30	2 分 30 秒
第二时段均值		3 分 40 秒		12 分 25 秒		2 分 45 秒
两时段平均值		4 分 2 秒		13 分 27 秒		3 分 19 秒

数据处理

经整理分析,得到两个主要参数,平均每 4 分 2 秒有一人进入系统,即每小时进入系统人数约为 15 人;平均服务时间为 3 分 19 秒,即每小时系统可服务人数为 18 人。

该邮政储蓄汇款系统属于单一阶段,单一服务柜台,同时满足以下五个假设:

(1) 客户总体无限且耐心。

(2) 客户的到达服从泊淞分布。

(3) 系统服务时间服从指数分布。

(4) 服务顺序基于先到先服务的规则。

(5) 等候线的长度不受限制。

所以可利用单通道单服务台模型计算系统相关参数。根据实地取样,计算和统计,得到以下数据:

(1) 顾客到达率:$\lambda = 15$ 人/小时。

(2) 系统服务率:$\mu = 18$ 人/小时。

(3) 系统利用率:$\rho = \dfrac{\lambda}{\mu} = \dfrac{15}{18} = 0.833\,3$。

(4) 系统内平均顾客数:$L = \dfrac{\lambda}{\mu - \lambda} = \dfrac{15}{18 - 15} = 5$ 人。

(5) 平均等候顾客数:$L_q = \rho L = 0.833\,3 \times 5 = 4.166\,5$ 或 4 人。

(6) 顾客在系统内平均停留时间:$W = \dfrac{1}{\mu - \lambda} = \dfrac{1}{18 - 15} = 0.333\,3$ 小时或 20 分钟。

(7) 顾客平均等候时间:$W_q = \rho W = 0.833\,3 \times 0.333\,3 = 0.277\,8$ 小时或 16.67 分钟。

上述数据显示,系统的利用率较高,达到 83.33%,但顾客在系统的 20 分钟中,将近 85%(16.67 分钟)处于等待状态,相对过长。系统应采取相应措施,提高服务效率,缩短顾客等待时间。

根据这些情况,该学习小组的学生利用学习到的排队理论进行分析,提出了有关改善该邮局的排队现象的措施。

改进排队现象的措施

综上所述,目前系统存在着两大亟待解决的问题,一是提高系统效率;二是缩短等待时间。而这两个问题之间是正相关的,即系统效率的提高会大大缩短顾客的等待时间。

提高系统效率,即提高每小时服务人数以缩短等候时间主要有两个方法。

(1) 新增一个窗口。若按照现有服务速度,新增一个窗口可使系统的服务率达到每小时 36 人,假设顾客到达率保持不变,系统利用率降至 41.67%,存在较大能力缓冲空间,即使顾客因服务效率的提高而多到邮局汇款,到达率上升 20%,系统利用率也仅为 50%,从成本与收益角度看该方案的可行性有待评估。

(2) 缩短服务时间。缩短服务时间可以从两方面考虑:一方面增加工作人员的熟练程度,如提高打字速度;另一方面加强工作人员与顾客之间的配合,即让顾客清楚需要准备哪些东西、怎么做,将取单、填单、排队、汇款的过程规范化,通过服务指导、一般疑难解答等形式来告知。

根据单通道单服务台的排队模型,计算得在保持顾客到达率 15 人/小时不变的前提下,改进后系统效率与等待时间等参数如表 10-21 所示(原系统服务率为 18 人/小时):

表 10-21　　　　　　　　　　改进后的系统绩效

系统服务率 (人/小时)	系统利用率	平均服务时间 (分钟)	平均等候顾客数 (人)	平均等候时间 (分钟)
20	75%	3	3	10
23	65.2%	2.61	2	5
26	57.7%	2.31	1	3

因此,综合分析得,系统的服务率应至少提至 23 人/小时,即提高 15% 才能满足顾客要求,符合合理等待时间 3～5 分钟。

此外,还可从其他方面提高顾客满意度。如提供可供参阅的资料,或者厅内播放较有吸引力视频转移客户注意力,改善服务态度等。

问题:

1. 你有在邮局排队等待的经历吗? 讨论一下你附近某邮局的排队等待现象?

2. 你觉得案例中提出的改善排队等待现象的措施可行吗? 你能想出其他方法改善排队等待现象?

第十一章　项目网络计划方法

 学习目标

学习内容	学习目标	学习难度	重要程度	应掌握知识点
项目管理概述	了解	☆	★★	项目和项目管理的概念 项目管理的组织形式
网络计划方法	掌握	☆☆☆	★★★	网络图的绘制方法 网络时间参数的计算方法
网络计划优化	掌握	☆☆☆	★★★	网络计划的优化内容 时间-成本优化方法

引导案例

微软公司的软件开发项目管理

微软公司的软件产品开发过程是一个项目管理的过程,项目组是微软公司最基本的产品单位;每个项目组都是一个软件产品开发中心。软件产品开发的项目管理主要从以下五个方面实施:

(1) 将大项目分成若干里程碑式的重要阶段(子项目),各阶段之间设立缓冲时间。

(2) 运用想像性描述和对特性的概要说明指导项目。

(3) 根据用户行为和有关用户的资料确定产品特性及其优先顺序。

(4) 建立模块化和水平式的设计结构,并使项目结构反映产品结构的特点。

(5) 靠个人负责和固定项目资源实施控制。

程序管理和软件的开发以及测试是产品单位(项目经理部)里主要的技术工作。在产品单位里,程序经理、开发员和测试员以"特性小组"形式并肩"作战"。典型的项目开发小组由一位程序经理(他通常从事不止一个"特性"的设计开发工作)和3~8名开发员(其中一人为组长)组成,同时还配备平行的测试小组,其成员与开发员组成"搭档",用户培训人员则作为产品小组的成员进行工作。产品经理负责为产品单位内的营销部门和产品规划选定人员。客户支持人员虽是另一个独立部门的成员,但他们中的产品专家却与单个产品单位密切合作。

微软公司的项目运作方式是把项目分成若干个子项目,并根据功能领域分组同时进行的平行推进工作方式,即同步-稳定法,这种方法集中了里程碑和每日构造这些关键的概念。

这种产品开发方法与其他公司不同，一般软件公司的产品开发过程是：需求分析、详细设计、模块化源代码设计与测试、集成测试以及系统测试等。而微软公司的产品开发过程是由计划阶段、开发阶段和稳定化阶段三个阶段组成。

问题：

1. 描述微软公司的软件开发项目管理的特点。
2. 软件生产的项目管理和一般工厂的产品生产管理有什么特点？

项目实践历史可以追溯到几千年前的古代。埃及金字塔的建造、中国万里长城的建造等都是古代劳动人民项目实践活动的杰作。项目管理作为一门科学则是 20 世纪 50 年代以后的事情。项目管理是一种特殊的单件生产管理活动，广泛应用于建筑、制造和各种服务业。因为项目具有非重复性、高不确定性、个性化需求等特点，因此项目管理和通常工厂内的产品生产管理不同，具有计划变更多、例外活动多、协调沟通工作量大等特点。项目管理已经发展作为一门独立学科，有完整的知识结构体系，同时国际上也有以项目管理为专业的学位—项目管理专业学位 MPM。美国、欧洲包括我国都有项目管理协会，负责项目管理教育和培训。本章首先介绍了项目管理、项目经理与项目组织的概念，然后介绍项目运作管理的基本方法——网络计划方法，重点介绍网络时间参数计算、网络计划优化等几个方面的内容。

第一节 项目管理概述

一、项目和项目管理的概念

(一) 项目的概念

从生产的角度看，项目是一种单件生产活动，但是在经济生活中，项目这个概念用得相当广泛。搞科研的有科研项目，搞工程建设的有工程项目，搞服务的有服务项目，似乎项目这个词无所不在。从理论上讲，项目是有独立而完整的资源和作业过程，由相互联系起来的活动的总体，是一次完整的有组织、有计划的活动。

项目按照不同的标准可以划分为多种类型。

(1) 长期项目与短期项目。从时间范围来讲，项目可分为长期的项目和短期的项目。长期的项目，可以跨越数年甚至数十年，比如三峡工程就是一个长期的项目。短期的项目，可以是数月，甚至数小时，比如一个剪彩仪式是一个短期的项目。

(2) 大型项目与小型项目。按照项目的工作量大小，项目可分为大型的项目和小型的项目。大型项目涉及的人、部门和活动比较多，时间也比较长。小型的项目一般是部门性的，涉及的人与组织比较少、时间延续短。在工业企业中，大型的项目活动有新产品开发项目、技术改造项目、产品促销与广告项目，而组织一次工人劳动竞赛是一次小型的项目。服务业中，一次交易会（如广交会）是一个大型项目，一次结婚宴会是一个小型项目。

(3) 集体项目与个人项目。从参与的人员的数量来讲，项目可以分为集体项目和个人项目。集体的项目是一个多人参加的活动，管理过程需要协调不同的组织与人，管理的复杂度高。个人项目是单独一个人完成的活动,比如一个人承担的科研活动(市场调研、著书)是一个个人项目。大型集体项目也可以分解为个人的小项目。

不管是什么类型的项目,项目都有如下的基本特点:

(1) 有预定的目标;

(2) 有时间、财务、人力和其他限制;

(3) 有专门的组织。

满足以上的基本特征的一次性有组织、有计划的活动就是项目。

(二) 项目管理的概念

项目管理是按照一般管理原理与方法(计划、组织、指挥、协调、控制)来对项目的各项活动进行管理,以达到预期的项目目标的管理方法与体系。

传统的项目管理的理论是面向制造业和建筑业等工程类活动,即工程项目的管理。工程项目管理一般分为项目立项、项目建设、项目终止等三个阶段。

服务业的兴起,项目管理的知识体系扩展了,不再局限于工程项目的管理,而是面向所有的行业的项目管理。

由于项目管理的内容广泛,本书重点介绍项目管理的运作管理内容——项目计划与控制的工具——网络计划方法。

二、项目经理与管理组织形式

(一) 项目经理

项目经理是项目活动中的核心人物,他对整个项目负责,统一指挥整个项目的活动。由于项目是企业组织的一个业务活动,因此项目经理的角色就类似于一个企业的中层管理者,但是由于项目管理不同于一般企业的日常管理活动,有其特殊性,因此项目经理的角色与作用与一般企业的中层管理者不同。表 11-1 列举项目经理和职能主管的角色对比。

表 11-1　　　　　　　　　　　　项目经理与职能主管的角色对比

对比内容	项目经理	职能主管
扮演角色	"帅"/为工作找到适当的人去完成	"将"/直接指导他人完成工作
知识结构	通才/具有丰富的经验和广博的知识	专才/某一技术专业领域专家
管理方式	目标管理	过程管理
工作方法	系统的方法	分析方法
工作手段	个人实力/责大权小	职位实力/权责对等
主要任务	规定项目任务,何时开始、何时结束、最终的目标、整个过程的经费	规定谁负责任务,技术工作如何完成、完成任务的经费

不同的项目对项目经理的素质要求不同。一般来讲,工程项目经理应具有技术背景,对工程技术有比较好的专业知识,同时要求具有比较好的组织管理的能力、与人沟通的能力、综合决策能力。而某些非工程类的项目经理,需要更多的与人沟通的能力与技巧、说服力、感召力与亲和力,即要有比较好的团队协调控制能力。

(二) 项目管理的组织形式

项目管理的组织形式一般有三种类型：职能式项目管理组织、纯项目式项目管理组织、矩阵式项目管理组织。

1. 职能式项目管理组织

这种项目管理组织和一般企业的组织结构是一样的，按照职能划分，比如分生产部、销售部、财务部、技术部、人事部等。这种项目的管理特点是没有固定的项目经理，每一个职能部门都对多个项目负责（负责相应的职能），不同项目的协调是通过职能部门进行的。它的优点是每个职能部门可以最充分利用其本职能部门的资源，职能内部业务管理比较方便。但是它的缺点是多个项目的进度与优先权难以把握，不同部门之间的沟通比较困难，另外，对顾客的响应性也比较差。

一般而言，当项目的规模比较小、项目比较多、技术重复性强时，可以采用职能式的组织。职能式的项目组织安排类似于工艺专业化的生产组织形式。图 11-1 为职能式项目管理组织的结构图。

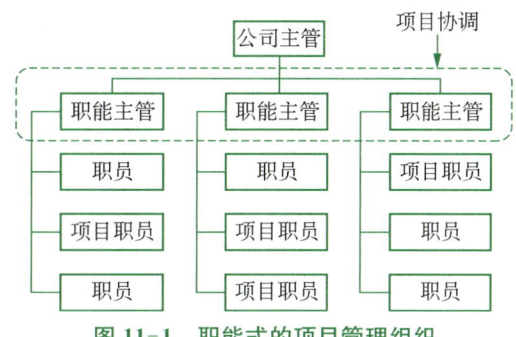

图 11-1 职能式的项目管理组织

2. 纯项目式项目管理组织

纯项目式的项目管理组织与职能式的管理组织不同，它是按照项目划分不同的工作小组，即项目小组，每一小组负责一个项目，项目完成后项目成员将解散，重新组合。

纯项目式组织的特点是每一个项目有一个项目经理专人负责，项目的成员只围绕某一项目展开工作，目标明确而单一，响应顾客的要求比较快，对项目的进度、质量等控制比较好；项目成员有工作的成就感，工作热情高，有利于项目之间开展竞赛。

纯项目式的组织也有其缺点，主要是每一项目都有可能存在相同的职能部门，比如财务部门、人事部门，造成资源浪费；另外，项目结束后，人员重新组合，人员流动大，缺乏工作保障。

纯项目式的组织比较适合于周期长、任务独特、项目数目不多的大型项目。项目式的组织安排类似于工业生产的对象专业化生产组织形式。图 11-2 为纯项目组织的结构图。

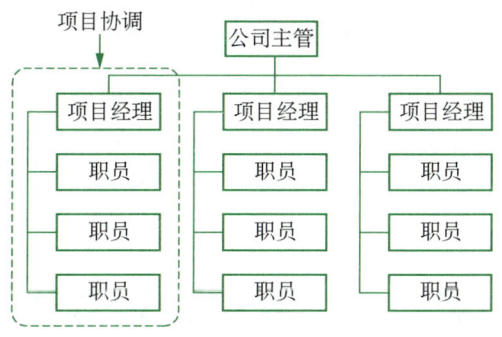

图 11-2 纯项目式的项目管理组织

3. 矩阵式项目管理组织

矩阵式的项目管理组织是结合了职能式组织与纯项目式组织的特点的一种混合组织形

式。它的特点是一方面能发挥职能管理的优点,资源的利用率高;另一方面也利用了纯项目式组织的优点,每一项目都有专人负责与跟踪,每一个职员都有专业化工作分工,也有稳定的职能管理者。

> **学而思,思而学课堂思考题:** 以下三种项目活动各适用什么组织形式?
> (1) 某大学的财务管理系统开发
> (2) 医院行业的 ERP 软件系统开放
> (3) 游戏软件的开发

矩阵式的项目管理组织如图 11-3 所示。该企业有三个项目 1,2,3,分别设立三个项目经理 A、B 和 C 负责三个项目的全程跟踪管理,三位职能主管甲、乙、丙各自分管属下的职员。于是每一位职员在执行任务的过程中,在受到其纵向职能领导同时,受到来自横向的项目经理要求压力。这种员工受到纵横方向的双重领导的组织结构就是矩阵组织结构。在矩阵式项目管理组织结构中,各项目都在同一职能部门进行作业,因此每一个职能部门存在不同项目对资源的使用冲突,为此,项目经理之间(A、B、C)需要经常性进行沟通协调,保证项目的完成。

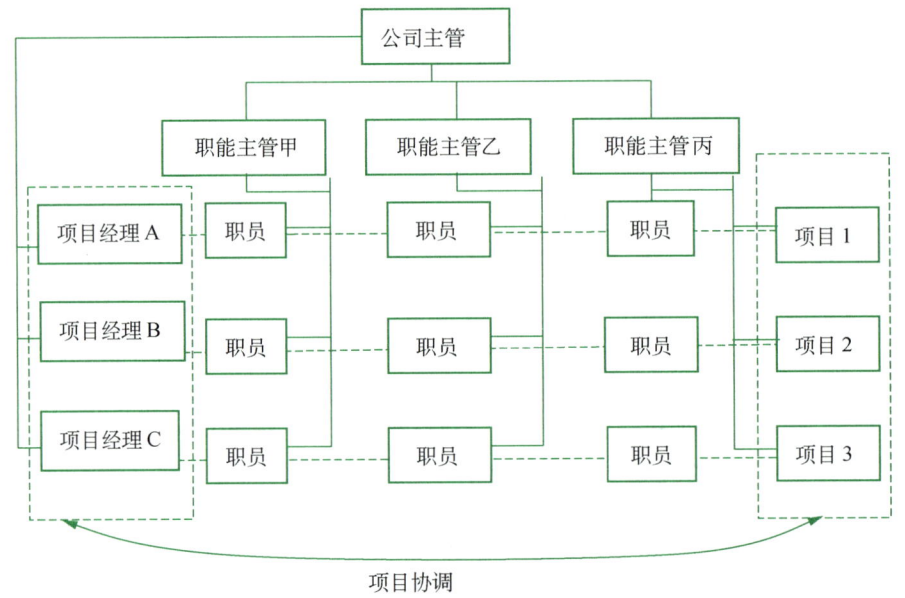

图 11-3 矩阵式的项目管理组织

矩阵式的项目管理组织比较适合于项目需要多个职能部门的配合,技术相对复杂、可进行工作专业化分工、项目数目不太多的情形。工业企业的许多项目,比如技术改造项目、并行工程的产品开发项目、批量生产的软件开发项目都采用矩阵的项目管理组织形式。

第二节 网络计划方法

网络计划方法是项目计划方法中最重要的方法,它从 20 世纪 50 年代最先由美国的杜邦公司和美国海军首先采用,之后,在各种项目管理中广泛应用。下面将介绍该方法的基本原理及其应用。

一、网络图的绘制

网络图有两种形式:双节点的网络图与单节点网络图。双节点的网络图,用两个节点连着一条箭线表示,一个作业需要两个节点代号表示,因此也叫双代号的网络图(图 11-4 的左边)。单节点的网络图,每一作业用一个节点表示,因为每一个作业只有一个节点代号,因此也叫单代号网络图(图 11-4 右边)。本书重点介绍双节结点网络图。

双节点网络图   单节点网络图

图 11-4 网络图的两种表示方法

网络图绘制要注意如下几个方面的原则:

原则一:网络图中任意两个节点之间只能有一条箭线连接(图 11-5)。

错误   正确

图 11-5 网络图绘制原则一

原则二:网络图只能有一个原点和一个终点(图 11-6)。

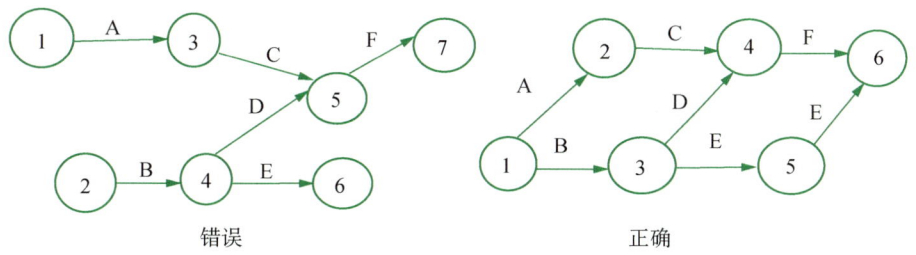

错误   正确

图 11-6 网络图绘制原则二

原则三:网络图不允许出现循环,错误示范见图 11-7。

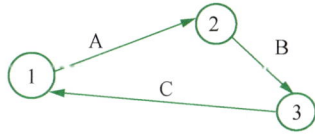

图 11-7 网络图绘制原则三

原则四:网络图的节点的箭头编号必须大于箭尾编号。网络图编号时,基本原则是从左到右,从上到下(或从下到上),每一箭线的编号必须从箭尾到箭头按从小到大的顺序编号,这样的编号的方法,有利于看图与检查,同时也便于计算。

二、网络计划时间参数的计算

网络计划的核心是各作业(活动)的时间安排,确定关键路线,然后优化网络计划。因此本节介绍有关网络计划的时间参数的计算原理。

(一) 节点时间参数的计算

网络图中连接作业的开始与结束两个状态的节点(也叫事件)有两个时间状态:最早发生时间与最迟发生时间。

1. 节点(事件)最早发生时间

节点最早发生时间(early time,ET)从原点开始,按照网络的编号顺序从左到右计算,直到终点,并假设原点的最早发生时间为 0。

如果某一节点只有一条输入线,如图 11-8(a),则该节点的最早时间按照如下的公式计算:

$$ET(j) = ET(i) + t(i, j) \tag{11-1}$$

如果某一节点有多条输入线,如图 11-8(b),则该节点的最早发生时间按照如下公式计算:

$$ET(j) = \max_i \{ET(i) + t(i, j)\} \tag{11-2}$$

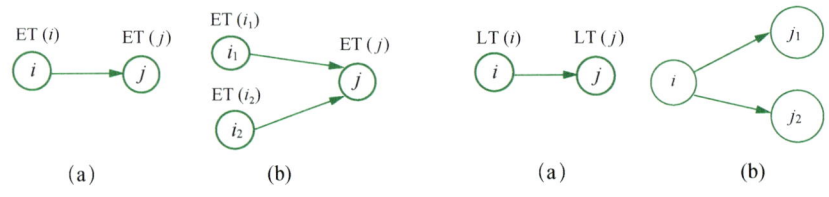

图 11-8　节点最早发生时间　　　　图 11-9　节点最迟发生时间

2. 节点(事件)最迟发生时间

节点(事件)最迟发生时间(last time,LT)是以该节点为结束点的作业最迟必须完成的时间,用 LT 表示。事件最迟发生时间从终点开始计算,反推到开始节点。如果没有特别工期要求,则终点的最迟发生时间等于它的最早发生时间,即:$ET(n) = LT(n)$。其他的节点的最迟发生时间的计算按照如下方法进行。

如果某一节点只有一条输出线,如图 11-9(a),则:

$$LT(i) = LT(j) - t(i.j) \tag{11-3}$$

如果某一结点有多条输出线,如图 11-9(b),则:

$$LT(i) = \min_j \{LT(j) - t(i, j)\} \tag{11-4}$$

节点最早时间与最晚时间中分别用"□"和"△"表示,把相应的时间参数写在里面。

应用例题 11-1

已知一网络图如图 11-10 所示,试计算其每一节点的最早发生时间与最迟发生时间。作业代号后面括号数据为作业时间。

(1) 节点(事件)的最早发生时间:

从原点开始,节点 1 的最早发生时间为 ET(0)＝0,其他的节点的最早发生时间为:

$$ET(2)=ET(1)+t(1, 2)=0+3=3$$
$$ET(3)=ET(2)+t(2, 3)=3+5=8$$
$$ET(4)=ET(2)+t(2, 4)=3+4=7$$
$$ET(5)=\max\{ET(4)+t(4, 5), ET(2)+t(2, 5)\}=\max\{15, 10\}=15$$
$$ET(6)=ET(3)+t(3, 6)=8+10=18$$
$$ET(7)=\max\{ET(6)+t(6, 7), ET(5)+t(5, 7)\}=\max\{26, 21\}=26$$

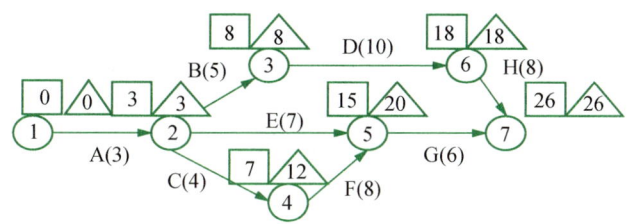

图 11-10 网络时间参数计算

(2) 节点(事件)的最迟发生时间:

从终点开始,先假设节点 7 的最迟发生时间为 LT(7)＝ET(7)＝26,则其他的结点最迟发生时间为:

$$LT(6)=LT(7)-t(6, 7)=26-8=18$$
$$LT(5)=LT(7)-t(5, 7)=26-6=20$$
$$LT(4)=LT(5)-t(4, 5)=20-8=12$$
$$LT(3)=LT(6)-t(3, 6)=18-10=8$$
$$LT(2)=\min\{LT(3)-t(2, 3), LT(4)-t(2, 4)\}=\min\{8-5, 12-4\}=3$$
$$LT(1)=LT(2)-t(1, 2)=3-3=0$$

一般,如果比较熟练的情况下,以上的计算过程直接在图上就可以进行,如图 11-10,每一结点的上方的"□"和"△"里面的数据就是所计算的结果。

(二) 作业时间参数的计算

作业也叫"活动",每一项目都是由许多作业或活动组成的。每一作业有四个时间参数:最早开始时间、最早结束时间、最晚开始时间、最晚结束时间。下面介绍这些时间参数的计算方法。

1. 作业最早开始时间与最早结束时间

作业的最早开始时间(ES)等于该作业的开始节点的最早发生时间,即:

$$ES(i, j)=ET(i) \tag{11-5}$$

作业的最早结束时间（EF）等于最早开始时间加上作业时间，即：

$$\mathrm{EF}(i,j)=\mathrm{ES}(i,j)+t(i,j)=\mathrm{ET}(i)+t(i,j) \tag{11-6}$$

2. 作业最迟结束时间与最迟开始时间

作业最迟结束时间用 $LF(i,j)$ 表示，是该作业最晚必须完工的时间，用如下公式表示：

$$\mathrm{LF}(i,j)=\mathrm{LT}(j) \tag{11-7}$$

作业的最迟开始时间（LS）等于最迟结束时间减去作业时间，即：

$$\mathrm{LS}(i,j)=\mathrm{LF}(i,j)-t(i,j) \tag{11-8}$$

作业的四个时间参数与节点的时间参数的关系可以用图 11-11 表示：

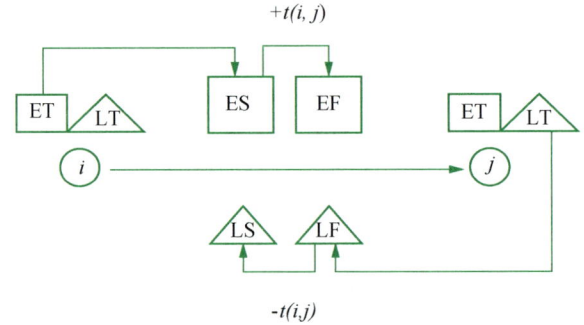

图 11-11　节点时间参数与作业时间参数的关系

在实际的计算中，一般可以直接在图上进行网络参数的计算，也可以用表格的方式。表 11-2 是例题 11-1 的作业时间参数的计算结果。

表 11-2　　　　　　　　　　　　　　　　　作业时间参数的计算

作业代号	紧前作业	作业时间	最早开始时间 ES	最早结束时间 EF	最迟开始时间 LS	最迟结束时间 LF
A	—	3	0	3	0	3
B	A	5	3	8	3	8
C	A	4	3	7	8	12
D	B	10	8	18	8	18
E	A	7	3	10	13	20
F	C	8	7	15	12	20
G	E, F	6	15	21	20	26
H	D	8	18	26	18	26

3. 作业时差与关键路线

在项目的网络计划中除了以上几种作业的时参数外，还会使用到另外一个时间参数——时差。因为在项目的进度安排中，为了协调多个作业的进度，需要知道各作业的开始或结束时间容许推迟的最大限度。

(1) 作业总时差。总时差是在不影响总工期的前提下,某项作业最迟开始(结束)时间与最早开始(结束)时间的差。如某活动(i,j)的总时差:

$$\begin{aligned} S_T(i,j) &= LS(i,j) - ES(i,j) \\ &= LF(i,j) - EF(i,j) \\ &= LT(j) - ET(i) - t(i,j) \end{aligned} \tag{11-9}$$

总时差也叫总富裕时间,或总宽余时间。

(2) 作业单时差。作业单时差是在不影响下一个作业的最早开始时间的前提下,该作业可以推迟开始与结束的时间,也叫自由富裕时间,计算如下:

$$\begin{aligned} S_f(i,j) &= ES(j,k) - EF(i,j) = ES(j,k) - ES(i,j) - t(i,j) \\ &= ET(j) - ET(i) - t(i,j) \end{aligned} \tag{11-10}$$

单时差与总时差不同,总时差是在不影响后续作业最迟开始时间的前提下,作业可推迟开始或结束的时间。单时差则是总时差的一部分,总时差可让给后续作业,而单时差则不能让给后续作业。

时差越大,则时间机动利用的潜力大,从而在网络计划中,可以利用时差来调整项目的进度,提高效率。

(3) 关键路线。关键路线是整个网络计划图中时间最长的路线,在项目计划与控制中关键路线扮演重要角色,因为它是影响整个项目进度的路线,缩短或延长关键路线,则可以缩短或延长项目的工期。

关键路线的确定可以有不同方法,最直接的方法就是把项目中各路线的时间计算出来,然后进行比较,选择最长路线者。另外也可以从计算时差中判别,总时差为零的所有作业组成的路线即为关键路线。

关键路线有如下基本特征:

① 关键路线上各结点(事件)的两个时间参数(最早发生时间与最迟发生时间)相等。

② 关键路线是所有路线中最长的。

③ 关键路线上各作业的总时差为零。

应用例题 11-1 的关键路线的确定可以用表 11-3 表示(表中打星号表示该作业在关键路线上,即为关键作业)。

表 11-3　　作业时差与关键路线

作业代号	紧前作业	作业时间	最早开始时间 ES	最早结束时间 EF	最迟开始时间 LS	最迟结束时间 LF	总时差 $S_T(i,j)$	关键作业
A	—	3	0	3	0	3	0	★
B	A	5	3	8	5	8	0	★
C	A	4	3	7	8	12	5	
D	B	10	8	18	8	18	0	★
E	A	7	3	10	13	20	10	

（续表）

作业代号	紧前作业	作业时间	最早开始时间 ES	最早结束时间 EF	最迟开始时间 LS	最迟结束时间 LF	总时差 $S_T(i,j)$	关键作业
F	C	8	7	15	12	20	5	
G	E, F	6	15	21	20	26	5	
H	D	8	18	26	18	26	0	★

必须指出的是,关键路线在项目中不是唯一的,同时关键路线与非关键路线也不是固定的,由于某些原因使项目执行过程中,可能导致非关键路线的时间延长,变为关键路线,如物资采购进度延误、技术故障、返工等。因此,在项目计划执行过程中,一方面要重点关注关键路线的进度情况,同时也要注意其他非关键路线的进度与关键路线的密切配合。

三、随机型网络时间参数的计算

前面关于项目网络时间参数的计算是针对确定型的网络计划而言,即项目的作业工期是确定的。但是现实中,项目的作业时间因受到不确定因素的影响通常是随机的。这种作业时间是随机的网络计划叫随机型网络计划。

随机型网络计划的每一个作业的时间采用三种时间估计方法,作业时间不确定导致项目的工期不确定,因此这种随机型的网络计划需要确定项目完工的概率。

(一) 项目的工期期望值与方差

随机网络中作业时间用三种时间估计参数确定。三种时间分别是:

(1) 最乐观的时间:在最有利的条件下完成一项作业的时间,用 a 表示。

(2) 最可能时间:在正常条件下完成一项作业的时间,用 m 表示。

(3) 最悲观时间:在最不利的条件下完成一项作业的时间,用 b 表示。

基于三种估计时间的作业完工时间的期望值(平均值)和方差表示如下:

$$\text{作业工期期望值：} t(i,j) = \frac{a+4m+b}{6} \tag{11-11}$$

$$\text{作业工期的方差：} \sigma^2 = \left(\frac{b-a}{6}\right)^2 \tag{11-12}$$

如果关键路线有 n 个作业,那么项目的工期与方差计算如下。

项目总工期(期望值)＝关键路线作业的工期(期望值)之和,即:

$$\text{ET} = \sum_{i=1}^{n}(t_1+t_2+\cdots+t_n) = \sum_{i=1}^{n}\frac{a_i+4m_i+b_i}{6} \tag{11-13}$$

项目工期的方差是关键路线上各个作业的工期方差之和,即:

$$\sigma_T^2 = \sigma_1^2 + \sigma_2^2 + \cdots + \sigma_n^2 = \sum_{i=1}^{n}\left(\frac{b_i-a_i}{6}\right)^2 \tag{11-14}$$

(二)项目完工概率

1. 项目按期完工的概率

如果给定项目的工期为 D,项目按期完工的概率,可以用如下的公式计算:

$$令:z = \frac{D - \text{ET}}{\sigma_T} \tag{11-15}$$

根据计算的结果,可通过查标准正态分布表,按照 z 值查正态分布的累积概率,得到项目按期(预定工期 D)完工的概率为 $p = P(z)$。

2. 给定完工概率下的工期

如果给定一个完工概率 $p = p(z)$,那么可以通过查正态分布表得到系数 z,用下式计算工期:

$$D_z = \text{ET} + z\sigma_T \tag{11-16}$$

应用例题 11-2

已知有一项目的网络图如图 11-12 所示,各作业的工期的如表 11-4。

请计算:(1)项目在 28 天完工的概率是多少?

(2)项目按期完工的概率为 95%,则工期应定为多少比较合适?

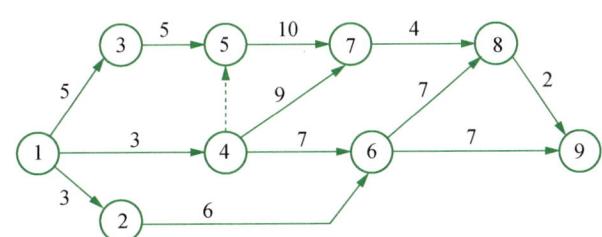

图 11-12 项目网络图

解:根据图 11-12 和表 11-4,可以计算各结点的时间参数,如图 11-13。根据图 11-12,可以知道关键路线是 1-3-5-7-8-9。总工期为 26 天。

表 11-4　　　　　　　　　　　　**项目网络参数的统计**　　　　　　　　　　　单位:天

作业	最乐观时间 a	最可能时间 m	最悲观时间 b	平均时间 $t(i, j)$	方差 σ^2
1—2	2	3	4	3	1/9
1—3	3	5	7	5	4/9
1—4	2	3	4	3	1/9
3—5	3	5	7	5	4/9
4—5(虚作业)					

（续表）

作业	最乐观时间 a	最可能时间 m	最悲观时间 b	平均时间 $t(i, j)$	方差 σ^2
2—6	4	6	8	6	4/9
4—6	5	7	9	7	4/9
4—7	7	9	11	9	4/9
5—7	9	10	11	10	1/9
7—8	3	4	5	4	1/9
6—8	5	7	9	7	4/9
8—9	1	2	3	2	1/9
6—9	5	7	9	7	4/9

（1）项目在 28 天完工的概率

先计算项目工期方差：

$$\sigma_T^2 = \sum 关键路线上所有作业的方差$$

$$= \sigma_{1-3}^2 + \sigma_{3-5}^2 + \sigma_{5-7}^2 + \sigma_{7-8}^2 + \sigma_{8-9}^2 = \frac{4}{9} + \frac{4}{9} + \frac{1}{9} + \frac{1}{9} + \frac{1}{9} = \frac{11}{9}$$

从而，$\sigma_T = 1.105\,5$

因为项目的完工工期期望值为 28，即 $\mathrm{ET} = 28$。给定完工工期 $D = 28$，因此有完工概率：

$$p\left\{z \leqslant \frac{D - \mathrm{ET}}{\sigma_T}\right\} = p\left\{z \leqslant \frac{28 - 26}{1.105\,5}\right\} = p\{z \leqslant 1.810\}。$$

查正态分布表，$z = 1.81$ 时累积概率值为 0.964 8，即 96.48%，即项目在 28 天内完成的概率是 96.48%。

（2）计算项目按期完工概率为 95% 的工期。

已知 $p(z) = 0.95$，查标准正态分布表得出 $z = 1.65$，则

$$D_z = \mathrm{ET} + z\sigma_T = 26 + 1.65 \times 1.105\,5 = 27.82（天）$$

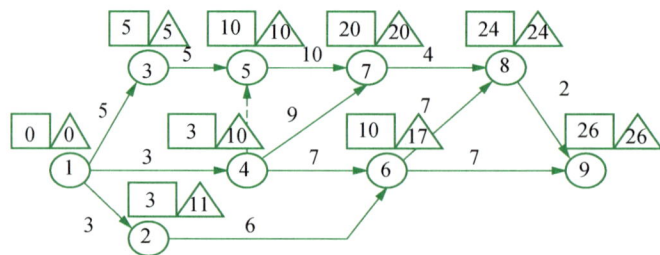

图 11-13　网络时间参数的计算

第三节　网络计划的优化

制定了网络计划后,为了能够更加有效地组织项目的资源,使人力、物力、财力都得到最充分的利用,就需要对网络计划进行优化。网络计划的优化,就是在一定的条件(如完工期限)下,对时间、费用、资源进行平衡,寻找工期最短、费用最低、资源利用率最高的网络计划方案。网络计划的优化有三种形式:时间优化、时间-费用的优化、时间-资源优化。

一、网络时间优化

网络时间优化是在人力、物力、财力有保证的前提下,缩短工期。这种优化只是从时间的角度优化网络计划,并不考虑其他因素,因此得到的计划有可能不是最经济的计划。在某些情况下,如时间比较紧急的项目中,为了赶工,即使成本高也要缩短工期时,可以采取这种时间优化的方法。

由于项目的工期是关键路线决定的,因此缩短项目工期必须从关键路线开始。缩短项目工期的方法有如下两种。

(1) 把串行的作业改为并行或平行交叉作业。把串行的作业改为并行的作业,可以缩短项目的工期。在产品开发项目中,并行工程是一个成功的压缩项目时间的方法。

(2) 缩短关键作业的时间。除了把串行作业改为平行作业外,为了缩短工期,还可以把关键路线上的某些作业的时间缩短,这样可以不改变作业的工艺顺序。

缩短作业时间,一般可以从如下几个方面着手。

① 从技术上,采用新的工艺、新技术。工业企业和建筑企业,可以通过对项目的各种作业工艺进行革新,从而缩短工期。

② 从资源上,合理调整资源的利用。如把非关键作业资源抽调到关键作业,或从计划外抽调资源到关键作业。

③ 从组织上,对关键作业的人员采取更大的奖励与惩罚措施,或对关键作业选拔能力更强的人员,提高工作效率。

视野拓展 11-1

网络计划的在我国应用成功典范—葛洲坝水利建设项目
扫描二维码,了解网络计划优化方法在大型水利工程项目的应用

二、时间-费用优化

前面讨论的项目时间优化,没有考虑费用问题。实际上当缩短工期时,同时费用也发生了变化,因此,如何在缩短项目工期的同时减少费用,寻找费用最低的工期是项目的时间-费用优化问题。

在介绍时间-费用优化方法之前,先介绍项目的有关费用及其变化。

(一) 直接费用

项目的直接费用是直接发生在每一作业的费用,包括该项作业的人工费、材料费、设备工时费等。

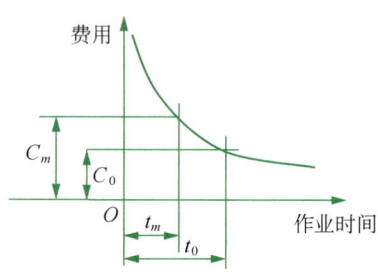

图 11-14 直接费用与作业时间的关系

一般而言,作业工期越短,直接费用越大,比如采用先进的自动化生产设备、加班加点、更先进的工艺装备可以大大缩短作业时间,但是这种情况下就需要支付更大的费用。图 11-14 为直接费用与作业工期的变化关系。图中 C_0,t_0 为正常的费用和正常的作业时间;C_m,t_m 分别是赶工的费用与赶工作业时间。它们之间的变化关系可以近似用线性反比关系表示,如某作业 i 的直接费用变化率用如下式子表示。

$$\alpha_i = \frac{C_m^i - C_0^i}{t_0^i - t_m^i} \tag{11-17}$$

式中:α_i 为作业 i 的直接费用变化率。

项目的每一个作业(活动)都有直接的费用,总的项目的直接费用就可以用如下的式子表示:

$$C_Z = \sum_{i=1}^{N} C_0^i \tag{11-18}$$

式中:C_0^i 为第 i 作业的直接费用。$i = 1, 2, \cdots, N$。N 为项目作业数。

(二) 间接费用

项目的间接费用是与整个项目进度有关的,但是不能分摊在每一个作业上的费用,比如项目经理的薪金、日常行政管理费用、资金的利息、拖期罚款等。一般而言,间接费用与总工期成正比关系,即:

$$C_J = \beta \cdot T \tag{11-19}$$

式中:β 为单位时间间接费用变化率,T 为项目工期。

项目的总费用是直接的费用与间接费用的总和,即:

$$C_T = C_z + C_J \tag{11-20}$$

项目费用变化关系可以用图 11-15 的曲线表示。从图中看出项目的总费用随着工期的变化呈现凹形,费用

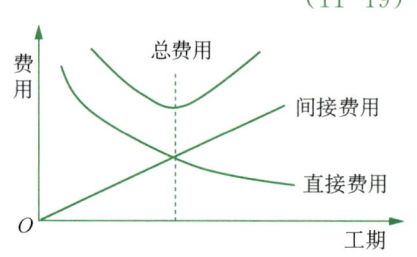

图 11-15 项目费用变化曲线

最低的工期为 T^*，因此项目时间-费用的优化就是寻找这个最低费用下的工期。

时间-费用优化的步骤：

（1）从关键路线入手，寻找直接费用变化率最小的作业，采用试探方法压缩其工期，并保证压缩后的作业必须仍然在关键路线上；

（2）计算压缩后的直接费、间接费用和总费用变化量 $\Delta C_Z, \Delta C_J, \Delta C$；

（3）确定新的关键路线，如果压缩后的总费 ΔC 不再减少，则停止，否则回到步骤（1）。

应用例题 11-3

已知某项目的网络图如图 11-16 所示，有关各作业的正常时间、正常费用、赶工时间、赶工费用如表 11-5 所示。该项目每天的间接费用为 400 元，求最佳工期。

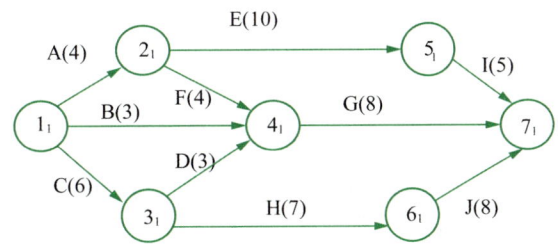

图 11-16　项目网络图

表 11-5　　　　　　　　　　项目时间、费用统计表（时间单位：天，费用单位：元）

作业代号	结点	作业时间		直接费用		直接费用变化率
		正常时间	赶工时间	正常费用	赶工费用	
A	1—2	4	2	1 000	1 500	250
B	1—4	3	1	800	1 800	500
C	1—3	6	4	1 200	1 400	100
D	3—4	3	2	600	800	200
E	2—5	10	7	2 000	2 500	166.7
F	2—4	4	3	1 200	1 600	400
G	4—7	8	8	1 600	1 600	0
H	3—6	7	5	1 500	2 000	250
I	5—7	5	3	500	900	200
J	6—7	8	6	800	1 200	200

解：

求解步骤如下。

（1）计算各作业的直接费用变化率，结果填于表 11-5 最后一列。

（2）确定关键路线、正常工期与费用。

从图 11-16，确定关键路线为 C-H-J，总工期为 21 天。总费用等于直接费用与间接费用之和。直接费用＝11 200 元，间接费用＝21×400＝8 400 元，总费用 19 600 元。

（3）从关键路线入手，寻找直接费用变化率最小的作业进行压缩时间。关键路线 C-H-J 上的三个作业直接费用变化率分别是 100 元/天，250 元/天，200 元/天。应从作业 C 开始压缩。压缩 2 天。工期变为 19 天。如此类推，经过三次压缩以后，费用变化如表 11-6 所示。最佳的方案是工期为 17 天，总费用为 18 933.4 元（图 11-17）。

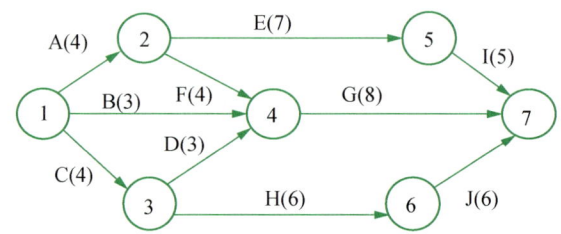

图 11-17　最佳工期网络图

表 11-6　　　　　　　　项目网络计划时间-费用优化计算过程

工期	21 天	19 天	17 天	16 天
赶工作业	无	C（压缩 2）	C（压缩 2） E,J（各压缩 2）	C（压缩 2） E,J（各压缩 2） E,H（各压缩 1）
直接费用变化 ΔC_Z（＋）	0	200	166.7×2＋200×2＋200＝933.4	166.7＋250＋933.4＝1 350
间接费用变化 ΔC_J（－）	0	－800	－800－800＝－1 600	－400－1 600＝－2 000
总费用变化 ΔC	0	－600	－666.6	－650
总费用	19 600	19 000	18 933.4	18 950

 企业风景线

港珠澳大桥建设项目

被英国《卫报》称为"现代世界七大奇迹"之一的港珠澳大桥是一座连接香港、广东珠海和澳门的巨大桥梁，在促进香港、澳门和珠江三角洲西岸地区经济上的进一步发展具重要的策略意义。港珠澳大桥主体建造工程于 2009 年 12 月 15 日开工建设，2016 年完成，大桥投资超 700 亿元，约需 6 年建成。6 648 米的"沉管隧道"、460 米"双塔钢箱梁斜拉桥"、用钢量相当于 11 个鸟巢、多项世界难题、珠海口岸桥头建观景台、澳门口岸设万位停车场。港珠澳大桥全长为50公里,主体工程"海中桥隧"长达35.578公里。以总长6 648米的"沉管隧道"、主跨460米"双塔钢箱梁斜拉桥"成为大桥全貌最具特色的"标志"。大桥落成后,将会是世界上最长的六线行车沉管隧道,及世界上跨海距离最长的桥隧组合公路。

港珠澳大桥是我国继三峡工程、青藏铁路、京沪高铁之后的又一个世界级基础工程。港珠澳大桥是一个桥、岛、隧一体化的集群工程项目,其桥隧组合规模世界绝无仅有,技术标准世界最高。有一个令许多专家惊讶的细节,在通航孔桥梁的形式上,大桥办和设计团队在全世界范围内展开咨询,共提出100多个方案,这些方案都达到了相当高的水平。这是桥梁建设历史中从未有过的,桥梁工程也会提出几个方案,但数量很少超过10个。一位桥梁专家说:"这甚至比方案竞赛还要充分。"

在这些背景条件下,完成工程建设需要创新的理念。设计团队提出了四化的理念,来指导工程设计,并把这种理念贯彻在工程建设的全过程。这个四化就是大型化、工厂化、标准化、装配化。

港珠澳大桥是一个规模空前的宏大工程,设计团队提出,把大桥的主体工程结构物化整为零,分解为大型构件,在陆地上预制。例如把非通航孔梁、桥墩、沉管隧道分解成不同的大尺寸构件,在陆地上预制,然后用大吨位的运输船运输到相应位置,最后用大型起重设备安装。其中,分解后的箱梁可以达到3 000吨,180米长的沉管预制后排水量可以达到8万吨。这就是所谓的大型化。

所有的预制构件在陆地上预制,则是一种工厂化生产。这是充分依靠我国工业生产能力,把大桥建造向大桥制造的转变。与传统的现场浇注相比,工厂化是让预制构件处在一种工厂车间的生产状态,大大减少了环境对构件质量的影响,出厂的则成为了质量稳定的产品。同时,工厂化生产减少了海上现场浇注,因此显著减少了施工对生态环境的负面影响。与之对应的是,建设者的工作环境显著改善。而且,工厂化培养了专业化的作业队伍。

与工厂化匹配的是标准化。工厂车间生产的产品必然是标准化的。化整为零的港珠澳大桥有大量的相同构件,这些构件在工厂预制,采用统一的工艺,执行统一的标准,质量自然要稳定。

化整为零之后的大构件在工厂以标准化方式生产出来之后,需要装配、安装起来,这就是设计团队提出的装配化。孟凡超把这个过程比喻成搭积木。但这肯定是一个伟大的积木,因为国内最大、最先进的海上运输、起吊、疏浚设备将投入其中。

资料来源:根据《人民日报》新闻整理。

素养园地

以人民为中心的医疗应急资源建设项目进度管理

在重大医疗事件的应急管理中,争时间抢速度,争分夺秒挽救人民生命是党和政府和各级团体和组织的义不容辞的责任。这是对人民生命健康负责的态度和精神体现。正如"十四五"规划提出的:

把保障人民健康放在优先发展的战略位置,坚持预防为主的方针,深入实施健康中国行动,完善国民健康促进政策,织牢国家公共卫生防护网,为人民提供全方位全生命期健康服务

——《中华人民共和国国民经济和社会发展第十四个五年规划和 2035 年远景目标纲要》

2020 年那场持续三年多的全球性疫情,是一场百年不遇的医疗事件,由于医疗资源的短期,为了建设一家专门的医院,我国建设者创造了医院建设的奇迹,短短 10 天之内完成一家医院建设,为抢救病人争取了宝贵时间。那么他们是怎么样做到的呢? 我们回顾一下这家医院项目进度过程。

项目管理包括:

(1) 立项阶段:1 月 23 日下午完成立项工作。

(2) 设计阶段:北京中元国际工程设计研究院在 78 分钟内,将 17 年前小汤山医院的设计和施工图纸全部整理完善完毕,24 小时内拿出设计方案,60 个小时内与施工单位协商敲定施工图纸。

(3) 基础阶段:四通一平(通路、通水、通电、通信、平整场地)。

(4) 采购阶段。

(5) 施工阶段。

(6) 装修阶段。

(7) 安装调试阶段。

(8) 交付运营阶段。

一天一节点。

1 月 23 日下午,武汉市城建局召开项目启动会(专题会)。

1 月 24 日,除夕,上百台挖机抵达现场,开始土地平整。

1 月 25 日,大年初一,火神山医院正式开工。

1 月 26 日,大年初二,防渗层施工全面展开,地下管网沟槽开挖,集装箱板房材料陆续进场。

1 月 27 日,大年初三,场地整平、碎石黄沙回填全部完成,首批箱式集装箱板房吊装搭建。

1 月 28 日,大年初四,1 栋双层病房区钢结构初具规模。

1 月 29 日,大年初五,300 多个箱式板房骨架安装完成,开始同步进行机电管线作业。

1 月 30 日,大年初六,HDPE 膜铺设全面完成,同步进行污水处理间设备吊装。

1 月 31 日,大年初七,9 成集装箱的拼装均已完成,活动板房骨架安装 3 000 平方米。

2 月 1 日,大年初八,全面展开医疗配套设备安装。

2 月 2 日,大年初九,火神山医院工程完工,正式交付。

2 月 3 日承担专科医院医疗救治任务,医务人员进驻。

2 月 4 日,正式接诊,并收治首批患者。

要求：

通常一家医院的建设从项目立项到完工，需要数月或者更长的时间，为什么雷神山医院速度那么快，从项目进度管理的角度，分析其采用的进度管理的策略。

关键术语

项目（project）　　　　　　　　项目组织（project organization）

网络计划（network plan）　　　　时差（slack time）

关键路径（critical path）　　　　时间-费用优化（time-cost optimization）

本章小结

1. 项目管理有三种典型的组织形式：职能组织、矩阵组织、纯项目组织。三种组织形式各有优缺点，适合不同的项目管理场合。

2. 网络计划是一种用图形描述项目活动之间的关系和时间进展的工具。网络图分确定型和随机型网络图两种。网络计划的时间参数的计算是确定项目关键路线的基础。关键路线是路线最长的路线。

3. 网络计划的优化主要是时间压缩、时间和成本优化、时间-资源优化三种，本书重点介绍时间-成本优化方法。

练习题

一、思考题

1. 项目管理的基本内容包括哪些？

2. 项目经理的角色与一般企业的职能管理者的角色有什么不同？

3. 项目组织形式有哪几种，各有什么优缺点？

4. 什么是项目关键路线，它有什么特点？

5. 项目时间优化的途径与方法有哪些？

二、选择题

1. 网络计划图中的关键路线是指（　　）。

　　A. 活动最多的路线　　　　　　　　B. 时间最长的路线

　　C. 资源使用最多的路线　　　　　　D. 作业最多的路线

2. 采用三种时间估计法进行作业时间估计，某作业的最乐观时间为 3 天，最可能时间为 5 天，最悲观时间为 7 天，则该作业的期望作业时间为（　　）。

　　A. 3 天　　　　　　B. 5 天　　　　　　C. 6 天　　　　　　D. 7 天

3. 如果某作业的总时差为零，则表示（　　）。

　　A. 该作业为关键路线作业　　　　　B. 该作业不是关键路线作业

　　C. 该作业没有消耗资源　　　　　　D. 该作业时间不能压缩

4. 随机网络计划中,通过计算得期望的总工期为 25 天,标准方差为 2,这个项目能在 25 天完工的概率是( )。

　　A. 0%　　　　　　　　　　　　B. 100%

　　C. 50%　　　　　　　　　　　　D. 不确定

5. 项目的间接费用的变化规律( )。

　　A. 与每个单项作业时间成正比　　B. 与整个项目工期成正比

　　C. 与每个单项作业时间成反比　　D. 与整个项目工期成反比

三、判断题

1. 矩阵式组织适合于多项目情况。

2. 网络计划是一种项目进度管理工具。

3. 网络计划只有一条关键路线。

4. 项目的工期是所有项目活动的时间总和。

5. 作业总时差为零的活动是关键路线的活动。

四、计算题

1. 已知某项目的各活动关系与时间如表 11-7 所示,根据表数据绘制网络图,计算各活动的最早开始时间、最早结束时间、最迟开始时间、最迟结束时间,并确定工期与关键路线。

表 11-7　　　　　　　　　　　　　某项目的各活动关系与时间

活动代号	紧前活动	活动时间(天)	活动代号	紧前活动	活动时间(天)
A	—	3	H	D	7
B	—	4	I	F	3
C	—	2	J	H,E,I	2
D	A	5	K	F	7
E	A,B,C	5	L	G	4
F	C	6	M	K	8
G	D	1			

2. 已知某项目的作业时间与关系如表 11-8 所示,绘制网络图,计算每项作业的期望时间、确定关键路线和项目的期望完工工期。

表 11-8　　　　　　　　　　　　　某项目的作业时间与关系

作业代号	紧前作业	最乐观时间 a	最悲观时间 b	最可能时间 m
A	—	2	4	3
B	—	4	6	5
C	—	5	7	6
D	A	7	9	8
E	C	2	4	3

（续表）

作业代号	紧前作业	最乐观时间 a	最悲观时间 b	最可能时间 m
F	B,E	5	8	7
G	D,F	6	8	7
H	D,F	8	10	9
I	B,E	1	3	2
J	H,I	4	7	5
K	B,E	3	5	4

3. 已知某项目的网络图如图 11-20 所示（图中作业代号的括号内数据为作业时间），试求：

（1）确定关键路线与总工期。

（2）求作业的最早开始时间与最早结束时间，最晚开始时间与最晚结束时间。

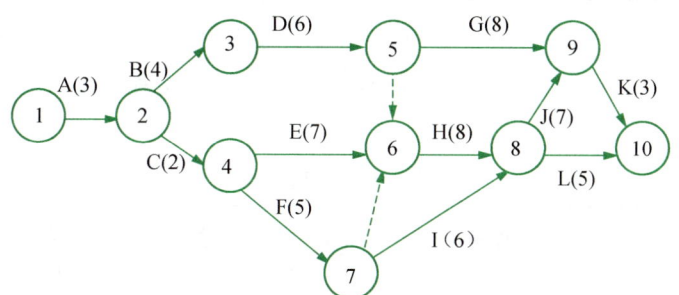

图 11-20 某项目的网络图

4. 建造一个房子的作业如表 11-9 所示，求：作业的最早开始时间、最早结束时间、最晚开始时间与最晚结束时间。找关键路线和确定工期。

表 11-9　　　　　　　　　　　　建造房子的作业时间

作业	作业名称	紧前作业	作业时间（天）
A	清理地面	—	3
B	打地基	A	4
C	砌墙脚（50 公分高）	B	2
D	地面混凝土	B	1
E	地板托架	C,D	3
F	砌主体墙	E	10
G	做门窗	E	3
H	做天花板托架	F,G	4

（续表）

作业	作业名称	紧前作业	作业时间（天）
I	上屋顶板木	F,G	3
J	盖瓦	H,I	2
K	铺地板	H,I	4
L	做天花板	J,K	2
M	墙内壁瓷砖	J,K	1
N	安装窗玻璃	L.M	1
O	墙体泥灰层	N	2
P	装电灯	N	1
Q	水暖设备	N	2
R	墙面粉刷	O,P,Q	3

5. 已知某项项目各项作业的正常时间、赶工时间和在正常时间下和赶工时间下的直接费用和间接费用情况如表 11-10 所示。试确定正常完工时间与总成本以及最低成本下的完工工期。

表 11-10　　　　　　　　　　　项目时间、费用统计表

作业代号	紧前作业	正常时间（天）	赶工时间（天）	正常费用（元）	赶工费用（元）	间接费用
A	—	8	5	2 000	3 000	
B	—	4	2	800	1 600	
C	A	5	3	600	900	
D	B	6	4	500	800	
E	C,D	3	1	1 000	2 000	每天合计 400 元
F	C,D	4	2	600	1 000	
G	E	9	6	1 500	2 500	
H	F	4	2	750	1 000	
I	C,D	8	6	1 200	1 800	

案例讨论

城市道路改造工程项目

D 市政府通过了一项建议，决定对某城区进行道路的改造，主要是想把莲花路和蓉湖路进行延长。通过激烈的招标竞争，最后工程项目被市建一公司（简称"一建公司"）承包。

一建公司通过核算与计划,把项目的有关资料归纳以后,得到一个关于项目各活动的时间与资源需求表。

表 11-11 项目各活动的时间与资源需求表

活动	代码	紧前活动	最乐观时间 a(天)	最可能时间 m(天)	最悲观时间 b(天)	正常费用(最可能完成费用)	赶工费用(最乐观完成费用)
筹建施工队伍	A	—	10	13	15	1 000	3 000
路况勘测	B	—	5	6	7	500	800
拆迁	C	A,B	20	25	30	50 000	80 000
地面开挖	D	C	30	36	45	15 000	20 000
铺沙土基础层	E	D	15	17	19	20 000	30 000
铺水泥路面	F	E	10	12	15	30 000	40 000
排水管道	G	E	8	10	12	15 000	20 000
打伸缩缝	H	F	6	8	10	5 000	8 000
人行道施工	I	F	6	8	10	3 000	5 000
架设电线	J	H	7	9	11	2 000	4 000
安装路牌	K	I	2	3	4	1 000	2 000
安装路灯	L	J,K	5	7	9	800	1 200
路边绿化	M	I	9	11	13	500	800
公交站点布置	N	M	5	7	9	1 000	1 200
拆施工设备	O	N,L	2	3	4	2 000	2 500
验收	P	O	1	1	1	1 000	1 000

问题:

1. 建立该项目的网络计划图。

2. 根据网络图计算有关网络时间参数,确定关键路线,项目总工期。

3. 这个项目在 130 天能完工的可能性有多高?

4. 市政府有关部门认为这个项目工程时间过长,应该压缩,请考虑采用什么办法使这个工程项目总工期压缩到 110 天以内?

第四篇　运营系统维护与改善

第十二章 质量管理

 学习目标

学习内容	学习目标	学习难度	重要程度	应掌握知识点
质量管理概述	了解	☆	★★	质量与质量管理的基本概念 质量管理发展过程 著名质量管理大师的思想
全面质量管理	熟悉	☆☆	★★★	全面质量管理的内涵 全面质量管理的工作方法
质量管理工具	掌握	☆☆☆	★★★	质量管理的常见工具 质量控制图的绘制方法
服务质量管理	熟悉	☆☆	★★	服务业的质量管理特点 感知质量模型的内涵

引导案例

波音 737MAX 空难后续影响

2019 年 3 月 10 日,一架埃塞俄比亚航空公司的波音 737MAX 型客机起飞后 6 分钟坠毁,机上的 149 名乘客和 8 名机组人员不幸全部遇难,其中包括 8 名中国乘客。然而这不是首起 737MAX 空难,2018 年 10 月 29 日,印尼狮航一架波音 737MAX 飞机,在从雅加达起飞大约 13 分钟之后失联、坠毁,机上 189 人不幸全部罹难。

该两起事故以后,波音公司董事长辞职,同时波音公司该型号飞机订单大幅度减少,许多航空公司纷纷取消该型号飞机的订单,全球各大航空公司停飞所有的同型飞机。737MAX 暂停飞行以后,为了能尽快复飞,波音升级了机体软件、培训相关飞行员、并和各国监管当局解释沟通以期尽快得到复飞许可。另外,伴随停飞事件而来的还有各方的权益申诉和不尽的官司。2019 年二季度,公司宣布将 737 的生产效率从每月 52 架放慢至每月 42 架,到了四季度,公司宣布自 2020 年 1 月起暂停 737MAX 的生产。由于大量订单被取消,2020 年波音 7 月 29 日公布的财报显示,该公司二季度实现营收 118.07 亿美元,与 2019 年同期相比下降了 25%,净亏损达 23.95 亿美元(约合人民币 161 亿元)。

2020 年 9 月美国国会众议院交通和基础设施委员会公布了对该飞机事故的调查报告。该委员会在历时 18 个月的调查后,完成了这份长达 238 页的调查报告。报告认为,导致空

难的原因包括技术缺陷、管理不善和监管缺失等,波音公司和FAA均有责任。报告列出了波音737MAX机型在设计、制造、认证过程中存在的5大问题。一,为与空中客车公司新机型竞争,波音737MAX在设计制造过程中面临巨大压力,将盈利置于安全之上。二,公司对于飞机自动防失速的机动特性增强系统(MCAS)设计存在错误假设,在两起空难中,MCAS直接导致机头下降从而坠机。三,波音公司对FAA隐瞒重要信息。四,FAA授权波音公司对波音飞机进行审查。五,波音公司对FAA审查有很大影响,例如FAA否决FAA工程师结论而以波音工程师结论为准。

经过将近4年的停飞以后,2023年1月13日中国民航局宣布737MAX商业航班复飞,自2019年停飞以来共计停飞1 404天。737MAX的复飞也表明其已经符合中国民航局多次强调的"复飞三原则":飞机的设计修改必须获得适航批准,驾驶员必须重新得到充分有效的训练,两起事故的调查结论必须是明确的,而且改进措施必须是有效的。

资料来源:根据网络资料整理。

问题:

1. 从调查报告看,波音737MAX的空难事故是什么方面的质量问题导致的?
2. 从这个事故教训中你认为质量对企业和用户产生什么重要影响?

第一节　质量管理概述

一、质量与质量管理概念

(一) 质量的概念

质量概念离不开人类每天的生活。在现实生活中,人们期望过上好的生活,提高生活品质——物质与精神上的生活质量,它包括人们对吃、穿、用、行等物质生活以及娱乐、学习、情感、荣誉、权利等的追求。如果没有制造商提供高质量的物质生活用品以及服务领域提供的文化与精神上的优质服务,就不可能有高品质的生活。因此质量概念与每一个百姓的生活相关。

什么是质量? 现代质量管理认为,必须站在用户的角度对质量下定义,也就是要从满足用户需求出发来理解质量概念。

ISO9000把质量定义为:质量是产品、体系或过程的一组固有特性满足顾客和其他相关方面要求的能力。这个定义比原来的质量定义范畴要宽得多,除了对产品的质量要求外,还注意到产品过程、体系等要求。

美国著名的质量管理大师朱兰(J. M. Juran)给质量下的定义是:"质量就是适用性"。所谓适用性就是产品或服务满足用户要求的程度。

美国的质量管理专家戴维·戈文(David Garvin)教授对产品或服务的质量内涵分为8个方面:

(1) 性能。即产品主要功能达到的技术水平和等级,如电机的功率、洗衣机的噪声(分贝)等。

（2）附加功能。为顾客提供更方便、更舒适所增加的附加的产品功能。如电视机的上网功能、电话机的来电显示功能等。

（3）可靠性。产品或服务完成规定功能的准确性与概率。如燃气灶电子打火器一次打火就着的概率，快递信件在规定时间送达收信人手中的概率。

学而思，思而学课堂思考题：在一场音乐会中，你觉得应该如何评判音乐会的质量？

（4）一致性。产品或服务符合说明书规定或服务规定的程度。如汽车百公里耗油量是否超过说明书规定的数量、保健品中的有效成分是否达到规定的标准等。

（5）耐久性。产品或服务达到规定的使用寿命的概率。如电灯泡是否达到规定的寿命、服装的颜色是否达到规定的耐退色标准。

（6）维护性。产品是否容易修理与维护。

（7）美学性。产品外观是否有吸引力与美观的效果。

（8）感觉性。产品的外观或服务的势态是否给人一种美不可言的感觉，如服装面料的手感、广告用语的好感。

质量是企业的生命线，提高产品与服务质量对于提高企业经济效益和市场竞争力，对于企业和国家形象都有重要意义。从每年的全国消费者投诉的统计数据看，质量问题位列顾客投诉量最多的前三位。

（二）质量管理有关概念

（1）质量管理。ISO9000 定义质量管理是指导和控制组织的与质量有关的相互协调的活动。这个定义把质量管理视为企业管理的系统工程，只要与质量有关的企业活动，包括内部的、外部的活动都作为质量管理的管理范畴，都与质量管理有关。

（2）质量保证。质量保证是指为使人们确信某实体（企业组织）能满足质量要求，在质量体系内所开展的并按需要进行证实的有计划和有系统的活动。质量保证的基本思想是强调对用户负责，给用户、第三方和本企业的最高管理者提供信任感。质量保证分内部质量保证与外部质量保证。内部质量保证是为了使各层管理者确信本企业满足质量要求的能力所进行的活动。外部质量保证是为了使用户和第三方确信企业提供的产品与服务满足质量要求所进行的活动。内外质量保证构成了企业质量管理的整体。

（3）质量体系。质量体系是为实施质量管理所需要的组织结构、程序、过程和资源。质量体系是质量管理的核心，它把影响质量的技术、管理与人员等因素都综合起来，使之为了一个共同的质量目标互相配合，努力工作。

任何生产组织或服务组织都有一个质量体系来完成它的使命与目标，也就存在质量管理的组织结构、职责、程序、过程和资源。但是不同组织的质量体系由于其产品或服务的不同而不同，因此，质量体系的建立与运行必须结合组织的特点与环境来考虑。

二、质量管理的发展

质量管理的思想早在 2000 多年前就有。古代埃及的金字塔建筑，需要良好的设计和施工质量，没有质量保证，那些所谓的"木乃伊"不能保存如此之久。中国古代的"工匠"在制作瓷器和砖瓦中更是精益求精,留给后人许多巧夺天工的国宝。周朝的《礼记》的"王制"篇中就记载了古代对买卖商品的质量要求:"用器不中度,不粥于市。兵车不中度,不粥于市。布帛精粗不中数,幅广狭不中量,不粥于市"。其意义是生活用器,不符合标准规格的,不得在市场上买卖。兵器不合标准规格的,不得在市场买卖。布帛的经纬线精粗不符合标准规格的、门幅宽度不合标准规格的,不得在市场买卖。由此可见,质量管理的思想在古代就已经得到官府的重视。

现代质量管理的发展是伴随着管理科学、生产技术的发展而发展的,经过一百多年来发展,逐渐形成了许多成熟的管理理论和方法。从历史上看,质量管理的发展经历了四个阶段。

1. 质量检验阶段(20世纪20—40年代)

从工业化大生产到大批量流水生产,制造企业出现了专职的质量检验人员组成专职的检验部门,负责把产品中不合格的产品分拣出来,不让不合格半成品流入下道工序,禁止不合格产品出厂。

质量检验是一种事后把关的做法,它不能从根本上杜绝质量问题的产生,它缺乏对质量费用与质量保证问题的研究,对预防废品的出现等管理方面的工作比较薄弱,这是质量管理的初级阶段。

2. 统计质量管理阶段(20世纪40—50年代)

第二次世界大战对大批量生产方式起到了推动作用,军需物品的大量需求使得传统的质量检验工作暴露出严重不足,质量检验部门成了生产中最薄弱的环节。由于事先无法控制质量以及检验工作量大,使战时物质经常延迟交货,影响军需物品的供应。美国政府和国防部组织数理统计专家去解决实际问题,制定战时国防标准,采用数理统计方法进行生产质量控制。

这一时期的质量管理在管理方式上使质量管理从事后把关转变为预防为主上来,并且由专职检验人员转过来的专业质量控制工程师与技术人员承担。虽然,数理统计方法在质量控制中为预防质量问题的发生提供了一种科学的方法,但是它不能从系统的角度消除质量问题的根源,而且缺乏连续质量改进的手段。

3. 全面质量管理阶段(20世纪60—80年代)

全面质量管理的概念最早是由美国学者费根堡姆(Armand V. Feigenbaum)提出的,并且于1961年出版《全面质量管理》一书,但是最早实施全面质量方法则是日本企业。费根堡姆指出"全面质量管理是为了能够在最经济的水平上,并考虑到充分满足顾客要求的条件下进行生产与提供服务,并把企业各部门研制质量、维护质量和提高质量的活动构成为一体的一种有效体系"。

全面质量管理方法的出现是科学技术与工业发展的结果。首先科学技术的发展出现了新材料、新工艺、新设备、新产品,影响产品质量的因素更加复杂多变,单靠统计检验或依靠数理统计方法已无法适应工业发展的需要。质量管理需要系统的方法来全面控制质量问题形成的各个方面与环节,充分调动企业全体员工的能动性,依靠工人、技术人员、各级管理人员的协作,全体人员参加质量管理。

4. 新时期质量管理阶段(20世纪90年代至今)

从20世纪90年代开始,质量管理进入了一个新的阶段,这个阶段有如下主要特征。

(1)以国际标准质量体系ISO9000为主要的管理制度。

（2）以顾客满意为中心的，顾客驱动的质量管理。

（3）强调信息技术在质量管理中的作用。

（4）强调质量文化的作用。

（5）强调社会质量意识与监督作用。

视野拓展 12-1

质量管理大师及其管理思想

第二节　全面质量管理

一、全面质量管理的基本思想

全面质量管理简称 TQM（total quality management），在 ISO8402—1994《质量管理与质量保证术语》中定义为"一个组织以质量为中心，以全员参与为基础，目的在于通过让顾客满意和本组织所有成员及社会受益而达到长期成功的管理途径"。

全面质量管理的核心是三个"全"：全面的质量概念、全员参加的质量管理、全过程的质量管理。

（1）全员参加的质量管理。影响产品质量的因素是多方面的，因此质量管理工作不仅仅是某个环节、某个部门的人的事情，而是需要企业全体员工参加，并对职工进行全面质量管理业务的培训，实行严格的质量责任制，广泛开展群众性的质量管理小组活动。只有建立在扎实的群众基础上的全面质量管理才能不断提高产品质量。

（2）全过程的质量管理。全面质量管理强调将不合格的产品或服务消灭在它形成的过程之中，为此，必须贯彻"防检结合，预防为主"的思想，把质量管理工作从事后检验转到预防上来。另外，全过程的质量管理要求把过去那种仅仅控制生产工序扩大到产品全生命周期，即从市场调查开始，直到用户服务的各个环节，形成一个周而复始，不断上升的过程，使产品质量不断提高。

（3）全面的质量概念。全面质量管理的"质量"概念是全面的，即不仅仅是狭义的产品质量，还应该包括产品制造与服务过程的"工作质量"：设计质量、制造质量、服务质量，即质量管理不仅要管理物，还要管理人与工作过程，要不断提高人员素质（质量意识与质量控制技能），提高工作质量。

二、全面质量管理的内容

全面质量管理的工作内容，按照产品质量的形成过程可以分为三个方面：设计过程质量管理、制造过程质量管理、销售服务过程质量管理。

(一) 设计过程质量管理

日本有家公司曾做过调查统计,该公司用户索赔与意见中,属于设计问题的约占70%,剩下的30%才是制造装运等其他责任问题。由此我们可以看出产品设计质量对产品质量管理的重要性。

那么,如何提高产品设计过程的质量呢?下面几个环节是值得注意的。

(1) 做好市场调查,分析用户质量需求。通过市场调查分析,收集用户对产品质量的要求、产品使用效果、生产过程中出现的质量问题,在分析论证的基础上,制定质量目标。

(2) 采用双向逼近的产品设计方法。一般来说,产品的设计要从两方面需求考虑,一方面是用户的质量、功能需求,另一方面制造系统的可制造性需求。从满足消费者需要的角度出发,产品设计应尽可能地逼近用户的要求,这是设计过程的向外逼近过程。另一方面,产品设计也要满足制造系统的可制造性要求,因为如果设计的产品无法加工出来,再好的设计都是徒劳的,因此产品设计就要向内逼近制造要求。

根据以上思想,在产品开发过程中产品设计要向用户要求与制造要求两方面逼近,如图12-1所示。这一思想对提高产品设计的可靠性与降低产品的质量成本有帮助。

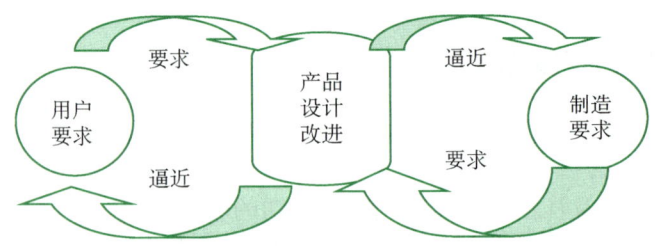

图 12-1　产品设计的双向逼近

(3) 认真做好设计评审工作。设计审核的目的在于早期发现设计过程的不合理性,降低质量风险和质量成本,提高产品可制造性。

设计评审是在企业内部进行的有组织、有计划的活动。评审一定要由企业内部各主要部门人员参加,包括技术、生产、销售、财务、质管等部门人员,从技术、经济的角度进行全面鉴定,通过评审的设计才能进行试制生产,没有通过评审则需要修改后再评审。

(4) 新产品的试制与鉴定。试制是设计的验证,鉴定是从设计转入制造过程的重要环节。通过试制检验产品设计的合理性、可行性,发现不合理的设计。有的时候需要反复实验多次,并且在试制过程中可能要对原来的设计方案进行修改,最后对试制产品进行鉴定,以确定是否正式批量生产。

(二) 制造过程的质量管理

制造过程质量管理的任务是:建立一个能稳定生产合格产品的生产系统,搞好每一个生产环节的质量管理,严格执行技术标准,保证产品质量和减少不合格产品的发生。

制造过程的质量管理由生产技术准备阶段、生产制造阶段的质量管理组成。制造过程质量管理的核心是实施工序质量控制,利用现代数理统计方法对制造过程进行现场监督与控制。关于工序质量控制的统计方法将在后面介绍。

（三）销售服务过程的质量管理

现代企业质量管理不仅仅局限于企业内部，而是要延伸到产品使用的过程，重视售后服务质量。服务质量管理的主要目标是用户满意度。通过提高用户的满意度来赢得消费者。服务质量管理内容包括服务的态度、服务的工作完好度（如维修是否及时、一次性维修成功率）、顾客投诉处理与顾客访问等。

三、全面质量管理的运作方法——PDCA 循环

一般认为，全面质量管理的运作方法最早是由美国质量管理专家戴明博士提出的工作方法——PDCA 循环。它的基本思想是把质量管理看作是一个周而复始的螺旋上升的过程，每次循环活动按照计划：P(plan)、计划的实施：D(do)、检查实施效果：C(check)、处置检查结果，采取相应行动：A(action)四个过程进行循环往复，螺旋上升。每经过一次循环，质量获得一次提高，这样质量就会朝着"零缺陷"方向向上滚动（图 12-2）。下面简要介绍它的步骤与主要方法（表 12-1）。

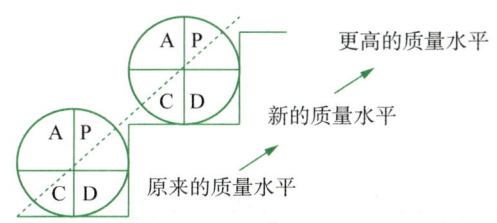

更高的质量水平

新的质量水平

原来的质量水平

图 12-2　质量管理循环过程

表 12-1　PDCA 循环的步骤与主要方法

阶段	步　骤	主要方法
计划阶段	1. 分析现状，找出问题 2. 分析各种影响因素或原因 3. 找出主要影响因素 4. 针对主要原因，制定措施、计划	排列图、直方图、控制图 因果图 排列图、相关图 回答"5W1H"： 为什么制定该措施（why） 要达到什么目标（what） 何时执行该计划（when） 由谁来执行计划（who） 在哪里实施计划（where） 怎么样实施计划（how）
实施阶段	5. 执行实施计划	
检查计划	6. 检查计划实施的结果	排列图、直方图、控制图
处置阶段	7. 总结成功经验，制定标准 8. 把未解决的问题转入下一个循环	

（1）计划阶段（P）。计划阶段的任务是制定质量目标、根据目标制定质量计划。计划阶段有四个步骤：①分析现状，找出存在的问题；②找出问题的原因或影响因素；③找出问题主要的因素；④制定措施计划。

（2）计划实施阶段（D）。计划实施阶段是质量管理的关键，要保证计划能很好贯彻执

行,必须做到五个到位:人员到位、组织到位、措施到位、监督到位、激励到位。

(3)检查阶段(C)。把计划执行的结果与计划对比,评价结果,找出问题。

(4)处置阶段(A)。处置阶段一方面要总结成功的经验并把它标准化,以便今后参考;另一方面把没有解决的问题纳入下一阶段的计划中。以上步骤过程归纳如表12-11所示。

PDCA循环四个阶段相互衔接,顺序执行。每执行一次循环,总结一次,提出新的质量目标,不断达到新的高度。另外,质量循环是一个大环套小环,不断促进的过程。整个企业的质量管理活动可以看作是一大的PDCA循环过程,而每一个部门或小组也有一个小的质量循环PDCA,企业的质量管理带动部门的质量管理工作,形成一个大环带小环,大环指导小环的良性循环过程。

四、质量小组QC活动

全面质量管理强调的全员参与的概念,反映在实践中,是通过群众性质量改善活动来实现,这种群众性质量改善活动就是QC小组(quality control cycle)。QC小组是一种解决质量管理问题的群众性组织,其作用是充分发挥群众的智慧、集体的力量,解决质量难题。QC小组活动是全面质量管理的一项很重要的内容,是改善质量的有效措施。从20世纪80年代起我国企业就开始建立QC小组活动,为企业质量管理发挥了重要作用。

第三节　质量管理工具

质量管理中常用一些统计工具进行质量数据的分析与控制。常用的统计质量管理工具包括:排列图、因果图、直方图、统计表(调查表)、散点图(也叫相关图)、控制图、分类类表(层别法)等七种工具,下面重点介绍几个最常用的工具。

一、排列图

排列图法是分析质量问题的主次因素的方法,通过这种方法可以很快找出影响质量的主要因素。如图12-3所示。

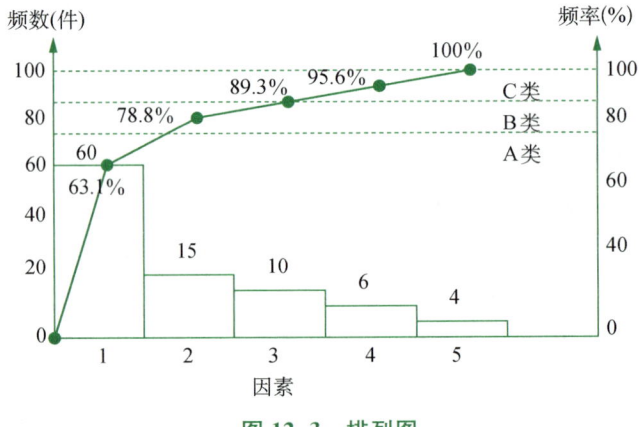

图12-3　排列图

图 12-3 左边表示频数（不合格产品个数、金额等），右边表示频率（百分比），图中的折线表示累积频率，横坐标表示质量因素。图中直方块高度表示每个因素的影响程度，一般按照频数从大到小的顺序在横坐标上从左到右描绘。把因素出现的频数写在直方块的顶端，把累积频率写在折线上。

为了抓住主要因素，一般根据累积频率的大小，把不合格品（废品）分为三类：A 类为 0%～80%；B 类为 80%～90%；C 类为 90%～100%。图中因素 1 与因素 2 可以归为 A 类因素，因素 3 归为 B 类因素，其他为 C 类因素。

二、因果图

因果图，也叫鱼刺图、树枝图，它是一种系统分析质量问题原因的有效方法。一般质量问题的原因无非就是五个方面，即"4M1E"：操作者、设备、材料、方法（工艺）、环境。在鱼刺图上，我们可以根据五种原因，再进行深入分析，从大原因中找小原因，一层层地分析，把所有的原因都找出来，根据不同的原因，采取不同的措施进行改进。图 12-4 为因果分析图基本形式。

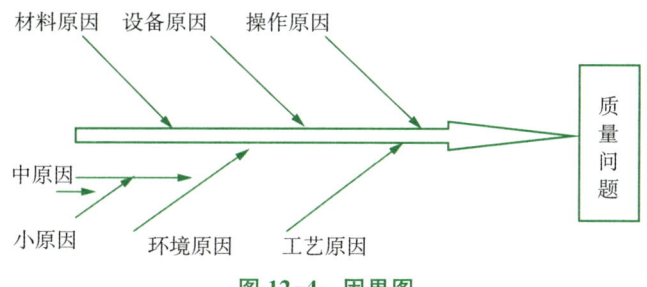

图 12-4　因果图

 应用例题 12-1

某变压器生产企业在进行产品质量检查时，发现产品废品率比较高，于是企业质量管理部门开展质量问题分析，利用"两图一表"（排列图、因果图、对策表），寻找降低废品率的解决方法。

首先，质量部门人员通过统计分析，得到变压器的废品因素的统计表，如表 12-2 所示。

表 12-2　　　　　　　　　变压器废品因素统计表

废品因素代号	废品项目	数量
A	电压大	434
B	电压小	250
C	出头位置错误	60
D	初次级接反	54
E	碰圈	40
F	不通	10
总计		848

从表 12-2 可以看出,A 和 B 因素是主要因素,它们产生的废品数量分别为 434 和 250。于是,该企业的质量工程师和工人师傅一起用因果分析图进行集思广益,寻找解决质量问题的方法。他们的做法如下。

第一步:根据排列图找出影响质量问题的主要因素。

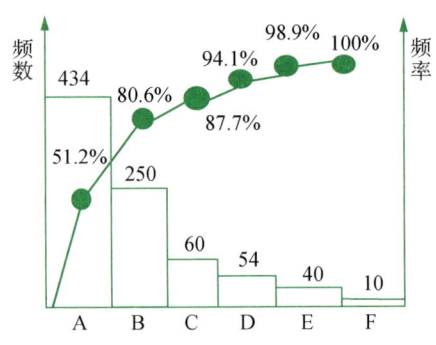

图 12-5 变压器废品因素排列图

根据表 12-2 作出变压器废品排列图(图 12-5)。从废品排列图看出,造成变压器质量问题的主要因素是电压大(A 因素)、电压小(B 因素)两种因素。

第二步:利用因果分析图找出造成电压大和电压小的主要原因。

第三步:根据因果分析图找出的原因采取对策,制定对策表。

第四步:落实改进质量的对策。

通过对排列图的分析,质量工程师和工人师傅把降低变压器废品率的主攻方向放在解决变压器电压大和电压小这种质量问题上。为此,他们用因果图系统分析产生变压器电压大和电压小的因素。

经过分析,质量工程师和工人师傅讨论得到一致的结论,认为,产生变压器电压大和电压小问题的因素主要是四个方面:操作者、环境、设备和材料。并且对四类因素的进一步分析,得到了详细的因素,形成图 12-6 的因果图。根据因果图,他们制定了质量改善的对策表,如表 12-3 所示。

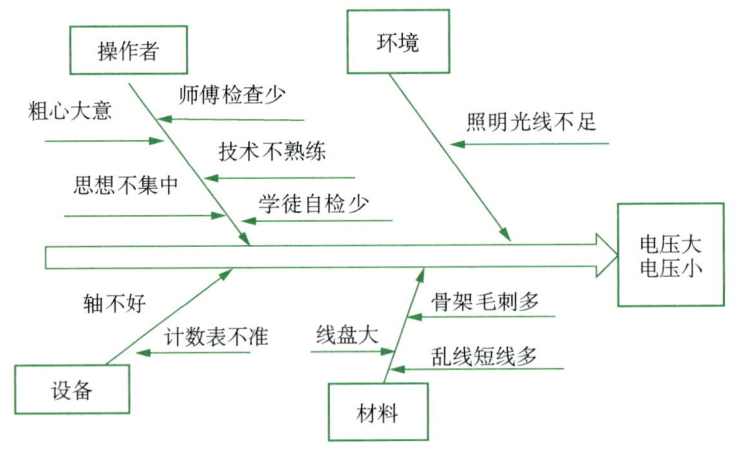

图 12-6 变压器电压大、电压小的因果图

对策表着重解决操作者因素的"思想不集中"和"技术不熟练"两个问题,设备因素着重解决"计数表不准"的问题,材料因素中着重解决"骨架毛刺多"这个问题。对策表分别列举了解决这些问题的办法和负责人。

项目	问题	解决措施	时间	负责人
1	思想不集中	加强思想教育	一月一次	质量经理
2	技术不熟练	加强技术培训	一月两次	张工程师
3	计数表不准	改进设备,可控机上增加一个机械计数器	七个月解决	设备科
4	骨架毛刺多	加强上道工序的骨架检查	每批检查	质量检查员

表 12-3　　　　　　　　　　　变压器质量改善对策表

三、控制图

控制图是最常用的一种统计质量管理工具,是统计过程质量控制(SPC)的核心工具。控制图可以用来做质量诊断、质量控制与质量改进控。通过控制图的应用,可以让管理者知道质量是否处于受控状态,并提供有关变化的趋势信息,为改进质量提供决策依据。图 12-7 为控制图的一个基本模式。

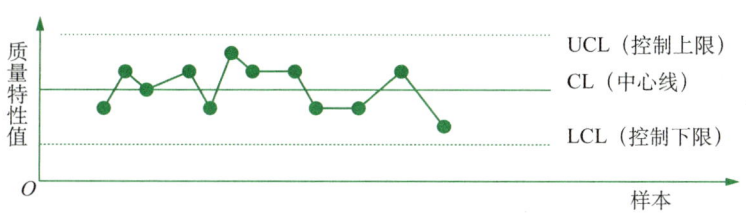

图 12-7　控制图基本模式

在控制图中,中间一条横线是中心线,用 CL 表示,是控制量的平均值。上、下两条线是管理上限和下限,一般取 3 倍标准方差作为控制上下限,即:$\mu \pm 3\sigma$。按照这样的方法建立的控制上下限,可以保证无论质量特征均值 μ 和标准差 σ 取何值,产品的质量特征落在控制界限 $\mu \pm 3\sigma$ 之间的概率为 99.73%。美国著名质量控制大师休哈特就是利用这个原理提出质量控制思想的。

控制图有两种,一种是计量值的控制图,另一种是计数值的控制图。下面分别介绍两种控制的应用方法。

(一) 均值、极差控制图

计量值的控制图主要有均值、极差控制,即 $\bar{x} - R$ 控制图。这种控制图主要用来控制那些统计数据变量属于连续型变量的情况,比如:大小、重量、压力、问题、体积、噪声等具有小数点的变量,而且,这些统计变量通常属于正态分布的。

$\bar{x} - R$ 图的制作过程如下:

第一步:收集数据。从需要管理的工序中取样本,为保证数据的代表性,应定时取样,通常总的数据量不少于 50 个。

第二步:数据分组。将数据按测量顺序或批数分组,一般组数为 20~25 组(即 $k = 20 \sim 25$),每组数据个数为 2~5 个(即样本数 n)。

如果取样组数(即取样次数)$k = 20$,每组数个数(即每次取样数的样本数)为 $n = 5$,则总

的样本数为 $k \times n = 20 \times 5 = 100$。

第三步:计算各组的平均值 $\bar{x}$ 与极差 R_i:

$$
\left.\begin{array}{l}
\bar{x}_i = \dfrac{x_{i1} + x_{i2} + x_{ij} + \cdots + x_{in}}{n} = \dfrac{\displaystyle\sum_{j=1}^{n} x_{ij}}{n} \\[4mm]
R_i = x_{最大} - x_{最小} = \max_{1 \leqslant j \leqslant n}\{x_{ij}\} - \min_{1 \leqslant j \leqslant n}\{x_{ij}\}
\end{array}\right\}
\tag{12-1}
$$

式中,$x_{最大}$ 和 $x_{最小}$ 是第 i 组数据中的最大和最小。$j = 1, 2, \cdots, n$,n 为每次取样数。

第四步:计算总体的均值 $\bar{\bar{x}}$ 和平均极差 $\bar{R}$

$$
\left.\begin{array}{l}
\bar{\bar{x}} = \dfrac{\bar{x}_1 + \bar{x}_2 + \cdots + \bar{x}_k}{k} = \dfrac{\displaystyle\sum_{i=1}^{k} \bar{x}_i}{k} \\[4mm]
\bar{R} = \dfrac{R_1 + R_2 + \cdots + R_k}{k} = \dfrac{\displaystyle\sum_{i=1}^{k} R_i}{k}
\end{array}\right\}
\tag{12-2}
$$

式中,k 为组数,$i = 1, 2, \cdots k$。

第五步:计算中心线与管理上限与下限。

$\bar{x}$ 控制图:

$$
\left.\begin{array}{l}
中心线:CL = \bar{\bar{x}}; \\
上限:UCL = \bar{\bar{x}} + A_2 \bar{R}; \\
下限:LCL = LCL = \bar{\bar{x}} - A_2 \bar{R}
\end{array}\right\}
\tag{12-3}
$$

R 控制图:

$$
\left.\begin{array}{l}
中心线:CL = \bar{R}; \\
上限:UCL = D_4 \bar{R}; \\
下限:LCL = D_3 \bar{R}
\end{array}\right\}
\tag{12-4}
$$

式中:A_2、D_3、D_4 为管理系数,与每次取样的样本大小 n 有关,可参考表 12-4 选用。

第六步:在坐标纸上描绘均值控制图和极差控制图。

表 12-4 管理图系数表

n	A_2	D_3	D_4
2	1.88	—	3.267
3	1.023	—	2.575
4	0.729	—	2.282
5	0.577	—	2.115
6	0.483	—	2.004
7	0.419	0.076	1.924

（续表）

n	A_2	D_3	D_4
8	0.37	0.136	1.864
9	0.377	0.136	1.816
10	0.308	0.223	1.777

应用例题 12-2

　　某厂制造一线圈，其阻抗值的质量要求为 $15\pm2\ \Omega$，现从其制造过程中按时间顺序取 $n=5$ 的 20 组子样，测得其阻抗值如表 12-6 所示，试画出其 $\bar{x}-R$ 控制图。

表 12-5 　　　　　　　　　　　$\bar{x}-R$ 控制图数据表

序号(i)	测量值					$\overline{x_i}$	R_i	备注
	x_{i1}	x_{i2}	x_{i3}	x_{i4}	x_{i5}			
1	15.3	14.5	16.9	14.0	14.9	15.12	2.9	
2	13.0	15.2	14.2	15.1	14.3	14.36	2.2	
3	16.7	16.0	14.4	14.2	14.3	15.12	2.5	
4	14.2	14.9	13.2	17.0	15.1	14.88	3.8	
5	14.5	15.6	16.9	16.4	15.8	15.84	2.4	
6	14.5	15.9	14.3	15.0	14.2	14.78	1.7	
7	15.9	15.4	15.5	14.4	13.8	15.00	2.1	
8	15.1	15.2	15.0	15.7	13.6	14.92	2.1	
9	15.1	12.7	17.6	16.4	15.2	15.4	4.9	
10	16.4	16.4	14.6	14.3	14.3	15.20	2.1	
11	16.0	16.2	15.7	15.6	16.0	15.90	0.6	
12	13.9	13.5	13.3	16.1	16.1	14.58	2.8	
13	15.1	14.2	13.8	16.8	15.7	15.12	3.0	
14	15.3	14.6	17.3	14.2	16.9	15.66	3.1	
15	14.5	15.9	13.9	15.6	13.7	14.72	2.2	
16	13.3	15.6	14.2	14.6	13.7	14.28	2.3	
17	13.6	15.2	15.2	16.5	15.6	15.22	2.9	
18	15.9	14.0	14.2	13.4	15.3	14.56	2.5	
19	14.5	15.8	16.3	14.7	14.2	15.10	2.1	
20	15.1	17.0	15.4	13.1	14.7	15.06	3.9	
合计						300.82	52.1	

　　解：

　　由表 12-6 可得：

$$\bar{\bar{x}} = \frac{\sum\limits_{i=1}^{20} \bar{x}_i}{k} = \frac{15.12 + 14.36 + \cdots + 15.06}{20} = \frac{300.82}{20} = 15.041$$

$$\bar{R} = \frac{\sum\limits_{i=1}^{n} R_i}{k} = \frac{2.9 + 2.2 + \cdots + 3.9}{20} = \frac{52.1}{20} = 2.605$$

计算控制图的中心线与上下限。

查表 12-4 得知,本例样本数是 $n=5$(样本数即表 12-5 中每次取样数 5),因此得,$A_2 = 0.577, D_4 = 2.115$。

$\bar{x}$ 图:$CL = \bar{\bar{x}} = 15.041$

$\qquad UCL = \bar{\bar{x}} + A_2\bar{R} = 15.041 + 0.577 \times 2.605 = 16.544$

$\qquad LCL = \bar{\bar{x}} - A_2\bar{R} = 15.041 - 0.577 \times 2.605 = 13.538$

R 图:$CL = \bar{R} = 2.605$

$\qquad UCL = D_4\bar{R} = 2.115 \times 2.605 = 5.51$

$\qquad LCL = (\text{———}) $ 无意义,因为从表 11-4 知 $n=5$ 时 D_3 不存在。

根据计算结果可作出控制图,如图 12-8 所示。

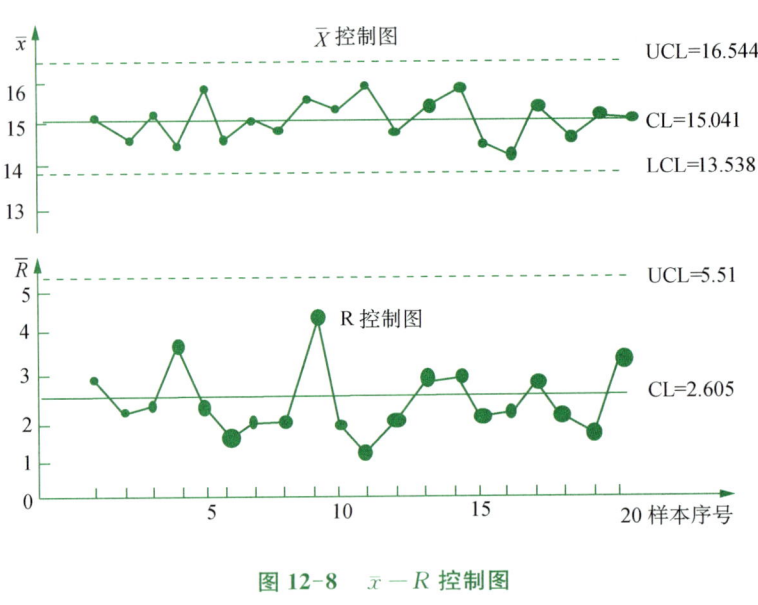

图 12-8　$\bar{x} - R$ 控制图

(二) 不合格品率控制图(p 控制图)和不合格品数控制图(pn 控制图)

当质量特性指标属于非此即彼的两项分布统计数据(0-1 分布)时,质量控制图就采用另一种计数型控制图-不合格品率或者不合格品数控制图。

在生产过程相当稳定时,产品的不合格品率 p 是一个比较固定的值,若子样本的样本数为 n,则子样的不合格品率 pn。但是,通常情况下,母样本的不合格品率 p 是无法求得的,而是用子样本的不合格品率的平均值 $\bar{p}$ 来代替:

$$p \approx \bar{p} = \frac{1}{k}\sum_{i=1}^{k} p_i$$

其中:k 为子样本的组数,p_i 为 i 组的不合格品率。

也可以用如下公式计算子样本的不合格品率平均值:

$$\bar{p} = \frac{\text{不合格产品总数}}{\text{被检查产品总数}} = \frac{\sum_{i=1}^{k} np_i}{n \times k}$$

式中:n 为每组(每批)子样本的样本数量,k 为测量的组数(或批数)。

(1)不合格品数控制图——pn 控制图

$$\left.\begin{array}{l} \text{中心线:CL} = \bar{p}n \\ \text{上限值:UCL} = \bar{p}n + 3\sqrt{\bar{p}n(1-\bar{p})} \\ \text{下限值:LCL} = \bar{p}n - 3\sqrt{\bar{p}n(1-\bar{p})} \end{array}\right\} \tag{12-5}$$

应用例题 12-4

某厂生产手表,连续检验了 25 次,每次抽 200 只,其检验结果如表 12-6 所示,抽到不合格品总数为 111。用该表数据制作不合格品数控制图。

表 12-6   手表抽样检验结果

样本序号(i)	样本大小(n)	不合格品数(pn)	样本序号(i)	样本大小(n)	不合格品数(pn)
1	200	5	14	200	3
2	200	4	15	200	1
3	200	1	16	200	5
4	200	6	17	200	1
5	200	3	18	200	9
6	200	4	19	200	1
7	200	6	20	200	4
8	200	2	21	200	7
9	200	6	22	200	2
10	200	8	23	200	1
11	200	8	24	200	9
12	200	4	25	200	8
13	200	3	总计	5 000	111

解:中心线:$\text{CL} = \bar{p}n = \dfrac{\sum_{i=1}^{k} p_i n}{k} = \dfrac{111}{25} = 4.44$。

上限值:$\text{UCL} = \bar{p}n + 3\sqrt{n\bar{p}(1-\bar{p})} = 10.69$。

下限值：$LCL = \overline{pn} - 3\sqrt{n\overline{p}(1-\overline{p})} =$ 负值，无意义。

据计算的控制图中心线和上下限数据，绘制控制图（图 12-9）。

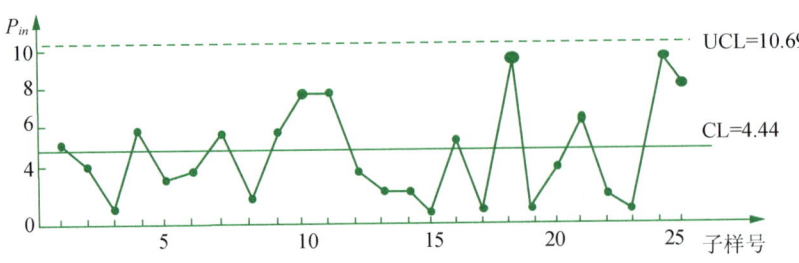

图 12-9　不合格品数 *pn* 控制图

从控制图看出，该产品的质量处于受控状态。

（2）不合格品率控制图—P 控制图

$$
\left.
\begin{aligned}
&\text{中心线：}CL = \overline{p}; \\
&\text{上限值：}UCL = \overline{p} + 3\sqrt{\frac{\overline{p}(1-\overline{p})}{n}}; \\
&\text{下限值：}LCL = \overline{p} - 3\sqrt{\frac{\overline{p}(1-\overline{p})}{n}}
\end{aligned}
\right\}
\tag{12-6}
$$

（三）C 控制图

C 控制图是计数值中计点值控制图。这种控制图的控制对象是一定单位（面积、长度、体积等）上的缺陷数，如一定长度的金属线上的疵点数、一种铸件表面上的气孔数、一部机器装好后发现的故障数等。

C 控制图的基本原理如下：从一批稳定状态下生产的大量产品中随机抽取样本，若以 $C_1, C_2, C_3, \cdots, C_n$ 表示样本中各样本的缺陷数，并且认为缺陷数服从泊松分布，其平均缺陷数 $\overline{C}$ 及标准差 $\sqrt{\overline{C}}$ ，根据 3σ 原理，C 控制图的参数为：

$$
\left.
\begin{aligned}
&CL = \overline{C} \\
&UCL = \overline{C} + 3\sqrt{\overline{C}} \\
&LCL = \overline{C} - 3\sqrt{\overline{C}}
\end{aligned}
\right\}
\tag{12-7}
$$

例如，某出租汽车公司每天都收到关于司机待客的几起投诉。在一连续 9 个星期里，公司接到顾客投诉电话数为：3,0,8,9,6,7,4,9,8 共计 54 起。计算如下：

$$
\overline{C} = \frac{54}{9} = 6
$$

$$
UCL = 6 + 3\sqrt{6} = 13.35
$$

$$
LCL = 6 - 3\sqrt{6} = （负值）
$$

P 控制图与 C 控制图都是计数的控制图,选择哪种控制图,要看其质量事件的特征。当观测值为非此即彼的场合,例如好与坏、成功或失败、操作或不操作等,选择 P 控制图。当某事件发生的次数可计数,而未发生的次数不可计数时,如单位产品的破裂、缺陷,单位体积的细菌、污染,单位时间的呼叫、抱怨、失败、设备停机、刑事案件等,这个时候用 C 控制图。

(四) 控制图的使用与分析

控制图是否正常主要依据两个准则:①点出界;②界内点排列异常。

第一条准则是显而易见的,只要控制图中的数据点超出控制的上下限就是异常的。第二条准则的判断比较困难。一般情况下主要依靠经验来判断。下面列出几种典型的界内点异常排列的特征:①连续 7 点或 7 点以上出现在中心线一侧(连续链);②点子在中心线一侧多次出现(间断链),如连续 11 点中有 10 点、连续 14 点有 12 点、连续 17 点有 14 点等;③连续 3 个点中至少有 2 个点在中心线的上方或下方 2σ 线外(警戒线);④点子排列呈周期性。

应用控制图进行质量控制,需要考虑如下几个问题:

(1) 控制地点选择。控制图应该用于关键工序、薄弱环节,它们应该是控制的重点。另外,控制过程的质量指标应该是可以量化的,如果是定性的质量指标,就不太适合用控制图。

(2) 控制对象选择。一般一个工艺过程有多个质量指标,可以用单指标也可以用多指标作为控制对象,最好选择重要的质量指标作为控制对象。

(3) 控制图选择。要根据质量指标的特性决定。如果是计量值指标,应该用均值-极差控制图($\bar{x}-R$ 控制图);如果是计件的指标,则用不合格品数与不合格率控制图(P 图和 Pn 图);如果是计点的指标,则应用缺陷数控制图(C 图)。

(4) 如何用控制图进行质量预防。通过控制图,我们可以对质量进行预防,减少质量问题。在利用控制图进行质量的预防性控制时,应贯彻 20 字方针:"查出异常,采取措施,保证消除,不再出现,纳入标准"。

(5) 如何利用控制图进行质量改进。如果控制图始终保持一种状态就起不到改进质量的作用,因此,要根据质量的改进情况,不断调整质量控制图的界限。要随着质量水平的提高,加严质量控制的上限与下限。

 企业风景线

坚持质量为先,百年李锦记谱写高质量发展篇章

"民以食为天,食以安为先"。调味料,不仅让餐食更美味,还关乎"健康与安全"。李锦记自 1888 年创立以来,跨越了三个世纪,从原来的蚝油和虾酱,发展到现在有超过 300 种产品,销往全球 100 多个国家和地区的跨国酱料集团,其在食品质量安全上有着一套严苛的管理。

李锦记之所以长久为人所信赖,是源于对质量的严格坚持。在李锦记有一个"100-1＝0"的管理理念,即做了一百件事情,只要做错一件就等于白做。

不要小看一瓶小小的酱油,李锦记的酱油从黄豆的挑选到摆上餐桌,背后有一个庞大的质量管理团队在运作,生产过程经过 30 多道工序,200 多个质量监控点。从种植采购、原料运输、食品加工、分销物流、品牌推广、上架销售等每个环节,李锦记都记录在案,这些严苛的管理可谓是李锦记百年鲜味方程式"100-1＝0"的最佳见证。

李锦记坚信,品质是食品企业的生存之本,哪怕只是一丁点的瑕疵,扣了一分,就足以令消费者对李锦记的信心化归为零。只有做到"100－1＝0"的品质管控,每一细节的严格把关,才能做出让消费者吃得像在家里一样放心、安心的食品,才能赢得更多的消费者。

李锦记坚持"超越标准为标准",实行"从农田到餐桌"的全程管控。多年来,李锦记卓越的产品获欧盟、日本等市场的认可,以零缺陷通过了美国 FDA 检测。2008 年,李锦记成为北京奥运会酱料供应商;2010 年,李锦记酱料产品服务于上海世博会;2012 年起李锦记入选航天食品,成为"神舟九号""神舟十号"飞船宇航员使用酱料,并被授予"中国航天事业合作伙伴",这在中国企业里可谓凤毛麟角。

2022 年 9 月 1 日,李锦记凭借卓越品质,荣获"第七届广东省质量奖提名奖"。该奖授予在创建先进质量管理模式、推广先进质量理念、推行科学质量管理方法成效突出,具有显著的示范带动作用,对广东质量强省建设作出突出贡献的企业和组织。李锦记是本届获奖名单中唯一的食品企业,同时也是食品行业内首家获得该殊荣的企业。

第四节　服务业的质量管理

前面介绍的各种质量管理理论和方法不仅仅在制造业应用,同时也在服务业使用。但是由于服务业存在一些与制造业不同的特点,因此除了以上质量管理的理论和方法,服务业在质量管理方面有一些特殊理论和方法是与制造业不同的,因此这一节我们来讨论服务业的一些独特的质量管理理论和方法。

一、服务质量衡量

一般情况下,制造业的质量要求通常可以用一些具体的可量化的技术性能指标表示,但是服务业由于服务对象是人,因此服务质量要求不能简单用一些量化的技术指标表示,通常需要考虑用人的感受和体验等非量化的定性的指标,这些非量化的定性指标往往有模糊性和顾客相关性。满意度是衡量服务质量的一个重要指标,但是满意度的测量是一个感知结果,因此如何测量顾客的感知质量效果就是一个值得思考的问题。

通常服务质量是人的感知和体验的结果,因此服务质量可以用一个感知质量模型来描述,如图 12-10 所示。

感知服务质量与以下五个维度有关。

(1)有形性,指服务企业的服务设施、设备、人员等有形服务资源。

(2)可靠性,指按照约定,准确、及时、无误地提供服务。

(3)响应性,指服务企业员工具有帮助顾客的愿望并能够对顾客所面临的问题给予迅速而有效的解决。

(4)保证性,指员工的行为能够增强顾客对企业的信心,同时让顾客感到安全。这意味着员工的真诚以及解决顾客问题所必须具备的知识和技能。

(5)移情性,指设身处地地为顾客着想并对顾客给予个别的关注。同时营业的时间要

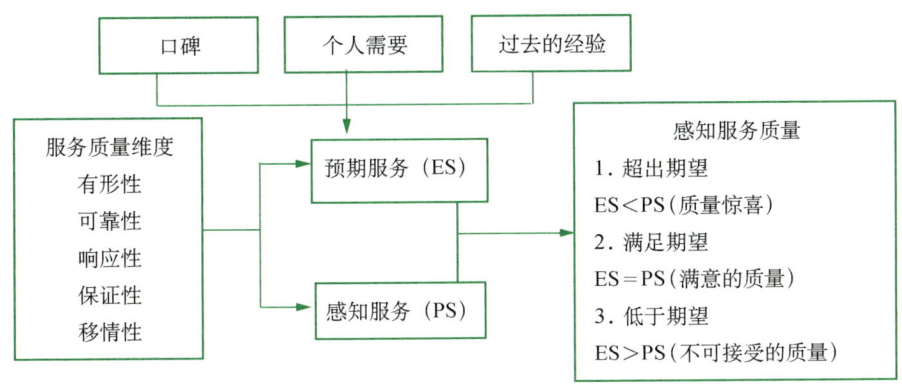

图 12-10　感知服务质量模型

充分考虑顾客实际情况。

　　根据这个服务质量模型,在服务作业管理中对服务质量的控制,一方面要制定合理的服务预期,也就是顾客在接受服务之前能够预期得到的服务效果。比如说,到旅游公司去参加旅游团,旅游团会预先给旅游者提供本次出游的时间、地点、旅游景点特点、参加本次旅游将获得的体验的介绍,旅游公司也会将该旅游线路中以往旅游者的感受(口碑)或者媒体的报道等信息告诉旅游者,让旅游者在没有旅游之前就能获得一种旅游后可得到预期旅游体验。当旅游结束后,旅游者得到的旅游心情如果很满意,也就是旅游者获得的旅游体验比预期的高,这种情况下的服务质量就比较高。反之,如果旅游者结束旅游后得到的体验效果比预先得到的旅游宣传效果差,那么这个旅游团的服务质量就比较差了。同理,在医院的服务质量控制中,如果医院宣传的医疗水平高,病人的预期的服务水平比较高,但是如果病人最后得到的医疗效果比较差,那么这个医院的医疗服务质量就比较差,在病人的心目中留下不好的印象。

　　因此,为了提高服务质量,企业不要预先给顾客有太高的期望,特别是不能承诺企业达不到的服务效果的承诺;第二,在服务过程中,能给顾客一些超出预期的服务,可以提高顾客的满意度。

二、提高服务质量的策略

　　提高服务质量有很多策略,前面几节介绍的质量管理策略,包括全面质量管理 TQM、统计质量控制的工具等是提高服务质量的策略,这里针对服务质量管理的特殊性,探讨一些特殊的服务质量改善措施。

(一) 通过服务系统设计提高服务质量

　　服务系统设计过程中要体现不同的质量要求,从而在服务过程中按照设计要求进行服务。比如,不同的星级水平的酒店,在设计的时候要按照不同的服务质量要求来设计和建造,服务设施的配置就需要体现不同的质量水平要求。

　　(1) 服务物品。有一些服务企业服务过程需要提供一定服务物品,比如餐饮行业提供食物,酒店需要提供床单、洗漱物品等。不同的服务等级需要提供相应的质量物品。

　　(2) 服务设施。很多服务业的服务质量跟服务设施有关,比如银行、机场、医院等,一流的服务设施能够提供一流服务保证,因此服务设施要达到一定的服务水平,比如房屋、家具、材料等,要根据服务要求配置。

（3）**服务信息**。在服务过程中提供什么样的服务信息对于顾客满意度提高有非常重要的作用,很多服务业都是通过提供一定的服务信息来满足顾客需求的,比如通信服务业、金融服务业、咨询服务业、电子商务服务业等,这些服务企业都需要在服务信息的及时性、完整性、可靠性方面精心设计。

（4）**服务人员**。服务质量好坏跟服务人员的素质和服务态度有很大关系,因此在服务系统的设计中一定要精心挑选素质高的服务人员,比如航空服务业、医疗服务、养老服务、家政服务、酒店服务等,同时要经常进行服务人员的培训和教育。

（二）服务补救

当服务过程出现质量问题时,如果不能及时采取一定的补救措施,减少顾客的抱怨和不满,会造成服务系统很大损失。因此一定的服务补救措施对于改善服务质量有一定的作用。

服务补救是改善"服务口碑"的一个种策略,当然尽量不要让服务出现差错是减少服务补救的唯一办法。

（1）根据顾客投诉进行个别处理。这是服务补救的一种常见方法,不同顾客投诉要求和问题不同,因此需要根据不同顾客投诉进行处理,保证每一个顾客能得到合理的服务。

（2）系统性响应。有时候服务出现问题,属于系统性的服务问题,比如航空公司因为天气原因导致延误的时候,企业应该及时对所有的旅客提供系统性的服务补救,安抚旅客,或者提供临时食物等,减少顾客抱怨。

（3）早期干预。服务过程中早期干预可以减少服务问题的影响,比如快递人员在送货过程如果发现因为仓库分拣错误和运输过程延误交货时间,如果能够提前告诉顾客就可以减少抱怨。

（4）服务替代。当出现服务差错时,提供服务替代可以减少顾客抱怨。比如旅游景区的旅游服务项目,由于特殊原因导致原先提供的服务项目不能服务,企业应该及时提供另外的替代旅游项目。超额预售的航空公司和酒店对达到超额预售服务的顾客提供等量或者更加高级的服务,顾客也会满意的。

素养园地

全国"质量月"活动和全民质量意识

为了推动我国企业重视质量,我国每年9月举办一次全国"质量月"活动。2022年9月,时任国务院总理李克强在质量月活动批示指出:质量是立业之本、强国之基,事关民生福祉。各地区、各有关部门要以习近平新时代中国特色社会主义思想为指导,认真贯彻党中央、国务院决策部署,牢固树立质量第一意识,推动经济发展不断提高质量效益。要加强政策引导,深入推进全面质量管理,优化产业链供应链质量管理。引导企业弘扬工匠精神,落实主体责任,走以质量取胜的路子,着力依靠创新推进质量攻关,打造集质量、标准、技术、品牌等于一体的高品质产品和服务,在市场竞争中锻就中国质量、培育中国精品。要聚焦民生关切,创新监管方式,坚持对质量安全问题"零容忍",开展质量惠民行动,更好满足人民群众需求。要提升服务效能,广泛开展质量管理等技术服务,助力企业不断增强质量发展能力。各方面共同努力,深入实施质量强国战略,为经济社会高质量发展和国家现代化建设作出更大贡献。

要求:提高产品和服务质量不仅仅是企业的事情,它是一个系统工程,政府、企业、社会大众(消费者)要形成一个共治共管的社会环境。你如何评价全国质量月活动对于提高我国企业质量管理水平的作用,对于开展质量月活动你有什么好的建议来更好发挥质量月的作用。

关键术语

质量(operation scheduling)   质量管理(quality management)

全面质量管理(total quality management)   PDCA 循环(PDCA cycle)

统计过程控制(statistical process control)

控制图(control chart)

感觉服务质量模型(perception service quality model)

本章小结

1. 质量是一个广义的概念,质量的定义是多维的,制造业的质量评价重在产品的具体的性能指标,而服务的质量衡量需要考虑顾客的心理感受。

2. 质量管理发展经历了漫长的历史过程,有许多质量管理思想的先驱为质量管理科学的发展做出了贡献,如朱兰、戴明、克劳斯比等。

3. 全面质量管理是日本企业在学习美国的质量管理基础上丰富而发展起来的一种先进的质量管理思想和方法。全面质量核心思想是三个"全"——全面的质量概念、全员参与和全过程质量控制。全面质量管理的工作方法是 PDCA 循环,质量小组活动是全面质量的全员参与的群众性活动。

4. 质量管理需要一定统计方法和工具。本书介绍了常见的质量管理工具:排列图、因果图、控制图。其中控制图是最重要的工具。

5. 常见的质量控制图包括:均值-极差控制图、不合格率控制图、缺陷控制图。控制图的使用要根据不同环境采用。

6. 服务业的质量管理和制造业比较有其独特性,大部分制造业的常见质量管理方法都可以应用到服务业,但是服务业也有一些独特的服务质量管理方法,比如感知服务质量模型、服务补救等。

练习题

一、思考题

1. 如何理解全面质量管理的含义?

2. 全面质量管理的"三个全"是什么意思?

3. PDCA 循环的含义是什么?

4. 分析质量问题的主次因素应该用什么统计分析工具?

5. 常用的控制图有哪些? 如何选择控制图?

6. 什么是感知服务质量模型?

7. 服务补救的措施有哪些?

二、选择题

1. 首次提出全面质量概念的是( )。

　　A. 朱兰　　　　　　B. 戴明　　　　　　C. 费根堡姆　　　　D. 克劳士比

2. 全面质量管理的 PDCA 循环的 C 指的是( )。

　　A. 成本(cost)　　　　　　　　　　B. 控制(control)

　　C. 合作(cooperation)　　　　　　D. 协调(coordination)

3. 分析质量主次因素的统计方法是( )。

　　A. 排列图　　　　　　B. 因果图　　　　　　C. 控制图　　　　　　D. 直方图

4. 可用来控制焊接工序的缺陷数的控制图是( )。

　　A. X 控制图　　　　　　B. R 控制图　　　　　　C. P 控制图　　　　　　D. C 控制图

三、判断题

1. 产品提供的附加功能,如电视的上网功能,不能算产品质量。　　　　　　　　( )

2. 质量管理是质量管理部门内部的事务,不涉及销售部门的活动。　　　　　　( )

3. 质量环 PDCA 循环的概念最早是朱兰提出的。　　　　　　　　　　　　　　( )

4. 均值-极差控制图是用来控制产品缺陷率的方法。　　　　　　　　　　　　( )

5. 不合格率控制图的数据分布是正态分布。　　　　　　　　　　　　　　　　( )

四、计算题

1. 某麦片生产企业产品包装规定是 10 盎司。表 12-7 为抽样检验的结果,请做出均值与极差控制图。该生产工序是否在控制范围内? 如果不在,分析质量部门应该采取何措施。

表 12-7　　　　　　　　　　　　　　　　麦片抽样检验结果

麦片包装重要(盎司)								
检验次数	第 1 包	第 2 包	第 3 包	第 4 包	检验次数	第 1 包	第 2 包	第 3 包	第 4 包
1	9.7	10.2	9.9	9.8	10	9.7	10.9	9.7	10.3
2	10.2	10.3	9.9	9.7	11	10.5	11.2	9.9	10.2
3	10.4	10.1	9.7	10.2	12	11	10.2	10.2	9.7
4	10.2	10.3	9.7	9.9	13	10.9	10.2	10.8	9.8
5	10	10.3	9.4	9.8	14	11.4	10.8	11.2	10.3
6	9.2	10.5	9.9	10.2	15	10.2	10.7	10.6	10.3
7	10.5	10.3	10.5	10.2	16	9.3	11.3	10.9	10.7
8	10.6	10.5	10.7	10.8	17	10.3	10.2	9.1	10.2
9	9.1	10.2	10.2	11.2	18	10.6	9.9	9.3	10.4

(续表)

麦片包装重要(盎司)								
检验次数	第1包	第2包	第3包	第4包	检验次数	第1包	第2包	第3包	第4包
19	11.1	9.7	9.9	10.9	23	9.4	10.2	10.9	10.2
20	10.2	9.3	10.2	9.8	24	9.9	10.3	9.1	10.2
21	10.8	9.2	10.8	9.8	25	9.8	10.4	9.8	10.1
22	9.3	9.7	11.2	9.9					

2. 某工序中抽样20组,每组50个样本,得到的废品数如表12-8所示,试作出不合格品数的 Pn 控制图。

表 12-8 工序废品抽样检验结果

序号	1	2	3	4	5	6	7	8	9	10	11	12	13	14	15	16	17	18	19	20
废品	23	25	32	31	27	34	29	27	37	31	27	23	27	21	23	25	36	32	28	26

3. 某工厂产品质量的不合格品率一直保持在 4%,现根据表12-9的数据绘制控制图。

表 12-9 产品不合格数抽样结果

日期	检验数	不合格数
1	100	3
2	100	6
3	100	2
4	100	7
5	100	6
6	100	9
7	100	13
8	100	4
9	100	3
10	100	1

案例讨论

物业公司的服务质量问题

星期一的上午刚上班,天和小区物业公司的董经理就接到小区第8栋的业主李阿姨的投诉电话。李阿姨是住在该小区的退休教师,非常关心小区的物业管理,董经理和李阿姨算是老相识,所以,李阿姨有什么事情,董经理都会热情解答和解难。

李阿姨打电话给董经理主要是把最近小区很多业主反映小区的环境卫生问题和保洁人

员的扫地工作问题反馈给物业公司,希望物业公司重视和解决环境卫生问题,改进保洁人员的扫地工作制度。李阿姨说,最近一段时间以来,小区的环境卫生变差了,路面清扫得不干净,刚刚清扫的地面,仍有不少垃圾存在。其次,李阿姨告诉董经理,不少业主反映,扫地的保洁员早上七八点钟才开始清扫垃圾,太晚。以前的物业公司保洁人员都是早上四五点钟就开始清扫垃圾,等天亮的时候,路面已经清扫完了,到早上七八点钟,业主们都出门上班的时候,小区的路面基本清扫干净,空气也好。但是,现在物业的保洁员六七点钟才开始清扫垃圾,七八点钟的时候,居民上班、小孩上学的时候,保洁员还在飞舞扫把在扫地,搞得整个小区到处灰尘满天飞,空气不好。更为重要的是,导致早上出来锻炼的小区居民意见很大。经常在小区公园锻炼的居民,在锻炼的时候,扫地的保洁员在扫地,灰尘大,影响居民的锻炼活动。因此,李阿姨告诉董经理,业主们建议物业公司要改进环境卫生,扫地的工作时间要提前一点。

　　董经理非常重视李阿姨的意见,觉得是时候整顿一下物业的卫生管理问题了。她马上去找负责保洁工作的物业卫生主管小方。小方曾经在别的物业公司工作过一段时间,他是最近才从别的物业公司调进来的,和董经理都是来自湖南湘西的老乡,对董经理的工作十分支持。对目前物业的服务质量管理他也是有不满意的地方,主要是觉得公司的服务质量管理没有一个规范化的标准和制度,随意性比较大。小方在某大学读工商管理硕士(MBA),他从 MBA 中的一门运营管理课程老师那里学到一点关于服务质量管理的理论,觉得应该推行更加科学规范的质量管理,需要建立保洁人员的业务考核方法。他认为需要用统计质量控制方法对保洁人员的工作进行考核。比如,扫地阿姨的工作,以前的做法就是定期巡回检查打分,评定的结果用合格、良好、优秀等,比较笼统,不够科学。他认为小区的清洁检查和评比除了感官的目测检查,应该采用定量的统计方法,控制垃圾数量。于是他先制定了一个垃圾检查的表格,对小区道路、公园和居民楼周边三大区域进行检查。通过 2 个星期的检查,小方收集到表 12-10 的小区垃圾统计数据。

表 12-10　　　　　　　　　　　　小区垃圾统计结果

序号	星期	纸屑			宠物粪便			其他固体垃圾		
		道路	公园	居民楼	道路	公园	居民楼	道路	公园	居民楼
1	星期一	20	23	30	2	12	15	30	50	60
2	星期二	23	30	25	3	16	10	50	90	90
3	星期三	31	25	30	5	20	30	40	50	70
4	星期四	40	32	34	5	32	35	39	40	78
5	星期五	43	34	53	2	34	30	50	46	59
6	星期六	50	56	60	5	40	50	40	39	50
7	星期天	30	40	43	8	50	60	50	40	60
8	星期一	15	20	25	2	24	19	34	50	43
9	星期二	20	19	25	6	23	20	50	76	39
10	星期三	34	24	19	3	20	18	30	50	65

（续表）

序号	星期	纸屑			宠物粪便			其他固体垃圾		
		道路	公园	居民楼	道路	公园	居民楼	道路	公园	居民楼
11	星期四	21	30	25	1	14	21	59	45	67
12	星期五	32	24	32	4	12	19	30	43	60
13	星期六	21	29	14	6	45	35	32	45	59
14	星期天	15	20	17	7	30	54	56	78	60

　　小方想，应该怎么样建立一个垃圾清扫的质量控制图呢？是分垃圾类别呢，还是所有的垃圾统计成一类垃圾进行控制？或者分区域对不同区域的人员分别进行考核？他拿不准，需要和公司其他人员商量才行。考核以后，怎么样奖惩员工才能激励员工提高清洁水平，是一个制度性设计问题。最近，公司为了控制业务开支，节约成本，好像有考虑引进一台道路垃圾清扫车，可以节省3个人员。但是这些保洁人员都是来自家乡的老乡，小方觉得不应该让这些老乡失业，给他们一个稳定的工作。当初物业公司董经理就是从乡村走出来，在这个大城市打拼才创立这个物业公司，这些老乡跟着董经理多年，即使公司收入少点，也不能辞退员工，这才能体现中国式现代化提出的共同富裕的思想。因此，他想向董经理提出自己的想法，通过挖掘内部管理潜力提高服务质量，同时也能够提高公司经济效益。

　　关于清扫时间问题，小方了解到，保洁人员推迟清扫时间，其实不是清洁人员懒惰，是因为小区曾经有业主投诉说，保洁人员扫地时间太早，扫地的声音嘈杂影响睡觉，要求扫地时间不要太早，后来，保洁人员才把原来比较早的在五六点钟开始清扫垃圾，改在六点以后。但是，这样做，又导致另一部分居民有意见。居民不同意见之间产生了矛盾，如何处理呢？

　　问题：
　　1. 为小区垃圾清扫建立质量控制图。
　　2. 为物业公司服务质量改善提出对策。

第十三章 精益生产与精益服务

学习内容	学习目标	学习难度	重要程度	应掌握知识点
精益生的起源与精髓	熟悉	☆	★★	丰田生产方式和精益生产的精髓—关于七种浪费概念,和持续改善的思想
精益生产方法体系	掌握	☆☆☆	★★★	常见的精益生产的方法
精益服务	了解	☆☆	★★	精益思想在服务业的应用策略

引导案例

美的公司是如何推行精益生产的

位于广东佛山市顺德区的美的集团公司是闻名国内外的一家大型科技集团,生产产品涉及空调、机器人、供应链等诸多层面,其下属约有 200 个子公司,海外设立了 60 多个机构,还配置了 12 个战略业务点,同时,还控股了德国库卡集团。2019 年,美的总裁方洪波在"2019 中国制造论坛"上的"全球产业链重构下的制造业挑战"演讲中提到企业如何进行产业链重构的问题。他说:"首先要做精益生产,在此基础上做自动化,然后是信息化、数字化、智能化,这是一个漫长的过程"。可以看出,美的在企业价值链重构中,把精益生产作为一个首要的任务。

实际上,作为一家大型家电企业,美的公司长期以来不断提升管理水平,向管理要效益。学习丰田生产方式、推广精益生产管理理念就是美的公司近 20 年来不断超越自己的一个战略。美的公司的精益生产不仅仅在车间里,甚至推广到整个供应链,用美的公司的话说就是"全价值链精益管理"涵盖设计、制造、采购、营销、品质管理、管控等环节。美的的精益生产具体措施包括许多方面,如现场 5S 活动、持续改善、标准作业、设备管理、品质管理、看板管理、快速切换等。

美的公司推行精益生产的最重要的经验:一是高层重视,二是全员参与。美的公司推行精益生产,不同层级的管理者都要参与。高层管理参与战略部署和改善,其中重点侧重战略部署。部门领导参与战略部署、改善以及日常管理的份额约各占三分之一。业务主管参与部分战略部署,重点参与改善和日常管理,其中日常管理约占二分之一。基层员工参与改善及日常管理,日常管理的比重约占四分之三。

为了推行精益生产体系,美的集团公司基于业务开展的实际情况,设置了三级的精益生产推进架构。在集团层面设置专家小组,指导整体改善推进方向。同时设立各类专家组等推进具体问题的解决。在事业部层面,设置事业部精益推进模块,承接集团推进思路的同时,统筹事业部内部的精益工作开展。在工厂层面,设置工厂精益承接团队,结合本工厂实际情况及集团整体部署,逐步将精益生产在本工厂落地。

问题:
1. 美的公司推行精益生产有哪些主要经验?
2. 你如何理解美的经理说推行智能制造需要先进行做精益生产的说法?

第一节　精益生产的起源与精髓

20世纪初,美国福特公司创立了大批量流水生产方式,开创了现代生产新时代。福特生产系统有两个基本的原理:生产标准化原理和移动装配线法原理。基于这两个原理,福特公司采用严格的劳动分工、计划与执行分离、机械化生产、单一品种的流水生产线等措施实现了大批量生产。这种大批量单一品种生产适应了当时美国的市场发展要求:市场需求由生产推动,只要生产出既便宜又好的东西就能赚钱。但是,福特公司的这种生产系统在20世纪的后半期受到了挑战。一方面,市场进入了多样化时代,多品种小批量的市场取代了大批量单一品种市场,福特公司专一化的产品生产方式无法适应这种市场多元化的需要。另一方面,福特的流水生产线采用的作业体制,也带来一些负面的效应,如员工缺乏权力感(powerlessness)、无意义感(meaninglessness)、孤立感(isolation)等,由于过分注重技术的利用,缺乏对人性尊重,导致怠工、缺勤增加,生产效率的提高受到影响。这两大课题成了汽车工业发展的障碍。在这样的历史背景下,一种适应多品种小批量生产的新的生产方式——丰田生产方式诞生了。这种生产方式的基本思想是"在需要的时候,按照需要的数量,生产需要的产品",因此,人们也把丰田生产方式称为"准时化生产制"。

一、丰田生产方式的目标与经营理念

尽管企业的宗旨千差万别,但是任何一个企业的最高经营目标都是为了获取利润,丰田公司也一样。但是,在如何获取利润方面,有两种不同的经营理念。一种是成本主义的做法,即售价＝成本＋利润,这种经营理念认为,要想提高利润,必须提高价格。另一种是非成本主义,即利润＝价格－成本,这种理念认为,售价是市场决定的,要想获取利润只有降低成本。丰田公司采用的是非成本主义的做法。基于这种非成本主义的思想,丰田生产方式追求一种理想的经营目标——不断消除浪费,进行永无休止的改进。

丰田公司认为生产过程中存在七种浪费,他们是:

(1) 生产过度的浪费。生产过度浪费是指生产数量超过需要或者过早生产。过度生产导致占用资源,增加库存,而且掩盖管理问题。导致过度生产的原因可能与缺乏计划性、产能和流程不合理等原因有关。

（2）**停工等待的浪费**。设备等待物料或者物料等待加工都是一种浪费，停工等待使生产线不连续，不创造价值，浪费设备加工时间和资源。导致等待的原因可能是生产线能力不平衡、瓶颈太多、人和设备工作不协调、物料供应不合理等。在服务业中等待浪费最多。医院、机场、银行等，每天人们都在等待服务。

（3）**搬运的浪费**。生产过程中，物料从一个工作地转移到另一个工作地，需要人或者设备等搬运工具来回搬运。这个搬运过程对产品价值创造来说，是一个浪费。为了消除和减少这种浪费，需要优化生产作业组织（设备和设施布局），改善作业计划。

（4）**加工本身无效的浪费**。指不必要、无效和过度的加工，比如精度过高、过度检验、加工方法不当导致重复作业等。

（5）**库存的浪费**。库存是生产过程没有连续性的表现，企业由于生产线不连续，导致原材料、半成品或者产品的库存增加。库存增加成本，更重要的是掩盖管理问题。导致库存增加的原因很多，比如批量生产、流程不合理、设备故障、预测不准等。

（6）**动作的浪费**。加工过程中人的操作动作如果不能获得有效产出，这样的动作就是浪费。导致动作浪费的原因可能是工艺操作不规范，或者操作设计不合理。为了消除动作浪费，需要进行动作研究，要应用工业工程的动作研究和人机工程方法进行动作经济性分析，改善设备和人的操作规范，使作业标准化，同时进行现场改善和定置管理等。

（7）**制造不良的浪费**。指由于生产过程产生的质量问题导致的浪费。质量问题不仅仅导致检验工作增加，需要返修和返工，而且如果是产品已经销售给顾客，导致顾客投诉需要赔偿或者需要帮助解决顾客问题，因此导致更大的浪费。

这七种浪费是造成生产系统效益低下的根源，必须"无情地消除浪费"。为了实现这样的目标，丰田公司提出了两个基本的经营理念：零库存与零缺陷管理。

在丰田公司看来，库存是万恶之源，它掩盖企业的管理问题，比如机器的故障、质量问题、供应问题、工艺与工人素质问题等。丰田公司倡导在降低库存—暴露问题—降低库存—这样一种无限循环提高的过程中改善生产系统，这是一个永无止境的过程。丰田公司创造了一系列的降低库存、减少浪费的方法，如看板控制方式、平准时化生产计划、小批量生产小批量运输、准时化采购、自动化、少人化、现场改善等。

要实现零库存，必须使每一个工序生产的产品是百分之百的合格，即零缺陷。丰田公司为了实现零缺陷的质量管理，从1961年开始，即进行全面质量管理活动，在"质量要在本工序创出，确保后工序顺利作业"的理念的指导下，通过科学的、有效的质量管理，开展了积极发现问题、促进改善、查明质量不良原因、防止问题发生、严格按数据进行管理、全员参加等一系列活动。产品质量的提高，为进一步减少库存、降低浪费提供了条件。

为了降低成本与浪费，除了充分利用生产系统的硬件技术与管理方法外，丰田生产方式与福特的生产方式的最大不同在于对待工人的态度上。丰田公司改变了福特公司把工人当"活机器"的做法，给员工以充分的尊重与信任，创造性地利用人力资源，发挥小团队的作用。在丰田公司看来，实现企业根本改善的关键是员工，员工是生产现场的主人，因此，在丰田公司，有许多以工人为主体的合理化提案活动，以及各种各样的质量改善小组。通过发挥员工的主观能动性，大大提高了员工工作的积极性，公司的利润也得到提高。

归纳起来，丰田公司在生产管理过程中，坚持如下三个基本原则：

（1）产品的品种与数量都能适应需求的变动，即做到适时适量；

（2）各工序都给后道工序只提供合格品的质量保证；

（3）在实现降低成本目标而充分利用人力资源的同时，提高对人性的尊重。

二、从丰田生产方式上升为精益生产

1985 年，麻省理工学院的一些教授，开始了一项国际汽车计划（IMVP），对日本丰田汽车公司的生产模式进行了研究。1990 年，三位这项计划的领导人，詹姆斯·P. 沃麦克、丹尼·T. 琼斯和丹尼·罗斯出版了《改变世界的机器》，对丰田公司的准时化生产方式给予了很高的评价，认为丰田公司是世界上效率最高、质量最好的汽车制造厂之一。丰田的生产方式与大量生产方式相比，劳动力、场地、工装投资都减半，用一半的时间开发出新产品，库存大大减少，废品率很低。他们把丰田公司的这种准时生产方式进一步概括为"learn production"，该书在中国大陆出版的时候，中国汽车工业经济技术信息研究所几位翻译者首次把它译成"精益生产"（除了"精益生产"这个叫法，在我国大陆地区还有翻译成"精细生产"的，同时在我国台湾地区也有翻译成"精简生产"的）。目前我国企业界广泛使用"精益生产"这一个叫法。"精益生产"充分反映了丰田生产方式的两个基本理念：零缺陷与零库存。

1996 年，《改变世界的机器》的作者又出版了另一著作《精益思想》，对企业精细化管理的思想进一步进行阐述，提出了企业如何从精益生产转变到精益企业的思想。在该书中他们概括了精益五原则。

（1）精确定义产品的价值。

（2）识别出每种产品的价值流。

（3）使价值不间断流动起来。

（4）让顾客从生产者方面拉动价值。

（5）永远追求尽善尽美。

1999 年美国的另两位学者布鲁斯·A. 汉德生、乔格·L. 拉科合作出版了《精益企业》一书，进一步阐述了企业实现精益生产的基本思想。他们提出了精益企业的六个基本原则。

（1）安全整洁有序的工作场所。

（2）根据 JIT 生产计划进行生产。

（3）把六西格玛质量管理原则设计到精细企业的产品中，并贯穿整个工艺过程。

（4）发挥主观能动性的团队的作用。

（5）直观管理（可视化管理）。

（6）追求完美无缺。

在丰田生产方式上发展起来的精益生产，它所追求的是一种理想的生产方式，其最终目标是以较少的成本获取更大的利润。这种生产方式渗透着许多先进的管理思想与方法，涉及生产系统设计、运行与维护改进等多方面，既有硬的生产技术，也有软的管理方法，因此它是一种新生产管理技术，是生产管理的一次革命性的突破。

第二节　精益生产方法体系

"精益生产"是西方学者对丰田生产方式的概括和提炼给出的一个新名字,并在此基础上进行扩展,包括扩展到服务业叫"精益服务",都是对丰田生产方式的发展。但是其基本思想和精髓没有改变,消除浪费、持续改善的精神没有改变。因此,这里我们把"丰田生产方式"和"精益生产"连在一起,介绍其基本内容和实施方法,之后扩展介绍精益服务。

一、丰田生产方式与精益生产的体系结构

对于丰田生产方式和精益生产的方法,不同的教科书与著作的描述各有差异,但是都大同小异。为了让读者更加清楚了解丰田生产方式与精益生产的精髓,这里用图 13-1 描述丰田生产方式与精益生产的基本方法体系结构。这个图是作者根据国内外精益生产的专著和教科书介绍,结合作者多年的研究和企业调研分析,归纳与提炼后构造的,基本反映了丰田生产方式和精益生产的基本管理思想和内容结构。

图 13-1 的上面"屋顶"是精益目标,通过低成本和高质量提高利润。中间是精益生产的主体内容,左右两边的"准时生产"和"自动化"是精益生产的两个支柱。中间"持续改善"是精益生产的核心思想,持续改善要依靠组织人员和团队,不断暴露问题,解决问题,消除浪费。最下面的平台是精益生产的基础,包括两类基础,一类是现场生产作业基础,如标准作业、5S 改善活动(即"清理、整顿、清扫、清洁、素养")、可视化管理、合理化建议等;另一类是

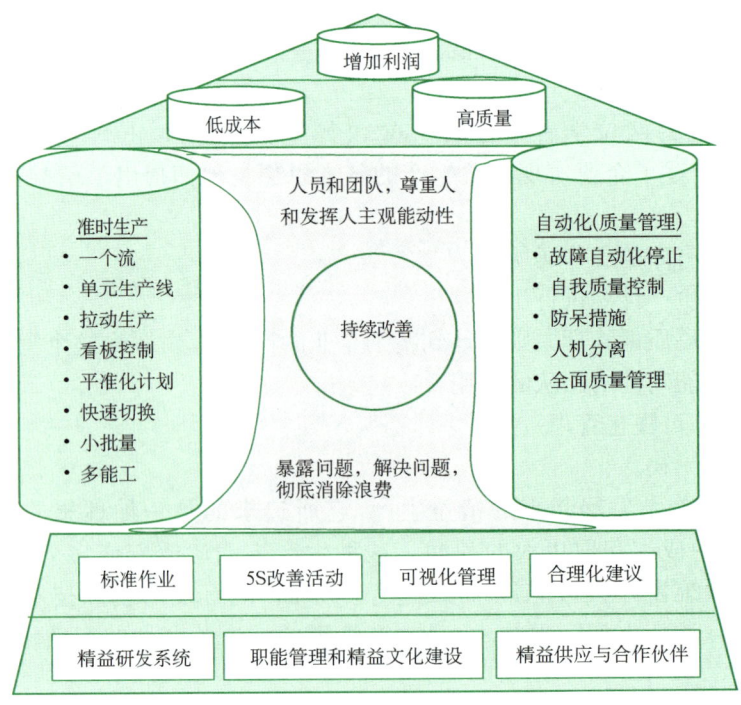

图 13-1　丰田生产方式与精益生产的体系结构

体系基础,包括精益产品研发系统、职能管理和精益文化建设、精益供应与合作伙伴。

从丰田生产方式体系结构可归纳如下重要结论。

(1)"低成本"与"高品质"是丰田生产方式实现企业利润最大化的两个运作目标。在丰田生产方式中,降低成本,提高质量是丰田生产方式永恒主题。实际上丰田生产方式的所有的活动都是围绕如何实现这两个目标而展开。

(2)准时化与自动化是丰田生产方式的两个支柱。丰田生产方式的核心是准时生产制,即 JIT 生产系统,这是丰田生产方式的核心所在。由于丰田生产方式的这种准时化生产的基本特征是看板,因此丰田生产方式有人也叫"看板生产方式",准时生产追求的目标是零库存,因此也叫"无库存生产方式"。丰田生产方式的另一个支柱是自动化。但是丰田公司的自动化,与一般意义的自动化(automation)是有区别的。它有两层含义,一是机器的自动化,二是人的自觉自律。主要措施包括:建立自动化设备减少浪费("低成本自动化")、缺陷预防("防呆")、通过人-机分离实现少人化、全员生产维护提高设备可靠性、通过人的自主管理(就地品质控制)减少品质问题等。

(3)改善(日语为"Kaizen")是丰田生产方式的"活灵魂"。为了实现减少浪费,持续改善是丰田生产方式中最为经常使用的用语。通过改善消除各种浪费,通过改善不断提高品质。

(4)充分尊重与发挥"人"的作用是丰田生产方式的"活动力"。丰田公司在经营管理中充分尊重与发挥人的作用,把人作为最有创造性生产要素来运用,把人的主观能动性发挥至极。

上面介绍了丰田生产方式和精益生产的方法体系,在实施精益生产中,不同的企业会根据不同企业的实际,灵活实施精益生产的活动要素,不能盲目照搬丰田公司的做法。实际上丰田公司自己在做自己的丰田生产方式 TPS 的过程中,也依据企业的情况,不断调整自己的做法。但是,不管怎么样,不断改善,消除浪费,提高价值是精益生产的核心,这一条不变。正如丰田汽车公司技术监督林南八 2002 年在一次《21 世纪制造业会议》上发言对丰田生产方式所说的,丰田生产方式所采用的工具开始发生变化,如看板变成了"e 看板"(即电子化看板),利用 3 维模型检查生产效率等,但"简化流程,突显问题,对问题进行不断改进",这一丰田生产方式的本质并未改变,"如何让较少的资金运转起来,这一传统原则并未发生根本改变"。同时他指出,改进不仅仅在制造一线,"一提起丰田生产方式,人们往往把目光盯在制造现场的改进上,纵观开发、采购、生产等整个流程,会发现丰田生产方式实际在不断地变化。仅在制造一线进行改进,这种部分环节的导入是不会产生多大的效果的,因为在流程中发现的问题其根源往往在其他环节"。因此学习丰田生产方式,导入精益生产理念改进企业的生产系统,需要持之以恒的精神,同时需要系统的思维观点。

视野拓展 13-1

丰田生产方式的诞生和在中国的传播

扫描二维码阅读材料,了解丰田生产方式的诞生和在中国的传播情况。

二、丰田生产方式与精益生产核心内容

精益生产的内容非常丰富，而且在不断发展中，不同的企业在学习应用的过程中不能照搬，应该灵活运用。这里重点介绍一些比较常用的精益生产的核心内容，这些都是我国企业推行精益生产中最为常见的方法。其他的精益生产的方法可参见其他参考书。

（一）精益流程与布局——准时生产线

丰田公司为了实现准时化生产，对生产线进行了改造。丰田公司按照流水生产方式组织生产系统，在工厂一级采用对象专业化的方式组织生产设施，同时在工作站建立准时生产单元，如"U"生产单元和"C"形生产单元。图 13-2 为准时生产单元的"U"形生产单元的情形。多个准时生产单元组成起来就形成了准时生产线。

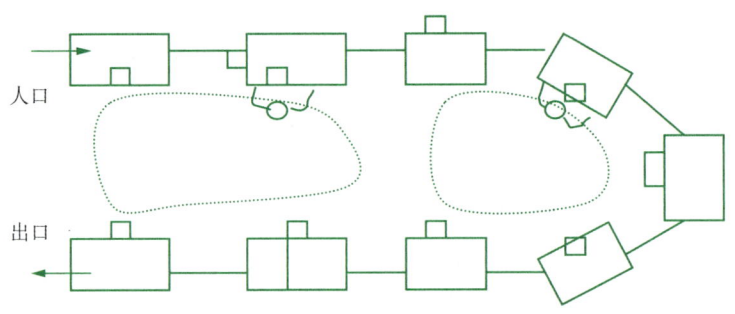

图 13-2　"U"形生产单元

这种生产单元的布置方式有两个方面的好处。第一方面好处是可以弹性调整作业人数。为了减少人工的浪费，准时生产方式要求生产过程人员是满负荷的工作，当生产节拍改变时，生产单元的工人数要改变。"U"形生产单元能够适应这种弹性作业人数的需求，它比长条形的流水作业单元具有更大的作业人数调整弹性。"U"形生产单元的第二个方面的好处是可以减少工人无效劳动的浪费。在长形的生产线中，当工人在看管多台机器时，工人每一个看管回程中都是无效的劳动，而这种"U"形生产单元没有这种回程的时间浪费。

此外，"U"形生产单元还有节省场地、容易形成团队工作方式、适应多品种少量生产等优点。

操作这样的生产单元要求工人具有多种技能，即多能化。因为在这种生产单元里，每一个工人是操作多台机器，这种多机台操作与一般的生产线的多机操作不同。一般的多机台操作是一个工人同时操作多台相同的机器，而这种准时生产单元里面的多机操作，是一个人操作多台不同的机器。

除了"U"形生产单元的布置方式外，在生产线的布置方面，还可以采用其他的布置方式（由企业生产工艺的特点决定），比如采用成组布置的方式。成组布置也是一种适应多品种小批量生产的设备布置方式，它也能起到降低物料运输成本、缩短生产周期、减少在制品库存等作用。

（二）均衡生产（平准化计划）

在丰田公司的生产计划系统中，平准化是一个非常重要的概念。所谓平准化就是按照市场需求的节拍均衡生产不同的产品，也叫混流生产。这种计划方法要求生产过程尽量减

少每种产品的生产批量,直到需要一台生产一台,每种产品相间出产,保持生产均衡出产。

减少生产批量有如下几个方面的好处。

(1) 减少库存与库存成本。

(2) 减少生产与库存空间。

(3) 返工量减少。

(4) 容易暴露管理缺陷。

(5) 提高生产系统的柔性。

(6) 有利于均衡生产。

下面举一个例子说明平准化计划的思想。假设在某时期有三种产品 A、B、C 要生产,各产品的产量为 10 台,可以有很多种投产顺序,比如如下三种典型方式:

(1) AAAAAAAAAABBBBBBBBBBCCCCCCCCCC。

(2) AAAAABBBBBCCCCCAAAAABBBBBCCCCC。

(3) ABCABCABCABCABCABCABCABCABCABC。

第一种投产方法,每一种产品生产批量都是 10,当第一个产品在生产时,其他的产品要等待比较长的时间。第二种方法,每一产品的生产批量减少为 5,三种产品相间地出产,产品等待时间分配均衡一些。第三种方法,每一种产品的生产批量为 1,每一次只生产一台,这种投产方法比第二种方法更均衡。当一种产品在生产时,其他产品的等待生产时间更短。

三种投产顺序中,第一种方法最缺乏柔性,第三种方法最有柔性。比如如果产品 A 的实际需求在某时期的中后期发生了变化时,第一种方法由于产品 A 已经出产,无法改变产量。第二种方法有部分改变能力,而第三种方法调整的余地就更大。因此我们说,平准化生产计划有利于提高生产计划的实时响应能力,能够使生产系统按照实际需求来组织生产。但是这种平准化生产计划,需要经常调整生产设备,从一种产品生产转到另一种产品的生产。这将使生产成本增加,为此,丰田公司要求不断减少生产工艺的改换时间,即减少调整准备时间。

(三) 准时生产控制——基于看板控制的拉动生产系统

丰田生产方式所谓的准时生产制(JIT 生产)是一种拉动生产方式,这种拉动的生产方式也叫牵引式生产(pull production),它和传统的推式生产(push production)不同。

在传统的推动式生产系统中,各工序和相关生产环节的生产任务是按照生产计划部门要求和下达的生产指令进行生产,不管下道工序(后道工序)是否需要,生产完成以后"推"向下道工序。这种生产组织策略导致在制品库存比较大,而且不能及时响应市场的变化,因此缺乏柔性。

丰田公司采用的拉动系统,其生产任务按照市场需求下达到最后一个工序(产品装配工序),然后生产过程各工序按照指定的数量向前一个工序"取货",前工序按照后工序的要求生产。形成前后工序的拉动生产过程。这种后工序向前工序领取物料的做法,如同餐厅的顾客下单,厨房按照订单炒菜做饭,然后顾客到窗口取菜。所以早期我国台湾地区的生产管理教科书形象把这种生产指挥的看板控制系统叫"买单传票"。

要实现准时生产,供应商的物料供应也要采用看板控制,生产部门也根据生产需要向供应商取货,供应商按照要求送货,形成基于看板控制的准时生产-供应系统(图 13-3)。准时生产-供应系统可以大大减少在制品库存,实现按照需准时生产,小批量柔性生产。

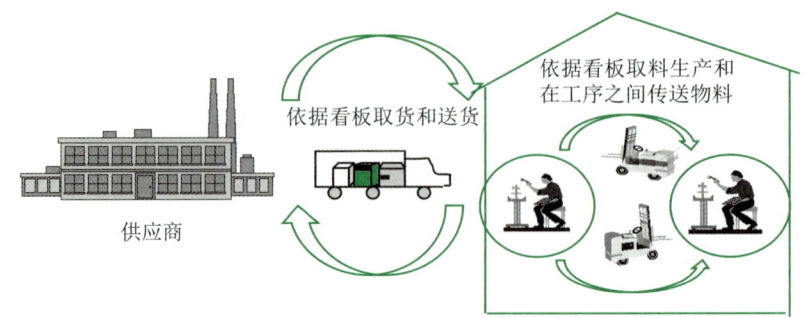

图 13-3　准时生产-供应系统

1. 利用看板组织生产

前面我们已经提到,准时生产方式采用看板进行生产过程的控制,这是一种牵引的生产方式,如何利用看板进行生产组织呢? 下面我们来分析。

首先我们来分析一种"双卡系统"—同时采用生产看板与传送看板的生产组织过程,如图 13-4 所示。

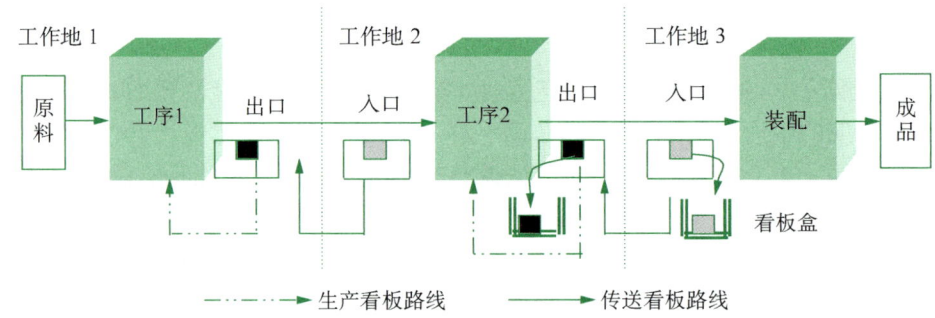

图 13-4　双看板生产组织过程

图 13-4 是由三个工作地组成的生产线,工作地 3 为装配工序,工作地 1 和工作地 2 为半成品加工中心。装配工序的生产计划是由装配计划决定,而各半成品的加工生产指令由看板驱动。以下用装配工序 3 与加工工序 2 之间的看板运行过程介绍看板管理方法。

(1)在装配工序上的工人从入口容器内待加工的工件取下看板放入看板盒中;

(2)将装配工序的空容器(附传送看板)送到加工工序 2;

(3)将空容器放在工序 2 指定位置,根据传送看板找到装配工序 3 所需要物料,将盛有该物料的标准容器上的生产看板取下,放入看板盒中;

(4)将装配工序的取货看板系在该容器上;

(5)将系好取货看板的容器送回装配工序;

(6)当工序 2 的空标准容器装满时,将看板盒中的生产看板系于其上,等待装配工序来取货。

工序 2 与工序 1 之间的看板管理过程与上面类似。

以上就是采用两种看板的生产组织过程。除了双卡系统,很多情况下可以只使用传送看板,而不用生产看板,这种看板管理叫"单卡系统"。在单卡系统中,总装配工序有日作业计划,根据装配计划,经过 MRP 的计算确定各工作地的日作业计划。每个工作地根据生产需要,用传送看板向前面工序领取所需要的物料。

2. 看板数量的计算

看板管理从本质上讲,还是库存管理的问题,通过看板来实现最小化库存的目的。尽管我们说丰田生产方式是无库存的生产方式,但是丰田的生产过程仍然采用的是库存控制模式,只不过其库存的控制是牵引式而非推进式而已。

库存控制有两种基本的模式,一种是定量模式,另一种是定期模式。与此相对应的是,准时生产过程看板的领取模式也就有定量与定期两种模式。丰田公司内部各工序之间的看板全部采用是定量领取模式,而外加工的供应看板都采用定期领取模式。

(1)生产看板的数量计算,可以用如下的式子表示:

$$N_p = \frac{DT_w(1+\alpha)}{b} \tag{13-1}$$

式中:D 为对某物料的日需求量,T_w 为看板的生产看板循环周期(生产看板周转周期),b 为容器的容量,α 是保险系数

(2)传送看板的数量计算,与生产看板类似:

$$N_t = \frac{DT_t(1+\alpha)}{b} \tag{13-2}$$

式中:T_t 为传送看板的循环周期。

应用例题 13-1

某公司的零件生产日需求量为 1 500 件/天,标准容器的数量是每箱 10 件/箱,每天的生产时间为 8 小时,生产看板的循环周期为 0.5 小时,传送看板周期 1 小时,保险系数为 0.2。求生产看板与传送看板数量。

解:根据公式(13-1)和(13-2),生产看板和传送看板数量计算如下:

$$生产看板 = \frac{D \times T_w(1+\alpha)}{b} = \frac{\frac{1\,500\,件}{天} \times \frac{0.5\,小时}{\left(\frac{8\,小时}{天}\right)} \times (1+0.2)}{10\,件/箱}$$

$$= \frac{1\,500\left(\frac{件}{天}\right) \times 0.5\,小时 \times (1+0.2)}{10\left(\frac{件}{箱}\right) \times 8\left(\frac{小时}{天}\right)} = 90/8 \approx 12(箱)$$

$$传送看板 = \frac{DT_t(1+\alpha)}{b} = \frac{\frac{1\,500\,件}{天} \times \frac{1\,小时}{\left(\frac{8\,小时}{天}\right)} \times (1+0.2)}{10\,件/箱}$$

$$= \frac{1\,500(件/天) \times 1\,小时}{10\left(\frac{件}{箱}\right) \times 8\left(\frac{小时}{天}\right)} \times (1+0.2) \approx 23(箱)$$

以上计算过程中,由于生产看板的循环周期和传送看板周期分别为 0.5 小时和 1 小时,按照每天生产 8 小时把它们转化为天数,因此上面的计算过程中 $T_w = \dfrac{0.5\ 小时}{\left(\dfrac{8\ 小时}{天}\right)}$,

$T_t = \dfrac{1\ 小时}{\left(\dfrac{8\ 小时}{天}\right)}$。

生产看板数量的计算除了以上这种通用的计算方法外,在丰田公司在确定看板数量的时候,根据不同生产工艺阶段的特点确定看板数量。具体的计算方法有一定的差异。

（3）外协看板的数量计算

外协看板数量的计算,和生产工序之间的传送看板的计算公式(13-2)一样,但是值得注意的是,外协加工看板一般采用定期领取的方式,如果采用定量领取的方式,势必增加运输次数,从而增加了供应商的运输成本。丰田采用"巡回、混装运输"的方法解决这样的问题,即在规定的时间内,运输车辆巡回到各厂,一次集中装载多个供应商的零件。它可以用如下公式计算:

$$外协看板数 = \frac{每日需求量}{运输工具容量} \times \left\{ 一次运输需要的天数 \times \frac{1+运输间隔期}{每天平均运输次数} + 保险系数 \right\}$$

$$(13-3)$$

以上计算的看板的数量并不是固定不变的,而且丰田公司的理念是随着生产现场的不断改善,看板的数量应该不断减少。下面一个例子说明如何使用这种方法计算看板数的。

应用例题 13-2

某汽车厂与零件供应商之间通过看板供应的方式进行零件供应,每天需求 100 件,运输工具(卡车)容量是 5 件。保险系数是 0.2,一次运输时间是 1 天(实际运输时间是如果是 2 小时,也按照 1 天计算),每天运输次数 6 次,运输间隔时间是原卡片周转 2 次之后。求看板的数量。

解:

看板的数量:$\dfrac{100}{5} \times \left[1 \times \left(\dfrac{1+2}{6} \right) + 0.2 \right] = 20 \times (0.5 + 0.2) = 14$

以上是丰田公司的看板数量的计算方法,当然,在实施看板供应的时候,不同企业采用的准时供应在运作上可能存在一定差异,比如运输装运方式不同、对运输时间的计算方法不同,因此计算看板数量的方法也有不同。

现在,很多企业在推行精益生产的时候,看板已经成为一种"可视化管理"的工具,看板不仅仅是用(也不一定采用)丰田公司这种看板控制系统进行生产管理,企业把"看板"作为更加广泛的现场可视化管理工具进行使用。比如,很多企业都有车间现场管理看板,如进度看板、质量改善看板、管理制度看板等。同时现在更多采用电子显示看板,特别是数字化转型中,很多企业采用数字化可视化管理看板。因此,看板的功能和作用和丰田公司的早期的生产管理看板功能不同。

（四）减少调整准备时间（快速切换/快速换模法）

在多品种生产线上，从生产一种产品转到另一种产品需要进行工艺设备的调整，才能开始生产另一个产品，这种不同产品生产之间的切换过程叫调整准备，英文叫 setup，有的企业叫换模具。如果不同产品之间换产时间太长，则浪费时间太多，不可能产出更多产品。因此在传统的大批量生产方式下，品种少，不需要频繁更换模具，换产时间浪费问题不明显。但是在精益生产中，采用的是小批量生产方式，如果换产时间太多，则浪费时间多，导致小批量生产无法实现。因此丰田公司为了推行小批量生产，减少库存浪费，推行快速换模法。"尽量缩小批量，迅速变换模具"是丰田现场管理的口号。

为什么要减少生产批量必须减少调整准备时间，我们可以从生产批量规模的决定来解释。

在批量生产方式下，为了协调生产批量与设备调整时间损失的关系，常采用"最小批量法"和"经济批量法"来决定生产批量。

当采用"最小批量法"决定生产批量时，批量大小可以用下式计算：

$$Q_{\min} \geqslant \frac{t_{ad}}{\delta \cdot t} \tag{13-4}$$

式中：δ 为设备调整时间损失系数（与生产类型、零件大小有关），t_{ad} 为设备调整时间，t 为单件工序时间，$Q_{\min}$ 为最小批量。

当采用"经济批量法"确定生产批量时，可以用如下公式计算：

$$Q^* = \sqrt{\frac{2NA}{ci}} \tag{13-5}$$

式中：N 为零件年产量，A 为调整一次设备的费用，C 为单位零件的生产成本，i 为零件单位库存费用率。

丰田公司采用的是经济批量方法（公式 13-5）决定零件的生产批量。无论采用的是公式（13-4）还是公式（13-5），要实现准时化生产提出的小批量生产、小批量运输的准时化生产要求，必须减少设备的调整时间或设备调整费用（调整费用的减少是通过减少调整时间实现的）。图 13-5 显示了减少调整时间与经济数量的关系。

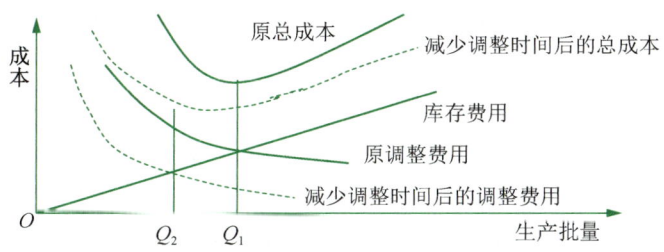

图 13-5　减少调整时间与经济批量的关系

在丰田公司，为了缩短设备的调整时间，减少调整费用，从 20 世纪 60 年代以来就不断在公司里开展推行"快速换模法"，调换工装"向一位数进军"，即把原来几十分钟的换模时间减少到 10 分钟以内。一般设备的换模时间只有几分钟,小型设备的换模时间甚至只有几十秒钟,这样为减少批量生产创造了有利条件。

(五) 人员精益化(多能工与少人化)

要减少生产过程中的浪费,除了从生产计划与控制等管理措施去挖掘潜力外,减少生产过程中的人力资源浪费也是一项重要的措施。丰田公司在减少人力资源的浪费方面有独特的做法——少人化。

丰田生产方式实现少人化的途径有如下几个方面。

(1) 通过改变设备的配置方式实现少人化。丰田公司采用的准时生产单元——"U"形生产单元,是实现少人化的重要措施。在"U"形生产单元中,作业量改变时,可以很方便地改变作业人数。为了充分利用"U"形生产单元节省人力的优势,有时可以把多个"U"形生产单元联合起来,形成联合的"U"形生产单元。

(2) 通过员工多能化训练实现少人化。多能化是准时化生产方式区别于大量生产方式的一个主要标志之一。丰田公司等一些日本企业要求每个工人要掌握所从事的作业工序的多个岗位操作技能,在我国一些中日合资的企业,也同样有这种要求,有的企业有的工序要求员工掌握 7、8 种技能。员工技能多样化,使弹性减少作业人数成为可能。

在丰田公司,为了考核员工的多能化水平,在车间班组设立了一个多能化率指标:

$$班组多能化率 = \frac{\sum_{i=1}^{n} G_i}{M \times n} \tag{13-6}$$

式中:G_i 为第 i 个工人已经训练完毕,并且已经掌握的工序数(岗位数),M 为总的作业数,n 为班内工人总数。

通过实施多能化制度,班内、班与班之间、工段与工段之间的人员流动性提高了,打破了传统的大批量生产的固定岗位制度,每一位员工都能适应多种岗位的工作,从而灵活适应生产的变动,为实现职务轮换、减少作业人数提供了保障。

(3) 通过作业标准改善与作业优化组合实现少人化。通过作业标准的改善与作业的优化组合,也可以减少作业人数。比如把孤立的作业,改变为能够互相支援的作业;把那些需要长期经验与非直观的作业改为谁都能干的标准作业。为了改善作业标准,企业要善于利用工业工程(IE)的方法,如通过方法研究与时间测量,不断规范与改善作业标准。要改善作业标准,关键是通过员工的训练,提高员工的工作熟练程度。

(4) 通过自动化实现少人化。丰田公司的准时化生产中的"自动化"一词与一般机械自动化的概念不同。它指的是自律异常控制(Autonomous Defects Control),它除了一般意义的机械方面的自动化含义外,还包含人的自律、自我意识的意思。丰田公司的生产方式,一方面强调人的自觉性,通过自我检查、自我监督的现场管理思想来提高人的"自动化"水平,另一方面也大量采用一些先进的自动化生产与检测设备,以此降低人工成本。

三、丰田生产方式与精益生产改善活动

丰田公司经过长期的实践,建立了一整套的现场改善方法。现场改善工作中最重要的三个内容是标准化工作、5S 和目视管理(可视化管理)。下面我们重点介绍 5S 活动和可视化管理。

(一) 5S 活动

5S 是五个日本名词的第一个拼音字母的简称:"seiri(清理)、seiton(整顿)、seiso(清扫)、seikesuke(清洁)、shitsuke(教养)"。不过也有人用英文的五个字母缩写(settle,straighten,scavenge,sanitary,schooling)表示。"清理",就是对现场中的物品进行清理,把不要的东西清理掉;"整理"就是把留下来的物品进行规范摆设,使每一样物品都各归其位;"清扫"就是创造一种无垃圾、无污染的干净的工作场所;"清洁"就是维持现场的干净、整洁状态;"教养"或"素养"就是在现有已经改进的基础上形成良好的习惯与风尚。现在又有人在此基础上加一个"安全"(safety)变成六 6S。

怎么样实施 5S 活动呢? 现提出以下几个步骤供参考。

(1)组织。成立推行委员会。企业在第一次导入 5S 活动的时候,应该专门成立一个委员会来规划与领导 5S 活动。

(2)规划。制定实施 5S 的一些目标、方针与实施的基本内容,如:①设置推行目标;②拟定活动计划与方法;③制定培训计划;④制定推行办法;⑤制定考核办法。

(3)宣传。要在全厂范围内进行有关实施 5S 的宣传活动,形成一种气氛。

(4)教育训练。对员工进行有关实施 5S 方法培训,包括:①5S 内涵培训;②5S 行动方法培训;③IE 改善方法培训。

(5)实施。在实施 5S 的时候,最好采用:示范—推广—标准化这样的循序渐进的做法。

(6)考核。要建立一套科学的考核制度,对每一岗位的 5S 进行定期的检查与考核,作为奖励与惩罚的依据。

(7)竞赛与奖励。通过评比检查与竞赛活动,对做得比较好的单位或个人要进行奖励,只有通过奖励或惩罚才能激励员工不断进行改善。

(二) 可视化管理

可视化管理,也叫目视管理、直观管理。通过直观的工具来显示生产状态,"让问题看得见"是对可视化管理思想的最好概括。

准时化生产中的"看板"是一种典型的可视化管理工具,在建筑施工现场的"甘特图"是可视化管理工具,许多工业企业生产车间里面的生产质量控制图表也是可视化管理工具。因此可视化管理的方法其实在大多数企业日常生产管理中普遍采用。

可视化管理最好用直观的图表、不同的颜色的信号、装置来显示生产过程状态与要求,尽量一目了然,让管理者与工人自己能在工作过程中直观掌握生产情况,同时也为其他外来的参观者提供一个快速了解本企业生产情况的途径,而不需要到有关部门去查阅报表。

可视化管理的主要用途有如下几个方面。

（1）规定产品、零件及其它物品的放置位置。

（2）显示生产进度与质量控制状态等其他生产信息。

（3）显示生产设备或操作工人的工作状态（开机、停机、事故）。

（4）显示操作规则、作业标准与作业程序。

（5）显示工厂管理的一般规定、方针政策。

可视化管理发挥得好，可以提高生产管理的效率与经济效益，降低成本，提高利润，是一种十分有效的管理手段。

日本以及我国的一些企业在生产现场改善过程中，总结出了许多好的经验，值得其他企业学习与推广，比如"三现主义"（现场、现物、现实）、"三不原则"（不放过不合格品、不制造不合格品、不接收不合格品）、"五项主义"（现场、现物、现实、原则、原理）、"三为原则"（以现场为中心、以工人为主体、以车间主任为核心）等。这些好的现场管理经验值得许多企业学习与借鉴。

四、精益生产和企业数字化转型的融合

当前，我国企业大力推行数字化转型，提高企业生产效率，降低成本，特别是人力成本。前面我们介绍了丰田生产方式和精益生产的基本思想和方法，精益生产至今仍是当今世界级制造系统和最先进的生产运作管理思想。在相当长的时间内，精益思想仍是企业降本增效，提高经济效益的最重要的管理思想之一。那么，数字化和精益管理的关系如何？如何处理两者的关系？

首先，企业数字化转型和推行精益生产不矛盾，而且是互补的。

（1）企业实施数字化之前需要改善企业业务流程和运作系统，推行精益生产思想可以改善流程和提高人的素质，为数字化转型打下基础。

（2）精益生产营造的持续改善的文化是企业数字化成功转型的文化基础。

（3）企业数字化的目标和精益生产的经营目标一致，都是创造更大顾客价值，实现企业价值最大化。用精益价值流思想驱动数字化转型可以有效提高数字化转型的效果。

根据精益思想和数字化管理的内在联系，本书作者构建如下精益生产和数字化转型的融合策略，如图 13-6 所示。

图中，精益生产作为企业数字化的基础，中间是数字化企业管理、智能制造、协同供应链平台系统。顶部是企业经营目标：低成本、高品质、柔性和个性化定制。最终目标是创造顾客价值。

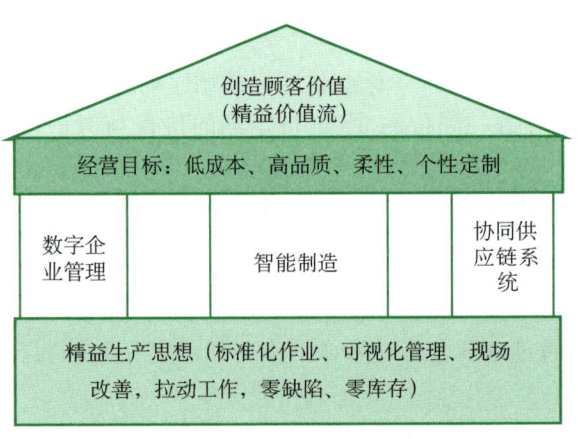

图 13-6 精益生产和数字化转型的融合

第三节 精 益 服 务

前面几节,我们讨论了有关精益生产的思想和方法,随着这种管理思想的传播,除了工业企业的广泛应用外,精益化和准时化生产思想在服务业也得到了应用。目前,精益生产思想在商业物流企业、零售服务业、银行、邮政、电信部门、客运服务公司等以及一些政府的对外服务部门,如各种办证机构、咨询机构、医院等获得应用。下面讨论如何在服务业中应用精益生产思想,进行精益服务。

一、精益管理思想在服务业的应用需要注意的问题

服务业(包括公共服务部门和服务企业)都可以应用精益化生产思想,也就是精益管理思想,但是与制造业不同,服务单位应用精益管理思想需要注意如下几点。

(一) 服务业的浪费与制造业不同

前面我们已经介绍了丰田公司提倡消除生产过程的"七种浪费",但是,服务业浪费形式和内涵与制造业不同。制造业讲浪费主要是指生产过程的浪费,是站在企业的角度而言的,是成本问题。而服务业的浪费要站在顾客角度去理解,是如何消除顾客的浪费,提高顾客价值的问题。在服务业,为了提升顾客服务价值,有时候浪费企业的内部成本是值得的,只要能增加顾客的价值。

服务业的七种浪费可以归纳如下:
(1) 等待浪费(顾客排队等待,工作排队等待);
(2) 运输浪费(物品或文书传送时间浪费);
(3) 无效工作浪费(工作反复,如反复检查和审核);
(4) 动作浪费(工作设计不合理);
(5) 工作质量低(顾客抱怨与投诉);
(6) 管理浪费(管理人员冗余,信息沟通不畅,协调扯皮摩擦,执行力不强);
(7) 信息资源浪费(传递的信息无意义无效果)。

从以上七种浪费可以看出,服务业的浪费大多数要站在顾客角度去理解的,凡是流程中不增加顾客价值的活动都是浪费。

(二) 服务业运用精益管理思想,要牢牢把握精益五原则

服务业的精益管理应该把提高服务流程的顾客价值增值水平和服务质量作为目标,牢牢把握精益的五原则:
(1) 从客户的角度定义产品与服务的价值;
(2) 识别企业的价值流;
(3) 使工作流动起来;
(4) 拉动工作而不是推动工作;
(5) 追求尽善尽美。

（三）把提高服务准时性、减少顾客等待、提高服务质量作为服务精益管理目标

在中国这样一个人口众多的大国，服务资源非常有限。由于人口多、服务资源有限，社会上人们对服务业的抱怨有很多方面，其中抱怨最多的是服务不及时和质量低。由于需要服务的顾客很多，服务资源稀缺，这就导致服务业的供应满足不了需求，这是一个卖方砍价能力强于买方、市场信息不对称的"卖方市场"。这种现象在医院等公共服务部门尤为严重。我国一些服务行业，比如铁路运输，由于提速（提高服务效率）和增加运力（增加服务资源），顾客等待现象比起 10 年前、20 年前已经改善了许多，一票难求、火车晚点等现象大大减少，服务质量也大大提高。因此，精益服务管理应该重点抓好减少顾客等待、提高服务质量。

（四）把服务标准化管理与业务流程改善作为精益服务管理的重点

服务业推行精益管理，重要的是要把服务标准化管理和改善活动作为一个重点。服务业与制造业的最大不同点之一，就是由于顾客干扰等问题存在，服务流程的标准化水平比较低。由于标准化水平低导致服务质量难以掌控，同时也由于标准化水平低，导致服务不准时等现象容易发生。因此要提高服务准时性，提高服务质量，搞好服务标准化管理和开展服务流程改善，消除流程中不增值的活动，提高服务增值水平。

二、典型服务行业应用精益管理思想的策略

（一）运输企业

JIT 思想在流通企业的应用比较早，这是准时思想在物资采购供应中的应用与推广的结果，而这也是从日本的物流企业的准时化开始的。

近年来，JIT 思想在航空与汽车客运公司中也逐渐开始应用，国外一些航空公司实行购票、登机、行李发运等一条龙的准时化服务，在提高顾客满意度方面取得了很好的效果。

（二）邮政/快递服务部门

邮政/快递服务是目前人们日常生活中离不开的服务部门，它的服务质量对整个社会都至关重要。邮政/快递服务运作过程，要求邮件递送快，同时没有差错，减少顾客等待现象，使邮件库存管理合理化，减少邮件积压。因此邮政/快递企业推行精益管理可以采用标准化作业、优化邮件物流系统、开展服务质量改善、现场改善活动等。

（三）餐饮服务业

准时化服务对餐饮业也十分有用。国际上一些著名的餐饮企业的服务运作采用了制造业的管理方法，大大提高了服务效率与服务质量。比如麦当劳，其采用生产线的服务业务流程所取得的成功是举世公认的。麦当劳的服务与众不同：精确的标准化的食品加工过程，标准化操作和用量，干净、整洁的就餐环境，设施设计规划严谨、讲究等。因此餐饮业也可以借鉴准时生产的理念提高服务水平。

（四）零售商业企业

商业零售企业也可以利用精益管理的 JIT 思想进行管理，而且国际上也已经有不少的零售商业企业在成功实施准时化管理（如沃尔玛公司），提高对市场的响应能力。零售企业可以推行准时配送物流系统、现场 5S、柜台合理布局优化等策略。

（五）医院

医院在推行精益思想中,可以开展服务流程改善活动、5S活动、节约浪费活动、服务质量改善活动等。目前我国一些医院在推行精益医疗方面取得了很好的成绩,比如广东省中医院是目前国内推行精益医疗的标杆之一。

 企业风景线

精益管理思想在医院的应用

在推行精益实践中,广东省中医院也在推行精益化医院的活动中取得了非常好的效果,成为国内精益医疗的另一个典范。2019年在第三届精益医疗论坛上,广东省中医院的党委梁书记从精益系统搭建、精益跨界交流和精益人才培养三个方面介绍了该医院开展精益医疗的实践做法和经验。

2016年广东省中医院成立精益品质促进小组(简称促进小组),开展促进精益项目品质的工作。促进小组成员由来自一线的骨干、管理者中认证的精益医疗绿带组成。在精益系统中,促进小组成员充分发挥群策群力的作用,参与医院精益运行机制、精益管理制度、精益人才培养体系的建立,同时承担精益教练的职责,负责辅导、督促、考核、评估工作。

精益起源于制造业,其精细化、标准化的生产作业比医疗行业水平更高,很多好的工具、做法很有借鉴价值。因此,广东省中医院每年派出员工前往台州恩泽、蔡司、中集、广汽丰田、本田、安镁等知名企业,向不同行业的标杆单位学习,达到交流互鉴,共同促进的目的。

搭建精益学习交流平台、识别和栽培有潜力的员工、举办精益医疗绿带培训班、培养院内优质服务内训师、开设精益领导力课程等。培育精益文化,强调知行合一,让人才在精益的氛围里和组织共同成长。

从无到有,从单点改善到跨部门流程改善再到精益体系建立,13年精益实践之路支撑广东省中医院矢志不渝地前行的真谛是"病人至上、员工为本、真诚关爱"的核心价值观。2016—2018年,全院共开展精益项目329个,是2013—2015年开展精益项目总数的2.37倍。持之以恒的精益医疗实践,使广东省中医院形成了"精益求精,尽善尽美"的精益文化,在质量管理、流程改造、成本控制、后勤保障、医患满意度双提升等方面都取得了实实在在的成效。

资料来源:根据网络资料整理。

 **素养园地**

"鞍钢宪法"精神与中国式精益企业管理

"鞍钢宪法"历史事件

1960年3月22日,中共中央批转《鞍山市委关于工业战线上的技术革新和技术革命运动开展情况的报告》。毛泽东主席代中央起草批示,将鞍钢实行的"两参一改三结合"的管理制度称作"鞍钢宪法"，要求在工业战线加以推广。

　　"鞍钢宪法"诞生的历史背景：20世纪50年代，苏联专家将"马钢宪法"管理模式引入我国企业。这一模式来源于苏联最大的冶金联合企业——马格尼托哥尔斯克钢铁公司，旨在推行"一长制"，强调行政命令，依靠少数专家制定标准化规章制度，在技术上也只认同专业精英。具有创新精神的鞍钢人，一直在努力突破"马钢宪法"的束缚，在提高企业管理水平、调动职工积极性、推动技术创新等方面不断探索，职工首创精神得到发扬，新技术和尖端技术不断涌现。经过努力，鞍钢逐渐形成"两参一改三结合"的独特模式："两参"即干部参加集体生产劳动，工人群众参加企业管理；"一改"即改革企业中不合理的规章制度，建立健全合理的规章制度；"三结合"即企业领导干部、技术人员与工人群众相结合。"鞍钢宪法"很快在全国得到推广，周恩来总理曾赞扬大庆油田在实践中运用了"鞍钢宪法"原则。"鞍钢宪法"是对我国工业企业发展道路和管理模式的成功探索，其鼓励开展技术革新并动员全员参与的理念，也与现代企业管理思想相一致。如今，鞍钢人不忘初心，传承和弘扬"鞍钢宪法"精神，推动鞍钢高质量发展。

　　总书记的讲话

　　要实施全面节约战略，推进各领域节约行动。在生产领域，要推进资源全面节约、集约、循环利用，降低单位产品能耗物耗，加快制造业技术改造，提高投入产出效率。

　　　　　　　　　　——习近平总书记2021年12月8日在中央经济工作会议上的讲话

　　要求：请联系历史事件"鞍钢宪法"和习近平总书记的讲话，你从中能够体会它们蕴含什么样的管理思想是体现精益生产哲理和理念的？

关键术语

丰田生产方式（Toyota production system）　　精益生产（lean production）

精益服务（lean service）　　浪费（waste）

改善（improvement）

本章小结

　　1. 丰田生产方式和精益生产的核心是准时生产制——JIT生产，是关于如何降低成本提高赢利能力的管理方法，其出发点是不断消除浪费，进行永无休止的改善。

　　2. 准时生产制有三个基本原则：①产品的品种与数量都能适应需求的变动，即做到适时适量；②各工序都各给后道工序只提供合格品的质量保证；③在实现降低成本目标而充分利用人力资源的同时，提高对人性的尊重。它的基本特征是：后工序领取零部件、小批量生产小批量运送、用最后工序平衡整个生产过程。

　　3. 丰田生产方式与精益生产是丰田公司几十年不断积累沉淀下来的，主要的方法包括：准时生产线、平准化计划、看板管理、全面质量管理、准时采购、少人化、现场改善、改进产品设计、减少调整准备时间等。各种方法之间是相互联系的，并且形成一个完整的整体。

　　4. 精益生产的思想在服务业同样具有很好的应用前景，许多服务企业已经开始利用精益生产的 JIT 思想改善企业的管理,提升企业竞争力。

练习题

一、思考题

1. 丰田生产方式的两个支柱是什么?
2. 精益生产的核心思想是什么?
3. 丰田公司提倡消除哪七种浪费?
4. 什么是精益五原则?

二、选择题

1. 下列各种现象按照丰田生产方式的概念,属于浪费活动的是(　　)。

    A. 工人在加工零件 　　　　　　　　　B. 工人在运输零件

    C. 工人在包装产品 　　　　　　　　　D. 工人在接收零件

2. 丰田生产方式的特征是(　　)。

    A. 小批量生产 　　　　　　　　　　　B. 大批量生产

    C. 推动式的生产 　　　　　　　　　　D. 鼓励员工工作技能专一

3. 丰田公司采用的看板功能是(　　)。

    A. 生产指挥与控制 　　　　　　　　　B. 工人任务分配单

    C. 工人上班的记录卡 　　　　　　　　D. 作业统计单

4. 丰田公司采用 U 形生产单元的目的是(　　)。

    A. 减少库存 　　　　　　　　　　　　B. 提高生产线的连续性

    C. 提高生产线的柔性 　　　　　　　　D. 提高生产线的自动化程度

三、判断题

1. 丰田生产方式的核心是持续改善。 (　　)
2. 采用大批量生产减少频繁换产的时间浪费的做法符合准时生产的思想。 (　　)
3. 丰田生产方式和精益生产的两个支柱是准时生产和持续改善。 (　　)
4. 丰田公司的"看板"是一种指挥生产的工具。 (　　)

四、计算题

1. 某公司的流水生产线采用看板管理,已知每天的零件需求量为 8 000 个,每个标准的容器的容量是 100 个,生产看板的周转时间为 1 小时,传送看板的周转时间为 0.5 小时,考虑保险系数为 0.2,确定看板数量。

2. 某汽车制造企业准备与其某一零件供应商采用看板方式进行准时化供应,已知如下的数据,日零件需要量:400 件,容器容量:5 件,保险系数:0.05,看板周转时间为 2 小时 30 分。确定供应看板的数量。

案例讨论

精益智能化服务在影视城的应用

某城市一个大型商业广场有一家影视城,里面有一个带有 300 座位的大型放映厅和 5

个小型放映厅,经营10多年,深受观众欢迎。最近几年,影视行业受到市场和消费变化影响比较大,许多城市的广场影院由于经营不善而倒闭。该影视城也面临同样的经营压力。为此,公司强调降本增效的理念,积极推动各项成本的削减与运营效率的提升。早在10年前,该影视城就引入精益服务思想对影视城的服务体系进行服务改善。

（1）建立准时采购系统。根据不同类型的顾客的需求,将影片按照内容分为文艺、言情、武打、农村、儿童、探索、通俗等不同类型,对不同影片的最新动态进行跟踪,保证不同需求类型的顾客在本影视城都能看到全市的最新影片。并且通过合约要求供片商也配合,要求采购做到对市场反应灵敏、采购及时。

（2）在员工中进行5S的教育与评比,对服务现场进行改善,维持一个干净、有序、舒适的观赏环境。

（3）推广可视化服务。采用网上主页、墙上宣传栏、大厅服务介绍、触摸屏、指示灯等形式,让顾客可迅速、方便地了解影视城的服务内容、节目介绍、服务标准等。

（4）建立自助服务系统,如网上订票、自动售货机等,提高服务效率,减少劳动力成本。

（5）设立员工意见箱,对员工的合理性建议通过物质奖励与精神鼓励进行激励。

最近几年,该影视城顺应数字化和智能化服务的发展的需要,借鉴其他城市影院的精益化管理经验,把数字化和智能化手段和精益服务结合,又提出了如下改善措施。

（1）采用智能化的票务系统更加高效地处理票务事务,降低人力成本。通过自助购票、在线选座等方式,观众可以更加快捷地购票、选座,减少排队等待时间。同时,智能化的票务系统还可以实时统计票房数据,为影院提供更加准确的数据支持,帮助影院更好地掌握市场动态和观众需求。

（2）采用智能排片系统,更加合理地安排影片放映时间和场次,提高上座率和收益。通过分析历史票房数据和观众需求,智能排片系统可以预测最佳的排片方案,为影院提供更加科学合理的排片建议。同时,高效的排片系统还可以实时监控影片放映情况,及时调整放映时间和场次,避免资源浪费和观众流失。

（3）运用先进技术提升观影体验,增强观众黏性。例如,引入高清晰度、高帧率、高动态范围的放映技术,让观众享受到更加清晰、逼真的画面;优化音响系统,提供震撼的音效体验;增设舒适座椅改善观影环境等,让观众在观影过程中获得到更加舒适、愉悦的体验。

（4）采用人性化的客户服务提高观众满意度和忠诚度。通过采用人工智能、大数据等技术,对观众的观影习惯、喜好进行挖掘和分析,为观众提供更加个性化、精准的服务。例如,通过分析观众的观影历史和行为数据,为其推荐符合其喜好的影片和影厅。

（5）引入节能环保的放映设备和技术,减少能源消耗和环境污染。例如,采用智能化的空调控制系统和灯光控制系统,自动调节影厅的温度和照明亮度;采用节能座椅和门窗减少影厅的散热量。这些措施不仅降低了影院的运营成本,还提高影院的环保形象和观众的观影体验。

问题:

1. 该影视城从哪些方面利用准时生产的理念改造服务管理?
2. 精益思想强调提高顾客价值,降低浪费,说明什么是影视服务的顾客价值和浪费。
3. 该影视城如何把精益思想、数字化和智能化结合提升经营效益的?

主要参考文献

［1］陈志祥. 生产与运作管理［M］. 5 版. 北京：机械工业出版社，2024.

［2］陈志祥. 现代生产与运作管理［M］. 广州：中山大学出版社，2002.

［3］陈志祥. 生产运作管理教程［M］. 北京：清华大学出版社，2010.

［4］陈荣秋，马士华. 生产与运作管理［M］. 5 版. 北京：高等教育出版社，2021.

［5］陈荣秋，马士华. 生产运作管理［M］. 6 版. 北京：机械工业出版社，2022.

［6］季建华. 运营管理［M］. 上海：上海交通大学出版社，2004.

［7］刘丽文. 生产与运作管理［M］. 5 版. 北京：清华大学出版社，2016.

［8］马士华，等. 生产运作管理［M］. 4 版，北京：清华大学出版社，2022.

［9］马士华，林勇，陈志祥. 供应链管理［M］. 北京：机械工业出版社，2000.

［10］韩福荣. 现代质量管理学［M］. 北京：机械工业出版社，2004.

［11］李晓，刘正刚，王雷，等. 数字化运营管理［M］. 北京：清华大学出版社，2021.

［12］森德勒. 工业 4.0［M］. 北京：机械工业出版社，2014.

［13］秦现生. 质量管理学［M］. 北京：科学出版社，2002.

［14］波特. 竞争优势［M］. 北京：华夏出版社，1997.

［15］雅格布斯，蔡斯. 运营管理［M］. 15 版. 苏强，霍佳震，邱灿华，译. 北京：机械工业出版社，2021.

［16］克拉耶夫斯基，里茨曼. 运营管理［M］. 7 版. 六晋，向佐春，译. 北京：人民邮电出版社，2007.

［17］菲茨西蒙斯，等. 服务管理［M］. 7 版. 张金成，范秀成，杨坤，译. 北京：机械工业出版社，2014.

［18］斯莱克，钱伯斯，约翰逊. 运作管理［M］. 昆明：云南大学出版社，2002.

［19］沃麦特，琼斯，鲁斯. 改变世界的机器［M］. 北京：商务印书馆，1999.

［20］沃麦特，琼斯. 精益思想［M］. 沈希谨，张文杰，李京生，译. 北京：机械工业出版社，2013.

［21］杰伊，巴里伦德尔，蒙森. 运作管理［M］. 12 版. 李果，张祥，等译. 北京：中国人民大学出版社，2020.

［22］门田安弘. 新丰田生产方式［M］. 3 版. 王瑞珠，李莹，译. 石家庄：河北大学出版社，2008.

［23］大野耐一. 丰田生产方式［M］. 谢克俭，李颖秋，译. 北京：中国铁道出版社，2006.

［24］埃文斯，林赛. 质量管理与卓越绩效［M］. 11 版. 北京：中国人民大学出版社，2022.

［25］STEVENSON W J. Operations Management［M］. 13th ed. New York：McGraw-

Hill Education，2018.

［26］OAKLAND J S. Total Quality Management-text and cases ［M］. Oxford：Butterworth-hinemann Ltd，1995.

［27］JAMES H G. Production and inventory control handbook［M］. 3rd ed. NewYork：Mcgraw-Hill. 1997.

［28］MORGAN S，STEVEN A，MELNYK B C，et al. Managing Operations Across the Supply Chain［M］. NewYork：McGraw-Hill，2011.

［29］SCOTT T Y. Essentials of Operations Management［M］. California：Sage Publications，Inc.，2010.

［30］STEVEN N. Production and Operations Analysis［M］.6th ed. New York：McGraw-Hill，2009.

［31］NIGEL S，STUART C，ROBERT J. Operations Management［M］. 4th ed. Prentice Hall，2004.

［32］KRAJE WSKI L J，RITZMAN L P，MACHOTRA M K. Operations Management ［M］. 11th ed. Pearson，2013.

附录　模拟测验题

（请在 2 小时之内完成作答）

一、选择题（共 10 小题，每题 2 分，共 20 分）

以下题目，每题只有一个选项正确，请选择其中正确的选项。

1. 以下描述属于单件生产类型的特征的是(　　)。

    A. 生产者需要高度专业化技能

    B. 品种数量多、工艺路线复杂

    C. 品种单一、生产批量大

    D. 工作标准化程度高

2. 劳动生产率高意味着(　　)。

    A. 劳动者的技能水平高   B. 企业盈利性好

    C. 企业总产量高   D. 企业的投入产出效率高

3. 粉饰型新服务产品的特点是(　　)。

    A. 服务内容和服务传递过程变化都大

    B. 服务内容变化大，但是服务传递过程变化小

    C. 服务内容和服务传递过程变化都小

    D. 服务内容变化小，但是服务传递过程变化大

4. 某生产线的节拍是 5 分钟/件，平均库存是 200 件，则产品通过流程的平均时间是(　　)。

    A. 5 分钟   B. 200 分钟

    C. 1 000 分钟   D. 40 分钟

5. 以下描述中属于成组布置的特点的是(　　)。

    A. 适合多品种，中小批量生产情形

    B. 适合产品品种单一、生产批量很大的情形

    C. 属于工艺专业化的一种设施布置方法

    D. 产品运输路线长

6. 指数平滑预测方法的思想是(　　)。

    A. 用前一时期的实际值和前一时期的预测值的加权平均值来预测下一时期的数值

    B. 用过去一段时期的历史数据的平均值来预测未来数值

    C. 用过去一段时间的历史数据的加权平均值来预测未来数值

D. 用前一时期的实际值和前一时期的预测值的平均值预测下一时期的数值

7. 通常,服务能力利用率的最佳比例是( )。

A. 70%
B. 50%
C. 90%
D. 越高越好

8. 与定量订货库存系统比较,定期订货库存系统的特点是( )。

A. 安全库存较高
B. 安全库存较低
C. 不容易缺货
D. 订货批量大

9. 以下关于物料需求计划 MRP 描述正确的是( )。

A. MRP 是一种以设备为中心,围绕物料转化的准时生产方式

B. MRP 是一种库存控制方法

C. MRP 是照从原料开始直到产品装配的工艺顺序确定各物料的需求计划

D. MRP 是一种作业计划方法

10. 以下两台设备的 5 个工件的加工时间,这是流水作业排序问题,按照 Johnson 算法,得到的最佳排序结果是( )。

工作编号	1	2	3	4	5
加工时间(设备 1)	4	6	8	5	6
加工时间(设备 2)	5	3	9	2	9

A. 5-4-3-1-2
B. 5-3-4-2-1
C. 1-5-3-2-4
D. 5-4-1-2-3

二、判断题(共 5 小题,每小题 2 分,共 10 分)

判断以下各题的说法是否正确,如不正确,请改正。

1. 生产线的节拍等于瓶颈工序的节拍。　　　　　　　　　　　　　　　( )
2. 平均绝对误差 MAD 可以评估预测的精度,也能衡量预测的无偏性。　( )
3. 工厂的产品零件的库存问题属于独立需求库存问题。　　　　　　　　( )
4. 波士顿矩阵是依据产品市场占有率和产品实力进行产品组合的一种方法。( )
5. 因果图是用来分析主次因素的质量管理工具。　　　　　　　　　　　( )

三、简述题(共 2 小题,每小题 10 分,共 20 分)

1. 请阐述精益生产倡导消除的七种浪费。
2. 请阐述生产计划进度安排中处理非均衡需求的三种排产策略。

四、计算题(共 5 小题,每题 10 分,共计 50 分)

1. 装配线平衡(10 分)

已知某装配线的作业顺序图如下,每个作业的单位产品加工的时间写在圆圈的旁边,时间单位为分钟。设该工厂每天工作 2 个班(白班和晚班),每班工作 8 小时,其中,每班工间休息 30 分钟。每天计划产量 500 件产品,废品率 3%。

（1）计算该装配线的节拍，以及最小工作地数目；

（2）进行装配线平衡并计算生产线的时间损失率。

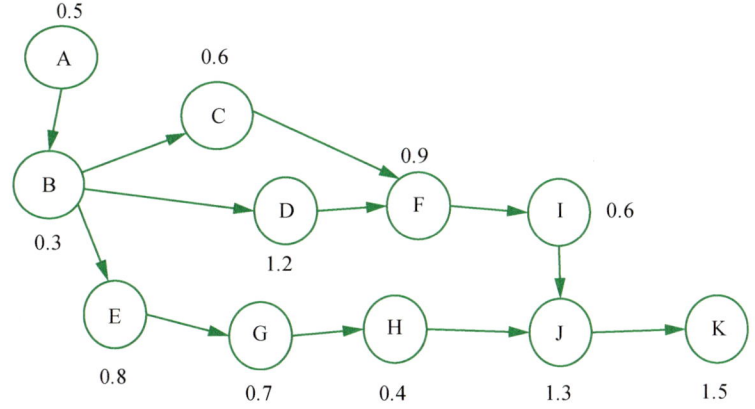

2. 库存管理（10 分）

某超市销售一种商品，其需求可以近似认为是随机的，服从正态分布的，即该公司的需求平均是：400 件/月，标准偏差 15 件/月。采购单价是 200 元/件。（入库以后的单位商品每月的存储成本按照采购单价的 10％计算），每次订货成本是 1 000 元。供应商的交货期是 1 周。库存服务水平为 95％（即安全系数 1.64）。请回答如下问题：

（1）如果公司采用定量订货的库存控制系统，请问经济的订货批量是多少？安全库存是多少？

（2）如果采用定期订货库存控制系统，订货间隔期是 1 个月，安全库存是多少？

3. 物料需求计划 MRP（10 分）

根据下面的产品结构树，完成下面 MRP 的表格信息。

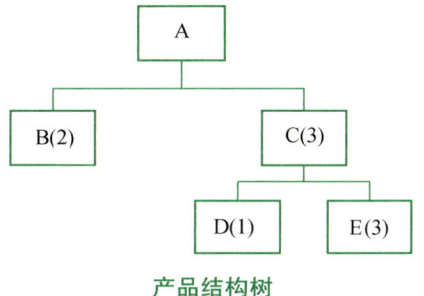

产品结构树

产品 A 的主生产计划（总需求量）：

周期	1	2	3	4	5	6	7	8
总需求					200			500

各物料库存现有数和提前期如下：

物料	现有库存数	提前期
A	50	1
B	150	1
C	100	1
D	0	1
E	100	3

完成下面各物料的库存状态表格（按照逐批订货方式）。

物料	项目	周期							
		1	2	3	4	5	6	7	8
A	总需求								
	预计到货	100							
	现有数 100								
	净需求								
	计划接收订货量								
	计划发出订货量								

物料	项目	周期							
		1	2	3	4	5	6	7	8
C	总需求								
	预计到货	100							
	现有数 100								
	净需求								
	计划接收订货量								
	计划发出订货量								

物料	项目	周期							
		1	2	3	4	5	6	7	8
E	总需求								
	预计到货	100							
	现有数 100								
	净需求								
	计划接收订货量								
	计划发出订货量								

4. 网络计划方法(10分)

某项目的作业时间参数如下表所示,请根据这些资料完成:

(1) 绘制项目的网络计划图;

(2) 确定关键路线和项目的期望完工工期。

作业	紧前作业	最乐观时间 a	最可能时间 m	最悲观时间 b
A	—	3	4	5
B	—	2	3	4
C	A	5	7	9
D	D	3	5	8
E	B,D	7	10	12
F	C,E	6	8	9
G	B,D	5	7	9

5. 质量控制(10分)

某生产制造企业的产品出厂的合格水平抽样如下,请根据这些数据绘制不合格率控制图。

样本序号	样本数	不合格品数	样本序号	样本数	不合格品数
1	200	5	9	200	8
2	200	8	10	200	9
3	200	9	11	200	10
4	200	10	12	200	7
5	200	11	13	200	12
6	200	8	14	200	9
7	200	10	15	200	10
8	200	5	16	200	12

（续表）

样本序号	样本数	不合格品数	样本序号	样本数	不合格品数
17	200	13	19	200	11
18	200	10	20	200	9

教师教学资源服务指南

关注微信公众号"**高教财经教学研究**",可浏览云书展了解最新经管教材信息、申请样书、下载课件、下载试卷、观看师资培训课程和直播录像等。

课件及资源下载

电脑端进入公众号点击导航栏中的"教学服务",点击子菜单中的"资源下载",或浏览器输入网址链接http://101.35.126.6/,注册登录后可搜索相应资源并下载。

样书申请及培训课程

点击导航栏中的"教学服务",点击子菜单中的"云书展",了解最新教材信息及申请样书。

点击导航栏中的"教师培训",点击子菜单中的"培训课程"即可观看教师培训课程和"名师谈教学与科研直播讲堂"的录像。

联系我们

联系电话:(021)56718921